豊田芙雄と同時代の保育者たち

近代幼児教育を築いた人々の系譜

前村 晃

三恵社

滞欧時代の豊田芙雄肖像画
（高橋清賀子家文書）

は　し　が　き

　わが国における「幼稚園」を冠する教育機関の設置は、明治9年（1876）11月16日、東京女子師範学校附属幼稚園を嚆矢としている。わが国の幼児教育は恩物を中心とするフレーベル主義保育の導入に始まった。しかし、幼児教育に対する一般の理解はなかなか進まず、わが国の初期の保育者たちはまさに茨の道を歩まざるを得なかった。本書では、特にそうした人々に焦点を当て、わが国の近代幼児教育がいかに築かれていったかを明らかにしている。

　豊田芙雄は、東京女子師範学校の教員であったが、同校に附属幼稚園が設置されると「日本人初の幼稚園保姆」として兼務した。また、文部省から長期出張の命を受けて、西南戦争直後の鹿児島にわが国2番目の「幼稚園」を設置した。さらに、東京でも、鹿児島でも保姆を養成し、わが国の幼稚園教育の普及に比類のない業績を残した。豊田は、わが国幼稚園の「模範」となった東京女子師範学校附属幼稚園に、明治19年（1886）2月まで勤務したが、同年10月、外務省からイタリア全権公使・徳川篤敬一家の随行と、文部省から欧州の女子教育調査の命を受けて、2年あまり欧州に滞在し、帰国後は、明治24年（1891）1月から明治26年（1893）10月まで、東京府高等女学校の教務嘱託として「家政科漢文作文幼稚園保育法」を教えた。この頃までが豊田芙雄が直接幼児教育と関わりを持っていた期間と言えるだろう。

　本書では、豊田芙雄と同時代に保姆となった人々が、いかなる背景の中で、いかなる幼児教育を実践したかを検証し、わが国幼児教育の確立期の実相を明らかにしている。取り上げた保育者たちは、必ずしも豊田芙雄と直接関係があった人ばかりではない。しかし、すべて、豊田と同時代に、各地でフレーベル主義保育の導入と定着のために果敢に闘った人たちである。なお、筆者は、先頃、本書の内容と関係の深い共著『豊田芙雄と草創期の幼稚園教育』（建帛社）を出版している。できればこちらも併せて読んでいただいて、わが国の幼児教育の草創期及び初期の実相を読み取ってくだされば幸いと思っている。

　最後に、本書の出版にあたって、豊田芙雄曾孫の高橋清賀子先生をはじめ、お世話になった各地の資料館、図書館、関係者の方々にはここで改めて深く感謝を申し上げたい。

平成27年10月吉日

前村　晃

目　次

はしがき・・・・・・・・・・・・・・・・・・・・・・・5

1　豊田芙雄と家族の人々

1-1　桑原家と藤田家の人々・・・・・・・・・・・9

1-2　婚家豊田家の人々・・・・・・・・・・・25

1-3　豊田芙雄の覚悟と教育者への道；補遺・・・・・・・34

2　自由主義教育の理想を掲げた田中不二麿

2-1　田中不二麿と幕末・維新・・・・・・・・45

2-2　自由主義教育の推進者・田中不二麿・・・・・・・・49

2-3　文部省の省内事情と田中不二麿・・・・・・・・・55

3　ヒューマニスト・中村正直と幼稚園教育

3-1　中村正直と幕末・維新・・・・・・・・・63

3-2　中村正直と幼児教育・障害児教育との出会い・・・・・・・67

3-3　根本正と中村正直・・・・・・・・・・・73

4　元間諜の幼稚園監事・関信三の功績

4-1　間諜時代の関信三・・・・・・・・・・・85

4-2　海外渡航と留学・・・・・・・・・・・・96

4-3　幼稚園監事・関信三の活躍・・・・・・・・・・・100

5　クララの来日と幼稚園教育の夜明け

5-1　松野クララと松野硴及びその周辺・・・・・・・・109

5-2　松野クララと幼稚園教育への貢献・・・・・・・・・120

5-3　松野硴と山林事業及び家庭生活・・・・・・・・・128

6　小西信八監事の視座と事蹟

6-1　小西信八の経歴概略と仮名文字論・・・・・・・・137

6-2　小西信八と障害児教育・・・・・・・・・・147

6-3　小西信八の活動の広がりと最期・・・・・・・154

7　近藤はまと幼児教育の開拓

7-1　謎の多い近藤はま・・・・・・・・・・・159

7-2　幼稚園創設と豊田芙雄・近藤はまの苦闘・・・・・165

7-3　近藤はまと私立幼稚園創設と保育者養成・・・・・175

8　氏原鋹・木村末と大阪模範幼稚園

8-1　大阪模範幼稚園の設立事情・・・・・・・・183

8-2　大阪模範幼稚園の設立とその特徴・・・・・・188

8-3　大阪模範幼稚園の廃園と設立意義・・・・・・196

9　愛珠幼稚園を創った人々と保育の特徴

9-1　大阪の町人文化と愛珠幼稚園・・・・・・・203

9-2　愛珠幼稚園を創った人々と意気込み・・・・・206

9-3　愛珠幼稚園の保育・・・・・・・・・・211

9-4　主任保姆の人事問題と保育者養成・・・・・・217

10　仙台に幼稚園を創設した人々

10-1　賊軍となった仙台藩の青年たち・・・・・・233

10-2　矢野成文と仙台における幼稚園設置・・・・・237

10-3　仙台区木町通小学校附属幼稚園設立当時の保育の実際・・244

10-4　橋本よしぢと相原春の上京と保姆練習科への入学・・・249

10-5　同幼稚園の変遷と史的意義・・・・・・・254

11　武藤やちと函館の幼稚園教育

11-1 保姆練習科修了と東京女子師範学校幼稚園勤務・・・・・・261

11-2 櫻井ちか・武藤やちの渡道と函館師範学校仮幼稚園設立・・・262

11-3 愛珠幼稚園首席保姆・長竹国子の後任人事と武藤やち・・・・264

11-4 私立函館幼稚園の設立とその推移・・・・・・・・・269

12　古市静子と幼児教育の展開

12-1 古市静子と学問への情熱・・・・・・・・・・・283

12-2 桜井女学校附属幼稚園の「受持」と洗礼・・・・・・・289

12-3 駒込幼稚園の開設と苦闘の日々・・・・・・・・・291

13　矢島楫子・湯浅初子・宗方光と幼稚園

13-1 矢島楫子と桜井女学校附属幼稚園・・・・・・・303

13-2 湯浅初子と榎坂幼稚園・・・・・・・・・・・334

13-3 宗方光と熊本の幼稚園・・・・・・・・・・・344

14　海老名リンと会津若松の幼児教育

14-1 日向リンと海老名季昌の家庭と修業・・・・・・・359

14-2 戊辰戦争とその後の季昌とリン・・・・・・・・365

14-3 海老名リンと幼稚園・女学校の創設・・・・・・・・374

15　八王子の幼児教育を拓いた横川楳子

15-1 八王子千人同心横川家の幕末と明治・・・・・・・387

15-2 学問にいそしんだ若き日の楳子・・・・・・・・394

15-3 最初の保姆見習生・横川楳子と母校の附属幼稚園勤務・・・397

15-4 八王子で開いた幼稚園と女学校・・・・・・・・408

15-5 女学校の東京府への寄付と幼稚園の廃園・・・・・・422

年表・・・・・・・・・・・・・・・・・・・・・・・433

1　豊田芙雄と家族の人々

1-1　桑原家と藤田家の人々

1-1-1　桑原家の遠祖は織田信長の嫡子・織田信忠の家臣

　御三家の一つ水戸徳川家は、創始以来、何代もかけて家臣団を形成していったが、豊田
芙雄（1845 - 1941）の実家である桑原家は、徳川家康（1543-1616）の11男で水戸藩の初
代藩主となった徳川頼房（1603-1661/註；威公）の時代から仕えている最古参組である。

　水戸藩士の家系は『水府系纂』(1) が貴重な手がかりを与えてくれるが、これによると、
桑原家の遠祖は、織田信長（1534-1582）の嫡子・織田信忠（1555or1557-1582）の馬廻衆
（註；側近）で、天正10年（1582）6月2日、本能寺の変の際に信忠と共に二条城に立
てこもって、明智光秀軍と戦って討ち死にした桑原吉蔵（？-1582/註；信孟。この時、弟・
九蔵も討ち死にしている）である。桑原家は代々織田家に仕えていたが、吉蔵は織田信忠
軍の高遠城攻めに際して率先して攻め込んだ一人として、信長から直接「御褒美御感状」
を貰ったことが記録に残っている。

　吉蔵は3歳になる桑原次兵衛信重（1580-1639）を残した。信重は吉蔵の死後、身辺の
者と共に駿府に移り住み、長じて徳川家康の6男・松平忠輝（1592-1683）に仕えたが、
忠輝が配流となるため、元和4年（1619）から水戸藩主・徳川頼房に仕えるようになり、
200石取りの家臣となっている。信重（次兵衛）は寛永16年（1640）12月16日に亡くな
るが3人の男子がいて、信政（治兵衛）が桑原家を継ぎ、次男・直秀（庄六郎兵衛）は他
家の養子となり、3男・信近（次郎大夫）は分家独立している。

　この分家独立した桑原家が桑原幾太郎（1799 - 1861）・桑原力太郎（1837 - 1877）・桑原
冬（1845-1941/芙雄）・桑原政（1856-1912）らに連なる家系であり、二条城で討ち死にし
た桑原吉蔵（信孟）の孫・信近（次郎大夫）が分家筋の初代となっている。分家は初め
100石の士分であったが信近の代で50石加増があり、さらに後の代に50石加増があって
本家並の200石の家臣となっている。分家筋の桑原の「家」は幕末、明治以降まで残った
が信近の子・信就に男子がなく一度他家から養子・信強猶衛門（坂部四郎左衛門信利次男・
信成）が入っている。坂部家は代々加州前田家に仕えていたが、四郎左衛門信利の代に故
あって浪人となり、水戸に来て軽い役を勤めるが宝暦3年（1754）に切符を賜うようにな

り、徐々に役職も得ていったようである。早世する子どもが多かった江戸時代には、「家」
を存続させるために他家から養子を迎えることは珍しいことではない。こういう場合でも
家庭内で「そもそもわが桑原家は」と語られる場合は「織田信長公の嫡子・信忠公の家臣・
桑原吉蔵信孟を遠祖とし云々」となるわけである。あくまでも「家名」の存続が重要だっ
た時代の話である。ちなみに、本家筋の桑原家は寛永8年中に、当主の過ちと出奔があっ
て、断絶となっている。水戸藩において、絶家は全期間を通じて数割はあったというから、
珍しいことではない。

　幕末水戸藩の有名な儒者・青山延寿（のぶとし）（1820 - 1906）の子・勇（註；維新後、太政官勤め
をしている）は、西南戦争で戦死した陸軍少佐・桑原力（力太郎）を讃える「陸軍少佐桑
原君行状」（高橋清賀子家文書）という草稿を残しているが、それにおいても桑原家の遠
祖を「諱（いみな）信孟」とし「本能寺之變従信忠戦死」から始めているように、桑原氏の祖先は、
本能寺の変に際し、二条城に立てこもって、信長の嫡子・信忠と共に討ち死にした「桑原
氏」であるということは、身近な人々にも知られていたのである。

　当然、桑原家では、代々、こうした「家」の来歴を誇りとし、語り継いできたであろう
から、それは桑原家の子孫の「意識」に何らかの形で影響を与えたのではないか、という
ことにむしろ関心がある。父・桑原幾太郎（治兵衛）をはじめ、実兄・力太郎（力）、実
弟・政（ただす）、冬（豊田芙雄）が、そろって気位が高く、常にスケールの大きな視野を持って、
行動しているのもその一つと言えるかもしれないからである。

1-1-2　父・幾太郎（信毅）の幕末と斉昭の雪冤運動

　桑原冬（豊田芙雄）の父・桑原幾太郎（信毅（しんき））については、ここでは主として茨城県著
『茨城県贈位者事蹟』(2) や『水府系纂』を参考とするが—芙雄の回想などと若干食い違
う点はあるが—、幾太郎（信毅）は、字は毅卿で、初め幾太郎と称し、後に治兵衛と改め
ている。桑原猶衛門（信茂）の長子として、寛政11年（1799）、江戸小石川の藩邸で生ま
れている。文政5年（1822）、初めて小十人に補せられ江戸勤となる。文政12年（1829）
10月4日、藩主・徳川斉脩（なりのぶ）（1797-1829）が没すると、幕府の公子を後継に担ぐ一派に抗
して、江戸、水戸の有志を糾合して徳川斉昭（1800 - 1860）の擁立運動を起こし、継嗣が
斉昭に定まると、桑原は斉昭（烈公）の側近として重用されるようになる。

　幾太郎（信毅）は、天保2年（1831）7月13日、矢倉奉行となっている。父・猶衛門（信
茂）は、文政4年（1821）4月11日、格式留守居役同心頭列に進み、水戸藩主・徳川治紀（はるとし）

（1773‐1816/註；斉昭の父）の娘で鷹司政通（1789-1868/註；政通は、幕末、長い期間関白をし、太政大臣となっている）正室の鄰姫（清子）附属の用人として9年間京都勤をしたが、幾太郎は、天保4年（1833）7月19日、上洛し、徳川治紀の三女で二条斉信（1788-1847）正室の順姫附属の取次役格式馬廻列となった。この上洛の折には、藤田東湖（1806‐1855）が幾太郎に序文一篇を作って贈っている。天保6年（1835）2月11日、父子役割交代して、父・猶衛門が順姫附属となり、同日、幾太郎は鄰姫附属となったが、同年8月16日、父・猶衛門が致仕（隠居）するため、幾太郎が家督を継いでいる。猶衛門は多年の勤功を称せられ四人扶持を賜って養老の資としている。猶衛門の逝去は、天保9年（1838）4月24日、72歳の時であった。

　当時、神武天皇陵については、本居宣長（1730-1801）の「古事記伝」や蒲生君平（1768-1813）の「山稜志」等はあったが、確かなところがわからないので、幾太郎は斉昭の命を受けて、神武天皇陵比定を目途に現地踏査をし、住民の声を聞き取り、古書を参照して「東北山陵考」を著している。これは奈良奉行の川路聖謨（1801‐1868/註；日田代官所役人の子。勘定吟味役、小普請奉行、佐渡奉行、奈良奉行、大阪町奉行、勘定奉行など要職を歴任。天領役人の子としては異例の出世を遂げた人物）の「神武陵考」、谷森善臣（1818‐1911/註；幕末から明治の国学者）の「山陵考」等に影響を与えたと言われている。

　東北山陵調査に続いて、信毅は歴代山稜の調査研究に着手するが、父・信茂が致仕するため、天保6年(1835)、水戸に帰って大番組となり、天保10年（1839）に、軍用掛、続いて郡奉行となって民政改良に尽くしている。天保13年（1842）には書院番となり、翌年には小納戸に属し、再び軍用掛となっている。桑原幾太郎（信毅）は軍政、民政、学問の分野で活躍した水戸藩有数の武士だったのである。

　「東北遊日記」を書いた吉田松陰（1830‐1859）は、旅の初めに水戸を訪れ、会沢正志斎（1782-1863）、豊田天功（1805‐1864）、桑原幾太郎ら水戸学派の面々と会っている。桑原に会った際には、国中のどこが外敵に襲われてもそれは国全体の問題なのだと聞き、感銘を受けた松陰は深く謝している。吉田松陰著（広瀬豊校訂）『講孟余話』(3)には次のように記されている。

　　吾曽て水府に遊び、桑原幾太郎を訪ふ。桑原余が為に云ふ、諸藩の士を観るに、大抵東へ夷船の見へたるは、筑紫には患へず、北陸へ夷船の来りたる、南海には憂へざる者多し。何ぞ自ら小にし自ら私するの甚しきや。凡そ神州に生まれたる者は、切にこ

の念を除去し、共に神州を憂ひ、四海同胞の如くあり度ことなり。況や夷虜の害、独り東のみにして西は関らず、独り北のみにして南は関わらずに非ず。一旦事変起らば東西を分つことなく、また南北を限ることなし、神州一同の大患なり、思はざるべけんやと。余乃ち起て謝す。今にして思ふに、亦この章に通ずるなり。

　松陰の「東北遊」は、一応江戸藩邸の上役の許可は得ていたが「過所手形」の発行を待たずに出発したため、脱藩扱いとなって、蟄居の後、士籍剥奪、家禄没収、放免の処分を受けている。松陰の同行者は二人いた。一人は、盛岡藩の脱藩者で、兄の仇を討つために帰藩するという江帾五郎（1827-1879/註；後の那珂通高。盛岡藩士。戊辰の役で囚われるが、後、大蔵省、文部省に出仕。明治7年、稲垣千穎（1845-1913）と『小学読本』を著す。『古事類苑』の作成に関与）であり、もう一人は、肥後藩の勤皇の志士・宮部鼎蔵（1820-1864/註；池田屋事件で闘死）であった。水戸を訪ねた後、吉田、宮部は会津へ向かい、江帾は単独盛岡藩へ向かうことになった。ちなみに、江帾は那珂通世（1851－1908/註；東京女子師範学校長。東洋学者。東京高等師範学校、東京大学で教鞭をとる。若い頃、通高の弟子・九鬼隆三に勧められ慶応で学ぶ）の養父である。

　また、徳川慶喜（1837‐1913）を次期将軍として擁立する運動を展開した際には、桑原は仲間と共に西郷隆盛（1828‐1877）と面会し、島津斉彬（1809‐1858）の支援依頼取次ぎに関して相談をしたことは、西郷自身の書簡に記されている（4）。

　ただ、桑原幾太郎が大塩平八郎（1793‐1837）とも交流があったと聞いた時には、二人の接点がありそうもなかったので、さすがに荒唐無稽の話ではないかと思ったが、調べてみると、これもまた事実なのである。大塩は佐藤一斎（1772‐1859）を仲介者として自著を斉昭に上呈したが、こうした関わりから、上洛していた桑原と大塩との接点も生まれたのである。実際に二人の交流があったことは大塩側の資料が裏付けている。大塩平八郎の乱は天保8年（1837）の出来事であるが、桑原は乱の2年前に水戸に帰っていて、大塩平八郎の乱とは直接的にも間接的にも関わっていない。

　いずれにしろ、桑原幾太郎は、幕末動乱期の第一級の立役者たちと出会い、交わりを持つ機会を得ているが、これも幾太郎自身が水戸藩において有数の人材だったからである。しかし、このことは、幾太郎自身や家族に苦難の道を歩ませることにもなった。

　弘化元年（1844）、水戸藩主・徳川斉昭は、幕府から鉄砲斉射と仏教弾圧等を理由に処分を受け、雪冤運動に関わった桑原には、弘化3年（1846）、蟄居が申し付けられ、五軒

町の屋敷は没収され、禄は召し上げられて、一家は楓小路の小さな家に移り住んでいる。その後、会沢正志斎をはじめ桑原らは城西仲町の官舎に禁錮となっている。

　嘉永2年（1849）に、桑原は家に帰るが、弘化2年（1845）生まれの冬（芙雄）は、誕生後数年間は閉塞的な生活環境にあったのである。その後、幾太郎は間もなく小普請組となり、嘉永5年（1852）に、大番組、翌年、小納戸役、さらに再び軍用掛となり、安政元年（1854）、先手同志頭となって、斉昭に軍制改革に関して直接、間接の意見具申をしている。幾太郎は洋式軍備の導入に積極的で一時は幕府の軍制改革の任にも当っている。

　幾太郎の人となりは、常に深沈大志を持ち、筋を曲げないことで人と衝突することもあったが、周旋にも心がけ事を成し遂げたとされている。先の茨城県編の書物には桑原幾太郎信毅の歌として次の和歌が紹介されている（註；最初の歌は、北南島（きたみなみしま）の八十（やそ）しま・・・と読むべきか。スケールは大きい）。

　　北南島の八十しま行きかよひ吹き足らはせよ葦原のかせ
　　あし原の瑞穂の酒を舟に積みてあかす飲ませめ蝦夷の荒夫に

1-1-3　冬のきょうだいたち

兄・力太郎(5)

　豊田芙雄のきょうだいは、早世した二人を除いて、兄と姉と弟の3人があったと書かれることが多いが、正確には、兄・力太郎（註；諱は信力、称が力太郎、後に力と改める）、姉（註；早世）、姉・立子（1843 - 1908）、妹・名前未詳（註；嫁ぎ先で22歳で死去）、弟・政（ただす）（註；最初は正次郎）の5人がいる。冬は6人きょうだいの4番目に生まれている。兄・力太郎とは8歳、姉・立子とは2歳、妹とは7歳、弟・政とは11歳違いである。

桑原家では、子どもの教育に熱心であったが、躾にも厳しく、特に「長幼の序」を固く守らせていた。「豊田芙雄からの聞き書き」（高橋清賀子家文書）によると、朝寝をしている力太郎を「馬術の稽古に遅れますからお起きなさいませ」と声をかけて起そうとすると、逆に睨みつけられ叱り飛ばされるので「こわくてこわくて引き下がるのでした」と語っている。また、姉と一緒に手習い師匠のもとへ通う時にも必ず、1、2歩後ろに下がってついていかなければならず、何かの拍子に姉より1歩でも先に出ると厳しく叱られたと語っている。しかし、桑原家にも例外はあった。冬の妹は気が強い上に、早く母親と死に別れ

たということで父・幾太郎に溺愛され、そのため、妹の方がむしろ姉のように振る舞った、と芙雄は語っている。また、教育者となった豊田芙雄自身は、学校教育の中で長幼の序を強調するようなことはなかった、とも語っている。

　子ども時代に厳しい「長幼の序」の躾はあったが、成人後の桑原家のきょうだいの仲は良い。豊田家の男子がすべて亡くなって、同家の存続が危うくなった際には、芙雄は、一時、実家に身を寄せざるを得なくなったが、芙雄の要請で、兄・力太郎は芙雄に学問を教えている。また、後年、姉・立子は、夫・健が亡くなり、自身も病気その他で物心共に苦境に陥った際には、芙雄に宇都宮から水戸に赴任することを懇願している。また、実業界で成功し、経済的に余裕のあった弟・政は、水戸の芙雄に住まいの提供をしている。

　高橋清賀子家文書の「桑原力太郎年譜」や「水府系纂」によると、冬の兄・力太郎は、天保 8 年（1837）6 月 16 日、水戸で生れている。天保 13 年（1842）には、斉昭公に初奉謁している。安政元年（1854）正月、アメリカの黒船が再来すると、大砲打手が命じられ、江戸藩邸に出張し、4 月、帰府している。安政 5 年（1858）7 月 13 日、小姓を命じられ、同年 11 月 21 日には烈公（斉昭）に謁し、短刀を拝領している。万延元年（1860）6 月 21 日には、隠居した幾太郎に代わって、家督を相続し、200 石を賜るようになった。同年 7 月 24 日、水戸藩家老の太田誠左衛門資忠（1818 - 1869）の娘と結婚している。元治元年（1864）頃には、力太郎は藤田健（1839-1900/註；健二郎）と共に水戸の対立派に指弾され、200 石の禄は召し上げられ、僅か七人扶持となって、蟄居のまま維新を迎えることになった。

　明治元年（1868）3 月 14 日、力太郎は会津に出征している。同年 12 月 23 日には十番軽鋭隊長を命じられ、翌年 3 月 9 日、品川港を出帆し、4 月 17 日、松前に上陸、18 日、陸路で進軍するが、激戦の末、5 月 18 日、函館戦争が終結したので、6 月 1 日、現地を出帆し、8 日、品川に帰り着いている。

　明治 4 年（1871）10 月 15 日、東京鎮台召集隊大尉心得として兵部省より東京出張が申し付けられ、同 5 年（1872）1 月 28 日、陸軍大尉に任ぜられている。同 8 年（1875）12 月 27 日には、東京鎮台幕僚参謀となっている。同 10 年（1877）1 月 26 日、東京鎮台幕僚参謀を免ぜられ、大阪鎮台歩兵第八聯隊第二大隊長心得を仰せ付けられている。西郷軍が熊本に向け鹿児島を出発するのは 2 月 15 日のことであるから西南戦争開始直前のことである。西南戦争勃発と同時に、同月 19 日、第八聯隊第二大隊に出征の命が下って、桑

原の大隊は、野津鎮雄少将を司令長官とする第一旅団第一聯隊第二大隊に編入され、先鋒を担うことになった。

　同月20日、神戸を抜錨し、22日、博多に着港、24日、力太郎は瀬高駅より中隊を率いて三池街道を経て、高瀬口に向かい、西郷軍の左側を横撃し、大きな戦果を挙げている。これは両軍最初の本格的な激戦であった。

　3月3日、隊を率い、枝軍に属し、吉次越に向かっている。二俣で本軍と合体し、4月6日、田原坂から南東5、6キロの植木・木留の激戦地で勇戦したが、同日は早朝より天候が悪く、視界が悪い中、力太郎は西郷軍の弾丸を受け、戦死した。享年41。遺骸は轟村宇多尾に埋葬された。墓標番号は第二号であった。青山勇によると、大田誠左衛門の娘と結婚した力太郎には、男子は5人生まれたが長男・多気彦は夭折、次男・恒寿が家を継ぎ、三男・勝次郎、四男・勝三郎、五男・幾之進も夭折している。女子は2人いたが、力太郎が戦死した頃、長女はなお幼く、次女は夭折していた。

　姉の立子については、高橋清賀子家文書中に立子の葬儀の弔辞の草稿「畧歴」があるが、それによると、立子は、天保14年（1843）3月6日、水戸市上市藤坂町の邸で生まれている。文久元年（1861）3月、18歳で藤田東湖の嫡子・藤田健と結婚するが、結婚後は大姑・丹氏と姑・山口氏に良く事え、庶子・秀を養い嫡子とするが早世したため、次男・熊雄を嫡子としている。立子は性質温順でなかなかの良妻賢母ぶりを発揮しているが、生来、病気がちであったため、苦労も絶えなかったようである。

　ただ、立子もまた芙雄と同様、読書を好み豊かな教養を身につけていた女性であった。水戸藩の要職から、新政府の官吏となった夫・健は、東京勤務だけでなく東北の郡長、茨城県の県警部長などを経ているが、大姑や姑のこと、立子自身の病気のことなどもあって、同道できないことも多かったようである。

　妹・芙雄が大抜擢されて東京女子師範学校教員として旅立つにあたっては、立子は次のような歌を詠んで送り出したことを高橋清賀子氏は記している（6）。

　　　位山のほるたひ路になかりせはともにと我もいはましものを

　立子には妹・芙雄の大抜擢が羨ましくもあり、東京に去ることが寂しくもあったのだろう。藤田健は明治33年（1900）62歳で亡くなるが、立子は明治41年（1908）5月28日に亡くなっている。享年66歳であった。

弟・政 (8)

芙雄の弟・桑原政(1856-1912)については、幸い、斎藤郁子氏が『桑原政遺影』という伝記を入手し、『根本正顕彰会会報』(第73号)中の「『桑原政遺影』に見る根本正と豊田芙雄」(7)の中で詳述している。『桑原政遺影』は政の死後遺族によって出版された私家版であるが、国会図書館等でも収蔵していない貴重な一書である。

政は学界、政界、実業界において多彩な活躍をした人物で、少ない紙数では全貌を記述することは難しい。詳しくは斎藤氏の論稿を参照されることをおすすめするがここでは斎藤氏の論稿をはじめ、安川敬一郎日記、豊田芙雄の回想、日誌類、新聞記事等を資料に政に関して要点を記述することとする。

政は、安政3年(1856)2月24日、江戸小石川藩邸で生まれたが、同年中に母・雪は病を得て、同年8月19日、42歳で亡くなっている。母・雪が病気になると同時に、政は同藩中屋敷詰の鈴木吉兵衛方に預けられ、吉兵衛の妻・せいが乳母をしている。

その後、父・幾太郎の職務の都合で、一家で水戸に帰るに際し、政は引き取られ、姉・立子が母親代わりになって養育した。文久元年(1861)3月、立子が結婚すると、継母・松岡煕子が政を養育したが、政は針仕事をしている冬の周りで孝経、南朝百人一首などの素読を始めている。文久元年(1861)10月10日には父・幾太郎が亡くなり、翌年、冬も結婚する。政は、文久3年(1863)、8歳の時、青山延光(1807-1871)に入門した。

既述したように、元治元年(1864)頃、力太郎や藤田健は蟄居幽閉の身となり、その間、政も家にこもってひっそりと暮らしていたが、維新を迎えると、力太郎も家に帰ってきて、家禄も藩務も復活し、政も自由に学べるようになった。維新後すぐには手塚陽軒について学び、続いて長久保猷(註；地理学者・長久保赤水の縁者)の皇華塾に通い、15歳になると弘道館で学ぶようになったが、明治5年(1872)には、政は根本正(1851-1933)、清水某と共に上京し、藤田健の長屋に住み、新しい道を模索し始めている。

明治7年(1874)4月16日、工部省工学寮(註；明治10年1月、工部大学校となり、明治19年、東京大学工芸学部と合併し、帝国大学工科大学となる)の二期生の試験を受け、官費生として入学している。工部大学校には各2年ずつの予科、専門科、実地科があったが、政は、明治9年(1876)3月、予科を修了し、専門科では採鉱冶金学を学んだ。

学生時代の休暇には友人と兄・力太郎戦死の地を訪ね、墓標を見つけて感慨を深くしたこともあった。政は工部大学校ではお雇い外国人のスコットランド人ジョン・ミルン(1850-1913/註；東京大学名誉教授。函館の堀川トネと結婚)に学んだが、ミルンはわ

が国初の地震学会設立（註；服部一三会長。ジョン・ミルン副会長）を提唱し、地震計（註；重要文化財）を考案した人物である。ミルンは鉱山学、地質学、人類学などと共にモースと一緒に考古学研究にも手を伸ばすなど、幅広く活躍したが地震研究では世界的な先駆者となった。

　政は、明治13年（1880）5月8日、25歳の時、加藤木睦曳（1815‐1893/註；賞三。庄屋に生まれ水戸藩士となる。豊田小太郎と脱藩、上洛した人物。二宮尊徳と交流があった）の5女・直子と結婚している。同年5月18日、卒業し、工学士となった。同月26日、鉱山局に属し、三池鉱山分局勤務をした。明治14年（1881）11月22日の郵便報知で、日本地震学会に関して、次のような記事を掲載している。

　　日本地震学会
　　（上略）菊池大麓君が地震の理を観測するの方法、桑原政君が伊豆地方火山の模様に付演説ありて其他会員の討論も盛んなりし（註；以下略）

　新聞に、政と共に名前が出ている菊池大麓（1855‐1917/註；後、帝国学士院会員、貴族院勅選議員、文部次官、文部大臣/男爵）は、箕作秋坪・つね夫妻の次男で、留学先のケンブリッジ大学で常にトップの成績を維持したという大秀才で、当時、すでに東京大学理学部教授であった。元東京都知事・美濃部亮吉の祖父である。

　また、明治15年（1882）8月刊行の『工学叢誌　第十巻』に桑原政著「釜石鉱山景況報告」を掲載するなど、この時期、政は学界の人であったが、これに関連して前後の職歴も次のようになっている。

明治13年（1880）5月26日	三池鉱山分局勤務。
明治14年（1881）	工部省工作局勤務。同年工部大学校教授補となる。
明治15年（1882）9月11日	工部大学校助教授となる。
明治16年（1883）3月9日	工部大学校を依願退職。

　工部大学校で秀才だった桑原政は学界を去り、実業界に身を転じている。以後、明治31年（1898）に政界に進出する頃までの職歴は列記すると次のようである。

明治16年（1883）3月31日	住友に入り、別子銅山技師として活躍する。
明治18年（1885）9月15日	住友を去る。
明治18年（1885）9月25日	藤田組に転職。小坂鉱山課長（月俸100円）。技師長として本店勤務。大阪の今橋一丁目に住む。大阪の五大橋鉄橋化で藤田組は天満、天神、木津の三橋（註；現存する当時のものはない）を請け負うが設計できず政に設計書作成が任された。政は資材購入と欧米の鉱山視察のため、同年9月3日、神戸港を出帆した。
明治21年（1888）3月	米国を経て帰朝。
明治25年（1892）1月12日	大森鉱山事務所長となる。
明治26年（1893）7月	藤田組を辞職。
明治26年（1893）8月	7名の工学士仲間と工学士・桑原政工業事務所設立。建築・鉄道・鉱山・機械等の事業部門を持つ。わが国初の工業事務所。 　同年10月、清国より招聘され天津に赴き、江蘇省の鉱山調査、漢陽製鉄所視察など行う。 　元・工部大学校校長で、当時、清国の全権公使の大鳥圭介（1833-1911）はこれを大いに喜んでいる。 　同月、豊州鉄道株式会社取締役兼顧問技師となる。 　12月、帰朝。
明治28年（1895）3月24日	第四回内国勧業博覧会審査官拝命（内閣）。
明治29年（1896）4月	明治炭坑株式会社社長となる。41歳。

　政が社長となった明治炭坑は、大阪の資本家と九州の資本家が合同で作った株式会社であったが、本社は大阪に置いていた。役員には、時期によって人員に増減はあるが、常時10名内外の取締役に野田吉兵衛（1845 - 1910）、安川敬一郎（1849-1934）、今西林三郎（1852-1924）、児島哲太郎、麻生太吉（1857-1933）、常務取締役に稲垣徹之進や師岡毅がおり、監査役に松本重太郎（1844-1913）、甲斐宗治、山本周太郎らがいた。

安川は、地方財閥として有名な安川財閥を築いた人物で、石炭業、紡績業、製鋼業、鉄道業などで活躍したが、明治専門学校（現・国立九州工業大学）の設立者としても知られている。麻生太吉は、石炭業、電機業、セメント業等で活躍した実業家であったが、第92代内閣総理大臣・麻生太郎の曽祖父である。

監査役の松本重太郎は、大阪を地盤にした大実業家で、一時は、西の松本、東の渋沢と言われる活躍をしたが、松本を中核に創設した第百三十銀行（後の百三十銀行）の巨額の融資が焦げ付き、明治37年（1904）、同行は休業を余儀なくされ、政府の財政支援を受けた安田善次郎（1838-1921/安田財閥の祖）の手に渡った。その時点で、松本は全事業から引退したが、松本が関与した大阪紡績（現・東洋紡績）、南海鉄道（現・南海電鉄）、山陽鉄道（現・JR西日本）、日本火災保険（後の日本火災海上保険。現・NKST-HD/損害保険ジャパン日本興亜）、大阪麦酒（現・アサヒGHD/アサヒビール）は現在も健在である。

松本は、現・愛珠幼稚園園舎を建設する際の相談役となっているが、すでに明治20年（1887）に学務委員を引き受けており、同園とは関わりが生まれていた。また、愛珠幼稚園設立の直接の主導者・滝山瑞（1851-1931）らが、明治29年（1896）に設立した日本教育保険（註；4年後、日本教育生命保険と改称）の初代社長でもあった。

野田吉兵衛もまた、大阪の資本家で第百三十四国立銀行や天満紡績など多くの企業設立、経営に関わったが、現在の愛珠幼稚園の建物(重要文化財)の建設委員でもあった。豊田芙雄の実弟・桑原政が社長を務めた明治炭坑の重役の内二人も愛珠幼稚園の建築に関わっているという事実は面白い。また、野田は、愛珠幼稚園の設立委員の一人である原嘉助他3名で第百三十四銀行を設立した人物でもあった。

明治炭坑について、いま少し補足しておくと、同社の誕生は安川が資金調達の便と事業拡張を目的に大阪の資本家に合同経営を持ちかけたことをきっかけとしている。安川の著述を、子息の安川健次郎が昭和10年（1935）に編集して発行した『撫松余韻』(9)の日記抄の部分には、次のような記述が見られる（撫松は安川敬一郎の号である）。

明治29年

春、故桑原政を介し故松本重太郎・田中市兵衛・野田吉兵衛等に開談、明治炭坑株式会社を創立す。蓋し此際故岩井伴七より其権利を買収するの機会到来せると、諸設に要する資金を得るが為也。其後大城坑々内火災を起し終に水没消火に決す。為めに増資の計画を一時延期し、復旧費は一時融通を計ることに決す。

安川は、明治26年（1893）、田川地区の石炭搬出を目的とする豊州鉄道の取締役・桑原政を介して、大阪の資本家と接触を持った。ただ、安川は、収益を事業拡大に使うことを考えるが、大阪の資本家は配当重視を主張するため、基本的な考え方が噛み合わないこともあって、安川は同社の株を買い取って個人企業とすることを意図するようになった。最終的には、資本家の同意も得て、明治35年（1902）11月30日、同社は個人名義となっている。いずれにしろ、安川は明治炭坑を活用して地方財閥形成に踏み出すことになったのである。

　安川敬一郎の日記によると、安川は頻繁に大阪、東京へ移動しているが、桑原らも、常時、大阪にいるわけではなく、必要に応じて九州に出かけている。

　ともかく、政はこうした人々の中にあって、自らの専門を生かして活躍していたが、実業界だけでは飽き足らなかったのか、明治31年（1898）には衆議院議員選挙（水戸）に立候補し、当選している。ちなみに、豊田家、桑原家に縁の深かった根本正も同時に茨城県から初当選している。政の政治家暮らしは長くはなかったが、その間の経歴は以下のとおりである。

明治31年（1898）4月1日	第5回衆議院議員総選挙で当選（43歳）。この時、根本正も初当選。同年8月10日、第6回衆議院議員総選選挙で、政、落選。同年10月8日、大阪高等工業学校（現・大阪大学工学部）商議員嘱託（文部省）。
明治35年（1902）8月10日	第7回衆議院議員総選挙で当選。
明治36年（1903）2月17日	第五回内国勧業博覧会審査官拝命（内閣）。同年3月1日、第8回衆議院議員総選挙で当選。

　政党とは無関係の政は中立派を糾合することに熱心だったようで、『新聞集成　明治編年史』（林泉社）には、明治36年（1903）5月1日の東京日日新聞には次のような記事が残されている。

　　政界の中立団体組織具体化

過日の博覧会開場式を機として大阪に集合中立議員諸氏は、桑原政氏の旅亭に会合し、議会中同一の事務所を設け、成るべく歩調を一にすべき申合をなしたるが、愈々明二日迄に東京に来集し同五日懇親会を開くに一決し、既に規約草案を起草したるが其の要項は左の如し。（中略）猶現在の加盟者左の廿一氏なるが、四五十名に増加せん予定なりといふ。（以下略）

　この中立団体の政治的な力は、明治36年（1903）12月10日のいわゆる「奉答文事件」の際に発揮されている。これは衆議院議長・河野広中（1849-1923）が、議会の慣例を破って、個人的に綴った桂太郎（1847or1848-1913/註；旧長州藩出身/第11代、13代内閣総理大臣/公爵）内閣弾劾の「奉答文」を読み上げ、いったん、全員一致で可決されたのだが、異常に気付いた議員たちが抗議を申し入れ、再議決を要求して大きな騒ぎとなった事件である。激しく異議申し立てをした人々は、中正党33名を代表して桑原政、交友倶楽部25名を代表して内山敬三郎、無所属68名を代表して臼井哲夫（1863-1935）、帝国党18名を代表して佐々友房（1854-1906/註；肥後の元勤皇派。藤田東湖、会沢正志斎などの水戸学に傾倒。西南戦争で西郷軍と行動を共にした。紀平悌子は孫）らであった。

　ただ、この後、政は政治家生活に嫌気がさしたのか「自今専心実業に従事す」という新聞広告を出して政界を引退し、以下のように文字通り実業に専念するようになった。

明治37年（1904）	桑原伸銅社を設立している（註；数年で廃業か）。同年9月、関西商工学校理事となる。
明治38年（1905）5月	大阪商業会議所特別議員となる。
明治39年（1906）11月19日	京阪電気鉄道株式会社取締役となる。
明治40年（1907）3月	岡實康、竹内善次郎ら4名と政とで内燃機国産化を目指して「発動機製造（株）」（註；後のダイハツ）を設立し、取締役に就任。4月、明治製錬株式会社取締役社長及び九州炭鉱汽船株式会社監査役となる。5月、大阪商業会議所特別議員に再選。
明治44年（1911）1月17日	京阪電気鉄道株式会社専務取締役就任。
明治45年/大正元年（1912）	4月、病気となる。9月9日、逝去。享年57歳。

兄・力太郎は軍事面で近代国家建設の礎となり、姉・芙雄は近代幼児教育と女子教育の先駆者となり、政はわが国近代産業発展の功労者となったのである。元々、3人とも優れた資質の持ち主ではあったが、いずれも意志が固く、実行力、決断力に富み、努力家であったということは共通している。

　政は秀才で几帳面な人であったが、東湖風の豪快なところもあり、また濃やかな情愛の持ち主でもあったようである。政の周りには常に学士仲間、産業人仲間が集まって交友を深め、そのことが幅広い事業展開にも繋がっていったが、桑原邸では時には仲間たちと家族ぐるみの宴会をし、仮装などをして、家族たちを楽しませることもしたようである。

　企業人としてはワンマンな側面もあったが、常に姉たちの生活を気遣い、継母に孝を尽くし、乳母・せいにまで養老金を送り続けている。政はそういう人だったのである。

　芙雄の妹は何も残すことなく婚家で22歳の時亡くなった、と言われているが、この妹も1冊の自詠歌集は残した。妹も桑原家の人であり、藤田家に繋がる人だったのである。

　芙雄の養嗣子・豊田伴（1863 - 1930）についてもここで触れておくと、伴は天功の弟子・栗田寛（1835-1899/註；後、東京帝国大学教授。『大日本史』の実質的完成者）に就いて学び、後には栗田の仕事を手伝うようになったが、明治15年（1882）、東京大学に設置された古典講習科甲部（国書課）に入学している。翌年、乙部（漢書課）が設置されるが、中村正直（1832-1891）は乙部の授業を担当している。

　芙雄の日誌によると、芙雄は中村が東京大学に転出した後も、中村邸に年賀の挨拶に出かけているので、養嗣子・伴の在学中、連れ立って挨拶に伺うようなこともあったかもしれない。少なくとも、当時の芙雄の日誌によると、芙雄の喪中には伴が代理で年賀の挨拶回りをすることもあったようで、中村邸も当然含まれていたであろう。

　明治20年(1887)、伴は古典講習科を修了し、明治21年(1888)3月8日、新島襄(1843-1890)が校長をしている仙台の私立東華学校の教師となり、国語科漢文科教員仮免許状を受ける。同校は、近藤はま（1840-1912）と私立幼稚園を創った、新島の米国留学以来の友人・富田鉄之助（1835 - 1916）をはじめ、宮城の人々の援助を受けて設立した同志社の分校で、後の官立宮城英学校、県立中学校などになる。伴は、明治23年（1890）9月、郷里の茨城県師範学校助教諭（月俸18円）となって、国語を担当するようになった。後には、東京大学に勤務し、史料編纂に関わる仕事をしているが、さらに後には、渋沢家の史料整理の仕事などをしている。著書に『新撰日本文典 上』（10）、『豊田香窓先生年譜略　完』

（11）などがある。昭和5年（1930）7月7日、伴は67歳で亡くなっている。伴は豊田家の人々を顕彰し、豊田家の人々の叙位、叙勲には代議士・根本正と共に陰ながら働いた人でもあった。

1-1-4　藤田東湖と冬の母・雪

　豊田芙雄が紹介される場合は常に「藤田東湖の姪の」という「修飾語」が使われているが、幾太郎も「藤田東湖の妹婿の」とされる場合がある。幕末、明治の人々にとっては、東湖は明治維新の三傑・西郷隆盛（1828 - 1877）、大久保利通（1830 - 1878）、木戸孝允（1833 - 1877）らを凌ぐ英傑であった。東湖は水戸学の大家で常に斉昭派の中心にいた。斉昭処分の時期には側用人をしていて、同時に東湖も処分されたが、斉昭の処分解除後は再び側用人として活躍している。東湖は藩内の保守派、改革派の対立を調整する立場にもあったが、惜しくも安政の大地震で圧死している。

　東湖について『豊田芙雄と草創期の幼稚園教育』（建帛社）で触れている事柄はここでは省略するが、一言だけ付け加えれば、「藤田東湖の姪の」といわれることは「それだけに名実共に芙雄もただの女性ではない」という言外の意味を含んでいた。

　水戸学の学者・藤田幽谷（1774 - 1826）には、男子2名（長男は早世）、女子4名の子どもがいたが、東湖には漢学を、娘たちには和学を学ばせたと言われている。東湖は言うまでもないが、娘たちも才女ぞろいであった。特に三女・おかのは御殿に上って、紫式部の異名を取り、斉昭から度々書物を賜っている。冬の母・雪も「和歌を善くし、筆跡も巧みで、正直快活で、質素を旨とし、子どもの教育には厳格だった」（12）という女性であった。

　冬は幼少期にこの母・雪から詩歌などを読み聞かされて育っている。そのことが日本人幼稚園保姆第一号として、唱歌「家鳩」や「風車」などの名改訳詞を生み出す基ともなるのである。当時の唱歌の歌詞は一括して、古風で難解であったとされているが（学生向きの曲では特にそうした歌詞も少なくないが）、当時の幼児にとって「家鳩」や「風車」の歌詞はそれほど難しいものであったであろうか。むしろ日本語の持つ柔らかい格調の高さは評価されるべきものではないのか。「家鳩」が明治30年代になっても、なお教科書に掲載されている理由もそこらにあるのではないのかと思う。

1-1-5　藤田健と藤田小四郎

藤田健は東湖の次男（長男は早世）で嫡子であるが、藤田小四郎（1842 - 1865）は東湖の妾・土岐さきとの子で四男である。健は天保 10 年（1839）、小四郎は天保 13 年（1842）生まれで、それぞれ冬の 6 歳年上、3 歳年上となるが、親戚の子どもとして一緒に遊ぶこともあったようで、小四さんはかくれんぼ等をしても、井戸に隠れるなど危ないことを平気でするので、子どもながら驚いたということを、後に芙雄は語っている。

　成長しても藤田家では小四郎を持て余したようで、冬が豊田家に嫁いだ後、冬の実家・桑原家に預けられ、そこから弁当を持って彰考館に通っていたが、ある日、断りもなく出奔して、仲間を糾合し、筑波山で挙兵するのである。天狗党の乱である。まだ 20 代になったばかりの若武者・藤田小四郎は決起軍の首謀格となった。小四郎らの戦いぶりと悲劇的結末については、本書の最終章・横川楳子（1853-1926）の章でも触れているので参照されたい。また、小四郎らの乱が冬の親戚にも塁を及ばしているのは『豊田芙雄と草創期の幼稚園教育』（建帛社）でも触れているとおりである。いわば悍馬のようだった小四郎も、今は水戸常盤共有墓地の兄・藤田健の墓域の中でちんまりと鎮座している。

　藤田健は、同じ水戸藩の改革派でも桑原力太郎、豊田小太郎らと同様に、小四郎のような急進派ではなかったが、幕末には小太郎は暗殺され、健と力太郎は水戸藩で囚われの身のまま明治維新を迎えている。

　健は、明治物故者の新聞記事その他によると、幕末から廃藩置県までの間は、後に、最期の水戸藩第 11 代藩主・徳川昭武（1853-1910）となる公子（註；余八麿）付から中奥小姓、使番、先手物頭、目付、徒士頭を経て、権大参事に就いている。廃藩置県後は、明治 5 年（1872）、上京し、正院八等で出仕したが、明治 7 年（1874）、権少外史（正七位）、明治 9 年（1876）、権少内史（従六位。月給 150 円）を経ている。西南戦争による経費削減の影響で、一時、官職を離れるが、明治 12 年（1879）、山形県南置賜郡長、明治 14 年（1881）、同県西村山郡長、明治 15 年（1882）2 月、水戸第六十二国立銀行頭取、同時に、茨城県警部長、明治 17 年（1884）2 月 14 日、東茨城郡長、明治 19 年（1886）、茨城県書記官（奏任四等三級）第二部長、明治 23 年（1890）、諸陵助、明治 24 年（1891）12 月 8 日、正六位となっている。

　藤田健は、明治 33 年（1900）4 月 15 日、腎臓病で亡くなった。享年 62 歳。健は芙雄が創設した私学「翠芳学舎」の命名者でもあった。芙雄が、明治 34 年（1901）2 月、宇都宮の高等女学校から水戸の高等女学校に異動した理由の一つには、藤田健没後、気弱になっていた姉・立子の強い懇願も絡んでいた。豊田芙雄の生涯は、藤田東湖だけでなく、

嫡子・健とその一家とも切っても切れない関係にあったのである。

1-2　婚家豊田家の人々

1-2-1　彰考館総裁の舅・豊田天功

　冬にとって舅である豊田天功もまた幕末水戸学派の巨人であったが、その生涯の概要を紹介するだけでも相当の紙数を要するので、ここでは要点を記述するにとどめる。天功は芙雄の実父・幾太郎と同様、学者、研究者の生きざまを、身を以って小太郎や冬に示した人であり、冬が受けた影響も小さくはなかったと思う。

　冬が舅・天功に仕えたのは、天功の最晩年の1年半余りであったが、天功の還暦の際には冬は祝いの和歌のやり取りをしている。また、天功は最晩年には胃癌に侵されていたが、病態を見せるようなことはなく、冬がいつ起きても、鼻水をすすりながら執筆を続けていた、と語っている。豊田芙雄は、後、クララの教えを基に編集した講義録「代紳録（備忘録）」という、当時としても珍しいタイトルの手記を残しているが、こうした名称などについても、天功に教わったものではないかと推測する。天功自身「代笏録」という備忘録を2点書いているが、代紳録、代笏録とも貴族たちが宮廷の複雑な行事の進行等を間違えないように、式次第などを紙に書いて太帯の垂れた部分（紳）や笏の裏側に貼りつけて、こっそり見たということに由来している。代紳録や代笏録は、いわば公家のカンニングペーパーを語源としているのである。代紳録という言葉は、かなり大きな辞書にも載っていないが、現時点では、各地の図書館等に数点の「代紳録」という文書が残っているのがわかっている。

　豊田天功については、多種多様な書物がその人物像を記しているが、ここでは嫡子で冬の夫・豊田靖（香窓・小太郎）が書き、明治になって豊田伴が出版した『松岡先生年譜』（13）を手がかりに概略をまとめると以下のようになる（註；松岡は天功の号の一つ）。

　　天功は、文化2年（1805）、庄屋・豊田信卿の次男として久慈郡坂之上村（現在の
　　茨城県常陸太田市）で生まれている。名は亮、幼名は丑松、後に彦次郎と称し、号は
　　松岡、晩翠、字が天功である。幼少期より神童と賞されるほどの大秀才で、文政元年
　　（1817）、14歳の時、青藍舎に入って藤田幽谷の門人となり、翌年には、1歳年下の
　　幽谷の嫡子・藤田東湖と江戸に上り、亀田鵬斎（1752‐1826）、太田錦城（1765‐1825）

に儒学を学び、岡田十松（1765 - 1820）に剣術を学んだとされている。文政 3 年（1820）には、彰考館見習いとなった。文政 6 年（1823）、19 歳の時、天功は『禦虜対』を著して江戸彰考館にまで名声が轟くようになる。文政 10 年（1827）には、「不心得」を理由に郷里で蟄居の身となるが、東湖の計らいで徳川斉昭に認められている。

　天保 3 年（1832）、大門村（現在の茨城県太田市）の黒羽資満の次女・万と結婚し、翌年、28 歳の時、『中興新書』を著して斉昭に上呈した。藩政改革のためには人材登用が必要であることを訴える内容であった。天保 12 年（1841）、37 歳の時、再び彰考館に勤務し、翌年 9 月、『仏事志』を著し、斉昭に大きく賞せられることになる。天保 14 年（1843）8 月には、『氏族志』を書き上げている。

　弘化元年（1844）5 月、天功 40 歳の折に、徳川斉昭が隠居・謹慎を受け、天功らも憤慨して雪冤運動を展開したことは先に述べたが、翌年 3 月には、豊田、桑原らも処分を受けることになったのである。弘化 3 年（1846）秋、『明夷録』を書き、翌年 6 月、『鶏鳴録』を著し、「國難之事」を述べている。

　嘉永元年（1848）10 月、44 歳の時、『精忠新録』を書き、「宋岳飛之事」に関して記載した。嘉永 2 年（1849）11 月、ようやく禁錮が解かれ、嘉永 3 年（1850）3 月、『靖海全書』を著し、中国の大患などに触れ、外夷の脅威と警戒を説いている。

　嘉永 6 年（1853）6 月 3 日、ペリー艦隊が浦賀に来航する。天功は憤りを以って「防海新策」などを上奏するが、9 月には、「合衆國考」まで著すのである。また、斉昭の命を受けて、安政元年（1854）9 月、天功がちょうど 50 歳の時、『北島志』を完成させている。

　天功の目は現状を鋭く見つめながら古今東西に及んでいた。豊田、桑原らは外夷の脅威を説くが、単純な尊皇攘夷論者ではなく、水戸藩でも蘭学を学ばせるべきだと斉昭に提案し、天功自ら蘭学を学ぼうとした時期すらあったのである。水戸藩での蘭学修行は、斉昭の思惑もあって、すぐには実現しなかったが、後には、豊田小太郎ら 6 名の選抜者に蘭学修行の機会が与えられることになる。

　安政 3 年（1856）7 月、52 歳で彰考館総裁となり、8 月、『北虜志』を著している。翌年、『食貨志』、翌々年、『兵志』を書き、万延元年（1860）7 月、『息距編』を書く。同年 8 月 15 日には、烈公・斉昭が崩御した。この年 11 月、50 石増があって豊田家は従前の 200 石となる。また、同月には、『刑法志』を書き上げている。

　文久 2 年（1862）10 月、58 歳の時、『論語時習録』を書く。この年には病状がかな

り悪化していたが、翌年になっても、「及疾已甚、尚勉強起坐、筆削職官志、未嘗就枕、其勉勵如此」という状態であった。まさに命を削るような学者の生き様である。

　元治元年（1864）1月21日、天功は60歳で逝去するが、死の直前に嫡子・小太郎（靖）を枕頭に呼び「今我去矣、汝審聽此言、汝學業未成、徑歴尚淺、自後益自奮勵琢磨」と諭し終えて息絶えている。

死の間際に息子を枕頭に呼び「わしも最早これまでだ。だからこれから言うことを心して聞け。お前はまだ学業成らず、経歴も浅い。今後奮励して研鑽に務めよ」というのだから、何とも厳しい言葉である。これが豊田小太郎の父であり、豊田冬の舅だったのである。同年11月23日には、天功の妻で冬の姑の万が57歳で死去している。

1-2-2　早世した豊田家の人々

　冬の夫・小太郎は天功の長子として生まれ、5人の弟たちがいたが、次男の鴨之介、三男の司馬三郎は早世し、残った3人の弟たちも、四男の司馬四郎(友徳)は、文久2年(1862)11月2日、22歳で養子先の小松崎家で死去し、五男の輝（朋来）は、慶応2年（1866）12月12日、22歳で死亡し、さらに、六男の末弟・達（半之介）は、慶応3年（1867）3月1日、17歳で死去している。五男、六男の二人は共に死因はチフスといわれている。この時代は、医学の未発達のために、成長した若者であっても結核やコレラ、チフスなどの伝染病で死亡する例も少なくなかったのである。

　しかも輝、達の弟二人の死に先立って、慶応2年（1866）9月2日には、長子・小太郎も京都で暗殺されているので、豊田家には冬一人が残るのみであった。豊田家では、跡目相続をする者が皆無となったため、冬はやむなく実家・桑原家に戻っている。

　ただ、小太郎の脱藩、暗殺で絶家もやむを得ない状況であったが、水戸藩の配慮もあって、四男・司馬四郎（友徳）の遺児・伴（数え年5歳）を冬が養子に迎えることで、豊田家の存続が許されている。

1-2-3　豊田小太郎の生涯と暗殺

　冬の夫・豊田小太郎の政治的活動や暗殺の経緯等についても『豊田芙雄と草創期の幼稚園教育』（建帛社）に書いているので、重複する部分は記述を省略するが、小太郎の生涯については、小太郎の死後、豊田家の養嫡子となった豊田伴が『豊田香窓先生年譜略　完』

（14）に詳しく記述しているのでここではこれを参考に概略を記述することとする。

天保5年（1834）	3月1日、父・豊田天功、母・万の長子として常陸久慈郡坂上の里に生まれる。
天保12年（1841）	弟・友徳（司馬四郎）が誕生。
弘化2年（1845）	弟・輝が誕生。
嘉永3年（1850）	17歳の時、馬術並びに剣を学ぶ。
嘉永4年（1851）	正月26日、18歳、初めて藩黌弘道館に登る。11月15日、冬季の撃剣を始めている。また、この年、馬術泳法を学ぶ。この年には、弟・達が誕生。
嘉永5年（1852）	正月10日、砲術家・福地廣庭に就く。2月26日、清水原の演砲に出る。3月、那賀郡の狩猟に会する。5月5日、会津藩の南摩綱紀（なんまつなのり）（1823‐1909/註；後、東京大学教授、東京高等師範学校教授等）を訪ねる。 6月、弟・友徳、小松崎家を嗣ぐ。11月29日、会沢正志斎を訪問。この年、神發流馬術を修める。
嘉永6年（1853）	20歳の時、正月19日より弘道館に登る。5月2日、病気のため停止。4月、海保帆平（かいほはんぺい）（1822-1863/註；安中藩士の次男に生まれる。水戸藩に出仕。北辰一刀流の剣士。天功、小太郎宛の幾通もの書簡を残す。41歳で死去）に就いて、数理を尋ねる。6月11日、下野の日光に至り、浴養をし、7月6日、家に帰る。9月、清水原の演砲に出る。11月21日、冬季の撃剣を始める。 12月11日、京都に向かって発つ。14日、江戸に至り、浦賀鎌倉を過ぎ、大晦日、鳴海に宿泊。

　小太郎は嘉永6年（1853）に20歳を迎えるが、様々な武術を学び、19歳、20歳の時、水戸学の大家・会沢正志斎、藤田東湖を訪ねている。小太郎の場合、水戸学の大家で父親の天功から、日々、薫陶を受けていたが、会沢、藤田に直接会ってまた別な刺激をも受け

たのであろう。豊田伴の書はさらに次のような内容を記述している。

安政元年（1854）	正月元旦、熱田宮、6日、伊勢神宮を参詣し、奈良大阪を経て明石に至る。17日、京都に入って、祖考（註；亡くなった祖父）の帰葬を終え、中仙道を経由して、2月10日、帰藩する。4月4日（註；おそらく江戸で）、薩摩の重野安緯（1827‐1910/註；旧薩摩藩士。昌平黌で学ぶ。西郷隆盛と同時期に大島流罪。二人の交流深まる。ペリー来航時、海防策を書く。実証主義の歴史学を提唱。日本歴史学の泰斗。日本初の文学博士）を訪ねる。同じく、尊攘派の巨魁の一人である梅田雲浜（1815‐1859/註；定明。安政の大獄で捕縛。獄死）を訪ねる。12月22日には、南部の大島高任（1826‐1901）に就いて、蘭学を研修することが命じられている。
安政2年（1855）	9月9日には、大島に代わって、安芸の下間良弼（？‐1862。適塾出身）に就いて、蘭学を修めることが命じられる。

安政3年（1856）12月	肥前の島団衛門（1822‐1874/註；島義勇）を訪ねる。島は明治初年、開拓使の官吏として札幌開発に貢献。後、佐賀の不穏な動きを案じて郷里に帰るが、佐賀憂国党の党首に担がれる。同じく佐賀征韓党首領に担がれた江藤新平（1834‐1874）と共に佐賀の乱を起す。敗色濃厚となって鹿児島に逃れるが、捕縛され、江藤と共に斬殺の刑を受ける。因幡の安達志津馬（1835‐1884/註；安達清風。昌平黌で学ぶ。会沢正志斎に学ぶ。維新後、岡山県日本原開拓に貢献）を訪ねる。

安政4年（1857）2月29日	24歳の時、翻訳書『航海要録』が完成。父・天功を通じて斉昭に上呈し、斉昭よりお褒めの言葉を戴く。3月10日、天文音楽の志料蒐集の命を受ける。同行の清水輝忠は楽科を主とする。4月26日、出発し、5月9日（註；おそらく江戸で）、斉昭（烈公）に謁し、24日、京都に着く。 　8月22日、青蓮院宮並びに三條内府公に建議書を上呈。これは帰藩後、出過ぎた行為として1ヶ月逼塞の処分。8月末から9月上旬にかけて南紀方面に旅行。10月21日、帰藩。

　安政元年（1854）、21歳になった小太郎は水戸藩の命で仲間数名と共に大島高任に就いて蘭学を学び始めている。大島は南部藩の藩医の家に生まれ、江戸で蘭方医の箕作阮甫（1798or1799-1863）、坪井信道（1795-1848）に学び、長崎で採鉱術を学んだ人であるが、嘉永6年（1853）、斉昭が水戸に反射炉を作るために呼んだ。大島の後は下間良弼（註；適塾出身）、栗原唯一（生没年未詳/註；適塾出身。塾頭）に学んでいるが、下間は安芸の人、栗原は京都の人で、両者共適塾で緒方洪庵に学んだ蘭学者であった。水戸藩の蘭学修業は元々桑原幾太郎、豊田天功らが斉昭に提案し、暫く棚上げされた後、実施されることになったもので、蘭語を習得させて、西欧の新知識を導入しようという意図を持っていた。同年、小太郎は尊王攘夷派の四巨魁の一人・梅田雲浜に会っている。豊田伴はさらに次のように記述している。安政4年（1857）2月29日、24歳の時に、蘭語修業の成果である翻訳書『航海要録』を完成させている。これは父・天功を通じて斉昭に上呈されたが、斉昭からは「息子もなかなかの秀才である」というお褒めの言葉を貰っている。

　この年、藩命を受けて京都に志料収集に出かけているが、小太郎は志料収集に飽き足らず、政治的関心を深めている。この時、安倍、綾小路の二家に来往し志料を蒐集する傍ら、次のような多くの過激な志士との交友をしている。

・頼三樹三郎（1825-1859）　註；醇とも称す。頼山陽の子。安政の大獄時、捕縛され斬首される。
・僧・月性（1817-1858）　註；月照とは一字違い。長州の海防僧。長州藩論を尊皇

攘夷へと導く。幕末仏教界で最大の影響力を持った西本願寺派の勤皇僧。小太郎を高く評価した。業半ばで病死した。関信三の章で詳述する。

・梁川星巌（1789-1858）　註；名を孟緯とする。安政の大獄時、逮捕直前にコレラで死亡する。漢詩人であったので巷では「死に上手（詩に上手）」と言われた。

・大楽弘毅（1832or1834-1871）　註；大楽源太郎の変名。勤皇僧・月性の門下生。後、長州藩の忠憤隊隊長。大村益次郎（1824-1869）暗殺関与などの嫌疑を受け、久留米で斬殺される。

・池内大学（1814-1863）　註；池内奉時。斉昭と縁戚関係の尊超親王の近侍となっていた関係で、江戸で斉昭に謁し、意見を述べる機会があった。斉昭から書を貰う。安政の大獄時、自首。重罪を免れたが、大阪で人切り以蔵らに殺される。

・松田範義（1830-1864）　註；肥後藩士。松田重助。宮部鼎蔵に学ぶ。勤皇家。池田屋騒動で宮部らと新選組と戦い討ち死にする。

　先に知るところとなった梅田をはじめ、頼、梁川、池内の「尊攘四天王」の全員と交流しているのである。小太郎は自分の言葉で主義主張を語れる人であったから、当時の超過激派の面々からも、「豊田天功の息子だけになかなかの奴だ」というくらいの評価は受けていたかと思う。月性の書簡による小太郎への高い評価は『豊田芙雄と草創期の幼稚園教育』でも紹介したとおりである。豊田伴の著述は次のような内容へと続いている。

| 安政 5 年（1858）9 月 20 日 | 薩摩の日下部翼（1814-1859/註；日下部伊三治の変名。元々薩摩藩に属するが、水戸藩の斉昭に仕え、さらに後、斉彬に見込まれて再び薩摩藩士となる。
　戊午の密勅を江戸水戸藩邸に運んだ人物。安政の大獄で捕縛され、獄死している）を訪ねる。
　また、この頃、しばしば遠縁の関係にもなる桜眞金（註；桜仁蔵。東湖の門人。西郷隆盛はじめ尊皇攘夷派の重要人物との交流が深い。豊田天功、桑原幾太郎らの同志。根本正の妻・徳子の祖父。徳子は芙雄の翠芳学舎の教員）の家を訪ねている。 |

安政6年（1859）3月4日	仙台藩士の岡千仭（1833-1914/註；号は鹿門。幕末、明治の有数の漢学者。尊皇攘夷派）を訪ねる。 4月4日、たぶん江戸で、仙台藩の開成丸を見る。 8月、烈公（斉昭）の就藩に扈従する。
万延元年（1860）3月3日	桜田門外の変。5日、江戸出府の命を受ける。6日、水戸を発ち、8日夜、礫川邸（註；礫川＝小石川。水戸の小石川藩邸。水戸藩江戸上屋敷）に着いている。 戊午（安政5）以来、在江の日が多く、昌平黌、羽倉簡堂（1790-1862/註；儒学者）、箕作阮甫の塾等に常に来往する。また、川路聖謨、塩谷世弘（1809-1867/註；宕陰と称す。儒者。昌平黌教授）等の名士と交流する。
文久元年（1861）	徳島藩士の沼田虎三郎（註；沼田寅三郎。幕末、アーネスト・サトウの『英国策論』を翻訳）を訪ねる。
文久2年（1862）6月28日	29歳の時、桑原冬18歳と結婚。 11月2日、弟・友徳22歳が死去。

　小太郎は、著名な名士たちを訪ねているが、そうしたことを通して自らの学びを深め、自らの考えに磨きをかけたのであろう。これは幕末の若者たちの学びのスタイルでもあった。文久2年（1862）6月28日、20代最後の年に、小太郎は、桑原冬、18歳と結婚する。豊田伴の著書にはさらに次のような内容が記述されている。

文久3年（1863）正月26日	弟・輝と共に南上し、緒方洪庵（1810-1863/註；医師・蘭学者。大坂に適塾を開く）の診療を受け、3月22日、帰藩。洪庵は最晩年に徳川幕府に仕えた。
元治元年（1864）正月21日	父・豊田天功が60歳で死去（註；明治35年、従四位を贈られる）。 3月15日、家督を継ぎ、150石を賜る。4月22日、松岡先生（天功）年譜成る。6月1日、大番組となり、

	彰考館総裁代を兼ねる。水戸藩が内訌を極めたため戸田忠則、藤田健らと南上する。

　緒方洪庵は、文久2年（1862）に、幕府に仕えることになるが、翌年の文久3年（1863）6月11日には亡くなっているので、その死の半年ほど前に、小太郎は弟・輝と一緒に洪庵の診療を受けている。小太郎にしてみれば、幕末最高の蘭医で超一級の教育者でもあった洪庵に一目会いたいという気持もあったのであろう。御三家の水戸藩の高名な学者の子息ということもあって、こうしたことも可能となったのであろうか。

　元治元年（1864）正月21日に父・豊田天功が60歳で亡くなっている。小太郎は家督を継ぎ150石を賜るようになった。父の死は、小太郎にとっては大きな痛手であったが、しかし、小太郎の人生も残り僅かである。

　この頃の小太郎は彰考館に勤めたが、同僚には栗田寛、津田信存（のぶかず）（1830-1892/註；津田東巌。幕末、明治の水戸藩の学者。彰考館勤務）、菅政友（すがまさとも）（1824-1897/註；幕末、明治の水戸藩学者。天功・東湖に学ぶ。後、重野安繹の実証主義史学派に参加し、水戸系学者と対立する）らがいる。小太郎のその後について豊田伴の記述は次のようである。

慶応2年（1866）2月20日	33歳で弘道館教職となる。4月、彰考館総裁心得となる。6月9日、渡井量蔵、加藤木賞三（註；賞三の五女・直子は芙雄の弟・政と結婚）、関直之介（註；直之介の父親は天功の姉と結婚。小太郎のいとこ。直之介は桜仁蔵の娘・静子と結婚）等と脱藩し、江戸に行き、京都に至る。9月2日、豊田小太郎、堀川の西にて暗殺される。享年33歳。 12月12日、弟・輝22歳没。
慶応3年（1867）3月1日	弟・達17歳没。
明治7年（1874）	冬、この年、根本正、立川弘毅に嘱して、小太郎の遺骸を探索させ、京都本國寺の支院墓地に葬らせる。

　33歳の若さで暗殺された小太郎の生涯は短いものであった。しかし、短い生涯の中で相当積極的に政治活動や学究活動と取り組んでいる。蘭学書の翻訳や大日本史編纂関係の

仕事の他に「論変通」(変通論)、「辨惑論」、「論形勢」(形勢論)なども論じている。小太郎の考えは「攘夷、攘夷というならば、中国もまた夷土としなければならないのではないのか、偏頗な考えに囚われるのではなく、西洋のいいところは取って、京を世界の都とすることに何の不都合があるのか」というのであるから、当時としては進取的であった。しかし、尊皇攘夷論に凝り固まった連中に小太郎の考えが通じるはずもなく、小太郎は誤解を受けて、同藩の者によって暗殺されたのである。小太郎の死は、京都に商いに行っていた水戸藩の蒟蒻屋からもたらされ、祖母の従兄の柳瀬家の者が、それを聞いて知らせたようである。ただ、周辺の人々は冬のことを気遣って長い間このことを秘密にしていたが、跡目相続の問題などもあって、隠し続けるわけにもいかなかった。小太郎の死から1年後の9月、冬は小太郎を追悼する長い文章を認めている。おそらく、一周忌を機に、兄の力太郎か、姉の立子か、あるいは二人が冬に小太郎の死を伝えたのであろう。

　小太郎の上洛後、音信不通となっていたので、冬もそれなりの懸念は抱いていたようであるが、夫の悲報を聞いた直後は大きく気を落とし、いっそ自分も死んでしまおうと思った、と後年述懐している。

1-3　豊田芙雄の覚悟と教育者への道；補遺

1-3-1　豊田芙雄の覚悟と女子教育者・幼児教育者への道

　夫・小太郎の死後、しばらくすると、いい再婚話なども幾つもあったが、冬は「女の本分はそんなところにはない」と考え、「夫の遺志を紹がねばならじ」と決意して、名前まで冬から芙雄に変えている。芙雄の覚悟は一通りのものではなかったのである。

豊田芙雄 (16)

芙雄は学問修行に励み、水戸で家塾を開き、豊田家の跡地にできた茨城県の発桜女学校(女子小学校)の教師となった後、東京女子師範学校の発足と同時に読書教員として抜擢され、附属幼稚園の保姆を兼務したことは、随所に書いているとおりである。豊田芙雄は、フレーベル(1782-1852/Wilhelm August Fröbel)が開発した幼児保育と出会い、後の諸章で触れるように、日本人幼稚園保姆第一号として「近代幼児教育」の導入と定着に不朽の功績を残した。豊田のこうした諸活動については、本書の各章等でも書いているので、本節では「補遺」を中心に書くこととする。

芙雄はイタリア全権公使・徳川篤敬（1855-1898/註；水戸徳川家 12 代当主）一家に随行して、西洋の幼児教育や女子教育を直接学ぶ機会も得て、それを教育界に報告し、自らも実践している。夫・小太郎の遺志は妻・芙雄によって見事に受け紹がれたのである。

1-3-2　鹿児島時代の芙雄と台湾における桜川以智

　鹿児島時代の豊田芙雄については幾つもの逸話が残っているが、伊藤忠好（註；広島文理科大学）が昭和 15 年（1940）の『保育』（8 月号）に書いた「日本幼稚園の黎明　豊田芙雄子女史の生涯（特別讀物）」(15) の中には、当時、台湾に在住していた桜川以智（1863-1945）の手紙が紹介されている。

　伊藤が原稿を執筆するにあたって豊田芙雄を良く知る桜川以智に情報提供を依頼したのであろう。桜川の手紙は次のようである。

　　一前畧一豊田先生御滞鹿中の鹿児島市中の評判は御恥しい次第なれど、全く非常なる評で御座いました。今から考へますと女神様か何かの様に御座いました。御住家は庁の官舎（下女一人書生一人）にて幼稚園の助手の若者二人づつ宿直。お出かけの折には付添、十年直後でありましたから、人力が少なかったので、何れにも先生は御歩行さすれば、道行く人は立ち止まりあのエライ女先生と申しました。歩くのに横向きなさらぬ方、一直線に歩く方でありました。字も良く書き本は素より何でも知らないことはないといふ。そして小さな子供に何かほんとのことを敎へてくださるといふので、それはそれは大變な評判で御座いました。

　　先生は藤田東湖先生の御姪ご様であるといふので御座いましたから一層左様な評判なりしならんと存じております。先生にお話でもして頂くと名譽に思つておりました。左様な先生の御評判の幼稚園で御座いましたから、とてもとても鹿児島幼稚園は好評を得たので御座いました。豊田先生は實に御承知のやうに申し分なき眞の女先生、本年九十六歳とは残念に存じます。一後畧一

　鹿児島での豊田芙雄の待遇が破格のものであったことには改めて驚くが、豊田芙雄を見る鹿児島の人々の目もまた特別であった。豊田芙雄は、後年、東京から鹿児島へ向けて旅立った際には岩村通俊県令のお供をしたと語っている。これに関しては裏付ける資料はないが、岩村が無理に頼み込んで実現した人事であったので、西郷従道、田中不二麿、中村

正直に対するお礼を兼ねて上京し、豊田芙雄を迎える礼をとった、ということも、あり得ない話ではない。このことについては裏付ける資料の発見を期待するのみである。

　豊田は、自分にも他人にも厳しい人で矜持を持った人であったが、自分を偉く見せようとするようなところはなく、本来、謙虚な人柄であった。ただ、常に堂々として気迫があったため、周囲の人々がカリスマ化してしまうこともないわけではなかったようである。

　桜川は、豊田が明治 12 年（1879）3 月、鹿児島に赴任した際に、堀文と共に東京女子師範学校の保姆練習科 2 回生として入学するために派遣された人である。しかし、二人の留学中に、練習科は廃止となるため、明治 14 年（1881）2 月、桜川と堀は保育研修の修了証（証明書）を貰って、鹿児島に帰り保姆となっている。ただ、明治 13 年（1880）6 月には、豊田も鹿児島から東京に帰ることになったので、桜川と堀は東京で 8 ヶ月間豊田から直接薫陶を受けるチャンスもあったのである。また、助手二人は官舎に宿直したということであるから、後の保育者・古市静子も、昼夜、芙雄の身近にいたのであろう。

　ちなみに、伊藤の論稿によると、桜川は明治 30 年（1897）2 月まで鹿児島幼稚園に勤務するが、以後 3 年間は薩摩郡川内幼稚園（註；この幼稚園については存在自体を含め調査中）で働き、その後、明治 33 年（1900）7 月、台湾に渡っている。桜川以智を台湾に呼び寄せたのは西郷隆盛の庶長子・西郷菊次郎（1861‐1928）である。

　菊次郎は西南戦争時、右足膝下に官軍の弾丸を受け、右足の膝から下を失ったが生き延びて、後、外務省に入って、台湾に赴任していた。竹中信子著『植民地台湾の日本女性生活史　大正編』(17) によると、当時、台湾宜蘭庁長をしていた西郷菊次郎は、現地の教育が不振であることを憂えていたが、旧知の桜川能保の妻・以智を宜蘭に呼んで協力を得たのである。桜川能保は元々西郷家と近い関係にあったようである。

　佐野幸夫氏の著書『西郷菊次郎と台湾』(18) によると、台湾を旅行中の桜川能保が病で倒れたという電報が桜川以智に届いて、驚いた以智は職場に休職願いを出し、宜蘭に急行したが、能保はニコニコしながら以智を迎えた。仮病だったのである。これはどうしても以智を宜蘭に呼びたいという菊次郎の「一計」であった。

　以智は関わっていないが、台湾における最初の幼稚園は、明治 30 年（1898）12 月、台南において開かれたが、運営上の問題、保姆確保の問題などがあって、3 年ほどで廃園となっている。台北でも、明治 33 年（1900）10 月 15 日、台北幼稚園が開かれているが、この園の詳細は不明である。また、明治 33 年（1900）中に、宜蘭小学校内に幼稚園を設置する申請がなされたが、小学校教育を優先すること、経費が嵩むことを理由に菊次郎の

目論見は不首尾となった。そのため、以智は、宜蘭小学校の教師となったかと思うが、娘 2 人と宜蘭公園内に宜蘭幼稚園（註；台湾住民子弟向きには香蘭幼稚園の名称）を開設したのは、明治 45 年（1912）頃のようである。同園は終戦時まで継続し、台湾の幼児教育の世界で大きな功績を残している。西郷隆盛の子息・菊次郎の「一計」が、結果的に、桜川に台湾において幼稚園を設立させることになったのである。

西郷菊次郎は、文久元年（1861）1 月 2 日、奄美大島に流罪中の西郷隆盛と島の名家・竜家の娘・愛加那（1837-1902/竜愛子。愛加那は愛称）との間にできた庶長子である。隆盛が鹿児島で正妻と結婚後は、菊次郎は妹・菊草（1862-1909/註；菊子。大山巌の弟・大山誠之助と結婚）と共に鹿児島に引き取られ、教育を受けるため、一時東京の西郷従道邸に預けられた。その後、菊次郎は、明治 5 年（1872）3 月、アメリカに留学した。明治 7 年（1874）7 月、帰国し、鹿児島の吉野開墾社に入った。明治 10 年（1877）2 月、西南戦争が勃発すると、17 歳で西郷軍に従軍し、同年 3 月 28 日、戦闘で右足に被弾し、右足膝下を失っている。菊次郎は、隆盛の老僕・永田熊吉（生没年未詳）の助けを借りて薩軍と行動を共にしたが、宮崎に入った薩軍は、8 月 17 日、最後の軍議を開き、「今日の策は死を誓って決戦するあるのみ。降るも、残るも、本人の欲するところに任す」という全軍解散宣言を発し、戦いの敗北を認めている。この際、傷病兵には全て官軍に降れという命令が出され、菊次郎は熊吉の背に負われて西郷従道の陣営に投降した。従道はこのことを大いに喜び、熊吉は生涯、従道に仕えることになった。

菊次郎は、明治 30 年（1897）5 月から明治 35 年（1902）11 月まで、宜蘭庁長を務め、治安、治水、教育普及などで、今日まで讃えられるような善政を布いた。その後、明治 37 年（1904）10 月から明治 44 年（1911）5 月まで、京都市長を務め、第二疎水、上水道建設、道路拡幅、電気軌道附設など、京都の近代化に貢献した。晩年には島津家鉱業館長をしたが、昭和 3 年（1928）11 月 27 日、鹿児島で没した。享年 68 歳。

台湾に残った桜川以智は、大正 11 年（1922）、幼児教育、初等教育の功績が認められ、台北県知事表彰を受けている。また、さらに大正 14 年（1924）11 月 3 日には、教育功労者として表彰されるが、受彰の日には、台湾総督府総務長官・後藤文夫（1884-1980/註；大正・昭和の官僚。政治家。農林大臣、内務大臣、国務大臣を歴任）夫人・治子が桜川を台北駅で出迎えている。治子は、桜川の鹿児島幼稚園時代の教え子である。治子は、加納久宜（1848-1919/註；上総国一宮藩元・藩主。明治・大正の政治家。貴族院議員。帝国農会初代会長/子爵）の五女であったが、父・久宜が、明治 27 年（1894）1 月 20 日、貴族

院議員のまま鹿児島県知事に赴任したので（明治33年9月8日に知事休職扱いとなる）、その時期に、鹿児島幼稚園で桜川の教えを受けたのである。さらに、桜川以智は、昭和15年（1940）の紀元2600年記念時に、藍綬褒章を受けている。

　昭和16年（1941）12月、太平洋戦争が勃発すると、桜川以智は仲間15名と「宜蘭ばばの会」を設立し、戦争の後方支援をするが、敗戦を迎えると以智は絶食するようになり餓死している。現代人の感覚からすれば理解しにくいことであるが、桜川以智は、薩摩の武家の女性にふさわしい最期を選んだのである。

　桜川以智は、豊田芙雄が鹿児島に出張したことを契機に保育者となったが、豊田の周辺の保育者の中でも、最も振幅の大きい人生を歩んだ一人であったと言えるだろう。

1-3-3　教育雑誌に全文掲載された豊田のイタリア調査報告書

　豊田は、明治20年（1887）10月、イタリア全権公使として赴任する水戸藩12代当主・徳川篤敬(あつよし)公夫人・総子のお相手役として、また、文部省からはイタリアの女子教育調査の命を受けて渡欧した。

ローマ滞在時代／徳川篤敬一家と　（高橋清賀子家文書）

　豊田の2年余りの渡欧は、本人にとっても周辺の人々にとっても、大きな出来事であった。芙雄は、欧州では、イタリアの女子教育及び幼児教育を調査したが、総子夫人とフランス語を習ったり、徳川篤敬一家とパリに長期滞在し、田中不二麿フランス全権公使及び

旧知の同氏夫人と再会し、交流を深めたりしている。欧州滞在時代は芙雄の人生にとって珍しく平穏な落ち着いた日々であった。

　明治22年（1889）12月、『女學雑誌』（12月号）は「女報」欄に「〇豊田芙雄女は伊国公使館に滞在中なるが近日帰途に就るよし來信あり」と報じている。また、帰朝の報道は、明治23年（1890）1月14日、東京日日新聞が「女子教育取調の豐田芙雄子の歸朝」というタイトルで次のような記事を掲載している（註；これ以降も明治時代の中央のニュースはほとんど『新聞集成　明治編年史　第一巻〜第十五巻』林泉社・1940を参照している）。

　　女子教育取調の豐田芙雄子の歸朝
　　先年文部省にては、女子師範学校生徒より（註；このことは誤りである）女子教育
　　取調べとして、伊國羅馬府へ派遣せしめられたる豐田芙雄子氏は、取調べ了りて一昨
　　日歸朝し、昨日文部省へ出頭し、辻次官に面會し種々談話ありたり

　芙雄は、同年1月12日、徳川侯夫人と子ども、根本正と共に帰国し、その日の日付の書類を持って、翌日、文部省へ報告に出向き辻新次文部次官（1842-1915/註；信濃国松本出身。洋学者。文部官僚。学制起草者。教育令制定、同改訂にも関与。明六社会員。初代文部次官。帝国教育会会長。古市静子の幼稚園の評議員。文学博士/男爵）と面会し種々談話をしている。豊田が「洋行決算報告書」と共に文部省に提出したものが「伊太利國女子教育ニ係ル報告」である。

　この報告書については、清水氏が『豊田芙雄と草創期の幼稚園教育』（建帛社）で触れているが、文部省はこれを大日本教育会雑誌に「寄送」しており、同誌では「左ノ一篇ハ曾テ歐洲ニ留学セラレタル、豊田芙雄子ヨリノ報告ナリトテ、文部省ヨリ寄送セラレタリ、女子教育上ノ参考ニ資スルモノアルヲ以テ、之ヲ左ニ掲グ」として9頁に渡って全文を掲載している（19）。同誌は、教育学者、教育管理者、教育実践家など教育関係者を中心に幅広く読まれていたので、この報告は、多くの読者にとって、知る機会の乏しかったイタリアの幼児教育、女子教育の景況を把握することに役立ったはずである。

　豊田の調査対象は「女子職業学校」、「高等女学校」、「普通小学校並びに幼稚園」、「女子師範学校」、「救兒院」、「唖女教育院」、「盲女教育院」、「貧女子教育院」など多岐に渡っている。ここでは詳述は避けるが、特に「救兒院」については、フレーベルの恩物を使用していることから文中で「貧民幼稚園」という呼称をも用いているが「此ノ院ヤ、所謂貧民

院ナレドモ、其養育方法ノ如キ、大二參考二供スベキモノアリ」としているように、豊田
が、上流社会の子弟の教育だけに関心があったわけではないことを示している。

1-3-4　再就職と学校の設立をめぐって

　帰国後の豊田は、1年ほどは職業に就かず雑誌等に依頼原稿を書くなどをして過ごすが、
明治24年（1991）1月14日、東京府高等女学校教務嘱託として再就職し、「家政科漢文
作文保育法ヲ教授ス」ということになった。報酬は年200円である。このことについて「教
育報知」（1891 - 02）は次のように報道している。

　　豊田芙雄子
　　豊田芙雄子ハ故藤田東湖先生の姪にして、頗る和漢の學に通ず、曩に徳川侯爵に随ひ
　　伊太利に留學し、また大に得るところあり。昨年中故ありて歸京し居られしか　今度
　　東京府高等女學校教員に嘱託せられ　隔日出てゝ　其敎務に從事せらるゝ由。さらぬ
　　たに教員悉く其人を得たりとの評ある東京府高等女學校ハ、更にまた一層の光輝を増
　　したり、東京府下の爲め喜ふへき事なり。

東京府の高等女学校の教務嘱託として、隔日出勤することになっただけで、これだけの
報道をされるのだから豊田芙雄は「並の女教師ではない」のである。
　豊田は、明治26年（1893）10月20日、東京府高等女学校を依願退職する。長年温め
てきた、寄宿舎方式の自前の私立学校「翠芳学舎」を設立するためであった。これについ
ても『女學雑誌』（1894 - 05）の「時報」において次のように紹介されている。

　　「時報」
　◎　翠芳学舎　藤田東湖先生の姪　豊田芙雄子女史が順良貞實なる淑女を薫育し猶
　　　將來家務整理の實學に必須なる學科を教授するの目的を以て自ら舎長となり麹
　　　町區有樂町一丁目五番地に一學舎を設け正科として教授すへきものは　倫理、國
　　　語、漢文、歴史、地理、理科、作文、家政、算術、和歌、習字、裁縫、編物、作
　　　法、唱歌、別科として教授すへきものは佛語、畫、刺繍、茶式、挿花又遠隔地居
　　　住者の爲めに寄宿舎の設ありと云ふ

翠芳学舎の人気は高く、良家の子女の入学も増え、豊田芙雄の長年の夢がようやく大きく花開くかと思われたが、豊田のもとには、突然、時の文部大臣・西園寺公望（1849-1940/註；公家。政治家。教育者。文部大臣。総理大臣。芙雄とは滞欧時代に面識が生まれている/公爵）と旧水戸藩の12代当主・徳川篤敬から直々に、栃木県のほとんど破綻しかかった県立女学校の立て直しのために赴任してくれ、という強い要請がなされるのである。芙雄としては、時の文部大臣と旧水戸藩当主からの直々の要請であるから、断ることなどできなかったのであろう。明治28年（1895）4月、51歳の芙雄は栃木県高等女学校（註；後の県立宇都宮女子高校）の教頭格で着任している。芙雄の赴任は、栃木県にとっては歓迎すべきことであったが、この時もまた芙雄は本来の自分の意向とは異なる道を選択せざるを得なかったのである。

　ただ、豊田芙雄の赴任に際しては、一女教師を迎えるために、栃木県知事・佐藤暢^{ちょう}（1851-1910/註；「しん」ともいう。薩摩藩士・佐藤信行の次男。明治30年同県知事退官後、博多湾鉄道社長、川崎造船取締役を歴任）がわざわざ停車場まで足を運んだというのだから、県では最高の礼を取っている。文部大臣と旧水戸藩当主が送り込んだ人物だから、県知事といえども、駅で出迎えるぐらいのことは当然の礼儀だったのであろう。

　栃木県高等女学校沿革史によると、明治28年（1895）3月の在籍数は39名だったが翌年から生徒が増え始め、明治33年（1900）3月には327名に達したというのであるから、豊田芙雄の力は大きい。

1-3-5　日本の保育者代表2名に選抜

　豊田芙雄が亡くなる前年のことであるが、昭和15年（1940）、ブルガリアから雑誌に掲載し紹介するので、日本の代表的な保育者2名を推薦して欲しいという依頼があった。これは、同国のアメリカン・カレッジの監督カサボア女史から依頼されたもので、蜂谷輝雄（1895-1979）公使が日本外務省に推薦方を依願し、外務省から文部省―東京女子高等師範学校―倉橋惣三（1882-1955）に至って、豊田芙雄と望月クニ（1868-1955/註；岐阜県出身。高等師範女子部卒業。旧姓・遠山。仙台、神戸、岡山等の幼稚園に勤務。京都第一高女の教師を経て、明治39年から27年間神戸幼稚園園長をする。後、神戸に愛児院、板宿幼稚園を創設。幼稚園令制定運動に尽力。奏任官待遇少年保護司事務嘱託。昭和30年2月4日逝去。86歳）が選ばれることになった。もちろん、2人にとってはこの上ない名誉なことであった。新聞名も月日も不明であるが、内容から昭和15年（1940）後半と思

われる新聞記事は次のようである（高橋清賀子家文書）。

　　　　選ばれた両女性　勃 国 の雑誌へ
　　　　　　　　　　　ブルガリア

　　　　　紹介される〝保姆の母〟

　　生涯を幼稚園教育に捧げたわが二女性が、東亜の盟主日本に憧憬してゐるブルガリ
　ア国の一流雑誌に推薦され、同国の教育界に紹介されるといふ美しい話題がもたらさ
　れた。二女性といふのは豊田芙雄（九六）望月クニ（七二）の両刀自である。蜂谷ブル
　ガリア公使が同国のアメリカン・カレッジ監督カサボア女史からの依頼で外務省に推
　薦方を依頼して来たものを文部省から女高師教授兼同附属幼稚園主事倉橋惣三氏に
　人選方を委嘱して慎重調査の結果、挙げられたのが両刀自であった。

　　豊田芙雄刀自は去る六月九日附のサンデー毎日に『生きてゐる歴史』にも紹介され
　た維新の志士藤田東湖の姪にあたり、烈婦として知られ、日本に一註；以下２行分印
　刷が消えていて不明—私立神戸愛児園主として今なお尽瘁してゐる功労者である。

　　倉橋女高師教授は語る。「わが国の幼稚園教育に貢献した人は沢山ありますが、二
　人はともかくムーブメントをリードしている点で、ことに現存してゐる婦人として第
　一に推すべき人と思ひました。豊田さんは発達の基礎をおいた点で、望月さんは発展
　における点で敬服すべき方々です」

　ブルガリアの雑誌でどのように扱われたかは資料がないのでわからないが、日本を代表
する２名の保育者として選抜された点に意味があると言えるだろう。草創期に貢献した東
の豊田と、発展充実期に貢献した西の望月を選んでいることには、倉橋のバランス感覚も
働いているが、大方の人が見るところ妥当な人選と言えるだろう。

1-3-6　芙雄の臨終と懐剣

　夫・小太郎が凶刃に倒れた後、まだ 22 歳であった豊田芙雄は「夫の遺志を紹がねばなら
じ」と決意している。芙雄は改めて学問研鑽を始め、夜、今の栄町にあったという川崎
巌の漢学塾まで通うが、まだ不穏な空気の残っている時代だったため、敢えて人目につく
提灯は持たず、懐剣だけを帯に手挟んでいた。

　この話は豊田芙雄を知る人にとってはなじみのものであるが、97 歳で臨終を迎えた芙

42

雄の枕元には、この時の懐剣が守刀として飾られていた。このことは、1942年『保育』(3月号)の「日本幼稚園の最高恩人　豊田芙雄先生の思出」の中で元・水戸高等女学校長の宮本美明氏が紹介している。

　この懐剣は、平成24年(2012)10月20日から12月11日まで、大洗町「幕末と明治の博物館」で開催された「日本人初の幼稚園保姆　豊田芙雄　〜幼児・女子教育に捧げた97年の生涯〜」でも展示された。改名した芙雄にふさわしい「男物」である。芙雄の覚悟を象徴する懐剣である。

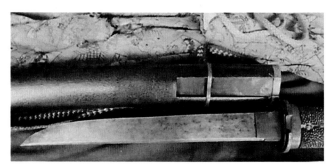

豊田芙雄の懐剣（高橋清賀子家蔵/高橋操氏撮影）

　この懐剣を目の前にすると、波乱に満ちた豊田芙雄の生涯が思い起こされて、身が引き締まる思いを抱く人は少なくないであろう。宮本氏は同稿の中で芙雄の死について「既に功成り名遂げられて第一線の活動から退かれてゐるとは言へ、国宝的の存在である豊田先生を失つたことは痛惜の至に堪へない」(20)と述べている。

　豊田芙雄の葬儀には、教え子、和歌の弟子、元同僚、各種団体関係者など多数が参列した模様であるが、弔辞は、茨城県教育会長・後藤真三男、常磐社講社長・杉谷房雄、茨城県愛国婦人会会長・水野万寿子、日本赤十字社篤志看護婦人会会長・徳川泰子（ひろこ）(1867-1944/註；徳川宗家16代・徳川家達（いえさと）夫人)、愛国婦人会茨城県支部長・内藤愛子、茨城県立水戸高等学校長・村山三四知などが読んでいる。

注
(1)『水府系纂』(複写版)、茨城県歴史館
(2) 茨城県編『茨城県贈位者事蹟』、大正9年

(3) 吉田松陰『講孟余話』、岩波書店、1936 年、pp. 184-185

(4) 西郷隆盛全集編集委員会『西郷隆盛全集　第一巻』、大和書房、昭和 51 年、p. 58

(5) 桑原力太郎（写真）、高橋清賀子家文書

(6) 高橋清賀子「今日の幼児教育に語りかける　日本の幼稚園草創期の事々―豊田芙
雄の文書から（その二）―」、『乳幼児の教育（第 79 号）』、財団法人キュックリ
ヒ記念財団、1997 年、p. 12

(7) 斎藤郁子「研究ノート　『桑原政遺影』に見る根本正と豊田芙雄 附　根本正「経
済偉人桑原政君、桑原政履歴」、『根本正顕彰会会報』（第 73 号）、根本正顕彰会、
平成 25 年、pp. 12-23

(8) 桑原政（写真）、高橋清賀子家文書

(9) 安川撫松（敬一郎）『撫松余韻』、松本健次郎出版、1935 年

(10) 豊田伴『新撰日本文典　上』、衆生堂、明治 28 年

(11) 豊田伴『豊田香窓先生年譜略　完』、盍簪舎、大正 14 年

(12) 「新聞いはらき　芙雄號」、いはらき新聞社、大正 14 年 12 月 17 日

(13) 豊田小太郎『松岡先生年譜』、豊田伴出版、明治 26 年

(14) 前掲、豊田伴『豊田香窓先生年譜略　完』

(15) 伊藤忠好「日本幼稚園の黎明　豊田芙雄子女史の生涯（特別寄稿）」、『保育』（8
月号）、全日本保育連盟、昭和 15 年

(16) 高橋清賀子家文書、写真資料

(17) 竹中信子『植民地台湾の日本女性生活史(2)大正編』、現代アジア叢書、1996 年

(18) 佐野幸夫『西郷菊次郎と台湾　父西郷隆盛の「敬天愛人」を活かした生涯』、南
日本新聞開発センター、平成 14 年

(19) 豊田芙雄子「伊太利国女子教育ニ係ル報告」、『大日本教育会雑誌』（第九十五号）、
大日本教育会、明治 23 年、『近代日本教育資料叢書　資料編』、宣文堂書店、昭
和 45 年（復刻版）

(20) 宮本美明「日本幼稚園の最高恩人　豊田芙雄先生の思出」、『保育』（3 月号）、1942
年、p. 20

2　自由主義教育の理想を掲げた田中不二麿

2-1　田中不二麿と幕末・維新

2-1-1　田中不二麿と尾張藩の尊王攘夷運動

田中不二麿（1）

田中不二麿（1845 - 1909）は、明治維新後、わが国の近代教育の基盤建設期に最も大きな功績を残した人物である。田中は、弘化2年（1845）6月12日、徳川御三家の尾張藩に生まれたが、父・田中儀兵衛は藩内でもほとんど無名の士で、しかも薄幸の人だったと言われ、不遇のまま亡くなったと伝えられている。ただ、その父も楠公を崇拝していて、それが不二麿にも影響を与えたのではないか、と言われているが確かなことはわかっていない。

田中は、号を夢山、名を不二麻呂と記すこともあり、幕末には寅三郎あるいは国之輔と称していた。

幕末、尾張藩では、藩主本流の血脈が絶えたこともあって（支流はあった）、徳川幕府が藩主を押し付けるという状況が続いていた。寛政12年（1800）1月、僅か7歳で尾張藩第10代藩主となった徳川斉朝（1793-1850）は将軍・徳川家斉（1773 - 1841）の弟であったし、第11代藩主には、天保10年3月20日（1839年5月3日）に、家斉の19男・斉温（1819-1839）が就いている。しかも、9歳で藩主となった斉温は21歳で没するまで一度も名古屋入りすることはなかった。さらに、第12代藩主は、天保10年（1839）から弘化2年（1845）の間、家斉の12男・斉荘（1810-1845）が務めている。こうした幕府側の強引なやり方は、藩内に強い反発を生じさせ、藩士の間で「金鉄組」が結成され、反幕、尊皇攘夷の気運が高まった。藩内では勤皇派の「金鉄組」と佐幕派の「ふいご党」の対立が見られるようになった。

スケールは違うが、同じ御三家の水戸藩における尊皇攘夷派の「天狗党」と佐幕派・保守派の「諸生党」の対立に良く似ている。徳川幕府の崩壊は内部からも始まっていたのである。

田中不二麿は、尾張藩の藩校明倫堂で学ぶが、成績優秀で助教並となり、藩政に参画するようになる。父の影響もあってか、田中は早くから勤皇思想を抱くようになり、同藩の尊皇攘夷派の組織である「金鉄組」で活動している。田中は、尊皇攘夷を主張し、京都に度々上って尊皇攘夷派の間でその存在が知られるようになった。

　慶応3年（1867）、王政復古の大号令が発せられると田中は参与に任命され、同日の小御所会議に丹羽賢（1846-1878/註；諄太郎とも称す。参与。三重県権令、司法大丞などを経歴。明治11年、33歳で没）と共に尾張藩の代表として出席している。この時点、参与には公家・諸藩の代表として、薩摩藩の西郷隆盛、大久保利通など16名がいるが、田中と丹羽もその中に含まれていた。明治元年（1868）正月、田中は徴士（註；明治政府初期の議事官）となった。翌年には、大学御用掛を拝命し、教育行政に関わることになる。明治4年（1871）10月、文部大丞に昇進している。

2-1-2　不二麿の結婚逸話

　明治維新後、御三家尾張藩出身者で、明治政府で大臣になったのは加藤高明（1860-1926/註；総理大臣/伯爵）と田中不二麿（司法大臣）の二人しかいないが、当時の偉人にしては、田中の人生は地味で逸話らしい逸話のない人物と言われている。唯一、田中の逸話としては、須磨子夫人との結婚をめぐる話がある。こうしたことは女子教育や幼稚園教育と直接関係するものではないが、わが国の教育の基盤を築いた人物がどういう人であったかを広い視野から知ることも無駄ではないだろう。一時期、田中は異様な風体で町を歩いていて、それを見た子どもたちは逃げ、親類も多くは田中との関わりを持つことを敬遠していた。しかも、田中は保守佐幕派から探索されるという「お尋ね者」でもあった。しかし、その田中に簪屋の娘「おすまさん」がほれ込んでしまって、「おすまさん」の父親を狼狽させている。このことについて大正3年（1914）発行の墨堤隠士著『大臣の書生時代』(2)は次のように記述している。

　　一註；前段前村による省略─然かもお尋ね者と、一処にならうとは以ての外と、此場一刻も早く手を切らせんものと、（父親は）百方嚇したり賺したが、娘心の一徹心何といつても思ひ切らぬ、其うちに田中は藩の嫌疑を受けて探偵は益々厳重になつて来

た、おすまさんも非常に心配して庇匿つてやつた、両親も田中は何うならうと構はぬ
としても、大切の娘が連累でも喰つた日にはと、夫れのみ気に掛けて居たのも道理で
ある。

やがて幕末は大政を奉還して、茲に王政復古、維新の御代を迎へると、田中は王事に
勤労せしを以て金千円を賜はり、次で参与職に任ぜられ、忽ち衣冠の列に班して、昨
日に変る今日の栄華、情人おすまさんの喜びは何に譬ひん様もなければ、父新兵衛の
驚きも一方ならず、只々娘の眼識に舌を巻いて居つた、かふなつたのも田中が非凡の
致す所に相違ないが、娘すまさんが、心尽しの程も与つて力あるもの、此恩義を忘れ
難き所から、忽ち媒人を立てゝ、改めておすまさんをば妻に貰ひ受ける事と定まり、
目出度合巹の式を挙げたとか。

　若い頃の田中は、佐幕派からは敵対視されている上に、相当変つた風体をしていて、親
戚すら敬遠していたが「おすまさん」だけは田中に「何か」を感じ取つていたのだろう。
幕府の最末期、維新を迎えて、田中は参与、徴士となり、教育行政畑に入つて順調に昇進
し、明治4年（1871）には理事官として岩倉遣外使節団に随行し、文部大輔となつて、卿
不在がちの文部行政を牛耳つている。また、文部省を離れても、司法卿、特命全権公使と
なり、明治24年（1891）には司法大臣となり、子爵となつて華族に列している。幕末、
尊皇攘夷運動に走つた志士としては、栄耀栄華を極めた数少ない幸運な人物の一人であつ
た。後にも触れるが、これは田中が聡明で寛容な人柄であつたことにもよるが、第一には
有能な部下に恵まれていたことによる。

2-1-3　岩倉遣外使節団随行と外国教育事情紹介協力者たち

　明治4年（1871）末に出発する岩倉遣外使節には田中は文部理事官として随行すること
になつた。当時、アメリカには函館から密航してアマースト大学に留学中の新島襄（1843－
1890）がいたが、森有礼（1847-1889）の紹介で田中は新島を通訳兼助手として、欧米の
学校教育を調査することになつた。

　新島は、持病のリュウマチで苦しんでいたが、田中の良き協力者となつた。田中は、帰
国後、明治6年（1873）8月、欧米教育制度を詳述した『理事功程　15巻』（文部省）を
著したがこれも新島の働き抜きには語れない業績であつた。

『理事功程』は田中不二麿著となっているが、巻4〜7の仏国編の翻訳部分などは文部省の優秀な翻訳係・佐沢太郎（1838-1896/註；福山藩出身の洋学者、教育者。寺地強平、青木周弼に蘭学を学ぶ。適塾で学ぶ。幕府の西洋医学所、開成所で学ぶ。仏語も学ぶ。開成所の句読師、教授手伝並になる。帰藩して福山藩一等教授などを経て文部省に入る。学制制定に寄与）に依存している。この時も、田中は有能な協力者、優秀な部下に恵まれたことで高い業績をあげ得たのである（『理事功程』におけるフレーベルの幼稚園紹介については別に記述する）。

佐沢は翻訳書、著書も多いが、明治6年（1873）9月、文部省から出版された訳書『仏国学制　1・2編』（3）などは保育研究者の幾人かが取り上げている貴重な一書である。同書の中には「育幼院」という小学校教育の準備機関が紹介されている。保育内容は具体的には書かれていないので明確なイメージは描きにくいが、文部省から出版された図書で、幼児教育の機関について触れたごく初期の一書と言えるだろう。要点を示せば次のとおりである。

○第一目　育幼院

仁恵ノ心深キト、幼稚ヲ教育スルノ必要ナル「ニ注目セルトニ因リテ、遂ニ育幼院ヲ開クニ至レリ

育幼院ハ、小児ノオヲ開キ、心術（コヽロダテ）ヲ正クシ、見聞ヲ広メ、意志ノ向フ所ヲ定メシムルヲ以テ目的ト為ス、其教育恰モ慈母ノ其子ヲ撫育スルニ異ナラス、童蒙ノ解シ易キ話ヲ説キ、或ハ弄物（モテアソビモノ）ヲ示シテ、学問ノ端緒ヲ授クルナリ、然レトモ此院ヲ指シテ学校ト謂フハ不穏トス

第一條

一育幼院ハ、男女共満六歳マテノ小児ヲ入ラシメ、慈母ノ如ク之ヲ撫育シ、年齢ニ相当ナル教ヲ授ケ謝物ヲ要ヒス、此院ニ於テハ、必ス奉教ノ道、読法書法ノ端緒ヲ開キ、数字ヲ口授シ、傍ラ勧善ノ歌ヲ教ヘ、針線（註；裁縫）及ヒ諸ノ手業（テハザ）ヲ教フ、
千八百三十七年十二月二十二日ノ王命第一條

第二條

一育幼院ニ公私ノ二種アリ、同上第二條

第三條

一 州、区域或ハ政府ヨリ、全ク其費ヲ給シ、又ハ其費ノ一部ヲ助クル者ヲ公ノ育幼院
ト謂フ、同上第三條

　第四條
一 或ハ積金、寄進金、遺金ヲ用ヒ、或ハ州ノ議員、又ハ区ノ議員ノ決断ヲ以テ、院長
ニ相応ナルノ住居ト給料トヲ与フル者ニアラサレハ、公ノ育幼院ト稱スルヘカラス、
同上第四條

　夫レ小児ヲ取扱フハ、慈母ノ任ナリ、故ニ育幼院ノ支配ハ、婦人ニ任スヘキ丁、論
　ヲ待タス、然レトモ男子之ヲ助クルハ、亦益アルヲ以テ、男子ヲシテ之ヲ助ケシム
　ル丁モ亦之アリ、

　第五條
一 育幼院ハ男子モ之ヲ支配スルヲ得ルト雖モ、婦人一名ヲ加ヘサレハ、其任ニ適シ難
　シ、但シ此ノ如ク男女ヲ混シテ支配セシムル丁ハ、妄リニスヘカラス、必ス大学長
　官ノ許可ヲ得テ、然ル後ニ之ヲ許スヘシ（註；以下これの手続き等の説明が続くが
　省略する）

　保育の内容など具体的なことは良くはわからないが、フランスでは小学校とは別に幼児
のための教育機関も存在するという情報の提供としては貴重である。わが国における「幼
稚園誕生」の条件は徐々に醸成されていったのである。

2-2　自由主義教育の推進者・田中不二麿

2-2-1　田中不二麿と東京女子師範学校の設置

　明治7年（1874）、田中不二麿は文部大輔となったが、この時代、文部卿を欠くことも
度々あった文部省において、田中は名実共に文教の仕切り屋となっている。

　省内においても、田中は良き人材に恵まれていたが、バックには、明治6年（1873）か
ら明治11年（1878）まで、アメリカから招聘されたお雇い外国人の文部省顧問・学監ダ
ビッド・モルレー（1830-1905/David Murray/註；ダビット・モルレー、デイビッド・マ
レーと表記されることもある。ラトガース大学教授）がいた。田中の東京大学、東京女子
師範学校、同校附属幼稚園、教育博物館（東京科学博物館の前身）、東京学士会院（日本
学士院の前身）設立および教育令作成の助言をし、協力をしたのはモルレーである。

49

モルレーは、森有礼（註；変名・沢井鉄馬。薩摩藩第一次英国留学生。後、初代文部大臣）と畠山義成（1842-1876/註；変名・杉浦弘蔵。薩摩藩第一次英国留学生。米国留学も経験）の薦めで、遣欧使節団の木戸孝允が日本国学監としてモルレーを招聘する話を進め、3年間月俸600円（註；当時の卿の月俸500円を超えている。お雇い外国人でも高額の部類。後に2年半延長。月俸700円となる）の契約で、明治6年（1873）6月30日、来日している。

森有礼とこの話を進めた畠山義成は、外国留学後、文部省に勤務し、開成学校（東京大学の前身）、外国語学校（東京外国語大学の前身）の校長、博物館館長などを務めている。畠山はフィラデルフィア博覧会には田中不二麿夫妻一行と共に出かけた。しかし、病気のため一行より一足早く帰国の途に着いたが、明治9年（1876）9月9日、太平洋上で死去した。

モルレーは、特に女子教育にも理解が深く、明治6年（1873）末には、早くも田中不二麿に対する「学監申報」の中で次のような提案をしている（4）。

　　女子ノ教育ハ既ニ文部省ノ深ク注意スル所ニメ方今ノ急務ナルコト論ヲ俟タス因テ之ヲ論スルコト左ノ如シ
　　女子ノ教育ニ於ル其ノ要勝テ言フ可ラス兒童ノ幼稚ニシテ心志ノ移リ易キノ時ニ當テ之ヲヨク教育スルハ必ス婦人ニ在リ婦人ノ兒童ニ於ル啻ニ學事ヲ教フルノミナラス其一言一行皆兒童ノ模範トナルモノナレハ國家後來ノ人ヲメ必善良ナラシメント欲セハ先其母ノ教育ヲメ此位置ニ至ラシムルヲ要ス且人ノ一生涯モ婦人ノ性質ニ從テ幸不幸アレハ宜ク婦人ヲ教育シテ其夫兄弟ト心ヲ同フシテ其爲ス所ノ事業ヲ會得セシムヘシ日本ニ於テハ従來男女ノ別ヲ立テ女子ノ教育ヲ顧ミス然ルニ方今ハ實ニ女子ヲシテ教育ニ浸潤セシムルノ時ナリ今帝国ノ各地方ヲ見ルニ既ニ女子ヲ教育スルノ公私學校アリ又文部省直管東京女學校ノ如キハ文部省及學長教員ノ榮輝ニメ後來衆庶ヲ利益スル學校ノ基礎トスルニ足レリ而メ今日此校ノ生徒ハ獨リ通學生ニ止マルヲ以テ其來學スル者亦近隣ノ者ニ過キス宜ク此校地ト建築トヲ大ニシ以テ四方ノ女子ヲメ寄宿セシムヘシ之ノ如クナルトキ（註；トキは原文は合字）ハ啻ニ通例ノ教科書ノミナラス更ニ一家ノ業ヲ學フヲ得ヘシ
　　欧米諸國ニ於テハ女子ハ常ニ兒童ヲ教授スル最良ノ教師ナレハ希クハ日本ニ於テモ亦女子ヲ以テ教育進歩ノ媒ト爲サンコトヲ夫女子ハ兒童ヲ遇スルニ其情愛忍耐アル

コト男子ニ優レリ且能ク兒童ノ情ヲ酌ミ及兒童ヲ扶育スルニ至テハ男子ヨリモ能ク
之ヲ熟知セリ然レトモ（註；トモは原文合字）婦女ヲメ其教授ニ適セシメント欲セ
ハ必先之ヲ教育セサル可ラス是即チ文部省ノ職掌トスル所ナリ之ヲ能クセント欲セ
ハ小學或ハ中學ニ師範學校ヲ合併スルニアリ是既ニ欧米ニ於テ其功ヲ奏スル所ナリ
方今東京女學校ノ生徒ハ各新定ノ教則ニ従事シ初等學科ヲ研究スルヲ以テ不日必中
等ニ進登スヘケレハ後來教師タラント欲スル弱年ノ女子ヲ此校ニ入ルヽハ當然ノ處
置ト云フヘシ其法先之ニ初級新規ノ學科ヲ授ケ而後女生徒ヲ教導スル方法ヲ示スヘ
シ又生徒ニ教ルニ及第ノ後他ノ生徒ヲ教授スル方法ヲ以テスヘシ是亦男子師範學校
ニ異ナルコトナシ斯ノ如スルトキ（註；トキは原文合字）ハ其ノ利益啻ニ獨立セル
師範學校ニ於ルカ如キノミナラス尚若干ノ教師タラント欲スル者ヲ陶成スルニ足ル
ヘシ若此師範學校盛大ニ趣カハ亦之ヲ區分シテ獨立ノ師範學校トナスコト容易ナリ
然レトモ（註；トモは原文は合字）數年ノ間ハ之ヲ分ツコトヲ要セサルヘシ
前條記載セル方法ヲ施行セントスレハ先ニ寄宿セシムルノ處置ナカル可ラス此ノ如
クナレハ遠方ノ女子モ亦自然學校ノ便利ヲ得ヘシ而メ其教授ノ科目ニ至テハ獨リ讀
書手跡ノミナラス亦一家ノ業ヲ授ルノ處置ヲ設ケ且其景況ニ從テ大小師範學校ヲ設
立スヘシ

　日本国内の教育情報収集は、ラトガース大学の元留学生で文部省に入っていた畠山義成
が助力をし、高橋是清（1854-1936/註；旧仙台藩士。明治、大正、昭和の初期の官僚、政
治家。第20代内閣総理大臣/子爵）が翻訳を担当したということであるが、「学監申報」
を見れば、モルレーがいかに女子教育の重要性を強調していたかがわかる。むしろ幼少期
の教育は婦人でなければならず、そのためには、女子師範学校の設立は急務であるという
ものであった。

　すでに明治4年（1872）に設立されていた官立の東京女学校を高く評価し、ここにも小
学校教員養成の機能を持たせることは必要としており、同校では明治7年（1875）の新校
則でそのことを明確化している（註；本書でも随所で触れているが、東京女学校は、明治
10年初頭、廃校が決定され東京女子師範学校に吸収されている）。

　モルレーの示唆を受けるかたちで、文部省の田中不二麿は、早速、東京女学校とは性格
の違った官立の東京女子師範学校の設置と同校附属幼稚園の設置を急ぐことになる。

男子に関しては、明治 5 年（1873）の学制公布に先立って、文部省は、官立の師範学校を設置する計画を立て、同年 5 月認可を受け、9 月には東京湯島で授業を開始していた。また、翌年の明治 6 年（1874）8 月には、各大学区の名古屋・大阪・広島・長崎・新潟・仙台に官立の師範学校が設置され、東京湯島の師範学校は東京師範学校と改称されるという状況であった。

　こうした動きを前提に「女子師範学校の設立こそ急務である」というモルレーの提案がなされた。文部小輔・田中不二麿は、明治 7 年（1875）1 月 4 日、太政大臣・三条実美（1837-1891/註；公卿。政治家。号は梨堂/公爵）宛に女子師範学校設立の建議書を提出し、1 月 20 日、認可を得ている。師範学校には附属の実習校・実習園あるいは模範校・模範園がなければ完全なかたちとはならない。女子師範学校が構想当初から幼児教育をも視野に入れていたとすれば附属幼稚園を設置するのも当然であろう。

2-2-2　ピーボディー保育論を『文部省雑誌』で紹介

　明治 7 年（1875）12 月 28 日付の『文部省雑誌』には早くもピーボディー（1804-1894/Elizabeth Palmar Peabody）の「米國教育寮年報書抄譯　幼稚園ノ説（註；訳稿にはイリザベスピーボデー女誌とある。誌は史の間違いでなく誌であろう」（5）が掲載されている。田中不二麿による幼稚園設置申請のおよそ 1 年半前のことである。

　ピーボディーはアメリカのマサチューセッツの作家であり、有名な幼児教育者であった。自らドイツにフレーベル法を学びに行き、米国に帰って最初の英語による幼稚園を開園した人物である。この訳稿は全 36 ページであるから決して短いものではない。この訳稿は保育界でも幾人かの研究者が注目しているが、わが国に紹介された最も組織的な保育論の最初期のもので貴重なものと言えよう。

　もちろん、これも文部省の一部において模範的な幼稚園の設置は急務との判断があっての動きであろうが、これもモルレー、若手官僚、田中不二麿のラインが打った布石の一つなのであろう。

　残念ながら翻訳者は不明であるが「学監申報」を翻訳した高橋是清あたりが担当したかもしれない。もちろん、高橋でなくても、当時の文部省およびその周辺には翻訳ができる人は何人もいた。

ピーボディーの「幼稚園ノ説」では「幼稚園の大旨」として「其一稚兒ヲシテ風雨寒暑ノ患ナカラシメ且游侶ノ悪習ヲ受ケサラシムルニ在リ」「其二稚兒ノ遊嬉玩弄等ハ最益アル物ヲ以テ之ニ付與シ且慈母教導ノ及ハサル所ハ之ニ純良懇篤ナル保傅ヲ付スルニ在リ」「其三稚兒教育進歩ノ基礎ヲ立テ及ヒ婦女ヲシテ教育ノ大意ヲ知ラシメムルニ在リ」に始まるが、特に「大三ノ要旨ハ教育進歩ノ基礎ヲ立ルト婦女ヲシテ教育進歩ノ理ヲ知ラシムルトニ在リ而シテ體ノ教心ノ教ハ書籍上ニ就テ之ヲ教ヘ得ヘキ者ニアラサルカ故ニ<u>師範學校ヲ設立シテ此ノ緊急ナル教育ヲ婦女ニ施シ又適宜ノ地ヲ求メ模範幼稚園ヲ設ケテ教育ノ法ヲ實際ニ行ヒ</u>其他凡ソ稚兒ノ教育ニ關渉セル諸學科ハ悉ク之ヲ女生徒ニ教授スヘシ（註；下線は前村による）」とし、教育進歩のためには「師範学校ヲ設立」して女子を教育し「模範幼稚園」を設けて実際の教育法を学ばせる必要があることを説いている。ここには女子師範学校の創設、附属幼稚園設置のイメージが明確に示されている。まさにこれこそ田中らが推進したい路線であった。

仙台に幼稚園を創った矢野成文らや、愛殊幼稚園を創った豊田文三郎や滝山誼、熊本に幼稚園を創ることを決意した有志たちも、確かな裏付けがあるわけではないが、ピーボディーのこの文章にも目を通していたのではないか、と思うがどうであろうか。いずれにしろ、ピーボディーはアメリカにおける初期の幼稚園教育の開拓者であっただけでなく、結果として、わが国幼稚園創設の「援護射撃者」ともなっているのである。

2-2-3　田中不二麿の幼稚園設置申請

女子師範学校の方は、その後、種々の準備を経て、明治8年（1875）11月18日、開校準備担当の初代校長・小杉恒太郎（1850前後-没年未詳/註；和歌山県士族）は退職する。

ところで、小杉は、長いこと生没年すら未詳とされてきたが、国立公文書館に残る履歴書を見ると、明治19年(1886)1月の時点で「36年4カ月」とあるので、生年だけは大よそわかった。

小杉は、慶応義塾で学んだ後、明治4年（1871）8月、文部少助教になったのを皮切りに、教育行政に関わり続け、明治6年（1873）、八等出仕の地位で官立東京女学校長となり、明治8年（1875）7月、兼務で東京女子師範学校長（月俸80円/註；月俸が後の職務よりやや高いのは兼務のためか）、明治10年（1877）4月、新潟学校長（月俸65円）、明治12年（1879）、千葉師範学校長兼千葉中学校長（月俸65円/明治16年増給があって月70

円）などを経て、明治 19 年（1886）3 月 18 日、文部書記官（奏任官四等/註；当時の月俸は 80 円から 100 円の間）となっている。

　その後も、文部省視学官、和歌山県視学官などを歴任しているが、特に女子教育史上、重要な時期に掛替えのない役割を果たしている割に、小杉には、教育史的に地味な評価しか与えられていない。小杉は、千葉師範時代に中村敬宇閲・小杉恒太郎編『初学修身訓　（全五巻）』（明治 16 年）を残している。

　東京女子師範学校は、開校 10 日ほど前に中村正直が摂理に就任して、明治 8 年（1875）11 月 29 日、皇后陛下の行啓を仰いで開校式を迎えている。

　幼稚園の設置に関しては、明治 8 年（1875）7 月 7 日、文部大輔・田中不二麿（註；前年、大輔に昇進）が、太政大臣・三条実美宛に設置伺いを出すが、同年 8 月 2 日、「伺之趣難聞届候事」が届く。太政官では幼稚園設置は許可しないというのである。そのため、8 月 25 日、文部省側は理由書を書き改めて「再應伺」を出したところ、今度は、太政大臣・三条実美から 9 月 13 日付の「伺之趣聞届候事」という達しが下りた。

　ただ、設置許可が下りても、すぐに開業というわけにはいかなかったようで、保育の方法、建築の設計など種々の準備を経て、明治 9 年（1876）11 月 16 日、わが国最初の「幼稚園」という名称の教育機関は開業を迎えるのである。

2-2-4　田中不二麿と欧米教育事情視察と幼稚園

　田中は、後年、幼児教育の重要性については、遣欧使節団の一員として参加した時期から深く認識していたと自ら語っている。実際に、明治 6 年（1873）8 月出版の田中の遣欧使節団報告書『理事功程　第 9 巻』（文部省）にはフレーベルや「幼稚園」の簡単な紹介もなされている（註；原文は英国人のドイツ小学校レポートの抄訳。明治 6 年 8 月段階で訳語「幼稚園」が使われている　）。

　また、田中の長男・田中阿歌麿（1869-1944/註；成人後、地理学者。湖沼研究者/子爵）は、明治 2 年（1869）9 月生まれで、田中が遣欧使節団で出かけた頃は、幼児期の真っ只中にあったことから、欧米では、3 歳児や 4 歳児の幼児を教育するシステムがあることについては、当然、高い関心を寄せたであろう。

　また、田中不二麿夫妻は、明治 9 年（1876）5 月、先発のデイビッド・モルレー夫妻に続いて、米国建国 100 年記念フィラデルフィア博覧会の視察及び展示を目的とし、畠山義

成、阿部泰蔵（1849-1924/註；明治の官吏、教育者、明治生命保険創立者）、手島精一
（1850-1918/明治期の工業教育者。東京高等工業学校長/豊田芙雄とも面識がありパリで
会っている）、出浦力雄（1852-1920/註；明治3年大学特業生、後、南校教授。新潟英学
校、東京英学校教師。裁判所構成法取調）らを引き連れ、米国に向け出発し、半年以上文
部省を留守にすることになるが、この時現地で受けた影響も大きかったと考える。

　田中は明治10年（1877）1月に帰国し、同月付で『米国百年期博覧会教育報告（全4
巻）』（6）を公表するが、幼稚園教育についても随所に記述が見られ、フレーベル式幼
稚園、米国流幼稚園等、興味深い記述も含まれている。また、幼稚園教育の意義、現況な
どについて数ページに渡って詳述している部分もあり、幼稚園を経て小学校に入学した子
どもは学力の面、生活の面で優秀な結果を示している、といった記述も見られる。博覧会
視察を機に、田中の幼稚園教育に関する認識はさらに深められたのである。

　田中文部大輔の帰国は、まだ東京女子師範学校附属幼稚園は開園2ヶ月目で、松野クラ
ラが英語の文献を読み上げ、関信三が通訳をし、豊田芙雄や近藤はまがそれをせっせと筆
記していた時期である。

　東京女子師範学校附属幼稚園の開園は、文部大輔・田中不二麿の不在中に迎え、正規の
開業式は約1年後、明治10年（1877）11月27日、皇后の宮を迎えて大々的に執り行わ
れるが、わが国幼稚園創設と、それに続く初期の発展は、田中不二麿抜きには考えられな
いと言うべきであろう。

2-3　文部省の省内事情と田中不二麿

2-3-1　教育令と田中不二麿の追い出し

　文部省では、明治初年から明治10年代初頭までは、文部卿が欠ける期間が度々あった
ため、特に初年後半から明治12年（1879）頃までは、文部大輔（次官）の田中不二麿が
実質上の責任者として文部行政を采配した、いわば「田中の時代」であった。当時の文部
卿の就任状況は次のとおりである。

　（欠員）　　　　　　　　　　　　　明治04年09月02日—明治04年09月12日
　大木喬任（1832-1899）　　　　　　明治04年09月12日—明治06年04月19日

（欠員）	明治 06 年 04 月 19 日―明治 07 年 01 月 25 日
木戸孝允	明治 07 年 01 月 25 日―明治 07 年 05 月 13 日
（欠員）	明治 07 年 05 月 13 日―明治 11 年 05 月 24 日
西郷従道	明治 11 年 05 月 24 日―明治 11 年 12 月 24 日
（欠員）	明治 11 年 12 月 24 日―明治 12 月 09 月 10 日
寺島宗則（1832-1893）	明治 12 年 09 月 10 日―明治 13 年 02 月 28 日
河野敏鎌（とがま）（1844-1895）	明治 13 年 02 月 28 日―明治 14 年 04 月 07 日
福岡孝弟（たかちか）（1835-1919）	明治 14 年 04 月 07 日―明治 16 年 12 月 12 日
大木喬任	明治 16 年 12 月 12 日―明治 18 年 12 月 22 日

　しかし、明治 13 年（1880）2 月、田中は九州地区の学事巡視に出かけるが、大分を巡視中に電報で東京に呼び戻され、2 月末日、文部大輔は解任となり、3 月、司法卿として転出することになる。もちろん、見かけ上は栄転であるが、田中は、突然、文部行政から切り離されたのである。

　周知のように、明治 12 年（1879）9 月、田中は学制を廃止し、「教育令」を公布したが、教育令はアメリカ流の自由主義と地方分権を基礎とするもので、6 歳から 14 歳の間における義務教育就学期間をわずか 16 ヶ月とし、校舎は設けず教員が巡回して教育する方式を導入したり、私立学校の開設認可制度を取り入れたりするなど画期的なもので、親や地方自治体の負担を大きく軽減するものであった。

　しかし、これでは就学率が悪化し、学力低下に繋がるという反発が政府内外から起きた。自由主義や地方分権化を苦々しく思っていた保守派は、これを機会に、田中を文部省から追い出すことにした。このことは中村正直の項でも述べるが、大戸美也子氏の言う教育界、保育界における「13 年の変」である。

　背景には、参議（内閣）と各省との兼務をやめ、太政官と各省とを分離させるという一大改革があって、2 月 28 日、参議兼文部卿の寺島宗則（註；薩摩国出水郡脇本出身。変名・松木弘安。幕府の文久遣欧使節団に通訳・医師として同行。後、薩摩藩英国留学生となる。新政府で外交問題と取り組む/伯爵）も辞任し、河野敏鎌（とがま）（註；旧土佐藩士。佐賀の乱後、問題の多い裁判で、恩人・江藤新平に斬殺の刑を与えた人物。晩年、この件について懺悔をしている/子爵）が文部卿に就任するが、この政治改革をうまく利用するかたちで、田中不二麿の文部省からの追放が実行されたのである。

中央政府から電報で呼び戻された田中は、明治13年（1881）3月11日、三条実美宛に「御用有之早々帰京候様御達ニ付本日帰京候條此旨上申候也」（註；国立公文書館）という帰京報告書を提出している。

　田中の辞任後、文部大輔は欠員となるが、田中と同時に文部少輔の神田孝平（1830-1898/註；蘭学者。兵庫県令。元老院議官/男爵）も辞めさせられて、元老院議官となり、後任には伝統主義的傾向を持つ大書記官・九鬼隆一（1852-1931/註；官僚。政治家。駐米特命全権公使。美術に対する関心が高い。那珂通高の弟子。慶応で学ぶが、後、政治観の違いで福沢に疎まれている/男爵）が文部少輔に昇格している。九鬼隆一と通高の養子・那珂通世は肝胆相照らす仲であった。

　国立公文書館の那珂通世の履歴書を見ると、明治12年（1879）11月21日、千葉師範学校校長兼千葉女子師範学校長・千葉中学校総理を辞め、同年同月26日、東京女子師範学校訓導兼幹事（月俸60円）に赴任し、明治13年（1880）3月10日、教則取調掛兼務となり、教則改訂に着手している。同年4月7日、同校摂理補兼訓導（月80円）となる。

　同年8月10日、臨時事務取調掛を兼務する。明治14年（1881）7月6日、東京女子師範学校長兼東京女子師範学校教諭（年俸千二百円）となり、明治16年（1883）7月21日、「自今年俸千五百円下賜候事」となる。

　同年5月20日、東京大学に転じた中村正直摂理の後任には、同年6月8日、国学者で元老院議官・福羽美静（1831-1907/「よししず」ともいう/註；旧津和野藩士。国学者。歌人。国学者であるが開明的なところもあった。貴族院議員/子爵）が兼務として送り込まれている。結局、明治13年中には、文部省やその周辺から進歩派が一掃されて守旧派が主力となったのである。

　那珂の教育観は復古的である。修身科における礼式の追加、保姆練習科の廃止、附属小学校の入学を女子に限ったことなどは那珂流の思考の結果である。

　旧水戸藩の儒者・青山延寿（1820-1906）の娘で、東京女子師範学校一期生となった青山千世（1857-1947/註；森田千世）は次のように述べている。なお、千世の娘は、社会主義者・山川均（1880-1958/註；労農派マルクス主義の理論指導者）の妻となった山川菊栄（1890-1980/註；婦人解放運動家。初代婦人少年局長）である。

　　明治政府が中村先生のあとにこの人（註；福羽美静）をもってきたのは偶然でなく、きのうまでの「男女同権」、「独立自主」のスローガンは「女は女らしく」ときりか

えられ、『西国立志編』は『女大学』に変り、生徒に小倉袴をぬがせて大きな帯をしょわせ、高島田、薄化粧で礼式のけいこをさせるようになり、創立当時の趣意とは逆の方向に楫がとられました。（山川菊栄『おんな二代の記』東洋文庫203、平凡社、昭和47年、58頁）

　また、この時の人事はかなり意図的なもので世間的にも違和感をもって見られた。大改革の翌日、同年3月1日の東京日日新聞には次のような記事が載っている。

　河野君ハ固ヨリ司法ノ出身ニシテ大獄ヲ斷ズルニ當リ政府ガ常ニ君ヲシテ其局ニ當シメ其才幹アルハ公衆ノ知ル所ナルニ、今ヤ君ヲ司法卿タラシメズ、文部卿タラシメ、却テ文部出身ニシテ教育ノ事務ニ實練ナル田中君ヲ司法卿タラシメタルハ、蓋シ世上ヲシテ報道ノ錯置ニ非ザル乎ヲ疑ハシムルニ至レリ

　世間の人々は、司法畑で辣腕を揮っていた河野敏鎌が文部卿となり、文教畑で実力を発揮していた田中不二麿が司法卿となったという報道は誤報ではないのか、と疑うほどの仰天の人事だったのである。

2-3-2　田中不二麿の九州学事巡視と鹿児島訪問

　大分を巡視中に、突然、電報で東京に呼び戻された田中であるが、すでに鹿児島訪問は済ませていたのか、あるいはまだ済ませていなかったのか、これまで筆者には長い間確認できないままであった。高橋清賀子家文書の中には、文部大輔・田中不二麿を鹿児島に迎えるに際し、祝辞を述べる生徒代表のために、豊田が書いてやった挨拶草稿（写真）が残っていることから、田中が鹿児島訪問を予定していたのは明確であったが、この時、実際に訪問できたかどうかは、裏付ける資料を見出せなかったのである。

　しかし、過日、比較的目を通す機会のある文部省年報（明治13年報）を手にして、何気なくチェックする内に、田中の鹿児島訪問の事実が「本文中」に書いてあるのを初めて知った。恥ずかしい限りであるが資料確認にはままあることである。

明治13年（1880）の文部省年報によると、文部大輔・田中不二麿は沖縄─鹿児島─大分と巡視し、大分の巡視を始めたばかりのところで呼び戻されたのである。鹿児島では、通常どおりの巡視を終え、鹿児島女子師範学校及び同校附属幼稚園も訪問している。

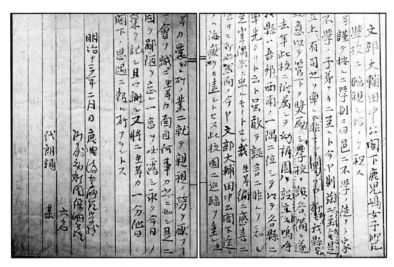

文部大輔田中公閣下来訪祝辞草稿 (7)

　豊田芙雄の鹿児島長期出張は、無理を承知で、田中が最終責任者として決定した人事である。鹿児島を訪問するとなれば豊田の勤務先を訪問しないわけにはいかなかったであろう。年報にはわざわざ固有名詞をあげて「特ニ縣立女子師範學校及ヒ幼稚園ノ如キハ大ニ觀ル可キモノアリ」という異例の記述がなされている。

　鹿児島の人々は、豊田芙雄が文部大輔・田中不二麿と親しげな様子で語るのを目の当たりにして、ますますその存在の大きさを実感したはずである。また、豊田芙雄にしても、この人には珍しく、鹿児島では異郷の月を眺めては嘆息するというセンチメンタルな漢詩などを作ったりしているので、文部大輔がはるばると東京からやってきて、直接、声をかけてくれたことは大きな励みとなったことであろう。

　鹿児島県出身の画家の中には、黒田清輝（1866-1924/註；旧薩摩藩出身。近代日本を代表する洋画家。「湖畔」などが有名。貴族院議員/子爵）と同時期に活躍した藤島武二（1867-1943/註；旧薩摩藩生まれ。婦人像「蝶」や「黒扇」は切手になっている）という優れた洋画家がいるが、藤島は少年時代のある日、鹿児島を訪問した文部卿（註；実際は大輔）田中不二麿の前で席画をかいたことがあるという逸話を残している。藤島の年譜で

は、年月が間違って記されているものがあるが、藤島少年が席画をかいたのも、明治13年（1880）春以外にはあり得ない。藤島が上等小学校2年で12歳の頃のことであろう。先にも触れたように、鹿児島を訪問して間もなく、田中不二麿の人生は、突然、予期せぬ展開をすることになるのである。

2-3-3　田中不二麿のその後

　文部省を去った田中は、その後、1年半余司法卿を務め、参事院議官、イタリア全権公使、フランス全権公使、枢密顧問官を経て、明治24年（1891）、第1次松方内閣の司法大臣を拝命し、後、位階正二位に任ぜられている。明治20年（1887）に子爵となっている。没したのは、明治42年（1909）、65歳であった。

　ところで、イタリア全権公使・徳川篤敬の前任者は田中不二麿であったが、田中は引き続きフランス全権公使として務めている。徳川篤敬侯夫人のお相手役として随行し、ローマに滞在することになった豊田芙雄は、徳川一家と共にフランスを訪れ、かなりの期間パリに滞在した模様である。芙雄の日記によると、豊田は田中夫人や田中とはしばしば会って談話をしたり会食をしたりしている。元々、田中夫人は度々幼稚園を訪問していて芙雄とは熟知の仲であった。また、豊田芙雄は、明治11年（1878）8月、須磨夫人や幼稚園の同僚と共に西郷従道邸の食事会に招かれるという機会などもあったのである。豊田は、わが国近代教育確立の立役者、いわば教育界の元勲・田中不二麿と東京で初めて出会うが、鹿児島でも会う機会を得、フランスのパリでも再会する機会を得たのだから、二人の舞台のスケールは大きい。

　田中は有能で寛容であり、人の使い方が上手く、幼稚園設置や博物館・図書館の文部省移管時に見せたように一度や二度うまくいかなくてもしぶとく食らいついていくというしたたかさも持っていた。また、官僚には視野が狭く、狭量である者もいるが、田中は温厚ではあるが何よりも進歩や改革を忌避しない度量を持った官僚、政治家であったと言える。維新直後のわが国の文部行政に田中のような自由主義的で有能な人物があたったということは幸いであったし、田中がいたからこそ、わが国の幼稚園教育の導入は早まったと言えるのである。

注

(1) 「ウィキペディア」　https://ja.wikipedia.org/wiki/田中不二麿/　2015.6.18

(2) 墨堤隠士著『大臣の書生時代』、大学館、大正 3 年、pp. 141-142

(3) 佐沢太郎訳・河津祐之閲『仏国学制　1・2 編』、文部省、明治 6 年

(4) 文部省『日本帝国文部省年報　第 2（明治 7 年)』、明治 8 年

(5) ピーボディー「米國教育寮年報書抄譯　幼稚園ノ説」、『文部省雑誌』、文部省、明治 7 年（1875）12 月 28 日

(6) 田中不二麿『米国百年期博覧会教育報告（全 4 巻)』、文部省、1878

(7) 豊田芙雄手記「田中文部大輔歓迎生徒挨拶原稿」、高橋清賀子家文書、明治 13 年

3 ヒューマニスト・中村正直と幼稚園教育

3-1 中村正直と幕末・維新

3-1-1 中村正直と福沢諭吉

中村正直 (1)

明治40年（1907）5月、帝国教育会、東京府教育会、東京市教育会共催の全国教育家大集会（註；於東京工業学校。東京工業大学の前身）において下記のような明治六大教育家が選ばれている。

明治の教育を概観する限り、適切な人選であると思うが、大木や森は主として官僚・政治家として大きな教育功績を残した人物であるが、田中不二麿が選ばれていないのは不可解である。純然たる教育者としては近藤真琴（1831-1886）、中村正直、新島襄、福沢諭吉の4人に絞られることとなる。

中村は誰もが認める明治期を代表する教育家の一人だったのである。この時選ばれた教育者を列記すると次のようである。

　　大木喬任（註；初代文部卿。学制を制定）
　　森有礼（註；初代文部大臣。明六社主宰。各種教育界貢献）
　　近藤真琴（註；攻玉社創設。数学・工学・航海術の分野で顕著な功績。海軍中佐）
　　中村正直（註；同人社創設。明六社。東京大学教授。『西国立志編』などの翻訳書）
　　新島襄（註；同志社創設。キリスト教・英語の分野で人材育成）
　　福沢諭吉（註；慶応義塾創設。思想家。『学問のすすめ』など）

現在でも福沢諭吉や新島襄の名前を知る人は多いが、一般的には中村正直（註；「まさなお」と読まれることが多いが履歴書などでは「せいちょく」となっている）や近藤真琴の名前になると、あまり広くは知られていない。

しかし、明治初年頃には、中村の『西国立志編』は、福沢の『学問のすすめ』を超えて100万部を突破するという大ベストセラーとなっており、福沢、中村は甲乙つけがたく屹立していたのである。

また、中村の同人社も福沢の慶応義塾と肩を並べるくらいに盛況であったが、中村が東京女子師範学校の摂理や東京大学の教授として勤務して多忙であったことや、中村を含め身辺の人が学校経営に巧みでなかったため、福沢が経営の支援をした時期などもあったが、同人社は衰退し、明治20年（1887）には廃校となっている。そうなれば、時代と共に発展を続けていった慶応義塾の福沢や同志社の新島に比べ、中村の名前が人口に膾炙されることが少なくなったのはやむを得ないであろう。

中村と福沢が比較されるとき、中村は理想主義的で精神主義的な傾向を持ち、福沢は功利主義的で唯物主義的な傾向を持っていたといわれている。幅広い学識と深い教養を備えていた両者に対する人物評価としては単純過ぎるが間違った指摘とは言えないだろう。ただし、福沢は党利党略、私利私欲の人は好まず、清廉潔白な人物を評価していたので、中村正直とは非常に親しい関係にあったし、西郷隆盛を高く評価していた。

中村正直は、自由と平等を唱える理想主義者であったとされているが、それに加えて、生涯に渡って弱者に救いの手を差し伸べるヒューマニストであった、ということも強調しておくべきであろう。

3-1-2　中村正直の生立ちと英国渡航

中村正直の生涯と人となりについては、夥しい文献があるが、ここでは丁寧な記述をしている石井研堂（1865-1943）の著書『中村正直伝：自助的人物典型』（2）を参考にまとめると次のようになる。

中村は、天保3年（1832）5月26日、幕府の貧しい同心の家に生まれている。諱を正直、幼名を釧太郎、通称を敬輔、号を敬宇と称した。父は通称を武兵衛といい、伊豆の旗本領地の元農民であったが、士官の口を求めて江戸に出、幕府二条城隔年勤務同心の株を買った、ある医師の姉の養子となり、三十俵二人扶持の下級幕臣となった。

中村は、3歳で葛馬茂右衛門に句読を習い、書を塩田龍潭に習っている（註；異例

の早教育であるが、中村は、両親の期待に応えて神童ぶりを発揮している）。当時、書を習うのはかなりの金額を要した。武兵衛夫婦は息子の教育のために暇を見つけては真綿を伸ばす手内職をした（註；中村が生涯父母に対する感謝の念を抱いていたのはこういうことにもよると言われている）。10歳の時に中村は昌平黌の素読吟味を受け、成績優秀で銀三枚を貰っている。

　その後、井部香山（1794-1853）の塾に入り、3年を過ごして、昌平黌に入学し、寄宿寮に入っている（註；若い頃から中村はストイックで、勉学に打ち込み、倫理的に間違ったことはしない人物であった）。

　安政2年（1855）5月、入学後8年を経て、学問所教授出役が命じられ、安政4年（1857）6月、学問所勤番となり、同年11月、甲府徽典館学頭の命を受けている。また、中村は漢学だけでなく蘭語や英語も習っている。

　元治元年（1864）正月9日、将軍徳川家茂の上京に際し、林祭酒と共に命を受けて上洛した。この時、信濃の佐久間象山（1811-1864）も上洛していたことから、中村はしばしば象山の宿處を訪ねている。同年5月、中村は京都を去るが、同年7月、象山は浪士の凶刃に斃れている（註；その頃になると江戸に帰った中村の身辺にも天誅を叫ぶ暗殺者の姿が見え隠れするようになる）。

　慶応2年（1866）10月、徳川幕府は12名の少年を選抜し、中村正直と川路太郎（1845-1827/註；川路聖謨の嫡孫）2名を監督としてイギリスへ留学させた。中村36歳の時のことである。

　ただ、英国滞在中に故国の幕府が瓦解したため、留学生及び監督は帰国することになり、明治2年（1869）6月末、横浜港に帰り着いている。帰国後、中村は旧徳川幕府の移転先である静岡の学問所で教授職に就いている。

　英国を去る時、友人のフリーランドから前年出版のスマイルズ（1812-1904/Samuel Smiles）の『Self Help（『西国立志篇』。別名『自助論』）』を貰った中村は、翌々年、これを翻訳・発行したが、これは100万部以上売れるという大ベストセラーとなった。また、ジョン・スチュアート・ミル（1806-1873/John Stuart Mill）の『自由之理（『自由論』）』、『西洋品行論』などを発行し、当時の若者にきわめて大きな影響を与えている。

3-1-3　中村正直と明六社

　中村の訳書がベストセラーとなると、中村の周辺には新しい時代の到来を肌身に感じていた若者たちが集うようになり、教えを請う者が全国から押し寄せてきた。石井研堂の著書から要約すると当時の中村の状況は次のようである。

　　明治5年（1872）、友人・勝海舟（1823-1899）、大蔵大輔・井上馨（1836-1915）に請われて上京し、大蔵省の翻訳担当者として出仕するが、上京した中村の下には数多くの若者が教えを求めて押し寄せるため、明治6年（1873）2月、同人社を開き、女子にも門戸を開いている。

　この年には、明六社が発足し、中村は10名の定員の一人として参加している。明六社は、明治6年（1873）7月、米国から帰国した森有礼が主唱して、福澤諭吉・加藤弘之（1836-1916/註；政治学者。教育家。官僚。東京大学初代総理/男爵）・中村正直・西周（1829-1897/註；津和野藩医の子。蘭語、英語を習得。啓発思想家/男爵）・西村茂樹（1828-1902/註；啓発思想家。文部官僚。学制制定委員の一人。文学博士）・津田真道（1829-1903/註；津山藩に生まれ、後、幕臣となる。幕末・明治期の洋学者。啓発思想家。官僚。元老院議官。法学博士/男爵）・箕作秋坪（1825or1826-1886/註；津山藩儒者の子。蘭学者。啓発思想家。箕作阮甫の養子）・杉亨二（1828-1917/註；統計学者。啓発学者。官僚。法学博士。学制検討の中心者）・箕作麟祥（1846-1897/註；津山藩に誕生。官僚。法学者。教育者。元老院議官。貴族院議員。啓発思想家。箕作阮甫の孫/男爵）らと共に同年秋に啓発活動を目的として結成されている。会合は毎月1日と16日に主として築地精養軒で開かれた。

　明六社のメンバーは、本員・定員・格外定員・通信員・客員という区別があったが、定員には世良太一（1838-1919/註；統計学者。杉亨二の弟子）・津田仙（1837-1908/註；農学者。キリスト者。津田梅子の父）・清水卯三郎（1829-1910/註；実業家。箕作秋坪に蘭学を、立石得十郎・同斧十郎に英語を学ぶ。パリ万博に参加・出品。「瑞穂屋」を開店。「六合新聞」を刊行。『歯科全書』出版。仮名文字論者）などがいたが、清水については、「商人を定員とするのはどうか」という意見もあった。明六社のメンバーでも封建時代の差別意識を引きずっている人物もいたのである。しかし、清水は進取的でサラリーマン化した武士などとは違った豪傑肌の男であった。

格外定員には、大槻文彦（1847-1928/註；仙台で英語や数学、蘭学を修める。開成所で学ぶ。文部省官吏。『言海』編纂。編著『伊達騒動実録』は伊達騒動の基本資料。帝国学士院会員）・田中不二麿・神田孝平・九鬼隆一・前島密（1835-1919/註；越後国頸城郡下池部村の豪農に生まれ、後、幕臣・前島家の養子となる。官僚。政治家。郵便制度の父。仮名文字論者/男爵）などがいる。また、客員に早矢仕有的（1837-1901/註；医師。実業家。丸善創始者）・沼間守一（1844-1890/註；官僚の後自由民権家）・伊達宗城（1818-1892/註；宇和島藩 8 代藩主。政治家/伯爵後侯爵）・高橋是清（註；幕府御用絵師の子/仙台藩の足軽・高橋覚治の養子/官僚。政治家。第 20 代総理大臣/子爵）・植木枝盛（1857-1892/註；政治家。自由民権家）など多種多様な人士がいた。

明治 7 年（1874）3 月からは、機関誌『明六雑誌』を発行したが、明治 8 年（1875）、情報統制を意図する讒謗律・新聞紙条例の施行によって機関誌の発行は廃刊に追い込まれた。雑誌掲載論文数は 156 編である。いずれも明治初期の時代精神を反映したものであった。発行部数は月平均 3200 部に達した。

3-2　中村正直と幼児教育・障害児教育との出会い

3-2-1　中村正直と亜米利加婦人教授所

中村正直が、保育の世界と最初に出会ったのは、日本人と外国人の間に生まれた国際児を保護し教育することを主目的として、明治 4 年（1871）8 月 28 日、横浜の山手四十八番地に設立された「亜米利加婦人教授所」であった。

当初、この施設では 3 歳以上の幼児を教育の対象とし，母親のいない子どもは 3 歳以下でも預かることにしており、通学生と寄宿生を置くということから、今でいう養護施設，保育所，幼稚園を兼ねた教育機関とすることを意図していたようである。

イギリス帰りの中村は、英語の勉強とキリスト教世界を知るために、横浜で教会関係者と接触する機会も多かったのであろう。この施設は、プライン夫人（1820-1885/Mary Putnam Pruyn）、クロスビー女史（1833-1918/Julia Neilson Crosby）、ピアソン夫人（1833-1899/Louise Henrietta Pierson）の 3 人の婦人宣教師によって設立されたが、中村はこの施設の設立趣旨に賛同して、同年 10 月、入所児募集の広告文まで書いているのである。

しかし、実際には国際児の入所、入学者はほとんどなく、中村は自分の妻と娘を、福沢諭吉は自分の娘3人と姪を、井上馨は娘2人をここに入学させている。同所も、同年のクリスマス頃には生徒が20名に達した模様である。

　中村は広告文において、3人の教師は懇切で、まるで実母のように子どもに接していて、子どもの知恵が育まれ、身体が強壮になること間違いなし、といった趣旨のことを述べ、もし自分の子どもに「善き教養」を受けさせたかったら、この施設に子どもを託すべし、と言い切っている。子どもというのは、自宅のみで育てるよりは、適切な幼児教育機関で育てる方がよほど健全に育つ、ということを、この時点ですでに中村正直は認めているのである。

　この施設は、翌年には、初期の目的を変え、日本の婦女子に英語を教える「日本婦人英学校」と名称を変更し、女学校（註；後の横浜の共立女学校—横浜共立学園）として発展する道を選択している。なお、豊田芙雄の親友で、東京女子師範学校の草創期に英語と美術教育を担当した日本画家・武村耕靄（1852-1915）もここで英語を学んでいる。

　ただ、女子教育の必要性を早くから唱え、女子師範の設置にも協力的であった中村正直も東京女子師範学校の校長を引き受けることは渋っていた。同人社の経営や翻訳、執筆活動以外にも、障害児教育の学校設立運動にも関わるなど重要な案件を抱え込んでいたからである。

3-2-2　中村正直と楽善会

　明治8年（1875）5月、中村正直は、古川正雄（1837-1877/註；古川節蔵。岡本周吉。広島の庄屋の三男。適塾で学ぶ。慶応義塾一期生。後、慶応義塾初代塾長。旗本古川家の養子。幕府の海軍所属。榎本武揚らと共に函館で官軍と戦闘。後、新政府に出仕）・津田仙・岸田吟香（1833-1905/註；新聞記者。教育者。実業家。画家・岸田劉生の父）・ボルシャルト（生没年未詳/註；アメリカのドイツ・ルーテル教会宣教師。同人社の教師）・ヘンリー・フォールズ（1843-1930/Henry Faulds/註；指紋による個人識別の発見者）らの間で盲教育の必要について相談し、盲学校設立のために「楽善会」を発足させている。

　翌年、前島密・小松彰（1842-1888/註；旧松本藩士。官僚。政治家。東京株式取引所初代頭取）・杉浦譲（1835-1877/註；旧幕臣。仏留学。パリ博随行。詳細な報告書『航西日記』を残す。官僚。郵便制度確立に貢献。地理局長時代、保育者・松野クララの夫・松野礀の理解者。明治10年8月、死去）・山尾庸三（1837-1917/註；長州藩出身。江戸で航

海術を学ぶ。井上馨らと密航して英国留学。工学を学ぶ。工学寮創立。明治 13 年、工部卿/子爵）がこれに加わっている。

　松野 礀 の直属の上司で、楽善会のメンバーの一人でもあった杉浦譲は、天保 6 年（1835）、甲府勤番同心・杉浦七郎右衛門良尚の長男として生まれている。杉浦は、甲府徽典館（註；山梨大学教育人間科学部はこれを前身としている）で学び、若くして徽典館教授方見習を務めたが、安政 4 年（1857）11 月、中村正直が甲府徽典館学頭に赴任したことで二人の交流は始まっている。

　文久元年（1861）、杉浦は、江戸幕府に勤務することになって、外国奉行支配書物出役をし、後、調役となっている。文久 3 年（1863）、幕府の外交使節団の一員として渡仏している。さらに、慶応 3 年（1867）、パリ万博に派遣された徳川昭武に随行している。ちょうど、その時期、中村正直も幕府の留学生の監督としてロンドンに滞在していたので、欧州でも公的、私的な交流もあったものと思われる。

　帰国後は、中村は静岡学問所 1 等教授、杉浦は最初 5 等教授から 4 等教授となったが、知人の前島密も 4 等教授であった。杉浦は、明治 3 年（1870）2 月、民部省準 11 等で出仕している。わが国の郵便制度は、明治 3 年（1870）5 月、駅逓権正の前島密が創設を建議したが、前島は欧州視察に出かけることになった。そのため、国立国会図書館憲政資料室の杉浦関係の資料によると、同年 6 月、任駅逓権正兼地理権正となり、明治 4 年（1871）3 月、駅逓正となった杉浦譲が、同年 3 月 1 日（新暦の 4 月 20 日）、郵便制度の創設を実行した。

　幕府時代に比べれば、準 11 等という低い地位でスタートした杉浦であったが、昇進は早く、明治 4 年（1871）8 月、権少内史（月給 150 円）、同年 11 月、少内史（月給 200 円）、明治 5 年（1872）10 月、権大内史（月給 250 円）、明治 7 年（1874）1 月、内務大丞兼戸籍頭兼地理頭（月給 250 円）、明治 10 年（1877）1 月、内務大書記官地理局長（月給 200 円。杉浦没後、明治 13 年 1 月、250 円に改定）となっている。杉浦は、悪天候の中、無理して地租改正用の測量をしたことで、体調を崩し、明治 10 年（1877）8 月 22 日、亡くなったが、勤務継続に無理があったのか、同年 7 月には、免官願いを提出している。

　中村正直は、勝海舟らの勧めもあって、明治 5 年（1872）8 月 27 日、大蔵省の翻訳掛（報酬月 100 円）となり、明治 8 年（1875）11 月 18 日、東京女子師範学校摂理嘱託（報酬月 200 円）となったことが国立公文書館の資料でも明らかである。

楽善会には、明治9年（1876）3月15日、東京府から訓盲院（註；後の官立東京盲唖学校）の設立認可が下りている。楽善会訓盲院は聾唖児を受け入れることで楽善会訓盲唖院となり、文部省に移管されて官立の訓盲唖院となり、その後東京盲唖学校となり、さらに後には盲唖分離が実現して、東京盲学校、東京聾唖学校となるが、小西信八（1854-1938）が盲聾唖教育に多大な貢献をしたことは、後の章で述べることとする。

3-2-3　中村正直と幼稚園の創設

中村は、明治8年（1875）11月18日、開校直前に東京女子師範学校の「摂理で良いならば」と学校の総括者を引き受けている。田中不二麿としては、政府内外の維新の猛者でも一目置く位の人物でなければ、新設の官立女子師範学校をうまく経営することは難しいという、人事の名手・田中不二麿らしい判断もあったのであろう。

同年11月29日、東京女子師範学校は無事開業式を迎えている。設置の目的、規則、教員の配置状況などについては『東京女子高等師範学校六十年史』（東京女子高等師範学校編）をはじめ各種の著書、論文等で触れられているので、ここでは説明を省略する。

東京女子師範学校附属幼稚園の設置に関しては、明治8年（1875）7月7日、最初の設置伺いを出したという経緯から見て、学監モルレー、文部省若手官僚、文部大輔・田中不二麿などが同時的にあるいは田中主導で浮上させてきたもので、明治8年（1875）11月18日、東京女子師範学校摂理を引き受けた中村も、明治4年（1871）という早い時期に、横浜の「亜米利加婦人教授所」の意義を認めていたくらいであるから、同校の附属幼稚園設置についても全面的に賛同することになったということであろう。

摂理受諾以前に、倉橋惣三がほのめかしているような、中村が田中と同時的に幼稚園設置を発案したというのもあり得ないことではないが、そうしたことを裏付ける資料については、現在のところ見たことはない。

摂理に就任した中村正直が、幼稚園教育の概要について公にするのは、明治9年（1876）11月18日、日日新聞雑報に掲載した訳稿「ドウアイ氏幼稚園論の概旨」と、同月24日、同紙に掲載した訳稿「フレーベル氏幼稚園論の概旨」においてである。幼稚園が開業した直後のことである。幼稚園とはいかなるものか、官民共にほとんど誰も知らないのであるから、必須の情報提供でもあった。倉橋惣三・新庄よし子著『日本幼稚園史』（臨川書店）によると両稿は次のようである。

○ドウアイ氏幼稚園論の概旨　　中村正直譯稿

　一個の幼稚園に五拾人、乃至一百人を入るべし、師範校の生徒は、一人の教師を助け、併せて幼穉を實に教ふるの機を得せしむ。

　幼稚園の主意は、幼稚をして感覚の力を得せしめ、他日入校の時、學問と觀愉と合一ならしめ、又心思の食物を授けて、心思を養ひ長ずること、恰も滋味の身體を長養するが如くならしむ、又同時に修身教養を施すことを得べし、これ小兒を觀善せしむるに由て得らるべし、内外交養して規制順序の立つやうになるべし。

第一　小兒同群相交はらしめ、眞實にして僞詐なき人に養成するなり。

第二　集會場の結構は、人意を喜樂せしめ、小兒の性情に適することを旨とすべし、園に傍て一の大屋を起し、廠にして良く空氣を疎通せしむべし、園には草を布き、花を栽ゑ、又噴泉を造らば、更に好し、美麗なる畫圖を備ふべし、室内に腰をかくべき座位を設け、又小兒の爲に矯登あるべし、又低き「テーブル」又體操及び遊戯奏走すべき場所、寛くあるべし。廣室には花を以て飾り畫圖其他心目を喜ばしむる物を備へ置くべし。種々の旗をも立つべし。

第三　フレーベル氏の幼稚園の事を了解する婦女を得ること最肝要なり、この婦人は、考思する習慣を有つべし、氣根善かるべし、快活の心あるべし、中心に發する内外合一の品行あるべし、小兒を眞正に愛する心あるべし、普通學を學ぶものなるべし、教育の理と教育の實事とを知り經練するものなるべし、この婦人は聲の清く且つ大にして又音樂を解するものなるべし「ピアノ」も大衆會の時には入用たるべし。

第四　善き玩物を備ふべし、善き遊戯を做さしむべし、遊戯と快樂とは身體と心思を強壯ならしむるに缺くべからざるものなり、小兒の年齢に隨て玩物遊戯を別になすべし、甲の物に厭きたらば、乙の物を以て之に換ふべし。

○フレーベル氏幼稚園論の概旨　　中村正直譯稿

小兒は人の苗なれば、善く教養してその自然の性を自由に發達せしむべし、而して小兒をして、その天性を發する便利遭際を得せしむべし、これが爲に遊園を開き、一の建物を設け、花木を愛する性を發出せしめ觀察を善する人と成のみならず、又種藝を能する人に成立せしむべし。しかれどもフレーベル氏この場を學校と稱するを嫌へり、その故は學校教育前の事業と看做すことなればなり、起立の意は、三歳より七歳に至る迄の小兒を遊ばしめ、小學校に入る前の年月を曠しうせざらしめ、學問をする前事

業を成し置しめんとするなり、小児の天性に相當したる感化を被らしめんと欲するなり、その身體の力を強くせしめ、その五官の用を働らき出さしめ、十分に天地萬物の世界と、人類の世界とに融通なさしめ、その心思精神を當然の方位に指南し、萬生の根元に導き、造物主と合一して一とならしめんと欲す。

フレーベル氏「ヲン、ゼ、エヂュケーション、ヲブ、メン」を著し、三歳前小児教育の事を説けり、フレーベル氏の説に、三歳を經たる幼稚は、幼稚園の保傳に委ぬべし。

ペスタロヂ氏の説に、母は小児の爲に天授の教師なり、六七歳までは母の教養を受くべし。

ペスタロヂ氏の説を行へば、小児の教養は家内に限り各その母の經験に拘束せらるべし。

フレーベル氏曰く、母たるもの必ずしも善師ならねば小児の教養は永く一家中に限るべからず、小児の才、天然の能を發せしむる好機會を與ふるには小児を會し、一所に群をなさしむべし。

小児群をなす時は、相互の作用を發し、甲より働き出し、又乙より働き返し、勢力を出し敏速快活なる事に慣るべし、且つ小児相會するは、他年人間社會に入る前表にして、社會の萌芽の景象を現はすなり。

人となりては喜怒憤發興憂痛想願あることなり、この園に會する小児は、これ等の性を十分に顯さしむる目的もこゝに在り、機會もこゝにあり、この園にありて、許多の珍異なる事物を見聞するに由て、之が爲に感動勸勵せられ、或は模擬せんと欲し、一時に朋友同群に鼓舞せられ、身體の力を強壯にし、多く言語を用ふるの機會を得せしむるなり。

両稿ともそれほど長い文章ではないが、幼稚園について、要点をうまくとらえている。これらを読むことで人々は幼稚園について、一定程度の理解を抱くことはできたであろうが、それでもなお、幼稚園というものを見たことがないほとんどの人々にとって、いったい幼稚園ではどんな活動が展開されるのかということについては、幼稚園を実際に見ない限り、具体的なイメージを描くことは困難であったであろう。

幼児教育を受けた子どもと受けない子どもでは大きな差異が出てくるだろうと考えた人々は、幼稚園教育を前向きにとらえたが、幼児教育はむしろ幼児に弊害を与えるのではないか、という批判をする人々もいた。また、幼稚園は耶蘇教を教えるところではないか、

と邪推する人々もいたし、フレーベルは社会主義者で危険人物だった、という噂を信じた人々もいたようである。フレーベル自身は社会主義者ではないが、フレーベルの親戚や彼のカールハウ学園の教師あるいはフレーベル主義保育の信奉者の中には有力な共産主義者、社会主義者がいたのも事実である。

　中村正直や関信三が紹介したドウアイ（1819-1888/ドゥエイ/Carl Adolph Douai）はライプツィヒ大学で学んだ知識人であったが、ドウアイは、革命運動の関係でドイツにおいて5度裁判にかけられ、2度逮捕されている。

　後、仲間と米国に亡命し、フレーベルの教育観に共鳴していたドウアイは、テキサスやマサチューセッツ州ボストン等でフレーベル主義幼稚園を開いたが、ドウアイは無政府主義者・社会主義者で、アメリカでマルクス主義者労働者党を設立した一人でもあった。

　また、彼はテキサスで新聞を刊行し、南北戦争前から「奴隷制度廃止」を主唱したこともあって、反対派の激しい攻撃を受けている。ドウアイは筋金入りの闘士だったのである。当然、こうした情報を内外でキャッチし、フレーベルは社会主義者である、という不正確な情報を流す者もあったのであろう。そのため、わが国でもフレーベルや幼稚園に対して警戒心を抱く政治家、官僚も見られた。わが国の幼稚園はさまざまな情報が交錯する中で危なっかしく船出したのである。いずれにしろ、明治初期において、わが国の知識人を代表するヒューマニスト・中村正直がわが国草創期の女子教育や幼稚園教育、障害児教育に関わるようになったということは幸いであった。

3-3　根本正と中村正直

3-3-1　根本正と中村正直

根本正 (3)

　中村正直と豊田芙雄の出会いは、根本正（註；政治家になってからは「ねもしょう」という愛称で呼ばれることが多かった）抜きにはあり得なかったと思う。

　根本は、豊田芙雄の人生において重要な場面には、必ずといって良いほど登場する人物である。根本は、13歳（満12歳）の時、芙雄が小太郎と結婚した翌年に、豊田天功の学僕となるが、天功没後は豊田家の嫡子・豊田小太郎の学僕となっている。

成人後は、同人社で学び、洗礼を受け、約10年に及ぶ米国留学を経て、代議士となり、

連続当選 10 回という華々しい経歴を持つ大衆政治家である。

　根本正については、仙台の医師・加藤純二氏（宮千代加藤内科医院）の『未成年者飲酒禁止法を作った人　根本　正　伝』(3) が基本書となるが、最近では出身地の「根本正顕彰会」やインターネット上のホームページなどで根本の業績や人となりが盛んに紹介されている。

　根本正は嘉永 5 年（1852）10 月 1 日、父・根本徳孝、母・はつの次男として、常陸国那珂郡東木倉村（現・茨城県那珂市）で生まれている。生地から水戸市中心地まで 6 キロほどの近さである。根本家は庄屋であったが、水戸徳川家に初穂を献納していたということもあって、苗字、帯刀、麻上下着用御免の特典が与えられていた。正は 6、7 歳の頃には祖父・半次衛門から読み書きの手ほどきを受け、桜田門外の変のあった、万延元年（1860）、9 歳の時、神主・佐川伊予之介の塾に入って漢籍を習っている。

　先に記すように、文久 3 年（1863）、12 歳になった正は、幕末を代表する学者、彰考館総裁・豊田天功の学僕となった。父・徳孝と天功が従兄弟という縁戚関係にあったことからそれをつてに天功の学僕となったようである。

　翌年 1 月、天功は没しているので、根本が天功に仕えたのは 1 年足らずであったが、引き続き小太郎の学僕となった。しかし、慶応 2 年（1866）6 月、小太郎が脱藩して、京都に上り、同年 9 月、暗殺されるため、根本は仕える主を失い、その後は、後の時代の「雇い」のような扱いで南御郡方に勤めるようになった。根本少年は、豊田芙雄の 19 歳から21、2 歳の頃まで豊田家に仕えたが、根本は豊田家、藤田家、桑原家の人々の和歌のやり取りの手伝いを「まるで郵便配達夫のようにしていた」と後に回顧している。

　明治 5 年（1872）、根本は親には相談することもなく東京に出たが、斎藤郁子氏によると、この時、豊田芙雄の弟・政、清水某が同行している。根本らは、同年 8 月 22 日、茨城県典事から太政官正院に 8 等で出仕することになった東湖の長男・藤田健の長屋に住んだ。健は、後、権少外史（月給 100 円）、権少史（月給同額）となったが、健については他でも触れている。

　藤田健の妻・立子は芙雄や政の姉であったが、根本自身も豊田家に仕えていた関係で藤田家には度々出入りし、健とも面識があった。元々向上心が強く「立派な人になること」を目標に水戸で英語を学び続けていた根本は、さらに本格的に英語を学ぶために、ともかく東京に出たかったのだろう。

　水戸にいる頃、根本は、東御郡方奉行・服部潤次郎から、時計と燐寸を見せられ、西

洋文化のすばらしさにすっかり魅了されていた。時計と燐寸は、服部がフランス博覧会に幕府代表として派遣された徳川昭武に随行した際に手に入れたものであった。根本は、「英語」を学び、その内必ず留学しようと決心していたので、東京では最初は箕作秋坪の三叉学舎に入って英語を学んだ。三叉学舎は慶応義塾と双璧といわれるくらいに人気が高く、東郷平八郎（1848-1934/註；薩摩藩に生まれる/海軍大将。元帥/侯爵）、原敬（1856-1921/註；盛岡藩に生まれる/第19代内閣総理大臣。暗殺される）、平沼騏一郎（1867-1952/註；官僚。政治家。第35代内閣総理大臣/男爵）、大槻文彦らが学んでいる。しかし、三叉学舎は門人が多過ぎて、数語を学ぶのに1日かかるような状態であったので、根本は早々に退塾している。

　明治4年（1871）に翻訳刊行された『西国立志編』を読み、感銘を受けた根本は、明治5年（1872）、中村正直の門を叩いた。中村が同人社を設立したのは明治6年（1873）であるからまだ小さな私塾の時代であった。すでに、中村正直の下には、静岡から上京する旧徳川藩の若者たちをはじめ、全国各地から教えを請う若者が参集し始めていた。

　中村は向上心に燃える根本を特別に可愛がったが、根本が貧乏であるために同人社の室長とし、同人社の分校で学べるよう配慮している。しかし、根本はそれでもなお金には困っていたし、留学費用を貯める必要もあったので、夜、人力車夫をしたり、巡査になったりして勉学を続けている。また、同人社では、中村が横浜から呼んだカックラン（1834-1901/George Cochran/アイルランド生まれ。カナダのメソジスト教会から派遣の宣教師/牛込教会で中村正直に洗礼を授けた）にも英語とキリスト教を学んだ。根本の中には、中村らに英語とキリスト教を学び、貧しい人力車夫らの暮らしに触れる内に、漠然と「立派な人になりたい」ということから「貧しい人々のために、あるいは困っている人々のために役立つ人になりたい」という思いが芽生えてきた。中村正直から薫陶を受ける内に根本正も徐々にヒューマニストの系譜に連なる人となっていったのである。

　藤田東湖の嫡子・健の長屋に住み、高名な学者・豊田天功やその嫡子・小太郎の学僕をしていた根本正が目の前にいるのだから、中村正直が彼らにまつわる話をいっさい聞かなかったということはあり得ないであろう。特に、中村自身、幕末には尊皇開国派であるということで刺客に付き纏われたという体験をしていたことから、開国派の小太郎が暗殺されたことなどは身につまされる思いで聞いたのではなかろうか。小太郎の妻・芙雄は人格、識見ともに優れていて、水戸で家塾を開いていることなども話題に出たかと思うが、残念ながら、中村も根本もこうした記述は一切残していない。

明治7年（1874）になると、加藤木賞三か、賞三の子息の甕（1852-1910）あたりの紹介があったようで、根本は、駅逓寮の外国郵便制度の発足に際し、判任官、月給10円で神戸に勤務するようになった。加藤木甕は、賞三の知人・前島密の世話で、明治6年（1873）、郵便伝習生（註；月7円の支給を受けながら郵便業を学ぶ。英語の研修に力点を置いていた）となっていた。根本には、この職場なら英語を学ぶ機会もあるだろう、という期待もあった。辞令交付式には燕尾服が必要ということで水戸出身の学者・栗田寛に借りたが、帰りに転んでズボンを破ってしまった、というエピソードも残っている。

　根本が神戸に勤務することになったということで、この年、豊田芙雄は、根本正、立川弘毅（註；この人物が豊田家とどういう関係にあったかは不明である。水戸藩の豪商・立川家の関係者か）に依頼して、本国寺に仮葬されていた小太郎の遺骨を本国寺支院の墓地に改葬させている。

　東京女子師範学校の設立が許可されたのは明治7年（1874）1月20日である。この日を境に、田中不二麿は実質上の責任者として教員採用人事に着手するが、男子教員は全国の官立師範学校や民間から探し出すことで比較的容易であったが、女子教員を探すとなると、いくら能吏の田中であっても至難の業であったであろう。

　文部省としては関係者に適格者の推薦を依頼したようである。田中不二麿は明六社の格外定員でもあったから、中村正直をはじめ親しいメンバーにも人選を依頼したはずである。しかし、彼らにとっても女子教育者を探し出すのは容易ではなかったであろう。創設時の女教師の一人・棚橋絢子（1839-1939/註；失明の儒者・棚橋大作の妻）は、名古屋の女子小学校で教師兼校長をしていた時代、官立愛知師範学校長・伊澤修二（1851-1917）の妻の家庭教師を兼ねていた関係で伊澤修二が推薦した。

　豊田芙雄の周辺では、芙雄を推薦したのは中村正直であると語り継がれている。しかし、残念ながら証拠があるわけではない。ただ、豊田芙雄の身辺には、どう探しても芙雄を官立学校の教師として推薦できるような人物は見当たらない。水戸に優れた女教師がいるからといって下級官吏が推薦できるような話ではない。結局、消去法でいって最後は中村正直しか残らないのである。

　中村なら根本正から豊田芙雄のことを聞く可能性も十分にあったし、また、明治7年（1874）春には、昌平黌時代の友人で旧水戸藩の儒者・青山延寿（註；山川菊栄の祖父。芙雄の兄・力太郎、弟・政を塾で教えた。小太郎とは弘道館教師として同僚。小太郎の後の彰考館総裁代。桑原家についても豊田家についても熟知していた人物）が娘千世（註；

東京女子師範学校一期生）の学校教育の相談で中村を訪ねている。中村は「もうじき女学校（女子師範）もできようからそれまでは私の所で勉強をしていたらどうか」と延寿に答えている。中村としては、こうした折に豊田芙雄の人柄や学識について、延寿に確かめることもできたはずである。

　根本は、神戸に勤務しながら、京都の「宇治の義塾（註；神戸の宇治野村英学校のことか）」でギルキ（1830-1923/Orramel Hinckley Gulick/註；ギューリック）に英語を学んでいる。明治 10 年（1877）には、勤務地が横浜に移って、ジェームス・カーティス・ヘボン（1815-1911/James Curtis Hepburn/伝道師。医師。ヘボン式ローマ字の創設者）の塾に通うが、翌年 5 月には宣教師バラ（1832-1920/James Hamilton Ballagh）より洗礼を受けている。

　根本の幸運は、局内にいるファーというアメリカ人からもたらされることになる。ファーは、根本の熱心な留学志望を知って、カリフォルニア州オークランド市に住む弁護士・アルフレッド・バーストー（1830 - 1895/Alfred Barstow/註；バーモント州出身。著名なアメリカの先駆的法律家）に手紙を書いてくれ、バーストーから引き受けるとの返事が届いて、根本の長年の夢、留学が実現することになった。

バーストー (5)　最近、アメリカの California Digital Newspaper Collection の中でアルフレッド・バーストーの古い死亡記事 (4) に出会った。バーストー（65 歳）は、1895 年 3 月 12 日、心臓肥大のため突然オークランドの自宅で死亡したという記事である。同記事の中で、興味深いエピソードとして、判事をしていたバーストーは、ある日、サンフランシスコの「コール」紙の記者で、後にアメリカを代表する作家となった若き日のマーク・トウェインに、飲酒事件に絡み罰金を言い渡したことがあった、というのである。その時、トウェインは「いまポケットにあるのは、煙草のプラグと、壊れたジャックナイフだけだ」と言い訳をし、結局、罰金は小切手で支払われることになったようである。

　根本がバーストー家に雇われた頃、すでにトウェインは『トム・ソーヤの冒険』を出版していたが、知的好奇心の強い日本人・根本正に、バーストーがそうした話をしたことがあったかどうかは知らない。

　豊田芙雄の嫡子・伴も根本と親しくしていたが、その頃水戸に住んでいて、根本の洗礼や留学の件について仄聞したことを日記に記している。

　大喜びして留学決定の報告をする根本に中村は漢詩を書いて贈っている。ここでは先に

紹介した加藤純二氏の著書から引用する (6)。

微官一擲如敝履　　長風横絶太平海

丈夫意気凌青雲　　齷齪牖下固所恥

米利軒洲百物新　　政教礼俗擅其美

士子農賈皆好学　　活発英邁無倫比

飛耳張目在其中　　苟能勉学業不怠

隨其性分之所近　　一芸一術必成矣

敬虔事其心真神　　可尽職分可免罪

作善毎乗好機会　　福祥之来無窮已

別君無由一会面　　数語前程視万里

三年五載瞬息耳　　帰舟安穏矯首待

　中村は根本の心意気を賞賛し、必ず成果を挙げられると信じ、無事帰国することを待つ
という漢詩を作って贈ったのである。

3-3-2　根本正の留学時代と帰国後

　明治 12 年（1879）3 月、アメリカに渡った根本はバーストー家で召使いとして働き、
明治 12 年（1879）4 月、28 歳で小学校に入学し、2 年で卒業している。続けて、ホプキ
ンス中学に入学し、寄宿舎に入るが、ここでは生活費は寄宿舎の給仕をして稼いでいる。
明治 18 年（1885）、中学を卒業した根本は高等学校（註；現在の大学に相当）進学を目指
し、バーストーに相談したところ、バーストーの友人でバーモント州一の大富豪フレデリ
ック・ビリングス（1823-1890/Frederick Billings/註；弁護士。投資家。ノーザン・パ
シフィック鉄道社長。カルフォルニア州立大学「バークレー校」命名者）から大学 4 年間
毎月 50 ドルを支給するという返事があってバーモント大学（註；ビリングスの母校）に
入学している。

　在学中、優秀であった根本はビリングスや学長から紹介状を貰って、ハリソン大統領や
国務大臣、陸軍大臣らとの面会までしている。根本は大学では政治学を専攻していたが、
明治 22 年（1889）6 月 26 日、卒業時には代表の一人として英語による講演をしている（註；

バーモントには根本とビリングに関する歴史研究論文などもある）。

ビリングスに、将来政治家となるなら見聞を広めるために、ヨーロッパを回って帰国したらいいと勧められ、根本はビリングスから旅費を貰ってイギリス、ドイツ、フランスなどを見て回るが、全権公使・徳川篤敬の聡子夫人が懐妊のため、ちょうど子息および豊田芙雄と連れ立って帰国するところであったので、徳川篤敬侯爵は根本に夫人ら一行の随行を依頼している。海外経験豊富で英語のできる根本であるからこれ以上の同行者はいない。まさに「渡りに舟」であった。豊田芙雄の人生の節目節目には必ず根本正が登場するのである。一行の船がマルセーユを出航したのは、帰朝の日付から逆算すると、11 月末以降のことであろう。

明治 23 年（1890）1 月、帰国した根本は、おそらく先ず中村正直に帰国の挨拶に出向いたであろうし、次に病気療養中の藤田健を見舞った。藤田は病気で気弱になっていたのか、根本を引き留めて、もっと話を聞かせてくれと頼むが、茨城の両親にも報告に行かねばなりません、改めて出直します、と言って故郷に帰った。

また、同年 9 月、根本は 38 歳で幕末の勤皇の志士・桜仁蔵の孫・羽部徳子（1867‐1943/小川トク）23 歳と結婚する。後年、二人が同席する回顧インタヴューによると、結婚 5 年前、根本の在米中に、二人の婚約は成立していたとのことである。これも両者の遠い縁戚関係にあり、両者を知悉していた豊田芙雄に根本が手紙で相談した結果であろう。媒酌人は豊田芙雄であり、保証人は安藤太郎（1846-1924／註；鳥羽藩医の子として誕生。タムソン、ブラウンらに英語を学ぶ。榎本武揚の下、五稜郭で戦う。1 年禁錮。語学力が買われ仕官。通訳官、四等書記官として岩倉使節団に同行。後、外交官を経、禁酒運動の会長となる。根本が副会長。クリスチャン）夫妻である。

徳子（トク子）は、父が早く亡くなり、母が再婚したため、祖母に育てられているが、同郷の先輩で遠縁の豊田芙雄を頼って上京したのではないか、と加藤純二氏は推測している。徳子は、新栄女学校（註；後、桜井女学校と合併し女子学院となる）に入学し、寄宿舎に住んで、矢島楫子の薫陶を受けている。

渡米前から顔見知りとなっていた根本はアメリカからしばしば徳子に手紙を書いているが、アメリカの婦人禁酒会の会則などについても徳子に送り、矢島先生に話すようにとの手紙を書いている。

根本は、滞米中、日本における婦人矯風会設立を世界本部会頭ミス・ウィラード（1839‐1898/Frances Elizabeth Willard）に報告するなど、矯風会運動にも最初期から助力して

いるのである。また、根本と結婚し、明治27年（1894）、豊田の翠芳学舎の教師となった根本徳子も、明治26年（1893）、矯風会の通信書記をつとめ、明治27年（1894）には、大久保に矯風会の本拠地を作るための土地購入の委員をするなど、矯風会活動には積極的に参加している。

　徳子は卒業後、ミセス・ツルーのすすめで新潟県高田の分校に赴任し教師をしていたが、結婚を機に辞めている。その後、徳子は婦人矯風会活動などをするが、明治27年（1894）4月、豊田芙雄が開校した翠芳学舎の豊田を含め3人の教員の一人となったのである。

　根本正は、明治23年（1890）7月1日の総選挙を始め3回連続して落選し、榎本武揚から依頼されて移民関係の仕事などをするが、明治31年（1898）3月1日、衆議院選挙に初当選し、以後10回連続当選を果たすことになる。政治家として根本が取り組んだものは主なところだけでも次のようなものがある。

　　明治32年（1899）、国民教育授業料全廃建議案の提出（2月15日可決）
　　同年、小学校国庫補助法案の提出（2月18日）、10月3日公布
　　同年12月6日、未成年者（幼者）禁煙法案、5名共同で提案、翌年1月可決

　他にも次のようなものもある。

　　美術奨励の建議
　　国語国文改良の建議
　　貧民救助などに関する建議案
　　高層気象観測所の設置に関する建議
　　水郡鉄道建設の建議案等の提出
　　明治40年（1907）2月16日、商科大学（註；現一橋大学）設立の建議案、可決

　根本は一橋大学設立の功績者でもある（註；同大学の沿革史にも根本正の名前は登場している）。実際の大学設置までには高商と文部省の間には激しい確執が生じているがここでは説明を省略する。

　政治家・根本正の最も大きな仕事は、明治34年（1901）、初めて提出した未成年者飲酒禁止法案を、大正11年（1922）3月25日、苦節21年をかけようやく成立させたことで

ある。未成年者飲酒禁止法案は、議員に酒造関係者も多かったことから、毎年、法案は衆
議院を通過しながら貴族院で〝反対多数〟となることを繰り返していた。法案が成立した
時の貴族院議長は、根本の同人社時代の学友で徳川宗家16代当主・徳川家達(1863-1940)
であり、法案成立には家達の支援もあったのである。

　根本正は幼稚園教育関係の仕事もしている。明治39年（1906)、公立幼稚園の保母に恩
給を与える法律案を提出し、成立させているのである。

　また、根本は次のような書物の出版にも関わっている。

　　訳『新撰実用英仏独和会話編』、1889（7）

　　編『ウキスト嬢小伝及禁酒演説集』、1892（8）

　　訳『米国地方制度』、1892（9）

　　報告『墨西哥検報告』、外務省通称局第二課（根本正）、1894（10）

　　著『フレデリック・ビリングス伝』、1895（11）

　　訳『欧米貧児出世美談』、1902（12）

　　訳『日々の力』、1903（13）

　　訳『欧米女子立身伝』、1906（14）

　　訳『欧米青年立身伝』、1906（15）

　　訳『米国国民論』、1913（16）

　根本が関わった発行図書は多く、ここではそれらの内容に深く立ち入ることはできない
が、訳書『新撰実用英仏独和会話編』は、根本がバーモント大学在学中に発行されたもの
で、中村正直が題辞を書いている。

　大正13年（1924）2月11日、豊田小太郎に、特旨により、従5位が贈られるが、国立
公文書館に残る贈位申請の書類（註；おそらく豊田伴が作成したもの）の最後には衆議院
議員・根本正の名刺が付けられている。国会議員・根本正も推薦しているというメッセー
ジである。もちろん、根本は小太郎の功績を高く評価していたが、この時、まだ代議士で
あった根本は旧主の恩義に報いることができたのである。

　同年5月10日、根本は総選挙で落選し、73歳で政界を引退する。敗北の理由は、政界
の混乱で未公認となったこと、小選挙区制となっていたこと、対立候補が汚い金権選挙を
やったことなど、いろいろとあったがここでは詳しくは触れない。引退はしたが、水郡線

の工事は着工され、悲願の「未成年者飲酒禁酒法」は成立し、旧主・豊田小太郎への贈位も滞りなくなされたのであるから、根本にとってやるべきことはやった、という思いもあったようで、いい潮時でもあったのである。

　引退から9年後、昭和8年（1933）1月5日、根本正は自宅で死去している。82歳であった。

3-3-3　中村正直と豊田芙雄

「愛敬歌」（高橋清賀子家文書）

　東京女子師範学校の摂理となった中村正直には、当然、さまざまな難題も降りかかってくるが、最も悩ましかった問題の一つは、附属幼稚園の保姆の中から鹿児島県に一人長期派遣させることであったであろう。最善の選択は保姆見習生の横川楪子が鹿児島へ行ってくれることであった。そのため、中村は明治11年（1878）秋には横川に度々鹿児島へ行ってくれぬかと説得するのである（註；この辺の事情については横川楪子の章で詳しく触れている）。

　岩村通俊の要請は誰かふさわしい人があれば一名派遣して欲しいというものであったが、この人事では、鹿児島の岩村通俊県令が当時の文部卿・西郷従道に助けを求めたことはまず間違いないのではなかろうか。他でも記したが、西郷従道としては、岩村から鹿児島に幼稚園を作りたいので、東京女子師範から保姆を一名派遣してくれるよう口添えを頼むと言われても、幼稚園作りとはどういうものか手引きのようなものはないのか、と田中に声をかけたのであろう。そうでなければ、明治11年（1878）11月11日、「関信三著「幼稚園創立法」を文部大輔・田中不二麿が文部卿・西郷従道の閲覧に供す」（文部省年報）というのはあまりにも不自然である。鹿児島絡みの一件がなければ、この時期、文部卿の西郷に「幼稚園創立法を閲覧に供す」必要などないであろう。

　同校では、前に、大阪府知事・渡辺昇（1838-1913）の保姆派遣の要請を断っているのだから、都合がつかなければ、岩村県令の要請も断ることができたはずである。

しかし、文部卿・西郷従道から鹿児島の戦後復興のために何とかしてくれぬかと言われたら、田中も中村も断わることなどできなかったであろう。結局、中村正直らは最も手放したくない豊田を派遣せざるを得なかった。中村正直（敬宇）が自身の「愛敬歌」の書を「豊田芙雄君」に贈ったのもこの時期であろうと思う（註；「愛敬歌」の左余白に「豊田芙雄君」とある）。

3-3-4　中村正直の最期

東京女子師範学校摂理退職後の中村正直の学者、教育者人生は順当で、明治19年（1886）2月26日、東京大学教授のまま元老院議官となり、同日、三等官相当、年報3000円となっている。また、同年3月30日、勅任官二等となり、同年10月28日、従四位が贈られている。明治21年（1888）6月7日、文学博士の学位が贈られ、明治23年（1890）3月26日、古巣の東京女子師範学校の後身・女子高等師範学校長を兼任するようになり、同年9月29日、貴族院議員となっている。

そうした中村の体に異変が見られたのは明治24年（1891）6月2日早朝である。前日までは家族で上野公園の散策を楽しんでいたが、翌日、朝食後急に舌根に異常を来して、話すことも食事をとることもままならない状態となった。中村は不自由な体のまま家族に筆を求め、近々、竣工の予定であった、邸内の富士山の見える一樓の欄間にかける「望岳樓」を書いている。その後はほとんど昏睡状態となって、同月7日午後2時5分、家族に見守られながら息を引き取った。まさに「巨星落つ」であった。

中村正直の突然の逝去については、国中の人々が驚愕し、各紙が異例の扱いで大々的に報じ、侍従・東園愛基は勅使として参向幣帛と祭祀料1000円を中村家に届けている。

中村正直の葬儀は、一大隊の儀仗兵が哀悼の曲を奏で、諸大臣、高等官、貴衆両院議員、外国公使、市会区会議員、学校生徒、一般の会葬者2000名という大がかりのものとなったが、特に、視覚障害者の団体東向会の7、80人と盲聾唖の学校生徒40余名が悄々として柩に従うのを見て涙を流さない者はなかったという。いかにも中村正直らしい最期の別れであったと言えよう。明治の聖人とも称された中村であるが、わが国の最初期の女子教育と幼児教育と障害児教育の世界を、最高位の近代知識人で、根っからのヒューマニストであった中村正直が切り拓いてくれたことは改めて幸いであったと思う。

注

(1)お茶の水女子大学デジタルアーカイブス「東京女子高等師範学校五十季記念写真帖」による。

(2)石井研堂『中村正直伝：自助的人物典型』、成功雑誌社、明治40年

(3)加藤純二『根本 正 伝』、けやきの街、平成7年（初版）

(4) California Digital Newspaper Collection>San Francisco Call>14 March 1895
　　Cdnc.ucr.edu/cgi-bin/cdnc?a=d&d=SFC18950314.2.202 （2015年7月25日）

(5)上掲

(6)前掲、加藤純二、p.51

(7)根本正編訳『新撰実用英仏独和会話編』、丸善商社、1889

(8)根本正編『ウキスト嬢小伝及禁酒演説集』、根本正発行、1892

(9)根本正訳『米国地方制度』、博聞社、1892

(10)外務省通称局第二課（根本正）報告『墨西哥検報告』、外務省通称局第二課、1894

(11)根本正著『フレデリック・ビリングス伝』、根本正発行、1895

(12)根本正訳『欧米貧児出世美談』、教文館、1902

(13)根本正訳『日々の力』、教文館、1903

(14)根本正訳『欧米女子立身伝』、吉川弘文館、1906

(15)根本正訳『欧米青年立身伝』、吉川弘文館、1906

(16)根本正訳『米国国民論』、教文館、1913

4 元間諜の幼稚園監事・関信三の功績

4-1 間諜時代の関信三

4-1-1 関信三の誕生と生立ち

関信三 (3)

東京女子師範学校附属幼稚園の開業と同時に監事（註；園長）となった関信三については、フレーベル主義保育の導入と定着の最大の貢献者の一人であることから論文、著書等で取り上げられる機会は多い。なかでも関信三に関する詳細な研究書としては国吉栄氏の『関信三と近代日本の黎明 日本幼稚園史序説』(1) や、同じく国吉氏の『幼稚園誕生の物語「諜者」関信三とその時代』(2) があり、関係する研究としては大日方純夫氏の「明治新政府とキリスト教―諜者の動向を中心に―」(4) や、同氏の『維新政府の密偵たち』(5) などがある。

これらの文献に目を通してもらえば、関の人物像や功績について把握することは可能であるが、松野クララや近藤はまと同様、関信三の記述を欠けば「豊田芙雄と同時代の保育者たち」という世界を通観することはできない。したがって、いくらか新しい資料もあるので、ここでは本書の趣旨の範囲内で、関信三と最初期の幼児教育との関わりについて記述することとする。

豊田芙雄と同じように、関信三もまた幕末から明治の初めにかけて、時代の荒波に翻弄された一人であった。関は、天保14年（1843）1月20日、三河国幡豆郡一色村の真宗大谷派（東本願寺）安休寺の5男1女の末子として生まれている。僧名は猶竜である。真宗大谷派の仏寺に生まれたことが関信三の人生を大きく決定づけたといえる。

嘉永7年（1854/註；天災が多く、11月、安政元年と改められた）、12歳の時、関は京都の真宗大谷派高倉学寮に入り、14歳の時には九州豊後の天領日田にあった広瀬淡窓（1782-1856）の咸宜園（註；開塾から明治30年の閉塾まで門人4800人。最盛期には門人200名以上が在籍していた）に移っている。咸宜園は身分・出身・年齢・男女を問わず、全ての塾生が平等に学べるという塾風であった。

淡窓は、儒学者・漢詩人であったが、咸宜園では四書五経だけでなく、数学や天文学・医学など様々な講義が行われていた。毎月試験によって、月旦評という一級から九級ま

での等級付けがなされている（註；級外に始まり各級に上下があり全19段階に分けられていた）。

　塾生は全国各地から集まり、寮も併設されていたが、東国からわざわざ学びに来た女の子もあったようである。若き日の猶竜は、一貫して、護法のためにひたすら奉仕するという暮らしをしているが、少なくとも平等を旨とする咸宜園時代は、唯一若者らしい自由でのびやかな生活ができた一時期ではなかったかと思う。

　塾の有名な出身者には大村益次郎（註；長州藩村医の子。医師・洋学者・兵法家。維新後暗殺される）、上野彦馬（1838-1904/註；長崎の蘭学者の子。幕末から明治にかけて活躍したわが国最初期の写真師）、清浦奎吾（1850-1942/註；肥後国鹿本郡来民村明照寺住職の子。司法大臣をはじめ諸大臣を経て総理大臣となる/伯爵）、横田国臣（1850-1923/註；島原藩士の長男。司法官僚・法律家・法学博士・検事総長・大審院院長等を歴任/男爵）、長 英（1833-1895/註；豊後の人。長三洲ともいう。元勤皇の志士。漢学者・書家・漢詩人・官僚。学制取調掛12名の一人。顔法で執筆した『小学校習字本』を発行。書道教育の導入者）などがいるが、門人の三分の一ほどは僧籍で、中でも真宗系の僧が大半を占めていたようである。

　関は、その後、津藩の儒者で佐幕論者の土井聱牙（1817or1818-1880）に学んだとされている。しかし、国吉氏によると裏付ける資料はないようである。

4-1-2　僧・月性と幕末真宗の尊皇攘夷運動

　幕末、仏教界で尊皇攘夷運動に最も大きな影響を与えた人物は、長州藩周防国大島郡遠崎村の本願寺派（西本願寺）の妙円寺住職・月性（1817-1858）である。

　月性は、海防僧とも呼ばれ、豊田芙雄の夫・小太郎とも親交があり、吉田松陰の愛弟子・入江九一（1837-1864/註；元治元年、禁門の変で戦死。足軽出身）宛の手紙に、度々会話を交わしているが小太郎はなかなかの人物である、「御賢弟（野村靖）」（1842 - 1909/註；旧長州藩足軽出身。松陰の愛弟子。後、逓信大臣等。東京盲唖学校商議員/子爵）にもこのことを伝えられたし、と書いた例の勤皇僧である。

　同じ真宗系でも、関信三（猶竜）が所属していた真宗大谷派（東本願寺）は幕府寄りで、尊皇攘夷派の本願寺派（西本願寺）とは違って、難しい位置にあったが、そのことは後々まで関信三の行動に制約を与えている。東本願寺派の微妙な立場を浮き上がらせるために、ここで西本願寺の幕末の動きに焦点をあてることとしよう。

月性については著書や論文等も少なくないが、ここでは主として海原徹著『月性　人間到る処青山有り』（6）、三坂圭治監修『維新の先覚　月性の研究』（7）、柳井市立大畠図書館の公式ホームページのデータ等を参考とする。

　勤皇僧としては、月性とは一字違いで西郷隆盛と共に錦江湾に入水した月照（1813-1858）が有名であるが、幕末、月性が尊皇攘夷運動、倒幕運動に与えた影響ははるかに大きいものがある。月性に関しては、その名前は知らなくても、月性が作った次の漢詩「將東遊題壁」を知る人は多いだろう。

　　　男児立志出郷関　　学若無成死不還
　　　埋骨豈期墳墓地　　人間到処有青山

　　　男児 志 を立てて郷関を出づ　学もし成る無くんばまた還らず
　　　骨を埋む何ぞ期せん墳墓の地　人間至る処 青山有り

　この詩は、天保 14 年（1843）夏、28 歳の時、大阪へ向け旅立つに際し、作ったものである。月性は、10 代の半ばから、京都、広島、九州に遊学するが、天保 7 年（1836）秋から天保 10 年（1839）夏まで 3 年間は、佐賀の佐賀大学正門から北 100ｍの位置にある善定寺の精居寮に入って、当時仏学の泰斗として高名だった不及に学び、佐賀藩藩校の弘道館教授で儒者の草場佩川（1787-1867/註；佐賀藩多久領出身）や佩川の子・草場船山（1819‐1887）と交流している。船山は、佐賀出身の「寛政の三博士」の一人古賀精里（1750-1817）の長男・穀堂（1778‐1836）に師事し、篠崎小竹（1781‐1851/註；江戸時代後期の儒家・書家）、梁川星巌に学ぶが、帰藩後、多久聖廟で教え、対馬藩飛び地の田代領（註；佐賀県鳥栖市東部）の藩校の学頭となり、明治 4 年（1871）、伊万里に啓蒙舎塾を設立し、明治 6 年（1873）、同校が伊万里小学校となると初代校長となった。

　月性は、佐賀滞在中の天保 8 年（1837）、22 歳の時、長崎を訪ねるが、現地でオランダ船を見て、その船体と大砲の巨大さに驚いたが、これが後に、月性が海防僧となるきっかけとなったと言われている。尊皇攘夷運動に関わるようになった月性の身辺には梅田雲浜、梁川星巌、頼三樹三郎、池内大学など「尊攘四天王」をはじめ勤皇の志士たちが数多く出入りしていた。豊田小太郎もその一人だったのである。

上阪した月性は、坂本竜馬（1835or1836‐1867）、吉田松陰も宿泊したことがあると言われている大阪長光寺（註；京阪天満橋駅歩5分）の住職で、月性の叔父・竜護の紹介で、本願寺派（西本願寺）の勤皇僧で最高位の学僧・超然（ちょうねん）（1793-1868）と出会い、さらに、超然を通して第20代宗主・広如（1798-1871）と面識を得ている。月性は、超然の勧めで、安政3年（1856）10月3日、建白書「護法意見封事」を広如に上呈した。豊田小太郎が月性を度々訪れ、種々論じたのは、翌年の安政4年（1857）閏5月、月性の死の1年まえのことであった。

　月性は、安政5年（1858）5月、42歳で病死するが、死後、弟子たちの手によって、「護法意見封事」を基に『仏法護国論』（8）が発行され、全国の末寺1万寺に配布され、本願寺僧の法話や辻説法のテキストとして使われた。時代情勢から見て、猶竜（関信三）ら真宗大谷派（東本願寺）の僧たちもこれを読んだのではないかと推測する。

　月性が両書で説くところは、いわゆる「排耶論」であるが、簡単に言えば、西欧列強によるキリスト教布教は植民地化の地ならしだと見なし、布教によって人心を掌握した上で、策略によって（あるいは武力によって）侵略してくると捉えている。だからこそ、仏教界も国の諸勢力と一致して、神洲を護るために戦うべきだというのである。尊皇攘夷運動は、神道を第一義とし、仏教は害こそあれ益なし、という廃仏論の立場を取っていたので、真宗系も敢えて「護国即護法」という論法を取り入れ、幕末の思想に見合った理論構築をすることによって、護国、護法に繋げようとしたのである。本願寺派（西本願寺）の月性による『仏法護国論』はキリスト教排撃論と尊皇攘夷論をうまく結合させるものでもあった。もっとも、『仏法護国論』では、宗派内の反発を警戒したのか、建白書に書かれていた本山に対する激しい批判、改革要求、すなわち世襲を廃し、能力ある者を登用すること、下情（かじょう）（註；一般民衆の実情）を理解すること、不急の土木工事をやめ倹約すること、賄賂や請託は断固排することなどはすべて削除されていた。

　いずれにしろ、月性の働きもあって西本願寺では宗主自ら尊皇攘夷の旗幟（きし）を鮮明にし、尊皇攘夷を是とすることを100万門徒に宣言したのだから、その影響は無視できないものがあった。そういう意味では、月性が、尊皇攘夷運動、倒幕運動もやむなし、というムード作りに果たした役割は大きなものであったと言えるだろう。

　また、月性は、松陰と同様多数の門人を育てたが、二人は深い交友があり、松陰は月性の法話を門人たちに聴かせている。月性は、長州の諸寺や諸郷校で法話や講話をし、長州

の為政者たちに積極的に尊皇攘夷論、倒幕論を説いている。月性は聴衆の感動と共感を呼ぶ語りの妙手だったとも伝えられている。また、月性の門下生には次のような人々がいる。

赤祢武人（1838 - 1866）	月性、松陰、雲浜に師事。第3代奇兵隊総督。幕府側の長州鎮撫策に乗ったため誤解され、処刑される.
世良修蔵（1835 - 1868）	奇兵隊で活躍。奥羽鎮撫使参謀。暗殺される。
大楽源太郎（1832or 1834 - 1871）	豊田小太郎とも交流。忠噴隊を組織。大村益次郎暗殺企ての嫌疑を受け、久留米で斬殺される。

これらの人々は、幕末、維新期に活躍したが、非業、悲運の死を遂げている。しかし、月性の門下生や月性の影響を受けた人で、維新後に大きく活躍した次のような人々もいる。

赤松連城（1841 - 1919）	註；加賀国金沢出身。周防国徳応寺住職。欧州派遣。留学生。関信三とも交流。大洲、島地らと宗門改革をする。東京盲唖学校楽善会会員。赤十字設立に貢献した。
大洲鉄然（1834 - 1902）	長州藩周防出身。真宗本願寺派覚法寺の住職。島地黙雷と西本願寺を改革。
島地黙雷（1838 - 1911 ）	周防国佐波郡島地村の妙誓寺住職。維新後、本願寺派の欧州派遣一行の監督役。宗門改革。宗教政策批判・修正。女子文芸学舎（千代田女学園の前身）の創設。
香川葆晃（1835 - 1898）	新潟の真照寺に誕生。本山で学び、幕末長州に身を寄せていた。大学林（龍谷大学の前身）綜理となる。

これらの人々は、維新後、連携して本山改革をし、信仰の自由を唱え、新政府の祭政一致路線に反対して、宗教政策の軌道修正をさせている。月性の働きは、尊皇攘夷、倒幕運動の歴史の中で埋もれている印象があるが、月性こそ、庶民に対して最も影響力のある勤皇僧だったのである。

元々朝廷寄り、長州寄りであった本願寺派（西本願寺）が、尊皇攘夷運動と結びつくことに違和感はなかった。本願寺派（西本願寺）は、朝廷や尊皇攘夷運動派に多額の資金援助をし、僧兵隊を結成している。

それに比べ、教団発足以来、徳川幕府と深い結び付きを持っていた真宗大谷派（東本願寺）は、幕末に至っても、幕府に多額の資金を援助したり、佐幕派の僧兵隊を結成したりしている。

　しかし、月性は、『仏法護国論』において、浄土真宗系の諸派にも共闘を呼びかけており、同書を次のように結んでいる。

　　不肖故ニ曰ク、今ノ時、国家以テ中興スヘシ、今ノ勢仏法以テ再ヒ隆ナルヘシ。何ソ
　　神洲ノ陸沈シテ、仏法ノ衰廃スルヲ憂ウルコトカ之有ランヤト。切ニ請同流ノ諸兄弟、
　　意ヲ留テコレニ従事セヨ。

　勤皇と佐幕の違いはあったが、幕末の排仏論の暴風を理論武装することによって乗り切ることは真宗大谷派（東本願寺）にとっても共通の課題であった。そのことから、危機意識を強く持っていた若い猶竜（関信三）らにも月性のこの本は意識されたかと思う。理論武装という点においては真宗大谷派（東本願寺）も徐々に西本願寺と似たような動きをするようになる。

　文久元年（1861）、高倉学寮の講師となった竜温（1800-1885）は、猶竜の兄・晃耀（1831 - 1910）の師でもあったが、文久3年（1863）、『闘邪護法策』、『急策文（講義ノート）』を書き、元治2年（1865）、『総斥排仏弁』を書いている。また、「耶蘇教防御懸」となっていた竜温の提案により、明治元年（1868）7月、東本願寺は、破邪顕正を目的とする「護法場」を設置している。同じく竜温の提案で、同年8月24日、キリスト教の研究と探索を目的に僧を長崎に派遣することを決定している。その時選ばれたのが僧・猶竜（関信三）ら2名であった。諜者・猶竜（註；安藤劉太郎。関一郎。関信三）の誕生である。

4-1-3　キリシタン弾圧と渡辺昇及び間諜たちの関わり

　間諜僧たちの活動は、キリシタンの教誨に励むという目的もあったが、教会と信徒の動向を探り、信徒の名前、信仰の強弱などを調べ上げ、結果的に、幕末、明治初年のキリシタン弾圧に手を貸すものとなった。

　わが国の最初の幼稚園監事（園長）となった関信三は、自ら志願した、キリシタン排撃を目的とする、真宗大谷派（東本願寺）の間諜であったし、維新後は弾正台の間諜となり、弾正台廃止後は太政官監部の間諜となった男である。また、わが国三番目の幼稚園、大阪

模範幼稚園を創った大阪府知事・渡辺昇は、明治初年、「五島崩れ」で過酷なキリシタン弾圧を実行し、「浦上四番崩れ」では、現地で馬上からキリシタン大量捕縛の采配を揮った男である。また、弾正台時代、大忠となった渡辺昇は関信三（安藤劉太郎）ら間諜の報告を受け取る上司でもあった。幼児教育の世界には馴染みにくい話であるが、これも歴史上の事実として、目を背けるわけにはいかない。

　渡辺昇については、大阪模範幼稚園の章でも触れるが、大村藩の上級藩士の家に生まれ、若い内から剣術の才を見せ、江戸で修業して幕末を代表する剣豪となった。また、渡辺は、兄・清と共に藩論を尊皇攘夷へと導き、坂本竜馬の依頼で薩長同盟実現に協力している。

　幕末、浦上で始まったキリシタン弾圧「浦上四番崩れ」は、維新後も新政府に引き継がれたが、神道国家主義、祭政一致に軸足を置いた新政府は、当初は、仏教に対しても非寛容であったが、キリスト教の禁止は当然のことと見なしていた。幕末から明治初年のキリシタン弾圧を時系列で見ると次のとおりである。一部陰暦と陽暦を併記した。渡辺昇の事項はほぼ国立公文書館に残る同人の履歴書を参考とした。

＜切支丹迫害と渡辺昇及び関信三関係年表＞

安政元年・1854 年	日米和親条約締結。開港地での外国人信仰の自由を含む。
元治元年 12 月 29 日	浦上にフランス人の天主堂（大浦天主堂）竣工。
元治 2 年 2 月 19 日	天主堂を日本聖殉教者天主堂と命名。
同年 3 月 17 日 1865 年 4 月 12 日	見学者の一人がプチジャン神父に信徒であることを告白。「信徒発見」は内外のキリスト教界のニュースとなった。
慶応 3 年 6 月 13 日 1867 年 7 月 14 日	午前 3 時、雨中、68 人の信徒捕縛。ロシア、フランス、ポルトガルの領事から強い抗議の声があがる。
慶応 3 年 10 月 14 日 1867 年 11 月 9 日	大政奉還。
明治元年 2 月 14 日 1968 年 3 月 7 日	沢宣嘉（のぶよし）（1836 - 1873/註；幕末・維新期に活躍した公卿。七卿の一人。維新後、参与、九州鎮撫府総督、長崎県知事、外務卿を歴任）、長崎裁判所総督（九州鎮撫使兼外国事務総督）となる。井上馨、同所で外国事務係となる。
同年 4 月 25 日	御前会議（大阪）で浦上一村総流配を決定。

1868 年 5 月 17 日	
同年同月	渡辺昇、長崎裁判所（註；現代の裁判所とは異なる。軍政・民政機関）の諸郡取調掛となる。
同年 6 月 1 日 1868 年 7 月 11 日	浦上キリシタン第一次流配。114 名。萩、津和野、福山へ流配。
同年 8 月 23 日 1868 年 10 月 8 日	沢宣嘉、切支丹取締役となる。
同年 8 月 24 日	東本願寺、猶竜（関信三）らの長崎派遣決定。
同年 9 月 5 日 1868 年 10 月 20 日	大村藩へ切支丹取締の布告。
同年 9 月 8 日 1868 年 10 月 23 日	明治と改元。
同年 9 月及び 10 月	五島のキリシタン迫害「五島崩れ」始まる。
同年 12 月 17 日	渡辺昇、権弁事となる。渡辺昇、刑法官権判事を兼務。
同年同日	渡辺昇、五島鎮撫使を命じられる。
同年 12 月 26 日	渡辺昇、刑法官権判事を兼務。
明治 2 年 5 月 8 日	渡辺昇、耶蘇宗徒御処置取調掛拝命。
同年 5 月 22 日	弾正台設置。
同年 8 月 15 日	渡辺昇、弾正台大忠となる。
同年 9 月	渡辺昇、九州出張（耶蘇徒処置取扱）。
同年秋	猶竜（関信三）、大阪へ移動。
明治 2 年 12 月 4 日 1870 年 1 月 5 日	浦上の男子戸主 700 名を検挙し、萩、津和野、福山へ流配。
翌日	渡辺昇が直々に指揮を執り、残った家族全員の検挙。「浦上四番崩れ」の総検挙数 3394 人。全員流配。流配先は鹿児島・萩・福山・姫路・松山・和歌山・大聖寺・金沢・広島・松江・鳥取・高松・高知・郡山・伊賀上野・伊勢二本松・名古屋等西日本 21 藩に及ぶ。場所によっていくらか違いはあったが、いずれも人間扱いはせず、馬小屋などに放り込まれ、飢渇、拷

	間、強い説得に苦しめられた。死者662名。
明治3年12月7日 1871年1月27日	パークス（1828-1885/Sir Harry Smith Parkes）公使が休暇で英国に一時帰国していたので、英国代理公使アダムス（1825-1889/Francis Ottiwell Adams）が、英字新聞が報じている金沢、大聖寺、富山諸藩預けの浦上キリシタンの残酷な取扱い待遇改善を日本政府に申し入れる。日本政府はそういう事実はないと答える。
同年12月中	弾正台、諜者・関一郎（関信三）を事実調査のため金沢に派遣。
明治4年3月14日	1022名を改心者とし帰村させる。
同年 1871年5月22日	外務省権大丞・楠本正隆（1838‐1902/註；旧大村藩士。大久保利通に就く。維新後、徴士、長崎府判事兼九州鎮撫使参謀助役、外務大丞、新潟県令、東京府知事、衆議院議長など歴任/男爵）、同・中野健明（1844‐1898/註；旧佐賀藩士。外交官。大蔵官僚。外務権大丞、大蔵大書記官、長崎県、神奈川県知事等を歴任）に収容施設巡見の命令。外圧への対処。処遇は改善された所もあったが、変わらない所もあった。改善された所も説得はいっそう厳しくなったとされる。
同年11月6日 1871年12月17日	伊万里事件。管下のキリシタン67名捕縛。外圧を鎮めようとしていた新政府にとって逆風となる。各国から非難。
同年11月12日 1871年12月23日	岩倉遣外使節団出発。各国で信徒弾圧を厳しく指弾される。
明治5年9月15日 1872年	関信三ら本願寺一行、渡欧。出港。
同年12月3日	この日より新暦となる。
明治6年2月24日 1873年	キリシタン禁制の高札撤去。キリスト教の黙認。
同年3月14日	浦上異教徒帰籍の達。1930名帰村。

この表に示したように、渡辺昇は、明治元年 (1868) 4 月に長崎裁判所の諸郡取調掛となり、上司の沢が同年 8 月に切支丹取締役となっていることから、「五島崩れ」にもかなり早くから関わっていたと思われる。渡辺は、明治元年 (1868) 12 月、五島鎮撫使となるが、渡辺の五島での切支丹弾圧は陰惨を極めたと言われている。

　さらに、明治 2 年 (1869) 2 月、渡辺は、耶蘇宗徒御処置取調掛を拝命し、8 月、弾正台大忠となり、9 月、耶蘇徒処置取扱のため九州へ出張している。渡辺は、今度は「浦上四番崩れ」と関わるのである。関信三は、西本願寺の間諜僧 2 名がキリスト教に転宗し、素性が露にされたため、一時、地下に潜るが、同年秋には大阪へ移動している。

　浦上では、明治 3 年 (1870) 1 月 5 日 (陰暦 12 月 4 日)、新政府は浦上の戸主 700 名を検挙し、翌日、大忠の渡辺昇は自ら現地に乗り込み、残った家族約 2700 名の検挙の指揮を執った。流配先によって多少の扱いの差はあったようであるが、戦前のサンデー毎日の「生きてゐる歴史」でも生き残りの老婆たちが、人間らしい扱いは受けず、検挙時から「一匹、二匹」と数えられ、飢餓と拷問に苦しめられたことを証言している。

　「浦上四番崩れ」の発端は、元治 2 年 (1865) 1 月 24 日、長崎にフランス人による礼拝堂大浦天主堂が建設されたのをきっかけに、隠れキリシタンの存在が発覚し、信者が自葬をし、庄屋に仏寺の管轄からの離脱を申し出るため、奉行所でも黙視するわけにいかなくなり、信者 68 名を捕縛した。いわゆる「浦上四番崩れ」の始まりである。しかし、浦上信徒問題を処理する間もなく幕府が瓦解するため、処置は新政府の手に委ねられたが、新政府は、明治元年 (1868)、3394 人を 20 藩 22 か所に流配 (配流) とし、飢渇、拷問、厳しい説得で棄教を迫っている。

　明治 3 年 12 月 7 日・1871 年 1 月 27 日、英国代理公使のアダムスは英字新聞が報じている金沢、大聖寺、富山諸藩預けの浦上キリシタンの残酷な取扱いを改善するよう日本政府に申し入れるが、日本政府は残酷な取扱いの事実はないと答えている。

　しかし、納得を得られそうもないので、明治 3 年 (1870) 12 月中に、弾正台は諜者・関一郎 (関信三) を事実調査のため金沢に派遣している。しかし、関は政府に差し障りのある報告書は書けなかったであろう。当然、英国側は納得しない。そこで政府は、外務省権大丞・楠本正隆、同・中野健明に収容施設巡見を命じ、改善指示が出されることになったが、処遇は改善された所もあったが、ほとんど変わらない所もあったようで、改善された所も説得はいっそう厳しくなったと言われている。

流配は短い人で4年、長い人で6年続いたが、この間662人が犠牲者となっている。弾圧がいかに過酷なものであったか想像するまでもない。新政府によるキリスト教迫害は、大規模のもので、諸外国からは厳しい非難の声が上がり、岩倉遣欧使節団に対しては、キリスト教禁制と信徒に対する迫害を止めない限り、条約改正など論外だと通告される。

倒幕運動でも、いかにすればわが藩にとって有利となるか、という視点のみで活動していた志士も多かった時代である。東本願寺の組織防衛のために、諜者（スパイ）として身を投じた猶竜（関信三）一人を責めるのは公平ではない。しかし、護法のため、志願して諜者となった関信三の場合はまさに「筋金入り」であった。

4-1-4　その後のスパイ活動

明治5年（1872）2月2日、横浜の宣教師バラは9人の日本人に洗礼を授けるが、その中の一人がバラの語学学生・安藤劉太郎（関信三）であった（註；根本正も解禁後バラから洗礼を受けた）。もちろん、安藤（関）の場合は偽装受洗して「死地」に入ったのである。安藤劉太郎（関）は目的のためなら手段を選ばないというスパイ特有のしたたかさも身につけていたのである。

明治2年（1869）秋には、猶竜は探索先を大阪に変え、洋学を学んでいるが、大阪は探索するほどの状況でないため、明治3年（1870）秋には、本山からの命で武士に姿を改め、本山付の侍として名前も安藤劉太郎（註；その後も時と場合に応じて、関一郎、安藤劉太郎、関信太郎、信太郎、関信三を使い分けている）が与えられ、洋学修行を表向きの目的として横浜へ移動している。しかし、横浜に移ると同時に、安藤（関）は仲間と共に弾正台所属の諜者となる。東・西本願寺の教団の諜者たちはそろって新政府の諜者となったのである。

これは新政府と教団の利害が一致した結果と言えるが、明治維新後、封建時代の遺物である「禁教令」が新政府の手足を縛る「お荷物」となるのは時間の問題であった。諜者には上等・中等・下等・等外の身分があったが安藤（関）は上等で月給20両であった。前後の官員表等からみて判任官「下の上」程度の位置付けである。特別高い給料ではないが安いわけでもない。

この時の関の上官、弾正台大忠は、後、大阪府知事となって幼稚園設置の一件で関わりが生まれる渡辺昇である。なお、明治2年（1869）設置の弾正台は、明治4年（1871）7月9日に廃止となり、主務は司法省に引き継がれるが、諜者は太政官正院に「監部」を設

けて吸収し、大隈重信（1838-1922）が長官を務めている（註；大隈は後にこの種の仕事
は好きではなく苦手であったと述懐している）。

　ただ、中村正直と横浜の居留外国人との関わりについては既述したとおりであるが、安
藤（関）は、亜米利加婦人教授所についても内部に入って探索しており、中村正直も調査
対象となっていた模様である。安藤（関）と中村が直接会話を交わした可能性も低くはな
いのである。

4-2　海外渡航と留学

4-2-1　東本願寺派一行の海外渡航

　明治5年（1872）9月15日、関信三は、成島柳北（1837-1884/註；将軍侍講という奥
儒者であるが洋学も学んでいる。一行の経理担当。帰国後、朝野新聞を創刊。反骨の新聞
人。『航西日乗』を残す）、石川舜台（1842-1931/註；金沢の真宗永順寺住職・石川祐誓
の次男。帰国後、教団の近代化に尽くす）、松本白華（註；加賀藩真宗松任本誓寺に誕生。
13歳の時上阪し、広瀬淡窓の弟に漢学を学び、19歳になると香山院竜温について宗学を
学ぶ。「浦上四番崩れ」のキリシタン信徒の教誨師を志願する。渡航当時、教部省官吏。
帰国後、一時本山執事補となるが、すぐ元の官吏に復帰。その後、上海別院輪番を務める。
『白華航海録』を残す）らと共に、東本願寺の法嗣・光瑩（1852-1923/註；大谷光瑩。現
如。明治22年第22代法主となる）に随従し、宗教事情視察を目的にヨーロッパに渡航す
ることになる。

　一大仏教教団の法嗣がキリスト教の牙城であるヨーロッパに赴くということは、いくら
宗教事情視察という名目があっても人々に理解されるどころか、どんな妨害が発生するか
もしれないという危惧もあった。そのため、一行の渡航は三条実美の了承の下秘密裡に進
められている。

　外務省記録『航海人明細鑑3』（pp.041-042）には「藤原光瑩　京都府華族　欧州歴覧
22」、「成島柳北　藤原光瑩従者　同（註；欧州歴覧）　37」、「関信三　額田縣平民　同（註；
欧州歴覧）　29」が並んで記録してある。どういうわけかこの頁の前後に同行の石川舜台、
松本白華の名前は見当たらない。また、成島は従者と明記されているが関には従者の記述
はない。

　東本願寺一行より先に、西本願寺一行は、木戸孝允の勧めで岩倉遣欧使節団に組み込ま

れる予定であったが、教団側に法主の急死などがあって出発が間に合わず、明治5年(1872)
3月、欧州の宗教事情視察の目的でヨーロッパに出かけていた。しかし、光瑩ら東本願寺
一行の欧州行も必ずしも教団側の発案ではなく、司法卿・江藤新平の勧めだったようであ
る。当時、東本願寺は、自ら申し出た北海道開拓のため莫大な金を投じており、光瑩らの
洋行は資金的にも困難があったが、不足分は大蔵省や文部省（註；教部省か）が資金を貸
すという異例の処置が取られたとされている。留守政府で宗教行政を握っていた大隈重
信・江藤新平は、西本願寺に肩入れする長州出身の木戸に対抗して、東本願寺に接近した
とも言われている。

　先の『航海人明細鑑3』には、江藤新平司法卿（註；江藤は事情で渡航を中止している。
その後、佐賀の乱で刑死）以下、司法少丞・河野敏鎌、明法寮助・鶴田皓（1836-1888/
註；佐賀藩多久邑出身。法制官僚。元老院議官）、明法寮大属・井上毅（1844-1895/註；
肥後藩に生まれる。井上馨の親族ではない。官僚。政治家。法制局長官、文部大臣等を経
歴/子爵）などを含め9名の司法省の上級官吏が並び、それに続いて光瑩ら3名の名前が
記載されている。言われているように東本願寺一行の渡航手続きは司法省が代行した模様
である。司法省、本山との折衝は教部省官吏の松本白華が担当し、松本は江藤に何度も面
会し、何度か書簡を送っている。出発が近づくと関信三も一行と一緒に江藤新平に面会し
ている。渡航に際し、教部省官吏の白華は「依願免出仕」となるが、関信三の場合はどう
いう扱いだったのだろうか。この時点で解雇されたわけではないから「依願免出仕」で渡
航し、現地で「留学生」に切り替えられる予定だったのだろうか（註；そういうケースは
少なくなかった）。もちろん、大隈・江藤の連係プレーでどうにでもできる話である。

　筆者としては、この時点でも、関信三はまだ大隈配下の太政官正院監部所属の諜者であ
ったことにはやはり注目しておきたい。関の身柄は、弾正台から太政官正院監部に移って
いたが、宮仕えの身としては、当然、自分勝手な判断で光瑩の洋行に随従などはできない。
上司の承認あるいは命令がなければならないだろう。

　西本願寺一行の監督相当役が島地黙雷（1838-1911/註；周防国和田専照寺住職の四男。
松陰、月性の影響を受ける。宗教界、教育界で活躍。『航西日策』を残す）であったよう
に、東本願寺一行の監督相当役は成島柳北であった。また、西本願寺一行に赤松連城（註；
金沢生。周防徳応寺住職。月性の影響を受ける。イギリスで教育制度を学ぶ。教団の各種
改革に貢献）や、関信三とは長崎で旧知となっていた堀川教阿（生没年未詳/註；五郎。
斎聖寺教阿）や、光田為然（1848-1875/註；兄は仏留学生で後の官吏、衆議院議員で留学

時代から西園寺公望とも交流のあった光妙寺三郎。為然はヨーロッパで病を得て帰国後病死）のような留学生がいたように、東本願寺一行に留学生が含まれるのも自然である。

関信三は、表面上は東本願寺一行の通訳であったが、パリに到着してすぐに単身イギリスへ渡っている。光瑩が関に対してはほとんど干渉をしていないのは、関は現地に着いたら政府容認の留学生となるのが前提の洋行だったからであろう。そう考える方が関の動きは理解しやすい。また、松本白華もフランスの留学生となる予定であったと言われているが裏付ける資料は得ていない。

いずれにしろ、東本願寺一行は、10 月 28 日、マルセイユに到着し、数日間当地に滞在して、11 月 1 日早朝、パリに着いている。国吉氏によると、関はパリにはひと月ほどいただけで単身ロンドンへ向かっている。イギリスでは、ロンドンから南西 40 マイルほどのレディングという小都会の神学校（註；神学校の予科のようなものか）に入ったようである。

4-2-2　滞欧と法嗣・光瑩の放縦

しかし、関はイギリスで生活を始めてすぐに、故国における重大なニュースを知ることになった。明治 6 年（1873）2 月 24 日、日本の新政府はキリスト教禁制の高札を撤去したのである。

新政府によるキリスト教信仰の実質上の「黙認」であった。欧米列強の外圧に屈した結果ではあったが、いずれにしろ、二百数十年間続いたキリスト教禁制は事実上撤廃された。これは故国における重要な情報として、在仏の東本願寺一行にも伝わったであろうし、レディング滞在中の関にもパリの仲間か、あるいは先にイギリスに留学し、現地でも良く行動を共にしていた旧知の西本願寺派の堀川五郎（教阿）あたりからもたらされたはずである。

キリスト教排撃を目的に探索をしていた関信三ら諜者の存在理由は完全に消滅した。関らの長年の苦労は水泡に帰したのである。神学校（予科）で勉強する意味を失った関は、明治 6 年（1873）4 月、レディングを去り、勉学の地をロンドン郊外のブロックリーに移し、さらに 8 月にはロンドンに転じている。

いっぽう、パリでは法嗣・光瑩の従者たちは主の不行跡に翻弄され、主従の間には不協和音が高まっていた。関も、パリにいる間、仲間と一緒に光瑩に諫言を試みたこともあったが光瑩が耳を貸すことはなかった。それと同時に、光瑩の浪費もあって資金的にも困窮

し、一行は借金に次ぐ借金を重ねていったが、成島柳北と石川舜台は、光瑩からすれば「解雇」したかたちで、二人からすれば法嗣に「見切り」をつけたかたちで、光瑩より一足先に帰国することになった。松本だけはやむなく従者として残ったが、これもうまくいくはずもなく、主従は、明治6年（1873）6月8日、帰国の途に就き、8月28日、横浜に着港している。光瑩は松本白華に「帰国費用は出さない。自分で借金して用意しろ」と言い、実際、白華はそうせざるを得なかった。帰国後も、本山に借金返済の肩代わりを頼んでも拒否されている。もちろん、光瑩は現地で解雇した者の借金返済の肩代わりなどする必要はない、とでも言ったのであろう。一行の宗教視察は光瑩が潰したのである。

4-2-3　失意と模索

　東本願寺一行が帰国しても、関信三は、一人イギリスに残った。関は一行と一緒に帰る必要がなかったのである。西本願寺の留学生らも留学を継続していた。イギリス留学中の赤松連城、堀川教阿らは、ドイツ留学中の光田為然が重い病いに罹ったために、同伴して、明治7年（1874）8月、帰国したのである。

　関が東本願寺一行から受け取った資金は2300フラン程度だったようである。当時の為替レートで1フラン20銭であるから500円に満たない額である。個人差も、地域差もあったが、年間の留学費用として、私費の場合最低300円程度の者もいたようであるが、この程度では生活することだけで汲々として留学自体に失敗するケースが多く、少なくとも年間600円か700円程度、できれば1000円程度は欲しいという時代においては、帰国費用も含めれば、関の場合はとても足りる額ではない。ただ、まだ太政官監部の「間諜」の身分にあった関は、仕事先を国内から国外に移しただけで、少なくとも解雇される明治7年（1874）4月までは、給料が支払われていてもおかしくはない。さらに、こういう場合、帰国旅費まで含まれていたとしても不自然ではないが、いずれにしろ、裏付けがあるわけではない。

　撲滅を目的に探索を続けていたキリスト教が容認状態となり、命懸けで護ろうとした「教団」の法嗣の「ぶざまな姿」を目の当たりにして、関の胸中には虚しさだけが募ったことであろう。しかし、がむしゃらに生きてきた関にとって、欧州滞在は、自らの行く末を客観的に見つめ直す好機ともなったはずである。それまでのしがらみから離れて、新しい自分の生き方を模索するチャンスが来たとも言えるだろう。

　その後の関がイギリスでどういう勉学をしたかはわかっていない。しかるべき教育機関

で体系的に学問を学んだという形跡はない。ただ、上等諜者・関信三には、己に唯一残された「生きる術」は英語であり、これに磨きをかければ、帰国後、官吏や、語学教師や、翻訳者の道も開けるのではないか、という見通しくらいはあったはずである。在英中に適切な書物を探して、中村正直のように、帰国後、翻訳し、出版しようという程度の意欲は持っていたであろう。

4-3　幼稚園監事・関信三の活躍

4-3-1　帰国と就職

　関信三の帰朝時について、国吉氏は、徳重浅吉氏の「7年の始め」と杉浦廉平氏の「明治8年1月4日」の2説があることを記述し、杉浦説に魅かれながらも徳重説を採用している。

　太政官正院監部の諜者の方は、多くの仲間と一緒に、明治7年（1874）4月14日、関も正式に解雇となっている（註；一部はなお暫く残留している。ただ、外国滞在中であっても解雇はされ得る）。4月は各人半月分の給料が出ている。また、各人の帰郷の旅費は出た模様である。教団先輩官吏による諜者に対する報償金の嘆願などもあったが結果ははっきりしない。また、先輩官吏は名前をあげて、元諜者の就職を依願しているが関の名前はないという。

　諜者だった関には官界における人脈らしいものはない。関には井上省三（1845‐1886）や松野磵が頼った木戸孝允のような「大ボス」がいたわけではない。ただ、関にも教団関係の仲間が2、3はいた。たとえば、一緒に渡航した教部省の松本白華などに頼めば教部省あたりに潜り込むこともあるいはできたかもしれない。実際、当時の官員録によると、関と同じ上等諜者の一人石丸八郎は白華と同等の身分で一時教部省に出仕しているのである（註；石丸は、後、一時、渡辺昇の下で大阪府の官吏となっている）。しかし、すでに教団に「見切り」をつけていたのか、関は昔の仲間のところには戻っていない。ただ、洋行帰りで英語ができるといっても、外国の大学で専門的な学問をしたわけでもなく、業績も教歴もまったくない関信三をいきなり官立の専任教師として採用することは、いくら当時でも、容易なことではなかっただろう。

　東京女子師範学校は明治8年（1875）11月29日に開業する。同校では初めは英語の授業はなかったが、途中から関信三による課外の英語の授業が始まったとされている。おそ

らく最初は非常勤講師のような扱い、あるいは東京女子師範学校雇いのかたちで雇用された
のである。そのため、当時の官員録などを見ても関信三の名前はない。関信三の名前が
官員録に登場するのは文部省から訓導の辞令を受けた明治 11 年（1878）6 月以降である。

　関がどういう経緯で中村正直と再会し、いつ雇用されたかは、はっきりしないが、英語
と絵画の教師として採用された武村耕靄の日記には、明治 9 年（1876）3 月 29 日、就職
の関係で関信三を訪ねたことが書かれている。それによって、関信三は東京女子師範学校
開校後の明治 8 年（1875）末か明治 9 年（1876）初め頃には同校の英語教師として雇用さ
れていたことがわかる。

　もちろん、中村に会っても、関には横浜時代に信者を装いながら諜者活動をしていたと
いう口が裂けても言えない「暗い過去」があった。当然、関には忸怩たる思いもあったこ
とであろう。いずれにしろ、関信三を東京女子師範学校の英語教師として採用できるのは、
摂理（統括者）の中村正直しかいない。遅かれ早かれ、同校に就職するために関は旧敵の
中村に会わなければならなかった。

　関は、明治 10 年（1877）10 月、翻訳書『古今万国英婦列伝　巻之上』（集賢閣）、『古
今万国英婦列伝　巻之下』（同）を出版しているが、「小引並凡例」の日付自体は明治 8
年（1875）7 月となっている。関は早くから翻訳に着手しているのである（註；本さえあ
れば在英中あるいは帰国の船中で翻訳に着手することも可能ではあった）。発行は遅れた
が、関が早々に翻訳に着手したのはもちろん業績作りの意味も含まれていたであろう。

　この翻訳書の「序文」を書いたのは中村正直（敬宇）である。こちらの日付は明治 10
年（1877）11 月 12 日となっている。本書の内容は文字通り古今の諸国の女王・女傑すな
わち「英婦」の列伝であるが、キリスト教信者としてあまりにも有名な中村正直が序文を
書き、「小引並凡例」の中で関信三が「男女同権云々」を記述していることは注目してい
い。この書物はキリスト教を敵視していた関信三の方向転換を意味しているし、同時に、
かつての仲間に対する決別のメッセージともなっているのである。

4-3-2　『幼稚園創立法』をめぐる謎と作成意義

　『幼稚園創立法』は、各地の幼稚園設置に際し参考にされたが、この書には謎も多いの
で、一度仙台の幼稚園に関する論文で書いたがここでも触れておくこととする。

　関信三の『幼稚園創立法』は、『日本幼児教育史　第一巻』（日本保育学会）には「この

本」は、建宮敬仁（1877-1878）親王の成長にともない宮内省で幼稚園を設立する計画があり、そのために書かれたといわれる」とあり、『幼稚園創立法』のあとがきにも「これは関信三が、文部大輔田中不二麿の内諭によって起草し、十一年四月に浄書提出したものである」と書かれている。建宮は、明治10年（1877）9月23日に生まれた、明治天皇の第二皇子である。第一皇子が死産であったため、建宮は天皇後継者として期待されたが、この皇子もまた翌年の明治11年（1878）7月26日に夭折している。『幼稚園創立法』は「特殊ノ目的」で書かれたが、この本の最初の目的を果たすことはなかったのである。

　上記のように、この本は、明治11年（1878）4月、田中不二麿宛てに浄書提出されたが、「特殊ノ目的」を持って書かれた「手書きの本」の写しを、提出3カ月余り後、東京の幼稚園見学研修に訪れていた矢野成文（1830-1894/註；子孫の間では「せいぶん」と読まれることが多いらしい）が、まだ建宮存命中に仙台に持ち帰ったとも言われているが、少し早すぎる気はする。ただ、後述するように、明治12年（1879）5月9日付の仙台の設立伺を見る限り、少なくともその頃までには、同校教師はこの書を知っていた。

　戦前、鹿児島幼稚園に残っていた『幼稚園創立法』が明治11年（1878）4月付であったということも謎である。明治11年（1878）4月付のものをその年月のまま「写した」ものであろうか。これは戦前、多田鉄雄が文部省から鹿児島に出張し複写したものを本人が所蔵していたとされている。また、「豊田芙雄が鹿児島幼稚園を創るとき持って行ったものではないか」とも言われているが、遅くとも、明治11年（1878）夏頃までには幼稚園設立の構想を持っていた、と思われる鹿児島県には豊田芙雄赴任前にこれが渡っていたとしてもおかしくない。

　鹿児島では、明治11年（1878）9月21日、鹿児島師範学校内に鹿児島女子師範学校を仮設するが、明治12年（1879）1月18日にはこれを山下町に建築し「同時に幼稚園を設く」（註；幼稚園の一建物の完成か）の記述などもあることから、鹿児島では前年には幼稚園設置の構想があったことがわかる。しかし、幼稚園の「設置基準」のようなものが皆無の状態で準備を進めたとは考えにくい。したがって、早い時期に『幼稚園創立法』の写しが鹿児島の学務課あたりに渡っていてもおかしくはないのである。

　ちなみに、保姆見習生・横川楳子が両親宛に送った明治11年（1878）12月6日付の手紙からは、中村正直摂理（校長）に対して鹿児島の岩村通俊県令から強い「保姆派遣」の要請があったことがわかる。これは動かない事実である。

　また、当時の文献を見ると、岩村は、大久保利通存命中は、一農業技官の鹿児島派遣等

でも直接大久保に依頼している。岩村のやり方からすれば、鹿児島出身の文部卿・西郷従道に「保姆鹿児島派遣」の支援要請をしたということも十分あり得る。また、明治11年（1878）11月11日、田中不二麿は関信三の『幼稚園創立法』を「文部卿（西郷従道）の閲覧に供した」（明治12年文部省年報）とされているが、これも一連の動きと無関係ではなさそうである。鹿児島の一件がなければ、この時期、文部大輔が文部卿に『幼稚園創立法』をわざわざ見せる必要などないだろう。明治11年（1878）12月24日、東京女子師範学校附属幼稚園では、保姆見習科の修了式を挙行するが、同日、横川楳子は同園の保姆採用となり、同日、西郷従道は文部省を去り陸軍卿となる。

　大阪市立愛珠幼稚園には二つの『幼稚園創立法』が残っているが、一つは明治19年（1886）1月18日校正のものであり、もう一つは明治12年（1879）1月付のもので、同書の第一頁には、関自身がこれは「特殊ノ目的」で書かれたもので「普通幼稚園ノ創立法ヲ指示スルモノニ非ズ」と書き「木村末女氏」の「要需」により「更ニ被写セシメ以テ之ニ應スルノミ」と記している。『日本幼児教育史』ではこれを、明治12年（1879）1月、関から木村に「おくられた(9)」としているが、「送られた（郵送）」という意味であるならば正確な表現ではないと考える。

　大阪派遣の見習生・氏原鋹は、大阪に医学生の夫がいたが、上京後しばらくして、妊娠していることに気付き、半期で保姆見習いを切り上げ、明治11年（1878）8月末には大阪に帰るが、木村は氏原と一緒に帰ったわけではない。そのことは、近藤はまが氏原の同行者を探すのに奔走してくれた、という氏原の手記の記述から明らかである。見習期間は当初6ヶ月間の予定であったが、すぐに、それでは不十分だとして10ヶ月間に延長されている。木村は当然同年12月24日の修了証書授与式までは東京にいたであろうし、木村が貰った『幼稚園創立法』が明治12年（1879）1月付であり、豊田芙雄の講義は同年2月上旬まで続いているので、その頃までは東京にいたと考えていいだろう。

　『幼稚園創立法』は、明治11年（1878）12月9日発行の文部省の『教育雑誌』に掲載されているので、毛筆書きの複写は必ずしも必要ではなかったが、木村は大阪における幼稚園設立時の「支え」として関自身の「写し」を持って帰りたかったのであろう。

　いずれにしろ「特殊ノ目的」で書かれた関信三の『幼稚園創立法』は、多額な経費などの部分を除けば「普通幼稚園」の設立にも適用できる部分が多かったため、鹿児島、大阪、仙台のわが国二番手グループの「普通幼稚園」のすべての創立に役立てられることになったのである。なお、木村末が大阪に持ち帰った「幼稚園創立法」が現在の大阪市立愛珠幼

稚園に保存されているのは、大阪模範幼稚園が廃止となり、物品が競売となった際に、愛珠幼稚園が他の物品類と一緒に落札、入手したことによる。

4-3-3　幼稚園教育にかけた情熱と早すぎた死

　東京女師範学校に附属幼稚園を設置することは、明治8年（1875）9月13日、太政大臣・三条実美の許可によって決定済みであった。その後、約1年、種々準備がなされたが、摂理・中村正直にとっては、誰を監事とし、誰を保姆とするかも大きな課題であった。

　中村は監事（園長）に関信三を選んでいる。幼稚園については国内には一切お手本はない。具体的な内容、方法については、外国にモデルを求めるしかないわけであるから、語学に強い人が監事（園長）にふさわしいということになる。その点だけで言えば、関信三は十分適任者であった。関信三には、東京女子師範学校から幼稚園関係の文献の翻訳が命じられ、明治9年（1876）7月、訳書『幼稚園記　一・二・三』（東京女子師範学校）を刊行していた。

　ヨーロッパ滞在中、関には、幼稚園を調査し、研修する理由はなかった。ただ、諜者たちは、宣教師たちが日本各地に設立する学校の目的や教育内容も調査していたし、また、横浜の亜米利加婦人教授所という養護施設、保育所、幼稚園を兼ねたような施設にも出入りしていたのであるから、関も幼児教育についてまったく無知だったわけでもない。

　東京女子師範学校の教師ということで、早くも教育者という見方も生れてきたのか、関信三は、明治9年（1876）8月、関西二府三県の女紅場（註；1870年代、多くは教育を受ける機会に恵まれない貧しい子女や芸妓・娼妓に読み・書き・算盤・裁縫・手芸を教えた教育機関。一部には華族・士族の子女のための女紅場もあった）について、一定の分量の視察記を、明治9年（1876）8月22日付、同8月24日付の東京日日新聞に掲載している。関信三もやっと陽の当たる場所で仕事ができるようになったのである。

　関は、翌年の明治10年（1877）、東京女子師範学校から『幼稚園記　付録』（註；7月申告、12月刊行とある）の訳書を出版している。また、明治11年（1878）4月、『幼稚園創立法』、明治12年（1879）、『幼稚園法　二十遊嬉　全』などの著作物を次々と発表している。

　『幼稚園創立法』は、いわゆる幼稚園設立のマニュアルといったものであったが、『幼稚園法　二十遊嬉　全』は20種類の恩物のそれぞれを簡潔に説明した冊子様のもので、

素人や初心者に対する恩物の紹介としては役立ったが、実際の保育の場で使えるようなものではない。ここでは4冊の『幼稚園記』についてのみ『豊田芙雄と草創期の幼稚園教育』（建帛社）から引用することにとどめておきたい（10）。

　　関信三の『幼稚園記　一・二・三』の発行は幼稚園開業の三カ月余り前のことであるが、その内容は、一、二巻では遊戯と遊戯に付随する歌、説話の紹介が大半であり、第三巻では全編「圖畫課」の紹介がなされている。翌年十二月刊行の『幼稚園記　附録』で初めて各恩物の紹介がなされているが、それぞれに充てられた文章は短く、また、図も用いられていないため、桑田の『幼稚園（註；をさなこのその)』に比べ、実践者にとっては使い勝手がいいとは言えない。

　　ただし、図画に関しては第三巻全部を占め、詳細に紹介されており、巻末には練習図例も多く掲載されているため、保姆養成の実技や保育の実践に役立てやすいものとなっている。関が図画にこだわったのは、「フレベル氏曰ク凡ソ圖畫ナルモノハ心性ヲ養成スルノ最モ有力ナル方策ニシテ軟弱ナル幼兒ノ缺クヘカラサル主要ノ事業タリ」という図画の特性に共鳴したからである。

　　豊田、近藤らも、幼稚園の開業前に、桑田による訳書『幼稚園　上』、関による『幼稚園記　一・二・三』は手にすることができたし、開業の時点でもこれらの書を参考とすることも可能であった。

　また、既述するように、関は、最初期には豊田芙雄や近藤はまを相手に、続いて見習生や練習科生を相手に、松野クララの講義を通訳するという「保育伝習」の仕事をしている。関は短い生涯の最晩年に幼稚園教育の開拓という仕事に出会ったが、わが国に幼稚園教育を導入し、普及することはやりがいのある「歴史的な事業」だと思っていた様子である。今日からすれば不思議な感じがするかもしれない。しかし、当時の一部の知事や県令や官僚なども幼稚園導入については同じような見解を持っていたのである。

　もちろん、幼稚園の設置には、多くは経済的理由から同意しない凡庸な政治家や官僚は多かったし、平然と幼稚園教育弊害論を吐く「御用学者」などもいて、幼稚園教育の普及はなかなかの難事業であった。ただ、幼児教育の重要性を直感し、幼稚園教育普及の先駆者となろう、という心意気を持った政治家や官僚や教育者も僅かながらいたのである。

豊田芙雄は、文部省から長期出張の命を受け、明治12年（1879）2月19日、幼稚園設立のため鹿児島に向け出発した。豊田の出立8ヶ月後に関信三は死去している。ところで、2月13日は、東京女子師範学校の第一回卒業式の予定であった。しかし、皇后の宮の風邪で再三延期となり（註；皇后は懐妊中でもあった）、皇后の宮の来駕はなくても卒業式挙行を決定するが文部省から「待った」がかかっている。学校側は豊田を卒業式に出席させようという配慮をしたふしがある。しかし、結局、卒業式は1ヶ月遅れとなっている。

　2月には、保姆練習科の入試も済ますべきであった。しかし、ようやく3月4日に実施し、3月10日に合格発表をしている。発表と同時に、関は宮城県の学務課に急遽手紙を書く破目になったが、この件については仙台の幼稚園に関する章で取り上げている。

　数少ない幼稚園スタッフの中から、直感力と決断力と実行力に富み、対外的にも押しの強い豊田芙雄が抜けた状態では監事・関信三の心身の負担は大きかったであろう。同校附属幼稚園は豊田だけは離すべきでなかったが、他に鹿児島に行く人がなかったのである。

　同年11月4日、関信三は病死する。享年37歳。死亡年月日は墓碑によった。東京女子師範学校年報には11月5日とある（註；同僚武村千佐子は11月5日の日記に関の死について記述している）。11月4日深夜にでも亡くなったのであろうか。ただ、『日本幼稚園史』では関の死を明治13年（1880）4月12日としており、多くの人物事典がこれに依拠していることは早急に訂正されるべきであろう。

　関信三はまさに業半ばで逝去した。関は、青年時代、キリスト教を排撃する諜者として暗躍したが、それらの苦労はすべて水泡に帰している。しかし、挫折の後、キリスト教の土壌から生まれたフレーベル主義保育に遭遇し、その導入と定着にまさに死力を尽くし、わが国幼児教育史上不滅の功績を残すことになった。関信三は旧敵の世界に救われたのである。

　注

(1)　国吉栄『関信三と近代日本の黎明　日本幼稚園史序説』、新読書社、2005年

(2)　国吉栄『幼稚園誕生の物語「諜者」関信三とその時代』、平凡社、2011年

(3)　日本保育学会著『日本幼児教育史　第一巻』、フレーベル館、昭和43年（初版）、
　　　p.107

(4)　大日方純夫「明治新政府とキリスト教—諜者の動向を中心に」、『早稲田大学大学

院研究科紀要　第四分冊』、早稲田大学大学院文学研究科、1999 年

(5) 大日方純夫『維新政府の密偵たち』、吉川弘文館、2013

(6) 海原徹『月性　人間到る処青山有り』、ミネルヴァ日本評伝選、2005 年

(7) 三坂圭治監修『維新の先覚　月性の研究』、月性顕彰会、1979 年

(8) 月性『仏法護国論』、安政 3 年 10 月

(9) 前掲、日本保育学会著、p.108

(10) 前村　晃（執筆者代表）・高橋清賀子・野里房代・清水陽子『豊田芙雄と草創期の
　　　幼稚園教育』、建帛社、2010 年、p.144

5　クララの来日と幼稚園教育の夜明け

5-1　松野クララと松野礀及びその周辺

5-1-1　クララが保育法を修得した学校にまつわる謎

松野クララ（1）

豊田芙雄に最も近い周辺の保育者としては、松野クララと近藤はまがいるが、実はこの二人は共通して謎の多い人物で新しい事実の発見もなかなか困難な状況にある。したがって、新事実はいくらも書けないが、二人の説明を欠けば当時の「豊田芙雄と同時代の保育者たち」という世界を正確に描くことは不可能となるので、ここでは豊田芙雄との関係を見据えながら、主に先行研究を参考とし、新しい事実を加えて記述することとする。

わが国にフレーベル主義保育の具体的な方法を伝えたのは、日本の森林学の鼻祖・松野礀・夫人ドイツ人クララ・ティーテルマン、すなわち首席保姆・松野クララ（註；自ら久良々と称することもある）であるが、クララに関する最も大きな謎は彼女がどういう学校で保育を学んだかということである。倉橋惣三・新庄よし子は『日本幼稚園史』の中でクララはフレーベル自身に保育法を教わったとしているが、クララが生まれたのはフレーベルが亡くなった翌年のことで、これはあり得る話ではない。その後、多くの研究者がクララの出身校調査にトライしているがいまだに特定できないでいる。

クララがドイツの保育者養成学校を卒業していたとすれば、来日に際し、修了証を持参したであろうし、持参していなくても、必要とあればドイツから送ってもらえば済むことである。しかし、クララの身辺に関する記録にはそうしたものは見当たらない。クララが中退したために関係学校の卒業生名簿に名前が残らなかったという可能性もないではない。また、クララが英語を理解しピアノが弾けたことは事実であるから、そうした授業も取り入れていた女子師範学校あたりで学んだという可能性もないではないが、いまだにクララの出身校については何もわかっていないのである。

『豊田芙雄と草創期の幼稚園教育』（建帛社）にも書いたが、東京女子師範学校の教員採用に際し、豊田芙雄らには一応試験が実施されている。開校半年後に採用され、英語と美術を担当した武村耕靄（千佐子）の場合も翻訳の課題と作品の課題の提出が求められて

いる。クララについても何らかの根拠がなければ、いくら当時とはいえ、日本人保姆の2.5倍の給与を支給している首席保姆クララの採用（あるいは雇用継続）の理由の説明ができない。そうしたこともあって、松野久良々には論文提出が課され、明治11年（1878）9月頃、「小児養育實驗之説」(2) を書き、三條家文書に残ることになったのではないかと考える。

　もう一つのクララに関する大きな謎は、クララはかなりピアノが弾けたのに、ドイツの幼稚園で歌われていた唱歌のメロディーをなぜ1曲も紹介していないのだろうか、ということである。あえてそれをしない特別な理由があったのであろうか。フレーベル主義保育の幼稚園で歌われた唱歌の楽譜が載っている洋書も日本にいくつかあったはずである。仮に適当なものがなかったとしても、これもドイツから送ってもらえばすぐに解決する話である。

　いずれにしろ、松野クララがどういう学校でどういう教育を受けたのかを明確にすることは、わが国の幼児教育の導入期にどういう人物がどういう役割を果たしたかを明確にする上でも斯界の大きな課題の一つとなっているのである。

　クララが来日して、結婚の手続きがうまくいかないため、松野はクララを引き連れて木戸を訪ねるが、会ってみるとクララは英語ができるということで、木戸は10ヶ月間月100円の契約で東京女子師範学校の英語教師の職を世話している。同校で英語を担当していた関信三は早々にクララと会って打ち合わせをすることになったと思われるが、こちらも会って話してみると、クララは保育法に詳しいということがわかって、開業が間近に迫っていた同校附属幼稚園の首席保姆として採用するということになる。そのため英語教師の方は4ヶ月で解約となっている。しかし、あまりにも話がうまく出来過ぎているため、筆者を含め、クララは本当に組織的な保育法の教育を受けていたのであろうか、という疑念を抱く人もないわけではない。

　ただ、クララは子どもが好きで、英語が出来て、ピアノが弾け、一定程度以上の保育法の知識があったことは誰もが認めるところであろう。また、当時のドイツ人女性として豊かな教養を身につけた人物であったことも事実である。しかし、クララがどういう学校でどういう保育法を身につけたかは明確でない。当時のドイツの師範学校に、後の東京女子師範学校本科のように、小学校教員と保育者養成を兼ねたコース等でもあって、クララもそういう学校で学んだとしたら、最も理解しやすいが、残念ながらその種の情報があるわけでもない。

ただ、今後の研究の切り口を閉ざさないために、あくまでも「推測」を前提に述べておくが、クララは英語が出来て、一定程度以上の保育法の知識を持っていたということから、貿易商の父親と一緒に家族で一時イギリスに住み、現地の幼稚園に通ったことも可能性としてはあるのではないか、と思う（註；もっとも当時の教養あるドイツ人女性で英語・仏語を身に付けた人は少なくなかった）。東京女子師範学校附属幼稚園で研修をし、クララを直接知る矢野成文（註；仙台の幼稚園を設立者の一人）がクララについて「フレーベルの幼稚園で育った人」という微妙な記述をしていることも気になるのである。

5-1-2　松野と友人・井上省三（せいぞう）

松野碵（1846or1847-1908）やクララに関する研究は、まとまったものとしては南雲元女氏の諸論稿をはじめ、中村理平氏の『洋楽導入者の軌跡―日本近代洋楽史序説―』(3)があり、最近では小林富士雄氏の『松野碵と松野クララ　林学・幼稚園教育 事始め』(4)などがある。

松野は、弘化4年（1847）3月7日、父・大野大作、母・かねの次男として長州藩美祢郡大田村（現・山口県美祢市大田）で生まれている。幼名を常吉といい、他家へ養子となったが、後に生家に戻っている。大野家は郷士であったが祖父・徳右衛門は大庄屋をつとめており、松野は幼少期から祖父に和漢の学を習ったようである。

松野の人生に大きな影響を与えた親族に長松幹（みき）（1834-1903/註；長州藩士。勤皇派。官僚/男爵）がいる。松野の父と長松の母は異母兄妹であったが、長松幹は松野の姉と結婚しているので、松野にとって長松は14歳年上の従兄であると同時に義兄でもあった。松野は早くから長松を敬愛していて長松家に寄留することが多かったようである。

長松は、安政5年（1858）以来、京都で久坂玄瑞（1840-1864/註；長州藩医の三男。医師。尊皇攘夷派。松陰の弟子。松陰の妹・文と結婚。蛤御門の変で自刃）らと共に公家と交わり国事に奔走しているが、元治元年（1864）に帰藩して右筆となり、藩の編輯局に勤め、尊皇事蹟を編集している。明治元年（1868）、35歳の時、議政官史官試補雇いとなったのを手始めとして、明治6年（1873）、40歳の時には歴史課長となり、修史局長を経て、明治14年（1881）に修史館監事（註；四等官。年報1800円）となるが、この時の副監事が巌谷小波（いわやさざなみ）（1870‐1933）の父・巌谷修（1834‐1905/註；一六とも称す/男爵）であった。明治17年（1884）9月3日、51歳で元老院議官となって年俸3000円が下賜されるようになり、元老院制度がなくなると、明治24年（1891）、貴族院議員となり、明治29年（1896）

6月5日、63歳の時、男爵となっている。明治36年（1903）6月14日、70歳で病没している。

　文久3年（1863）8月16日、三条実美ら「七卿落」の公家の一行（註；錦小路頼徳は長州で病没）は、慶応3年（1867）12月、王政復古前夜の朝議で赦免されて長州から京都に戻るが、その時、長松幹は卿らに随行し、松野も長松に同行したと小林氏は記している。松野は大阪で医師の学僕をするが、明治2年（1869）頃、おそらく医師でもあった長松の紹介であろうが、伊東玄朴の養子で宮内省典薬寮医師の蘭方医・伊東玄伯（1832－1898/註；相模国高座郡上溝村出身。後、伊東方成と名乗る。大典医となる）を知る。当時は新政府と藩が同時的に存在したが、伊東と長松には政府から東行する天皇に随行することが命じられ、松野も長松に同行して上京することを決意した。しかし、松野の場合は、藩に無届の脱藩行為に相当したので、わざわざ身元を隠すために長松の「松」と本名の大野の「野」をとって「松野」を創姓したのである。

　伊東玄伯は、文久2年（1862）6月、幕府最初の留学生として、赤松則良（1841-1920/註；大三郎/御家人の次男。祖父の旗本・赤松良則の跡を継ぐ/軍人。政治家。貴族院議員/男爵）、榎本武揚、西周、津田真道、林研海（1844-1882/註；幕府御典医・林洞海の長男。榎本武揚の妻、西周の妻は妹/陸軍軍医総監/有栖川熾仁親王に従ってロシアに向かうがフランスで急死）らと共に渡欧した人物である。伊東玄伯（方成）は、伊東玄朴（1801－1871/註；現在の佐賀県神埼市的仁比山出身。仁比山神社に仕える執行重助の子として誕生。佐賀藩士・伊東家に養子。徳川幕府奥医師）の門弟であり、玄朴の次女と結婚した養嗣子であった。伊東は、明治元年（1868）12月帰国し、宮内省典薬寮医師となるが、翌年の明治2年（1869）9月には大典医となっている。

　松野は、東京では伊東の下で学び、ドイツ公使館の書記官（通訳）のケンペルマンと東京開成学校講師のカドリールについてドイツ語を習うようになった。同時期、松野と非常に良く似た境遇の人物に同じ長州藩出身の井上省三（1845－1886/註；「せいぞう」とも読む。長門国厚狭郡宇津井村の庄屋に生まれる。奇兵隊隊長。ドイツ留学。千住製絨所初代所長）がいた。井上は、明治3年（1870）、たまたま長州の内紛絡みで知り合った、大先輩・木戸孝允の周旋で藩費東京留学生となって、木戸に従って上京した。

　井上は山口兵学校で蘭語を学んでいたが、木戸の勧めで、ドイツ公使館の書記官ケンペルマンにドイツ語を習うようになった。井上はしばしば木戸邸を訪ねているが、時にはケンペルマンと共に木戸邸を訪ねることもあったようで、木戸の日記にはそのことが書かれ

ている。当時の井上の書簡には、将来留学する機会が来たら応援してやると、木戸にはっきりと言われた、と記されたものもあるように、木戸は郷里の先輩として親身になって若い井上の世話をしているのである。

　ケンペルマンを共通の師と仰ぎ、故郷を同じくし、年齢も近かった松野（註；松野が井上の１歳年上）と井上が親しくなるのに時間は要しなかったであろう。

　明治３年（1870）11 月、突然、井上はドイツに留学する伏見満宮（1847‐1895/註；後の北白川宮能久親王。皇族。陸軍軍人）の随従として選ばれたが、松野も同宮の家従として随行することになった。二人にとっては降って湧いたような話であった。幕末、上野寛永寺貫主・日光輪王寺門跡となっていた伏見満宮は、幕府軍に担がれて官軍と戦い、明治２年（1869）９月、仙台で降伏したが、その罪が許されたのは１年後の明治３年（1870）９月であり、同宮の希望でドイツ（プロイセン）留学が許可されたのが同年 11 月４日のことであるから、元々、急な話だったのである。井上や松野のドイツ随行を実現させたのはやはり新政府の実力者・木戸孝允であったと思う。

　また、松野が師と仰いだ伊東玄伯（方成）もまた同じ時に三度目のヨーロッパ留学に出かけている。ちなみに、伊東の旅券番号（免許状）は「第貳百二十一号　伊東大典醫」であるが、井上は「第貳百二十七号　井上省三」、松野は「第貳百三十号　松尾（註；埜に訂正されている）碩」である。

　大典医・伊東玄伯は、木戸の主治医でもあり、木戸孝允邸へはしばしば往診に出かけている。木戸の日記には明治３年（1870 ）６月７日「朝二字後　伊藤玄伯來疹　木梨も今日より受疹」（註；妻木忠太編『木戸孝允日記　第１』(5) をはじめ、同年９月 10 日と 10 月４日にも伊東は木戸邸に往診に出かけている。伊東と木戸は医師と患者の仲なのである。伊東も松野の留学の側面支援くらいはしたのではないかと思う。

　伏見満宮は、皇族としては珍しく波乱に満ちた生涯を送った人である。ドイツでは兵事を学び、帰国後は軍事畑を歩むが、独逸学協会初代総裁なども務め、松野の尽力による大日本山林会設立総会などにも出席している。日清戦争で割譲された台湾に、台湾征討近衛師団長として出征し、平定直前、明治 28 年（1895）10 月 28 日、マラリアで薨去している。中将であったが薨去の前日付で大将位が贈られ、国葬が執り行われている。

　伏見満宮一行がグレート・リパブリック号で横浜港を出発するのは明治３年（1870）12 月 ３日である。同船にはアメリカ公使として赴任する森有礼、勝海舟の秘書・木村熊二（1845‐1927/註；出石藩儒・桜井石門の次男。石門の弟子・木村琶山の養子。内務省地

理局で松野礑の上司となった桜井勉は木村の実弟。アメリカで牧師の試験に合格。明治女学校、小諸義塾を設立。島崎藤村は木村より受洗)、フランスへ留学する西園寺公望、オランダへ留学する伊東玄伯をはじめ留学生30余名が乗船していた。

　国立公文書館の伏見満宮に対する達し「孛國勤學被仰付候事」(註；孛國はプロイセン)によると、随従、家従、同行の人々を次のように記している。

随従	
寺田平之進　22歳	鹿児島藩出身。弘・望南・盛業とも称す。官吏。書物収集家。渡航直前に病気で辞退するが、翌年7月、公費生として遅れて渡航。
井上省三　23歳	長州藩。帰国後、官営製絨所長。ドイツ婦人グスターフ・ヘードビヒと結婚。松野の親友。
田坂虎(庽)之助　21歳	広島藩。ドイツ方式の三角測量術を導入。日本水準原点創設に貢献。軍人。後、少将。
家従	
丹羽淳一郎　19歳	三条家の用人丹羽家に生まれる。正しくは純一郎。三条家の子息に享楽の生活を教え、監督不行き届きで、帰国後、実美に疎まれ、官吏の途に進めていない。織田純一郎。後、小説翻訳家。
松尾礑　24歳	長州藩出身。名前はミス。帰国時の記録では尾が埜に訂正されている。
別ニ仝行	
東久世正五位　22歳	久我建通4男。東久世通暉。東久世通禧(1834－1912)の養子となるが、後、離籍となる。養父・通禧は、「七卿落ち」の一人で、神奈川府知事、開拓使長官、侍従長の後、貴族院議員副議長、枢密院副議長となる。
岡田キウ助　23歳	「キウ」は金偏に翁。情報がほとんどない人物。
山崎橘馬　26歳	土佐藩士。喜都真。新選組隊士が護る、天満屋に

| | 潜む紀州藩公用方・三浦休太郎を、陸奥陽之助（宗光）、岩村精一郎（高俊）らと共に襲撃した一人（天満屋事件）。ドイツ留学を経て、帰国後、京都梅津製紙場長。農商務省地質調査所4等属。夫人はヨハナ・ドレーベス。 |

　こうした人選においても旧薩摩藩（寺田）、旧長州藩（井上、松野）、旧土佐藩（山崎）が幅を利かせているのである。旧長州藩出身の井上や松野の後援者として、木戸孝允がいたように、旧薩摩藩出身の寺田のバックには西郷隆盛がいたのかと思う。寺田平之進については、当初は、情報がほとんど無かったが、調べを進めるうちにある程度のことが判明したので、松野の身辺にいた留学生の「実像」を知るためにいま少し書き加えてみる。

　寺田は、渡航の直前に病気となり、船旅が無理な状態であったため、鹿児島藩は渡航取り止めのお伺いを政府に出すが、政府からは延期して渡航可能の時期を待つようにとの沙汰があり、明治4年（1871）4月、太政官から改めて公費生としてドイツ国ベルリン留学が命じられ、7月に船出している。ベルリン到着後、留学の地を英国に移したようで、およそ1年後に西郷隆盛に近況を知らせ、手紙には写真を同封し、二、三のお願いまでしたようである。明治5年（1872）8月10日付で西郷が寺田に送った次のような返信が残っている (6)。

　　御一別以来御左右も不承候付、折々御察し申し上居候處、御状到来いたし、忙敷開封
　　仕候處、写真御恵投被成下、得と拝見仕候處、至極御壮健の御様子、雀躍此事に御座
　　候。随て少弟にも碌々消光罷在候間、乍憚御放慮可被下候。陳ば五月末より
　　主上西国御巡幸被為在、至極御軽装にて、是より伊勢へ御参宮が御始りにて順々軍艦
　　より御廻り相成候處、人気競立、難有次第に御座候。不残学校え　御臨幸相成、御賞
　　誉又は御譴責相成候處も有之候付、一涯勉励の様子に相聞得申候。余程
　　主上の御為にも相成候事に御座候。野生にも供奉被仰付、都て相廻候處、諸所至極難
　　有がり、下之関にては、石州浜田県近来稀成大地震有之候處、参事被召呼、具に震災
　　の次第御聞取相成候上、　御前に於て直様不取敢三千金を救民の災難を為御撫恤下し
　　賜り候處、案外の仕合にて、参事は感激の余り落涙して　御前え打臥、頭は一向に不
　　挙、側に相逢者迄も落涙不致もの無之次第に御座候。此等が　御巡幸中の御巡幸等敷

事共にて御座候。然處浜田の人民聞伝へ、夜白に掛て下之関迄出掛候て奉拝候次第、実に殊勝の体に御座候。此旨御礼答迄、荒々如此御座候。折角御加養奉祈候。恐惶謹言。

　　　八月十日　　　　　　　　　　　　　　　　　　　西郷吉之助

寺田　弘様

追啓御宿許御状は、直様便宜有之、早速差送申候。御注文の書物此節岸良七之丞殿、司法省より洋行に付得幸便候間差上申候付、御落手可被下候。何も御入用の品は無御遠慮御申越可被下候。

　寺田は、病気で渡航が延期になったため、西郷も気になっていたようで、無事を素直に喜んでいる。手紙には、天皇の西国巡幸とお供をした様子が綴られており、維新直後の天皇や西郷の動静まで窺える内容となっているが、何よりも、西郷の温情が溢れていて、西郷がいかに若者を可愛がっていたかがわかる書簡である。

　国立公文書館に残る辞令類や履歴書等によると、寺田は、明治7年（1874）7月、帰国し、11月、外務省に9等で出仕（註；月俸50円）するが、明治8年（1875）8月、辞職し、明治9年（1876）2月、文部省督学局少視学を拝命し（註；同僚の中視学に、後に鹿児島県知事となる、桜川以智の鹿児島幼稚園での教え子・加納治子の父・加納久宜子爵がいた）、明治10年（1877）1月、督学局が廃止となって辞職し、明治12年（1879）頃は、海軍省に勤務しているが、病気がちで休むことが多かったようである。

　その後、勤務状況がはっきりしない期間もあるが、明治17年（1884）11月、外務省より上海派遣が言い渡され、明治18年（1885）、上海滞在中、「開拓使官有物払下げ事件」で「冷や飯食い」となっていた黒田内閣顧問に随行し、福州台湾及び漢口宜昌等に出張している。明治19年（1886）5月、帰朝し、6月、再び黒田内閣顧問に随行し、悉比利（シベリア）及び欧米各国を巡回し、明治20年（1887）4月、帰朝し、5月、内閣雇となった。

　明治20年（1887）9月、黒田清隆が第一次伊藤内閣の農商務大臣になると、同年12月15日、寺田は農商務省参事官・奏任官5等（註；年俸800円）となっている。明治21年（1888）4月、黒田が内閣総理大臣になると、明治22年（1889）3月21日、寺田は農商務省参事官から、臨時兼任の文部大臣伯爵・大山巌（1842－1916/註；西郷隆盛・従道は

116

いとこ。大警視。陸軍大臣。陸軍参謀総長。文部大臣/公爵）の下で文部書記官・奏任官5等（註；年俸700円）となっている。ただし、大山は翌日には文部省を去り、榎本武揚が文部大臣に就任している。寺田は官僚としてそれほど目立った活躍はしていないし、官僚は早めに辞めたようであるが、寺田望南（弘）を有名にしたのは貴重本の収集家としてである。本の収集家以外で興味深いところでは中村正直の没後に出版された『敬宇文集巻2』（吉川弘文館。明36）に序文を書いていることなどがある。

　肝心の松野であるが、松野はドイツ到着後、家従の任を解かれ、官費留学生となった。その後、2年以上の準備期間を経て、郷里の2歳年上の先輩・青木周蔵（1844‐1914/註；長州藩の村医の家に誕生。後、青木研蔵の養子となり、士分となる。ドイツ留学。独逸全権公使。数次の外務大臣を経歴/子爵）の勧めもあって、林学を学ぶことになった。松野は、明治6年（1873）、エーベルスワルデ森林アカデミーに入学し、明治8年（1875）6月、同校を卒業して、同年8月4日、帰国している。ドイツ滞在中の松野の林学の研鑽の様子や帰国後の林業に関わる活動などについては、日本林学会会長の小林富士雄氏が書いた『松野礀と松野クララ』(7)に詳しく記述してあるので参照されたい。

　ただ、ドイツ留学中の松野に関して、特記しておくべきことの一つは、遣欧使節団の木戸孝允と大久保利通が留学生の松野に面会し、林学の重要性を力説する松野に対して、大久保はテーブルを叩いて大いに賛同したということである。大久保は帰国したら訪ねてくるようにと松野に声をかけるのである。

　ところで、ドイツのどこで松野とクララが出会い、どのようなロマンスがあって、婚約に至ったのかについてもはっきりしたことはわかっていない。しかし、まだ若い留学生たちであるから恋もする。松野の親友・井上省三もドイツ婦人と結婚しているし、山崎喜都真（橘馬）も同様である。

　北白川宮能久親王（註；伏見満宮は、明治5年1月、弟宮の薨去で、同年3月、北白川宮家を相続した）はドイツの貴族の未亡人ベルタと恋をし、婚約に至るが、日本政府が認めなかったので、帰国後、婚約を破棄している。また、北ドイツの留学生総代をし、留学生の身分から駐獨代理公使、駐獨公使となった青木周蔵などは、日本に妻・テルがいながらプロイセン貴族の令嬢エリーザベトと恋仲に陥って、テルとは離婚手続きに入っている。事情が事情だけに、かなり難航した末に青木は離婚を成立させている。ただ、離婚はしたが、青木家にどういうメリットがあったかわからないが、同家に籍は残すという条件付きであった。

5-1-3　松野の友人・井上省三と製絨所建設

　井上省三については主として昭和13年発行の『井上省三伝』(8) を参考とするが、こ
こでは、大志を抱いて語学を学び、留学するという幸運を掴み、帰国後、わが国に新分野
を切り拓いた松野碩の場合と非常に良く似たケースとして、敢えて井上省三について記述
するが、こうした人々の努力によって、新国家の内容が整えられ充実されていったと思う
からである。

　井上省三は、初めドイツで兵学を学び、後、殖産興業の必要性を感じ、製絨業を学ぶ
ことに転じている。遺欧使節団がドイツを訪れた際には、木戸・伊藤にも転学のことを告
げている。井上は、ザガン市のカールウルブリヒト織物工場に単身工員として入り、その
精勤ぶりが認められて、紡績・機織・製氈・仕上げ等の知識・技術が授けられるが、染色
の秘奥は、わが子にしか伝授しないと染色家に言われたので、日本に許嫁・かめがいたに
もかかわらず、染色家の娘・グスターフ・ヘードビヒと婚約し、染色法を教えてもらって
いる。

　井上の帰朝は明治8年（1875）10月30日のことで、松野の帰朝に3ヶ月弱遅れたが、
木戸、伊藤、大久保の支援もあって、翌年の明治9年（1876）1月19日、内務省勧業寮
雇いとなり、月給60円が支給されるようになる。井上提案の製絨所設立計画はとんとん
拍子に進み、同年3月には、機械買い付けと技術者招聘のため孛国出張が命じられ、5月
には現地に向かっている。ことが順調に進んだのは、軽くて温かい毛織物は軍人、警察官、
官員の制服にも最適だったということもあったのである。

　命じられた出張の任務を完了後、井上は婚約していたグスターフ・ヘードビヒと、同年
8月、現地で結婚している。井上の国際結婚は松野に先んじているのである。

　井上を所長とする千住製絨所は、明治12年（1879）9月24日、開業式を迎えるが来
賓として次のようなお歴々が出席している。まさに時の顕官のそろい踏みである。

　　○伊藤博文内務卿（1841 - 1909）

　　○大隈重信大蔵卿

　　○西郷従道陸軍卿

　　○川村純義海軍卿（1836 - 1904/註；旧薩摩藩士。海軍大将/伯爵）

　　○山田顕義工部卿（1844 - 1892/註；旧長州藩士。松陰の門下生。陸軍中将/伯爵）

○山縣有朋陸軍参謀本部長（1838 - 1922 /註；旧長州藩中間の子。第3代、第9代
　内閣総理大臣/公爵）

○黒田清隆開発長官

○大山巌陸軍中将

○松方正義内務省勧農局長 （1835 - 1924/註；旧薩摩藩士。第4代、第6代内閣総理
　大臣）

○森有礼外務大輔

○前島密内務少輔

○吉井友実工部少輔 （1928 - 1891/註；旧薩摩藩士。工部大輔、元老院議官、宮内次
　官社長などを経歴/伯爵）

○青木周蔵独逸国全権公使

○品川弥二郎内務大書記官 （1843 - 1900 註；旧長州藩士。明治維新に功労。松陰の
　門下生。農商務大輔、内務大臣、枢密顧問官などを経歴/子爵）

　直接の製絨所生みの親である大久保は、明治11年（1878）5月14日、暗殺され、恩人・
木戸は、明治10年（1877）5月18日、病没していたため、二人の祝典出席はなかったが、
井上にとって、この日は、得意絶頂の日であったことであろう。

　井上の事業は周囲の期待に応えて順調に進んだが、明治16年（1883）12月29日早暁、
製絨所の主要部分を焼失するという災難に見舞われている。幸い、事業の重要性からすぐ
に復興が認可されるが、事業の再開はそう簡単ではなかったようである。この辺の事情に
ついては朝野新聞に次のような記事がある。

焼失した千住製絨所の機械外國より入荷
來月より開業の運び（17．11．30　朝野）

　千住製作所は昨年十二月火災にて諸機械悉く焼失せし後、外國へ註文中なりしを以
て是まで休業せしが、今回諸機の到着せしゆゑ、同所長井上氏は工事を急がれ來月よ
り開業せんと追々職工をも雇入れたれしが、工場に不都合あるよしにて來月一月より
開設せらるゝ事となり、當分畫夜就業せらるゝ筈なりと。

工場の主要部分を焼失したため、再開の準備にも1年以上を要したようで当時の新聞に
よると実際の再開は、予定の1月ではなく、明治18年（1885）4月頃にずれ込んだよう
である。この時の被災の心労や若き日の織物工場勤務が祟ったか、井上は結核に罹り、明
治20年（1887）12月14日、帰らぬ人となった。享年42歳。業半ばの死である。

　翌年2月、ベードビヒは6歳の愛児ハンナ（ハナ）を伴って帰国の途についているが、
それを見送った松野クララも、22年後、同じ道を辿ることになる。成長したハンナは高
等鉱山技師・コッホと結婚したが、夫・コッホは、結核菌の発見など、細菌学者として世
界的に有名なロベルト・コッホ（1843‐1910/Heinrich Hermann Robert Koch）の甥であ
った。

　明治21年（1888）4月、製絨所内に井上の功労記念碑が建てられたが、額は時の外務
次官・子爵の先輩・青木周蔵が題し、文は東京農林学校教授で親友・松野碩が撰している。

5-2　松野クララと幼稚園教育への貢献

5-2-1　クララの保育法伝習

　松野クララは、わが国のフレーベル主義保育の導入期に、具体的な保育法を伝習するこ
とによって大きな功績を残した人物である。最初に伝習を受けた豊田芙雄と近藤はまは、
当時、わが国の女性の中では最高位の知性と教養の持ち主であったと言っていいだろう。

　明治9年（1876）11月、3人が出会った時、クララは数え年24歳、豊田は32歳、近藤
は37歳であった。ちなみに関信三が34歳であった。クララが教養豊かで新しい知識を持
ったドイツ人女性であったとしても、豊田や近藤の人生経験に比べれば、クララはまだま
だ未熟な若い女性であった。

　豊田や近藤は礼節をもってクララに師事しているが、豊田の日録におけるクララの呼称
が「クララ先生」から「独逸人教師」「クララ氏」に変化していることなどから見ると、
時には豊田や近藤の鋭い質問に立ち往生し、関がフォローしなければならない場面なども
あったかと推察する。クララの保育法の伝習は、幼稚園の放課後、クララが英文を読み、
幼稚園監事の関信三が通訳と解説をして、豊田と近藤が筆記するというかたちで行われて
いる。

　伝習の様子は、豊田の曾孫で保育史研究会会員の高橋清賀子氏が、豊田の手記「幼稚園
日録」を基に記述した『乳幼児の教育』（第79号/1997）中の「今日の幼児教育に語りか

120

ける　日本の幼稚園草創期の事々—豊田芙雄の文書から（その二）—」(9) を中心に見ていくと次のようである。

クララは同年 11 月 16 日の幼稚園開園前から出勤していたようで、「六日　〃（晴）　クララ先生来ル」とあり、「七日　〃（晴）　クララ先生来ル」とある。おそらくこの両日に伝習の打ち合わせや準備等を進めたかと思われるが、開園後は「廿一日　晴　独逸教師昇園」、「廿二日　〃　クララ氏昇園　伝習アリ」、「廿三日　新嘗祭　クララ氏昇園　〃」、「廿四日　晴　クララ氏昇園　伝習アリ」と連日のように伝習を行っている。

「廿五日　晴　土曜日　クララ氏不昇園」とあるが、日誌によるとこれに続けて「近藤氏豊田クラヽ氏、伝習ヲ受ルカ為メ松野硼氏へ往ク」とあって、この日は松野硼宅で伝習を行っている。その後もクララは土曜日には決まって登園せず、伝習は松野宅で行われている。関の名前がないのは、土曜日は関が休養を取り、松野が通訳の代行をしたのであろうか。

また、いっぽう「廿三日」は新嘗祭で幼稚園は休日であるが、この日も幼稚園で伝習を実施した模様である。日誌を改めて見ると 12 日の日曜日にも「十二日　少シク曇リ　日曜ナレトモ休業ナシ」とあり、まさに突貫工事ならぬ「突貫伝習」をしているのである。

豊田の「クララ先生来ル」「クララ氏昇園」の表記の違いは開園前と開園後の区別であろう。高橋氏らの調査によると伝習の回数はおおよそ次のようになっている。

11 月・・・17 回（註；準備 2 回を含むものであろう）
12 月・・・14 回
 1 月・・・12 回
 2 月・・・14 回
 3 月・・・ 4 回

教える方も教わる方も大変な課業であったことがわかる。この時の伝習の内容は、自らが講義しやすいように編集した豊田の講義録「代紳録　全」「代紳録　二」『恩物大意』などに残されている。

クララの伝習の内容については、既述の「代紳録」類やお茶の水女子大学保存の「恩物大意」などに見られるが、詳しくは『豊田芙雄と草創期の幼稚園教育』（建帛社。平成 22 年 3 月）に記述しているのでそちらを参照していただきたい。また、クララ自身が残した

文章は限られていて「小児養育実験之説」（註；実験はここでは実体験の意味。明治11年。三條家文書。代筆）、『婦人の徒登免（つとめ）』（註；獨逸學協會婦人懇親會での4回の講演記録。明治20年。翻訳）、「母のつとめ」（『婦人衛生雑誌（30）』私立大日本婦人衛生会事務所。明治25年5月）、後述する書簡（註；代筆。高橋清賀子家文書）くらいしか残っていないが、これらについても筆者の佐賀大学勤務時代の論文や上掲の著書等で触れているので関心のある方は参照していただきたい。

　クララの基本的な考えは、当然、フレーベル主義を反映するものであるが、子どもの発達や個性を尊重し、子どもの興味、関心に基づいた遊びを基礎に恩物の用法を説いている。わが国の幼稚園教育導入期の保育については「翻訳調で形式主義的なものであった」というこれまた「決まりきった指摘」が繰り返されているが、それも誤りとまでは言わないが、当時においても、すでに豊田らは幼児の育ちを樹木の生長になぞらえ、直感の重視、個性の尊重、想像力の育成、創造性の開発、相互作用の効果などフレーベル主義保育の根幹をも学び、それらを相応に消化し、自分の言葉で語っていることも見過ごしてはならないだろう。むしろ、幼稚園が徐々に増えていくにつれてこれら幼児教育の基本がピンボケになっていったという印象を筆者は抱いている。これは適切な手引書の類の出版が遅れたことにもよるのだろう。もちろん、当時は、フレーベルの教育哲学の詳細まで理解することは不可能であったが、フレーベルの自然主義はむしろ欧米人以上に日本人には受け入れやすいものであったと言って良い。

　クララは日本語が不自由だったので、子どもたちとの恩物の活動には直接関わることは少なかったようであるが、必要に応じてピアノを演奏し、唱歌を子どもといっしょに歌い（註；豊田芙雄の回想には、クララは記憶力が良く日本語の歌詞を覚えて歌った、とある）、いっしょに遊戯をし、放課後は見習生や練習生に保育の伝習をするという仕事をしている。

　豊田や近藤は限られた書物を手にすることはできたが、恩物用法の実際は、クララの講義を通して初めて知ることになったのである。

5-2-2　群馬での講演とデモンストレーション

　ところで、クララがごく早い時期に群馬に呼ばれて、前橋や高崎で講演をし、保育のデモンストレーションをしたことは、明治初期の保育史に詳しい人なら知らない人はいないであろう。しかし、この事実は幼稚園教育普及上の一実例として重要な意味を持つのでここでも記述することとする。クララが群馬に呼ばれたのは明治10年（1877）8月で、妊娠8

ヶ月の身重であったが、鉄道も開通していない時代に、松野夫婦は群馬行を決行している。もちろん、東京一高崎間は当時の主たる交通手段であった利根川水系を使った船旅ということであろう（川蒸気船が群馬まで通じるのは翌年）。今では想像するのも難しいが、当時は、同水路には主として物資を運ぶ大型の帆船が行き来していた。鉄道開通前は、群馬だけでなく北信州の米や生糸なども馬で高崎まで運ばれ、そこから水系を利用して東京、横浜まで輸送している。

　この早い時期に群馬で幼稚園設置を構想し、松野クララを現地に呼んだのは、松野硴の長州藩の先輩で県令をしていた楫取素彦（1829 - 1912）である。楫取は松野より少し上の世代で、幕末には義兄・長松幹らと行動を共にしていた幕末の志士であった。楫取は吉田松陰の妹・寿子と結婚するが先立たれるため、病弱の姉の手伝いでしばしば同家に出入りしていた、同じく松陰の妹で久坂玄瑞の未亡人・美和子＝文（1843 - 1921）と再婚している（註；文は 2015 年の NHK の大河ドラマの主人公となった）。

　楫取は、明治 6 年（1873）に群馬県（第一次）と入間県が合併してできた熊谷県の権令として明治 7 年（1874）に赴任したが、明治 9 年（1876）には、熊谷県が改変されて新たにできた群馬県（第二次）の県令に就任していた。

　クララの状態を考えると、楫取の要請は無理筋であるが、先輩の強い要請とあっては松野も応えざるを得なかったのであろう。もちろん、楫取は二人の往復のために 2、3 人の付添くらいはつけたであろうし、群馬でも二人を特別に歓待したであろう。

　クララは、8 月 6 日から 8 日までは前橋の桃井小学校と厩橋小学校で、8 月 9 日から 10 日までは高崎駅（註；この「駅」は鉄道の駅ではない）の高崎小学校で松野硴を通訳者として講演とデモンストレーションをしているが、明治 10 年（1877）の文部省年報にも「本年八月東京幼稚園保姆松野クラヽヲ招キ県下前橋町並高崎駅ニ幼稚園ノ要旨ヲ演説セシメ且ツ授業法ヲ行ヒ衆人ヲシテ縦覧セシム之二依テ管下ノ人庶其有益ニ感スル者少ナカラス因テ縷々説論ヲ加ヘ漸ヲ以テ設置ノ挙アラント」と報告されている。群馬県ではクララの講演およびデモンストレーションを受けて幼稚園設置に前向きな姿勢を示しているのである。

　クララの訪問からやや間を置くが、明治 15 年（1882）の文部省年報群馬県の欄には「十四年師範学校内ニ幼稚遊戯場ヲ仮設シ保姆ヲ附シ該校生徒ニ保育術ヲ練習セシムルタメ稚児三十有余名ヲ募リ入園セシムルニ至ル」とあり、仮設ながらも全国的に見て非常に早い時期に群馬県において幼児教育が開始されたことを告げている。

また、前橋より遅れるが、高崎においても、明治18年（1885）12月28日、西群馬第一小学校（註；高崎第一小学校を改称）に幼稚開誘室開設が認可され、翌年2月、開設の運びとなり、三等訓導・堤きよ（註；東京女子師範学校卒業生。鳩山春子の友人）が保育を伝習し、授業生・塚越つるが保育を担当している。もちろん、高崎の場合もクララの講演とデモンストレーションに影響を受けた動きである。クララは東京女子師範学校附属幼稚園での貢献だけでなく群馬県の幼稚園教育の開拓にも直接寄与しているのである。

　楫取素彦と後妻・文は、後に居を郷里に移し、素彦は公務の度に上京するが、明治25年（1892）、郷里防府の親類筋の寺が華浦幼稚園（現・鞠生幼稚園）を設立する際に直接協力し、援助している。これも遡ればクララの影響あっての話である。

5-2-3　クララの附属幼稚園辞職とその後

　幼稚園監事・関信三が、明治12年（1879）11月4日（註；墓石の年月日）、亡くなってクララの講義の通訳者が不在となり、英語による保姆養成というクララの主要任務の継続が難しくなっている。また、日本人保育者が育ってきたということもあり、さらに音楽教育者メーソン（1818-1896/Luther Whiting Mason）が来日するということなどもあって、幼児教育の文脈では、クララの存在感が希薄となったことも影響したと思うが、明治13年（1880）2月28日、クララは同幼稚園を辞職している。クララは豊田の鹿児島出張中に同園を去っているのである。翌日、クララは同幼稚園の員外保姆となり、官立の体操伝習所のピアノ奏者となっている。さらに後には学習院の音楽教師として長い期間勤めることになる。クララの幼稚園勤務は3年3ヶ月余りであった。

　また、当時は、わが国ではまだ限られていたピアノ奏者として、東京女子師範学校や同附属幼稚園の唱歌教育に協力していた雅楽課の伶人たちの要望もあって、公的な許可を得た上でピアノの指導をしているが、詳しくは中村理平氏の著書等を参照されることをおすすめする。

　クララは東京女子師範学校を去ったが、同校教員や同校附属幼稚園の保姆たちとの交友は続いている。特に、明治16年（1883）11月、鹿鳴館が落成すると、堅実を校風とし、地味な印象のあった東京女子師範学校の教師や生徒も欧風化の波に呑み込まれている。『豊田芙雄と草創期の幼稚園教育』（建帛社）中の筆者自身の記述から引用すると次のようである（10）。

124

鹿鳴館では毎夜のように夜会が催されるようになった。わが国における「にわか作りの社交界」の登場である。上流社会の人々は競って外国人について社交ダンスを習い、洋装をするようになった。こうした風潮は堅実な校風の東京女子師範学校にも影響を及ぼし、校内において舞踏演習会が催されるようになり、生徒の髪型、服装が変わり、学科の中に社交ダンスが導入されるということになった。鹿鳴館時代は、日本語の廃止や、人種改良まで唱えられるというあり様で、行き過ぎた欧化主義に対しては、国粋主義者だけでなく、自由民権運動家も批判的であったとされている。

　豊田芙雄の親友で同僚の日本画家・武村耕靄（千佐子）も洋服を発注し、クララに洋服の着付けを習ったことを日記に記し、明治18年（1885）頃の身辺の状況につい次のように記述している（11）。

　　五月一日　金曜日　晴
　　本日より女子師範学校に於て舞踏演習会始まる。鍋島直大君を始め貴顕の男女客来られ舞踏せらる。
　　七月三日　金曜日　晴
　　洋服出来、田中より送付。午後七時半より舞踏会始まる、来賓あまたにて盛会なり、夜十一時散会。（註；以下、前村による略）
　　七月四日　土曜日
　　午後一時より鹿鳴館へ行く、婦人慈善会の相談会なり。（以下、前村による略/註；この慈善会では大山巌夫人・捨松などが指導力を発揮している）

　武村のウキウキした気分すら伝わってきそうな文章である。豊田が鹿鳴館時代をどう見ていたかを記す資料は見たことはないが、明治20年（1887）11月、豊田は旧水戸藩の当主・徳川篤敬のイタリア全権公使赴任に伴って、篤敬侯夫人のお相手役として、また文部省からは西欧の女子職業教育等調査の命を受けて、その身を西洋文化の只中へ投じることになる。若き日に尊皇開国派の夫の「遺志を紹がねばならじ」と決意した豊田芙雄にとって絶好の機会が訪れたのである。高橋清賀子家文書の中には、クララと共に洋装をしている豊田芙雄が写っている東京女子師範学校の同僚との集合写真があるが、当然、洋服の着付けなどについてはクララに習ったのであろう。

125

豊田や武村は、身近にいるドイツ婦人・クララを通じて、西洋を感じ取ることができたのである。クララと身近に接したことは、当時の時代状況からすれば、教育者・豊田芙雄や日本画家・武村耕靄が視野を大きく広げられたという意味において決して小さなことではなかった。

5-2-4　クララの手紙

　先に書いたように高橋清賀子家文書の中には次の写真のような松野久良々からの毛筆書き（代筆）の書簡が残っている。内容は保育唱歌「六の球」の歌詞（改訳）に関する芙雄の問い合わせの手紙に対する返信である。この返信もまた次のような幾つかの「謎」を含んでいる。

　　(1)　10月3日の日付は何年のものか（「六の球」の作詞着手はいつか）。

　　(2)　封筒の宛名に「豊田政芙雄様」とあるのはなぜか。

　　(3)　そもそも手紙でやりとりしているのはなぜか。

　古い書簡には月日は書かれてあっても暦年が省略されていることも多い。そのため、暦年の推測はできても断定することは難しいことも少なくない。ここでも無理な結論を引き出すつもりはないが、消去法でいけば、まだ保育唱歌に着手していない明治9年（1876）10月3日ではない。保育唱歌の作成は、上申日がわかっているものだけでいえば、明治10年秋に始まり明治13年夏頃までには終了している。当時の経緯からいってこれから大きくそれる時期を考える必要はない。その範囲でいえば明治12年（1879）10月3日は豊田が鹿児島出張中であり、返信の住所も東京であるから省いていい。結果、この手紙の可能性の残る年月日としては、明治10年（1877）10月3日、明治11年（1878）10月3日の僅か2年に絞られることになる。第一恩物の「六の球」の唱歌を、最初に作るのは、当然かと思うので、筆者としては明治10年（1877）10月3日であろうと思う。

　　(2)よりも(3)を先に言えば、クララと豊田は同僚であるから、常時、会う機会はあるわけで、こみ入った質問等であっても手渡しの手紙で十分間に合っただろう。手紙が書かれた10月3日前後に会う機会がなかったのは明治11年ではなく明治10年である。その年の10月12日にクララは娘・文を出産しているので、当然、夏休み（土用休み）後も引き続き休暇に入っていたであろう。そのため、豊田が、9月頃、「六の球」の歌詞（訳

詞）に関する問い合わせの手紙を書き、クララが 10 月 3 日付の返信を書いた、とするのが自然であるように思うのである。

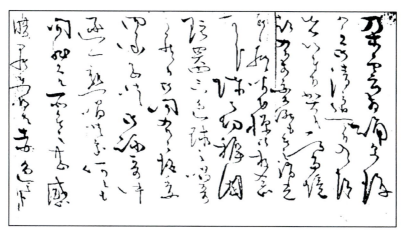

松野久良々書簡部分/高橋清賀子家文書(12)

赤色の訳詞に助言を求めている第一恩物六球法（高橋清賀子家）

(2)に関して言えば、豊田の手紙は日本文だけで十分に意思が通じるか不安もあって、豊田芙雄の弟・政の英文も添えたかと推測する。そのため、返信の宛名が「豊田政芙雄様」となったのではないだろうか。明治 7 年から工学寮で学んでいた政は、英語による授業、英語による論文作成等には慣れていたので、英文の手紙を書くくらいは容易にできた。

年月日にこだわっているのは、この手紙が明治 10 年（1877）10 月 3 日だったとすれば、保育唱歌の作成に着手したのは明治 10 年（1877）10 月からという通史（註；「風車」を

はじめ最初の保育唱歌 3 曲の上申日は同年 11 月 13 日である。これはあくまでも役所に正規に届け出た上申の日であって作成着手の日付ではない）を少し修正し、8 月あるいは 9 月頃には歌詞（翻訳あるいは改訳）作成に着手していたと変える必要があるからである。これについても明確な裏付けとなる資料の発見を待ちたいところである。

　また、英語に堪能な政の協力があれば、他の保育唱歌についても、豊田芙雄は改訳でなくても直接翻訳も可能だったとも思えるが、これも裏付ける資料があるわけではない。

5-3　松野礀と山林事業及び家庭生活

5-3-1　松野と山林事業

　明治 8 年（1875）8 月 4 日、ドイツから帰国した松野は、帰国したら直ちに会いたいという大久保からの手紙を手にしていたので、何はさておいても、まずは木戸、大久保のもとへ帰朝の報告に出かけたはずである。就職も大久保の独断ではなく、木戸との連携で進められたことは木戸の日記からも窺い知ることができる。木戸、大久保は仲が悪かったという世評があるが、性格や考え方に違いはあったにしても、両者はお互いの役回りは十分心得ており、相互にしばしば訪問したり、面談したりしている。

　明治 8 年（1875）8 月 28 日、帰朝後 20 日余りで松野は「内務省地理寮雇被申付」こととなり、月給 70 円が与えられたとも言われている。しかし、明治 10 年 3 月の西村隼太郎の『官員録』では 60 円となっており、こちらが正しいかと思う。明治 8 年（1875）11 月開業の東京女子師範学校の男子教員が月給 20 円程度、女子教員が月給 15 円程度、地方の小学校教員が月給 3 円、5 円、良くて 7 円の時代である。月給 60 円や 70 円はかなりの高給なのである。

　しかし、御用掛・松野礀が提案する事業は殆どがうまくいかない。それでも最初の上司の地理局長・杉浦譲（註；中村正直の甲府以来の友人。「楽善会」の会員）は松野の理解者であった。しかし、明治 10 年（1877）8 月 22 日、杉浦が肺病のため死去（註；同年 7 月には辞職願いを出している）すると、一時、局長の空席期間があって、同年 11 月、桜井勉（1843 - 1931/註；出石藩の儒者・桜井石門の長男。明治女学校設立者の木村熊二は実弟。日本の気象予報の創設者。地理局長。山林局長。徳島県、山梨県等の知事を歴任。退官後『校補但馬考』を書く）が地理局長となるが、松野は桜井とは馬が合わず苦労することになる。桜井は旧出石藩の出身で行政官として有能であったが、松野に関しては、毛

128

嫌いし、まったく評価していなかった。そうした環境下で、松野は自分の提案がうまくいかないのは林業技術者の不足にあると思うに至った。林業の発展は林業技術者養成こそが肝心だと思うようになったのである。

　明治8年（1875）12月、ドイツから帰朝した、同郷の品川弥二郎が内務省に入って、明治10年（1877）1月には大書記官となった。松野は旧知の品川を頼ることができるようになり、環境が一変した。松野は山林学校設立の必要性を、品川相手に熱心に説いたが、学校の設立は資金的に無理だが、同時に松野が提案した樹木試験場ならいいだろう、ということになった。明治10年（1877）12月25日、内務卿・大久保利通から太政大臣・三条実美宛に「樹木試験場之儀二付伺」が出され、12月27日に「伺之趣聞届候事」となった。松野は早速樹木試験場設立のために奔走し、西ヶ原（註；現在の東京都北区南西端部）に場所を定め、最初6町歩余を確保し、予定地は最終的には寄付や追加購入で10町歩以上になった。松野の事業がやっと軌道に乗り始めたのである。

　明治12年（1879）5月、地理局山林課が山林局に昇格し、桜井が初代局長に就任したが、権大書記官でもあった桜井は大書記官の品川とことごとく対立した。桜井が、品川派の松野に冷淡であったのは、こうしたことも影響したのであろう。

　明治13年（1880）2月、品川は内務少輔となって、桜井とは格が開いてきた。同年3月、桜井は失策などもあって山林局長を追われ、元の地理局長に戻っている。同年4月、品川に山林局長心得が命じられ、内務少輔と局長を兼務した。明治13年（1880）10月、松野の月給は60円から90円に昇給した。

　明治14年（1881）4月、農商務省が新たに設置され、勧農局、山林局などは内務省から同省へ移されることになった。初代農商務卿には河野敏鎌が就任し、少輔に品川弥二郎（註；明治15年7月大輔に昇任）が就任した。同年10月には、「明治14年の政変」で大隈重信、河野敏鎌、前島密、北島治房、矢野文雄（1851‐1931/註；旧佐伯藩士。矢野竜渓。郵便報知新聞社社長。宮内庁式部官。清国特命全権公使）、小野梓（1852‐1886/註；英米法の法学者。政治運動家。大隈を助けて早稲田を創立）らは免官、追放され、同年8月に就任したばかりの大隈派の牟田口元学山林局長（1845‐1920/註；旧佐賀藩士。戊辰戦争で功績。官吏。鉄道経営者。実業家）も辞めた。同年11月には、参議の西郷従道が兼務で農商務卿（註；この時参議と各省卿の兼務が復活）に就いた。

　この機会に、松野は、「ダメ元」で西郷に山林学校設置の要請をしたが、松野の意に反して西郷はあっさりと承諾し、松野の念願の山林学校設立が実現することになった。西郷

も林業は国土保全と富国に関わる重要な分野だという政治センスはあったのであろう。明治15年（1882）7月、山林学校設置の上申書は農商務省から太政大臣・三条実美に出され、同年10月、認可が下りている。同年11月、松野は権少書記官、山林学校長を命じられた。権少書記官は農商務省の各局で3〜5指に入るくらいのかなり高い地位であった。

東京山林学校は西ヶ原の樹木試験場の地に設けられたが、同校開校後は、樹木試験場は同校附属となった。明治15年（1882）12月1日、開校式が執り行われたが、校長・松野礀が式辞を、農商務卿・西郷従道が告辞を述べ、続いて生徒総代が答辞を読み、来賓代表東京商船学校長・中村長三郎が祝辞を述べている。井上省三の千住製絨所開所式のような華やかさはなかったが、農商務卿・西郷従道の直々の出席で松野や入学生にとっては晴れの開校式となった。

林業教育の中身等については、小林氏の著書を読まれることをおすすめするが、その後、東京山林学校は、明治19年（1886）7月、突然、同省内の駒場農学校と合併することが発表され、同年10月11日、東京農林学校が発足し、松野は林学部長となった。また、同校は、明治23年（1890）年6月、所管が農商務省から文部省に移り、東京帝国大学農科大学（註；後の東京大学農学部）に昇格し、松野も教授として移籍したが、農林学校時代末期に人事上のトラブルがあって、学部長の責任が問われ、学生から松野に辞職勧告が出され、松野はやむなく辞職した。この時点で松野の林業教育には終止符が打たれたが、松野が設立した東京山林学校は、設立から10年も経たない内に東京帝国大学農科大学になるという、松野自身の想定外の域にまで発展を遂げた。松野の功績や大である。

林業教育に打ち込む一方で、松野は、林業のすそ野を広げるため、品川や武井守正山林局長（1842‐1926/註；旧姫路藩士。政治家。実業家。鳥取県、石川県知事、貴族院勅選議員を経歴/男爵）らと相談し、北白川宮能久親王の薦めで伏見宮貞愛親王（1858‐1923/註；皇族。陸軍大将。内大臣を経歴。国葬）を会頭に奉戴して、大日本山林会を設立し、明治15年（1882）1月21日、設立総会を開いている。また、明治14年（1881）設立された独逸学協会の活動にも松野は積極的に関わった。

林業教育から手を引いた松野は、明治26年（1893）、山林局林務官、明治27年（1894）、長野大林区署長、明治29年（1896）、東京大林区署長、明治32年（1899）、農務省技師を経て、明治38年（1905）11月1日、山林局林業試験所の初代所長に就任した。わが国林学の鼻祖にふさわしい最終職位であったと言えよう。

5-3-2 松野とクララ・ティーテルマンの結婚

　明治9年（1876）8月14日、松野磧の婚約者クララ・ティーテルマン（1853 - 1931/Clara Luise Zitelmann）は横浜港に到着した。二人とも、クララが来日すればすぐにでも結婚できると思っていたようで、松野は、同年8月9日の日付で次のような「婚姻願」を東京府に提出している。

<blockquote>

　　　　　婚姻願

　　先般私儀獨乙國在留ノ砌該國人フラウ　エマ　チーテルマン氏ノ二女クラヽト申者
　　豫メ結婚ノ約仕置候處去月二日出帆ノ郵舩ヲ以テ渡來不日着港ノ趣報知有之候間同
　　人着ノ上ハ早速婚姻ノ式執行ヒ度此段至急御許可相成候様奉願上候以上

　　　　　　　　　　　　　　　　　　　　　府下第三大區三小區

　　　　　　　　　　　　　　　　　　　　　　下二番町三十三番地

　　　　　　　　　　　　　　　　　　　　　平民

　　　　　　明治九年八月九日　　　　　　　　　松　野　　磧

　　右ノ通出願ニ付依テ奥印仕候也

　　　　　　　　　　　　　　　　　　　第三大區三小區

　　　　　　　　　　　　　　　　　　　戸長

　　　　　　　　　　　　　　　　　　　　内　海　利　作

　　東京府権知事　楠木正隆殿

</blockquote>

　しかし、東京府は前例がないということで内務省にお伺いを立てた。その後、内務省の指示があったのか、東京府は初期の書類にクララの母親エマ・ティーテルマンの「結婚承諾書」とドイツ領事代理エーレンメルの「承認書」その他を添えて同年10月30日付で内務省へ上申書を提出し、同年11月7日、内務卿・大久保利通から太政大臣・三条実美宛に「松野磧獨乙國ノ婦女ヲ妻二娶リ候儀ニ付伺」が出され、同年11月30日、「上申之趣聞届候事」という最終認可が下りた。一庶民の国際結婚一件で何とも大仰であった。

　当初は、二人の結婚は見通しが立たず、松野は慌てふためき、クララは意気消沈した。品川、木戸はあれこれと世話を焼き、駐独公使の青木もドイツから支援を送った。木戸の日記によると、この件に関して自ら松野の自宅を何度も訪ね（註；木戸は国家の最高指導

者の一人であったが、気軽に若者の自宅を訪れ、若者を狼狽させている。木戸は気さくな人だったのである）、松野もまた相談のため木戸邸をしばしば訪ねた。

　はるばるとドイツから日本にやって来たクララは、結婚の手続きが思うようにいかないため大きく落ち込んだが、だからといって結婚前から松野と暮らすわけにはいかないと言うので、木戸はクララに同情し、自邸内の一屋にクララを仮住まいさせている。

　松野夫妻の結婚披露宴は、明治9年（1876）12月17日、上野精養軒で開かれ、木戸は日記に、ドイツ人（註；名前空白）、野村靖、品川弥二郎、長松幹、木戸孝允および各同伴の家族を含め13名が集ったと書いている。

　その後、山林学校設立の頃から、松野の事業も順調にいき、クララも附属幼稚園の首席保姆を辞職後、体操学校のピアノ嘱託教師を経て、学習院で音楽の教師をするようになり、松野家の暮らしは落ち着きを見せている。山林学校内の官舎では、定期的にホームパーティーを開き、在日の多数のドイツ人家族、日本人家族などを招いて交流、親睦を深めている。敬虔なクリスチャンでもあった碉とクララは幸せな家庭を築いたのである。

　松野とクララの間には、明治10年（1877）10月12日、娘のフリーダ文が生まれた。文はドイツ人貿易商オーリーと結婚して台湾で暮らし、一男一女を設けたが文は早世した。これは松野家の不幸な出来事であった。孫2人は松野家に引き取られた。

5-3-3　クララ一家の帰国と土地トラブル

　松野碉は、明治41年（1908）5月14日、家族と普通に食事をした後突然死去した。心臓疾患による死であった。享年61歳。明治43年（1910）頃、クララは来日中の姉と孫2人と共にドイツに帰国した。当時、水戸にいた豊田芙雄も「どこまでじゃったか見送りに行った」と回想しているので、関係者の間で送別会や見送り等をしたのであろう。クララの孫の男児は帰国後24歳で亡くなったが、女児のヘルサは結婚し、その子孫が現在ドイツで健在であることを小林氏は著書に記述している。

　ところで、明治43年（1910）頃、クララはドイツに帰りベルリンに住んでいたが、その後、思いもかけない事件に巻き込まれたことを、最近、国立公文書館の関係文書を探る中で知った。在日時代、クララは学習院の退職に際し、天皇から下賜された1000円で神奈川県子安に814坪の土地を購入し、吉田某に無料で貸していた。しかし、吉田が証書を偽造してそれを勝手に売ってしまった。そのため、土地の権利を回復して欲しいということで、縁者の男爵・長松篤棐を代理人として、訴訟を起こしたのである。

長松篤棐については、増田芳雄の『忘れられた植物学者　長松篤棐の華麗な転身』(13)
を参考とするが、篤棐は松野碩の義兄・長松幹の嫡子で、少年時代はやんちゃが過ぎて親
を困らせ、東京、京都、静岡など幾つもの中等学校を転々とし、東京大学理学部植物学科
選科に入学した。しかし、選科生というのは正科生に比べ一等下に見られていて、そのこ
とへの反発もあったのか、篤棐は東京大学を退学し、明治 17 年（1884）、ドイツに留学し
た。ちなみに、西田幾多郎（1870‐1945）も旧制四高中退のため選科生になったが、選科
生は図書室に入れず、廊下で読書をするという惨めな立場であったが、自由はあった、と
随筆に書いている（註；『西田幾多郎随筆集』/岩波文庫/1998）。篤棐はバイエルン州のビ
ュルツブルグ大学で植物生理学を修め、葉緑体について研究し、学位を取得した。篤棐は
ドイツでは旧知の森鴎外を訪ね旧交を温めている。篤棐のドイツ留学は、ドイツのクララ、
クララの親戚等にも歓迎されたことであろう。帰国後、篤棐は学習院の教授に就任した。
その後、明治 20 年代初頭、保険業界の米倉一平（1831‐1904）の 3 女・米倉菅子と結婚
したが、岳父の意向を受けて学習院を辞め、実業界に身を転じ、後に東京火災保険会社社
長になった、という異色の人物であった。

　子どもの頃、クララにドイツ語を習ったという児童文学者・巌谷小波と篤棐は少年時代
から旧知の仲であった。年がやや離れていたので、篤棐が兄代わりに、小波を見守ってい
たというべきかもしれない。篤棐の父・長松幹は、元々修史畑の官吏であったが、小波の
父・巌谷一六も、明治 12 年（1879）春頃、長松と同じ一等編集官として修史館に入り、
同僚となった。当時、太政官編集館総裁は三条実美であったが、明治 15 年（1882）2 月、
一等編集官の重野安繹が編集副長官に就いた。翌年 1 月、長松は監事（奏任官四等）とな
ったが、同年 5 月、巌谷も監事となって、監事二人体制となっている。

　長松と巌谷は同僚であっただけでなく、両者の家は 1 キロ程しか離れておらず、松野ク
ララの家は、長松と巌谷の家の中程やや長松家寄りにあった。小波は誕生後すぐに母親が
亡くなったため、里子に出されたが、里親は長松家の長屋に住む仕立屋であった。そのた
め、幼い小波は縁伝いにしょっちゅう長松家に侵入していた。長松家では、この小さな闖
入者を歓迎し、わが子同様に可愛がった。5、6 歳頃になって、実家に戻った後も、小波
はしばしば泊りがけで長松家を訪れている。

　巌谷家では、小波を医者にしたいという希望があって、クララにドイツ語の手ほどきを
頼んだのである。小波は、平河小学校（現・麹町小学校）を卒業後、独逸学協会学校（現・
独協中学・高等学校）に入ったが、医者になる気はなく、文学者を志すようになった。

ところで、クララの訴訟であるが、被告が行方不明など種々問題もあったが、記録には原告勝訴とあるので（註；購入者からの民事訴訟もあったようであるが）、事実関係から見て、土地の権利はクララの手に戻ったのであろう。いずれにしろ、日本の保育史上不朽の名を残したクララにとって、恩を仇で返されたとんでもない事件であった。

　冒頭にも書いたように、クララが学んだ学校が不明であるため、クララの保育理解や保育技術などの点で明確に把握できない状況はあるが、わが国の幼稚園教育は、たまたま松野と結婚するためにクララが来日したことで開かれることになった。

　クララの学業に関するバックグラウンドは漠然としているが、クララがフレーベル主義幼稚園に関して一定の知識があり、ピアノが弾けて、子ども好きであったことは、わが国が幼稚園教育を始業するにあたって極めて幸運であった。クララがいて、関がいて、豊田がいたからわが国の幼稚園教育は早々にスタートを切ることができたのであって、三人の内一人を欠いても日本の幼稚園教育の開業は相当に遅れたであろうし、単なる物まねをしても底の浅いものしかできなかったであろう。最初期の幼稚園教育には、欧米を含めて、さまざまな時代的限界はあった。それらを指摘し、次なる展開をはかるのは、常に後続の人々の責務でもある。しかも、現在なおフレーベルの幼児教育思想の原点は、わが国の幼児教育界でしっかりと受け継がれている点も重要と言わなければならないだろう。

注

(1)　文部省著『幼稚園教育百年史』、ひかりのくに株式会社、昭和 54 年、p. 52

(2)　松野久良々「小児養育實驗之説」、国立国会図書館憲政資料室（三條家文書）、明治
　　　11 年

(3)　中村理平『洋楽導入者の軌跡―日本近代洋楽史序説―』、刀水書房、1993 年

(4)　小林富士雄『松野礀と松野クララ　林学・幼稚園教育 事始め』、大空社、2010 年

(5)　妻木忠太編『木戸孝允日記　第 1』、早川良吉出版、昭和 7-8 年、p. 360

(6)　谷口武『西郷南洲選集　下』、読書新報社、昭和 18－19 年、pp. 150-151

(7)　小林富士雄『松野礀と松野クララ』、大空社、2010 年

(8)　井上省三記念事業委員会編『井上省三伝』、井上省三記念事業委員会、昭和 13 年

(9)　高橋清賀子「今日の幼児教育に語りかける　日本の幼稚園草創期の事々―豊田芙雄
　　　の文書から（その二）―」、『乳幼児の教育（第 79 号）』、キュックリヒ記念財団、1997）、

pp. 12-19

(10) 前村　晃（執筆者代表）・高橋清賀子・野里房代・清水陽子『豊田芙雄と草創期の
　　 幼稚園教育』、建帛社、2010 年、p. 97

(11) 上掲、p. 97

(12) 松野久良々手紙（代筆）、豊田政・芙雄宛、高橋清賀子家文書

(13) 増田芳雄『忘れられた植物学者　長松篤棐の華麗な転身』、中公新書、1987 年

6　小西信八監事の視座と事蹟

6-1　小西信八の経歴概略と仮名文字論

6-1-1　小西信八の経歴概略

小西信八 (1)

明治12年（1879）11月、監事・関信三が亡くなって、教場総監事の神津専三郎（1852 - 1897/註；伊澤修二と共に音楽教育に貢献）が幼稚園監事を兼務したのは、明治12年（1879）11月14日（註；東京女子師範学校年報による）から同年6月5日までという1年に満たないごく短期間で幼稚園教育との関係で特に記すべきものはない。

神津の後には、小西信八が明治14年（1881）7月18日（註；東京女子師範学校年報による）から明治19年（1886）1月まで正確には4年半監事（主事）を務めている。幼稚園以外の仕事と兼務する期間もあるが比較的長い間幼稚園教育に関わっている。小西は監事に着任した時、幼児教育に関する知識はなかった。小西は、自身、豊田芙雄と一緒の幼稚園回顧の座談会では、幼稚園教育はまったく知らず「豊田さんなどこわかったものです」と語っている。もちろん、実践の場にいるのだから、日々、保育の様子を見、理論の研鑽をすることで、後には幼児教育理論、実践の理解者となっている。しかし、幼児教育から離れた小西は、わが国の盲聾唖教育を開拓し発展させた人物として広く知られている。

小西についても、その人柄や功績について記述された資料は多いわけではない。そういう中で、金港堂編『第五回　内国勧業博覧会審査官列伝　前編』（明治36年）と日本盲唖教育会他編『盲唖教育の師父　小西信八先生小伝と追憶』（昭和13年）、東京聾唖学校編『創立六十年史』（昭和10年）、『長岡郷土史　第47号　50周年記念号』（2010年）所収の中島栄一氏による「盲聾唖教育に生涯を捧げた小西信八」、小西の講演、雑誌等論稿、学生の授業ノート等を集成した小西信八先生存稿刊行会編『小西信八先生存稿集』（昭和10年）などが詳しいのでそれらを参考に小西信八の経歴概略を記すと以下のようになる。

嘉永7年（1854）1月24日	越後国古志郡高山村で長岡藩医・小西善碩の次男として誕生。長兄が夭折するため家督を継ぐ。少年期、鬼頭平四郎に就いて習字と素読を学ぶ。
明治元年(1868)	官軍と戦うが、長岡城は落城する。信八14歳。一家は藩主に従い、会津、仙台、米沢に逃れるが、藩主が降伏したので、長岡に帰った。家屋は兵火で焼けたが新築して長岡に移り住む。
明治元年（1868）11月15日	振徳館（小千谷校）に入って、2年間漢学と儒学を学ぶ。
明治3年（1870）	田中春回の薈簪義塾（がいさんぎじゅく）で3年間漢学・洋算を学ぶ。
明治4年（1871）2月1日	長岡町女子小学校で2年間句読師（月給1円）を務める。
明治5年（1872）	洋学校で英語を1年半学ぶ。
明治7年（1874）6月17日	新潟学校四等句読師試補となる。21歳。
明治8年（1875）6月	東京神田美土代町「共学舎」で英語を学ぶ。
明治9年（1876）4月	東京師範学校中学師範学科入学。22歳。
明治12年（1879）5月	同校卒業。
同年9月1日	千葉中学校教師となる（月俸25円）。
明治13年（1880）6月29日	千葉女子師範学校教師長（教頭）兼監事。
同年9月14日	東京女子師範学校訓導となる（千葉時代の上司・那珂通世の引きによる）。理科（植物学）担当。
明治14年(1881)7月18日	同校附属幼稚園監事となる（年俸360円）。同園規則の改正をする。特に恩物の漢語調の訳語を子どもにもわかるものに変更。仮名文字論者の小西ならではの改正。
明治15年（1882）夏	2、3年前から準備を進めていた「いろはくわい」を仲間と結成。
明治17年（1884）2月	文部省普通学務局兼勤となる。
同年12月23日	東京女子師範学校教諭（年俸480円）。

明治 18 年（1885）9 月	東京師範学校教諭、附属幼稚園主事を兼ねる。
明治 19 年（1886）1 月 23 日	文部省四等属に任ぜられ、訓盲唖院掛専務となる。32 歳。
同年 5 月	判任官四等に叙せられる。
明治 20 年（1887）2 月	石川倉次（1859 - 1944/註；父は旧浜松藩士。1868 年、藩主の国替えで千葉県市原市鶴舞に移る。千葉師範学校で学ぶ）、小西の勧めで訓盲唖院の教師になるため上京。二人は仮名文字論者でもあった。
同年 3 月 2 日	石川倉次、訓盲唖院教師となる。
同年 10 月 10 日	東京盲唖学校教諭兼東京盲唖学校幹事。奏任官。
明治 23 年（1890）10 月 11 日	東京盲唖学校長心得となる。奏任官五等に叙せられる。正八位を賜る。36 歳。
同年 11 月 1 日	石川倉次が翻案した日本点字を定める。点字翻案の指示も小西の仮名文字論と密接に関係している。
明治 26 年（1893）9 月 11 日	東京盲唖学校長となる。39 歳。
明治 29 年（1896）12 月 11 日	盲唖教育研究のため、アメリカ、イギリス、フランス及びドイツへ留学を命じられる。
明治 31 年（1898）9 月	帰朝。
明治 32 年（1899）10 月	高等官四等となる。正六位に叙せられる。
明治 35 年（1902）12 月	勲五等に叙せられ、瑞宝章を賜る。
明治 36 年（1903）	東京盲唖学校に教員練習科を置く。
明治 38 年（1905）3 月 10 日	金子徳十郎、小西の強い勧めで、私立長岡盲唖学校を開校する。
明治 39 年（1906）	日露戦争による失明軍人に教育の機会を与える。
明治 43 年（1910）3 月 26 日	東京盲唖学校が東京盲学校と東京聾唖学校に分離する。
同年 4 月 1 日	東京聾唖学校長となる。57 歳。
大正 5 年（1916）10 月 10 日	叙従四位。63 歳。
同年 12 月 25 日	勲三等瑞宝章。

大正10年（1921）7月10日	勅任官待遇となる。68歳。
大正14年（1925）3月31日	病気を理由に東京聾唖学校長を退官する。72歳。 旭日中綬章。叙正四位。
昭和13年（1938）7月5日	病没。85歳。

　小西が初めて教育と関わりを持ったのは、明治4年（1871）2月1日、18歳の時、長岡町女子小学校で2年間句読師を務めたことに始まる。その後、改めて諸学校で教えたり、学んだりするが、東京師範学校中等師範科で学んだことで、教育者としての視界が大きく広がり、中等教育を含め、幼児教育、盲聾唖教育と出会うことになる。東京聾唖学校には72歳まで勤務するのだから長い教育者人生である。

　幼児教育と直接関わったのは27歳の時から32歳まで4年半であるが、障害児教育には32歳から72歳まで39年間関わっている。

6-1-2　小西信八と仮名文字論

　小西信八の教育の特質を解くカギを一つあげるとすると、今の時代からすれば違和感があるかもしれないが「仮名文字論」にある。幕末から明治初期にかけて、欧米の言語に接した識者の中には、膨大な漢字を習得しなければならないわが国のコミュニケーション手段が非効率的であることを指摘し、漢字廃止論を唱える者も少なくなかった。彼らは漢字が、一部エリートと大衆の間、大人と子どもの間に情報格差を生じさせ、国民が知識を共有し、国民すべてが対等な社会を作る上で障害となっていると主張した。また、活版印刷においては、漢字交じりの文章だと大変な労力と経費を要するため、新聞界も漢字廃止論を支持するためかなり根強い運動として展開された。

　福沢諭吉なども漢字を徐々に削減し、最終的には仮名だけを残すと主張していたし、中村正直も一時は漢字削減論に賛成していた。小西がいつ頃から仮名文字論に関心を抱くようになったかは不明であるが、千葉時代、2、3ヶ月間、上司と仰いだ千葉師範学校長、千葉女子師範学校長・千葉中学校総理の那珂通世も、師範学校の教師に算数の教科書を仮名書きにするよう試みさせていた仮名文字論者で、小西もその影響下にいたのである。ともかく、小西信八は福沢、中村などに比べると漢字廃止については急進派であった（註；小西か愛珠幼稚園に送った手紙はすべてひらがな書きあるいはカタカナ書きである）。

漢字廃止論を最初に唱えたのは前島密（1835-1919）である。前島は越後国頸城郡下池部村（註；現在の上越市）の豪農・上野助右衛門の次男に生まれたが、幕臣・前島家の養子に入って、前島来輔を名乗り、慶応２年（1866）、徳川慶喜に「漢字御廃止之議」を上呈している。また、明治６年（1873）には主張を具現化し「まいにちひらがなしんぶんし」を発行したが、売れ行きが悪いこともあって１年ほどで廃刊している。また、明六社のメンバーで仮名文字論者の商人・清水卯三郎は、明治７年（1874）、とます・ていと著の『ものわりのはしご』という英国の化学書を全編ひらがなの翻訳で発行している。

　特に、仮名文字論が盛んになるのは、明治13年（1880）、14年（1881）頃からであるが、主な団体としては次のような三団体がほぼ同時期に成立している。

「かなのとも」明治15年（1882）７月、結成。明治14年（1881）秋から結成準備。

高崎正風 1836 - 1912	薩摩藩士の子。作詞家。歌人。枢密顧問官。男爵。
吉原重俊 1845 - 1887	旧薩摩藩士。薩摩藩第二次米国留学生。初代日銀総裁。副総裁に米国での留学生仲間、仙台藩出身の富田鉄之助を推す。クリスチャン。
有島武 1842 - 1916	薩摩藩郷士の長男。官僚。実業家。武郎、生馬、里見弴の有島三兄弟の父。
西徳二郎 1847 - 1912	旧薩摩藩出身。ロシア特命全権公使。ロシア通。伊藤博文の娘婿。男爵。
丸山作楽 1840 - 1899	島原藩士の子。外務大丞。実業家。政治家。
近藤真琴	既出。
大槻文彦	既出。
物集高見 1847 - 1928	豊後国の国学者・物集高世の子。国学者。東京帝国大学、学習院大学教授。
福羽美静	既出。
池原香稚	生没年未詳/註；長崎県出身か。
片山淳吉	丹後出身。文部省官吏。初の物理教科書執筆者。

1837‐1887	
高橋新吉 1843‐1918	薩摩藩士の次男。英学者。官僚。実業家。政治家。
那珂通世	既出。
内田嘉一 ‐1899	『かなづかひ はやまなび』（東京書肆/明治17年）出版。明治初期の小学校教科書類執筆者。
宮崎蘇庵	小城藩の蘭方医。宮崎元立。幕末、明治初期の英学者。

「いろはくわい」明治15年（1882）夏、結成。2、3年前から結成準備。

肥田浜五郎 1830‐1889	幕臣。伊東玄朴に蘭学を学ぶ。長崎海軍伝習所二期生。技術者。官僚。
丹羽雄九郎 1847頃－1906	佐賀藩三重津海軍学校教官。兵部省造船局。海外留学。貿易商。
後藤牧太 1853‐1930	物理学者。理科教育の先駆者。手工教育の開拓者。東京高等師範学校名誉教授。
三宅米吉 1860‐1929	和歌山藩に生まれる。慶応義塾に学ぶ。歴史学者。国語学者。新潟学校、千葉師範学校、東京師範学校、東京高等師範学校等で教師を経て、東京文理科大学初代学長。
小西信八	既出。
辻敬之	肥後藩士の第二子。東京師範学校卒業。千葉師範学校教員。小学校各種の教科書発行。
中上川彦次郎 1854‐1901	中津藩士の長男。福沢諭吉の甥。慶応義塾に学ぶ。外務省権大書記官。明治十四年の政変で失脚。時事新報社社長。三井中興の祖。

「いろはぶんくわい」明治15年（1882）夏、結成。

波多野承五郎 1858‐1929	掛川藩の奉行の子。福沢諭吉の弟子。実業家。外交官。政治家。
本山彦一 1853‐1932	実業家。政治家。貴族院直線議員。

渡辺治	新聞経営者。政治家。
高橋義雄 1861 - 1937	福沢諭吉の弟子。実業家。茶人。
伊藤欽亮 1857 - 1928	長州藩に生まれる。福沢諭吉の弟子。日本新聞社長。

　この三団体に「いつらの音（こゑ）」を加えて、明治16年（1883）7月、大同団結し、有栖川宮熾仁親王（ありすがわのみやたるひと）(1835-1895)を会長に「かなのくわい」を結成するが、「かなのとも」は「つき」、「いろはくわい」は「ゆき」、「いろはぶんくわい」は「はな」の部に分かれており、組織として完全な大同団結には至っていない。

　ただ、仮名文字論は、賛同者には大槻文彦、物集高見といった一級の国語学者、国文学者をはじめ、福羽美静、那珂通世、小西信八など、東京女子師範学校関係者、同校附属幼稚園関係者を含んでおり、近藤真琴のような教育者、幼児教育理解者などもいた。また、豊田芙雄も「かなのくわい」に入って会合などに出かけたことを日記に記している。「かなのくわい」は会員が一時は5千人とも1万人ともいわれるほどの大団体となるのである。

　漢字廃止論は、本旨どおりの成果を見たわけではないが、当用漢字、常用漢字という漢字制限に繋がっていて、相応の成果は得たのである。

　ただ、国語学者・金田一春彦（1913-2004）は元々漢字制限派であったが、現代のようにパソコン、ワープロが発展するのなら常用漢字も新字体も現代仮名遣いも無用のことだった、とも述べている。いずれにしろ、国際化、情報化の時代に日本語をどう位置付けていくかは100年単位、1000年単位の難しい問題である。

　ただ、ここでは漢字廃止論、漢字制限論の当否を問題にしたいわけではない。小西は、明治33年（1900）に出版された自治館編輯局編の『国語改良異見』の中で「仮名は普通人民に至大の便利を与へるのみならず彼の聾唖者の教育にも非常の利益を与へる西洋では盲唖も普通人も同一の教科書を用ひて居る実に羨ましいことである」(2)と述べている。小西は幼稚園監事時代に、漢訳調で難しい恩物の名称を子どもにもわかるような平易な名称に変え、盲聾唖学校教師時代に、石川倉次を招いて日本式の点字の開発をさせたが、これらは仮名文字論者であった小西信八が情報弱者となっている子どもや障害者に寄り添う視座を持っていた結果である。ここではこの点に注目したいのである。

6-1-3　小西信八の仮名文字論と幼児教育

　小西信八の幼児教育観といったものを大上段に構えて論じることは筆者にはできない。小西の幼児教育に関する資料をそれほど多くは持ち得ていないからである。しかし、小西が東京女子師範学校附属幼稚園の監事を務めた明治10年代半ばから後半は、わが国幼児教育の基盤を作る上で重要な時期で、小西の役割は軽いものではなかった。小西は豊田芙雄らと共にその重責を担ったのである。

　小西信八は明治14年（1881）と明治17年（1884）の幼稚園規則の改訂に関わっているが、『お茶の水女子大学百年史』（1984）によると、『日本幼稚園史』と『東京高等師範学校六十年史』の両書とも、明治17年（1884）改訂版を明治14年（1881）改訂版と取り違えていると記述している。資料に基づいて確認したところ、確かに指摘のとおりであった。ちなみに、『日本幼児教育史　第一巻』もこの点については間違えている。筆者などもこうした基本書を参考とすることが多いため、この部分については過去の論稿の一部は訂正する必要がある。明治14年（1881）版の正確なところは原資料『東京女子師範学校規則』（明治十四年七月刻）で次のようになっている。

　　　第七章　　幼稚園規則

第一条　当校附属幼稚園ハ本科生ヲシテ幼稚園保育法ヲ実地ニ練習セシメ兼テ幼稚園ノ模範ヲ示スカ為メニ設置スル所ナリ

第二条　幼児ハ男女年齢大約三年以上六年以下トス

第三条　幼児ハ保育料一ヶ月金三拾銭ヲ納ムヘシ但一家二人以上入園スル者ハ一人ノ外別ニ保育料ヲ納ムルヲ要セス

第四条　幼児ヲ四組ニ分チ其最下ヲ四ノ組トシ最上ヲ一ノ組トス

第五条　学年ノ終始及休業定日ハ本校ニ同シ

第六条　保育時間ハ一課ニ付三十分間トシ修身話庶物話唱歌遊戯体操ハ各二十分トス

第七条　毎日保育時間ノ総数ハ一ノ組二ノ組三ノ組ハ三時五十分間四ノ組ハ三時間トシ土曜日ハ毎組二時三十分間トス

第八条　保育諸課各週ノ度数左ノ如シ

	四ノ組	三ノ組	二ノ組	一ノ組
会　　　集	六	六	六	六
修 身 ノ 話	三	三	三	三
庶 物 ノ 話	三	三	三	三
雛　遊　ビ	二	二		
木ノ積立テ	四	四	三	二
板　排　ベ	二	二	二	二
箸　排　ベ	一	一	一	一
鐶　排　ベ	一	一		
豆　細　工		一	一	一
土　細　工		一	一	一
鎖　繋　キ	二	二		
紙　織　リ	二	二		一
紙　摺　ミ	二	二	一	一
紙　刺　シ		一	一	
縫　取　リ			二	二
紙　剪　リ			一	一
結　ビ　物			一	一
画	一	二	二	二
数　ヘ　方		一	二	二
読　ミ　方			二	四
書　キ　方			一	二
唱　　　歌	六	六	六	六
遊　　　嬉	六	六	六	六
体　　　操		五	五	五

　明治14年（1881）の改訂では、それまでの「説話」を「修身ノ話」、「博物理解」を「庶物ノ話」と変え、「五彩球ノ遊・三形物ノ理解・貝ノ遊・木片ノ組方」を削除し、「雛遊ビ・結ビ物・読ミ方・書キ方」を加えている（註；数ヘ方「計数」は元々あった）。ここで小

西は徳育主義を明確に打ち出し、読み方、書き方を加えるなど小学校との連携を意識している。

　また、特に「仮名文字論者」の小西信八にとっては、「積体法」や「置板法」といった漢訳調の恩物の名称自体が許せなかったようで、次のように恩物の名称を変えている。この重要箇所は、明治17年（1884）年改訂も基本的に同様であるので、この点はミスを犯した者としては救いである。

　　　　積体法—木ノ積立テ

　　　　置板法—板排ベ

　　　　置箸法—箸排ベ

　　　　置鐶法—鐶排ベ

　　　　図画法—画

　　　　刺紙法—紙刺シ

　　　　繍紙法—縫取リ

　　　　織紙法—紙織リ

　　　　剪紙法—紙剪リ

　　　　摺紙法—紙摺ミ

　　　　豆工法—豆細工

　　　　模型法—土細工

　明治17年（1884）の大幅改訂でも、明治14年（1881）の徳育主義、小学校教育との連関を継承し、「修身ノ話」「数ヘ方」「読ミ方」「書キ方」の時数を増やしている。また、4クラスを6クラスとし、幼稚園の最上級と小学校第一学年を一つにまとめ、卒園生は小学校第二学年から入学するように変えている。かなり大胆な試みである。当然、小学校の理解と協力があっての改革であろう。

　この改訂では「雛遊ビ・土細工・鎖繋ギ・結ビ物・体操」を削除し、「珠繋ギ」を追加し、「画」を「画キ方」に変えている。

　創業時の「固有ノ心思ヲ啓発シ」「交際ノ情誼ヲ暁知シ」といった個人主義的、自由主義的傾向は薄められ、「務メテ徳性ヲ涵養シ」「孝悌忠信ノコトヲ知ラシメ」といった徳育主義的、復古主義的傾向が色濃くなっている。小西は子どもに寄り添う視座を持ち、大胆

で斬新な改革をするいっぽうで徳育主義的、復古主義的傾向を強めているのである。これが田中不二麿、中村正直が去り、関信三が逝去した後に登場してきた福羽美静、那珂通世、小西信八らの路線なのである。

　ただ、小西が恩物を子どもにもわかるような名称に変えたことは、幼児の教育は幼児自身に寄り添うものでなければならない、という強烈なメッセージを後進に与え、幼児教育の次代の改革を引き出す上ではプラスの効果があったと言えるだろう。

　もちろん、小西は附属幼稚園監事として日々の業務を果たさなければならなかったし、本科生に対する保育術の講義もしなければならなかった。保育術の最初にはフレーベルの略伝を講義したようであるが、フレーベルの生涯を知ることで生徒たちの保育の理解も進むと考えたのである。小西自身も、保育法に関する文献を読んだり、保育の現場を直接見ることで保育理解を深めていったようである。当時の小西を知る人の記録によると、小西は生来的に子どもが好きだったようである。日々、幼児たちと遊んだが、小西が芝生の上に寝転ぶと、幼児たちもそれを真似て寝転ぶといった風で、自然体で幼児と接触していたようである。

　また、後にも触れるが、大阪の愛珠幼稚園の草創期に具体的な助言を与え、親身になって協力を惜しまなかったということも高く評価できるであろう。愛珠は東京女子師範学校附属幼稚園監事・小西信八を頼りにし、小西もまたそれに応える努力をしたが、愛珠の『沿革誌』などを見ても小西は愛珠の草創期の恩人として特記されている。小西は東西を代表する両園の基盤作りに貢献した得難い人物だったのである。

6-2　小西信八と障害児教育

6-2-1　小西信八と日本式点字の開発

　小西は、明治19年（1886）1月23日、　文部省四等属に任ぜられ、訓盲唖院掛専務となっている。この時点で、幼稚園とは直接の関係はなくなったはずであるが、『お茶の水女子大学百年史』などでは、「附属幼稚園」の「（一）監事・主事・旧園長」の項で小西信八の監事在任期間を「明治13年9月―明治23年4月」とし、次の中村五六の在任期間を「明治23年4月―明治28年8月」としている。東京師範学校と東京女子師範学校の合併後、しばらくは附属学校も諸点において、頻繁に変更が加えられているため、正確な記録が残りにくかったのだろうか。

筆者には、障害児教育について知識が乏しいので詳しくは書けないが、小西が幼稚園監事として教育実践の場にいながら、ペスタロッチを学び、フレーベルを学んだことは教育を深く知るという上で役立ったであろう。

小西信八は、千葉師範学校卒業生の石川倉次を訓盲唖院に招くため、明治20年（1887）1月、勧誘の手紙を出すが、千葉県五等訓導茂原小学校長に転任したばかりであった石川は最初これを断っている。小西はその後二度手紙を書き、待遇についても考慮すると述べ、当初は月俸15円としていたが、最終的には月俸17円を提案し、また、同じく倉次の妻で千葉県五等訓導の石川サノも月俸7円で採用すると書いている。月俸の多寡によって、石川の気持が左右されたわけではないが、石川は小西の熱意にほだされて、明治20年（1887）2月、同校赴任を決し、上京するのである。

小西と石川が最初に出会ったのは、明治17年（1884）1月27日、那珂通世が主催した「かなのくわい」の会場（東京虎ノ門）だったようである。那珂、小西、石川は三者とも千葉に縁のあった仮名文字論者であった。

その頃、小西は手島精一（註；当時、東京教育博物館長）を訪ねて、仏人ブライユの点字法を詳述している、アーミテージ著『盲人の教育と職業』（註；実際は手島の紹介で小西が英国に発注したとも言われている）と英国製の点字盤を借りて研究に着手していた。

小西が数名の教師に試作させた日本式の点字が、明治23年（1890）11月1日、石川案に決まるまで紆余曲折はあったが、日本点字は仮名文字論の表音式を採用しており、小西、石川が仮名文字論者であったことが深く関係している。石川は小西の示唆を受けて、視覚障害を持った人々にとって、使いやすく効果的なコミュニケーション手段を開発することに、まさに寝食を忘れて没頭した。日本式点字の開発は、石川倉次の功績であるが、そのきっかけを作ったのは小西信八であった。日本式点字は小西の示唆抜きには起こり得ない事業であった。点字は簡単に読み書きができるとして盲児たちに大歓迎された。

6-2-2 盲唖学校の教員練習科

明治36年（1903）4月、東京盲唖学校は教員練習科を設置している。主なところだけ見ると、定員は10名、修業年限は1年、入学資格は尋常小学校本科正教員免許状所有者もしくは同等以上の学力のある者とし、また、東京盲唖学校、京都盲唖院の卒業者で盲唖の教育に適当と認められた者は一科目もしくは数科目を練習することを許すとしている。

金額は不明であるが在学中は給費があり、卒業後は指定された学校で2年間勤務すること
が義務付けられている。練習科の学科課程は次の表のようになっていた。

〈東京盲唖学教員練習科学科課程；東京聾唖学校編『創立六十年史』（昭和十年）より〉

学 科 目	毎週時数	第 一 学 期	毎週時数	第二学期	毎週時数	第三学期
修 身	一	道徳ノ要旨	一	同 上	一	同 上
教 育	八	盲唖ノ教育及教育史	八	盲唖ノ教授法	二六	実地授業
国 語	三	読書及文法ノ大要	三	同及詠歌		
生 理	三	生理及衛生ノ大要	三	同 上		
図 画	三	臨画写生画	三	同 上		
機械使用法	四	点字聾点字タイプライター点字ステレオタイプメーカー補聴器	四	同 上		
唱 歌	二	平易ナル唱歌	二	同 上		
体 操	三	普通体操及遊戯	三	同 上		
合 計	二七		二七		二七	

※縦組みを横にしているので「同上」となっている。この表では「同左」が正しい。

　ここでは理論系基礎科目、盲唖教授法、機械使用法などと共に、図画、唱歌、体操など
実技科目も重視していたことがわかる。もちろん、欧米の盲唖教育の方法を参考にしたの
であろうが、専門的な科目を加えながらも、ベースはバランスの取れた教育とすることを
目指していたようである。
　実技科目については、情操教育、健康教育だけでなく、盲唖児の職業準備教育の意義も
認めた上で、教員練習科の科目として取り入れたのであろう。幼稚園監事時代に、単なる
知育偏重型ではない、総合教育としてのフレーベル主義保育と出会っていた小西にとって
は理解しやすいものであっただろう。

6-2-3　教員練習科におけるフレーベル保育講義

教員練習科では、もちろん小西も講義を担当しているが、当然のことながら、講義内容の多くは盲聾唖教育に関して語っている。先に紹介した『小西信八先生存稿集』には、明治38年（1905）5、6月頃、教員練習科生相手に講義したフレーベルと20恩物およびペスタロッチ（1746‐1827/Johann Heinrich Pestalozzi）の教育法に関する内容が掲載されていて、東京盲唖学校時代の小西の保育理解を知る上で興味深いものがある。

　20恩物の講義の一部を紹介すると、幼稚園監事時代よりだいぶ理解も進んでいるように思えるが、三式（三科）については次のように述べている。

　　　総ての恩物に（一）美麗式、（二）営生式、（三）数学式又知識式の三式を与えています、美麗式とは単に平等不偏の形を云ひ営生式とは家屋、車、船等生活の諸体形を云ひ、数学式とは数学上幾何学上の諸体形を云ひ主として数理の知識の基礎となるものを云ふのであります。

　ここでは明治14年（1881）と明治17年（1884）の保育課程の改訂で姿を消したフレーベルの「三科」についても明快に認めている。まず、この三科がフレーベル主義保育の基本構造になっていることを把握しなければ、恩物を含め、説話、体操、唱歌、遊戯、耕作などは単なる活動の羅列に過ぎないが、フレーベル主義保育は本来バランスの取れた総合的教育を目指すものであった。

　ここで、付言すれば、元々フレーベル主義保育には、型通りの指導、秘儀的な指導、細か過ぎる活動という問題点はあったが、フレーベル主義保育を批判した倉橋惣三やジョン・デューイ（1959-1952/John Dewey）は、むしろフレーベルの原点に帰ろうとした、と言っていいだろう。「さあ、子どもたちに生きようではないか」という言葉はフレーベルが最も好んだ言葉であったが、これはフレーベルを批判したデューイが最も好んだ言葉でもあったし、さらにはデューイを批判した認知心理学の生みの親の一人で『教育の過程』の著者ブルーナー（1915‐　/Jerome Seymour Bruner）が最も好んだ言葉でもあった。小西信八がこの言葉を知っていたかどうかわからないが、小西もまさに「子どもたちに生きた」教育者の一人であった。

　幼稚園監事時代の二度の保育課程の改訂では姿を消した第一恩物の「六球」についても小西は次のように述べている。

第一恩物　六球　　（一）赤色（二）黄色（三）青色（四）橙色（五）萌黄色
（六）紫色
　　極幼児の玩具で揺籃内に居る時から玩ばせ其美色により悦ぶこと少くありません。
　　又、手に当っても柔軟で損傷する患がありません。

　宇宙の中で最も安定した基本的な形である球体で遊ぶことから恩物は始まっている、と
いう指摘はないが、球体で遊ぶこと、美しい六色（註；自然界の基本的色）の球を玩ぶこ
とを子どもが喜ぶことに触れ、毛糸で編んであるため怪我をすることもないことを述べて
いる。第三恩物の積木活動については次のように語っている。

　　第三恩物　木の積方　英一寸立方八個より成り之を以て種々の形を積み又は並べ
　　て幼稚の思考力、想像力を開発し成長の後建築術又は美術の素養となるものです。
　　一註；前村による中略—角、縁、面等の語の外に八個までの数を練習することがで
　　きます。

　積木が幼児の思考力、想像力を鍛え、成長後の建築術や美術の活動とも繋がっていると
言い、幾何学や数の勉強にも役立っていることを述べている。
　実際に、近代建築の三巨匠の一人で、日本にも帝国ホテルライト館（明治村）、旧山邑
邸（重要文化財）、自由学園明日館（重要文化財）などの建築物を残しているフランク・
ロイド・ライト（1867-1959/Frank Lloyd Wright）などは、自身、幼少期にフレーベルの
恩物で遊んだことが、後の建築設計の上で随分と役立ったと語っているのだから、小西の
指摘も誇張ではないのである。
　さらに「図画」に関しては次のように述べている。

　　第十恩物（画き方）　此恩物は実線より進み更に虚線（註；点線）に移る階梯にし
　　て正方の小罫を画きたる小石盤と石筆とを与へて木の積立、板ならべ、箸ならべ、鐶
　　ならべ等にて練習を永く記憶に留むる方法の一端として最初は石盤の上に後には石
　　盤と同じく罫を画きたる紙の上に鉛筆を以て記させるのです小学に入り図画を学ぶ
　　其階梯で児童には自分の想像を表顕し又保留する唯一の楽しき恩物にして美術思想
　　を幼児の時より養成するは至極よきものです。

現代でも、子どもの「図画」は単なる「気晴らし」や「趣味」程度に考えている教育者や親は多いが、フレーベルは「図画」は「構想力」や「想像力」と結びついた非常に重要な活動と考えており、小西も「図画」の意義を良く理解するに至っているのである。もちろん、美術そのものを愛好する気持ちも育てるというのである。

　「縫取り」については次のように語っている。

　　第十二恩物（縫取り）　此恩物は紙刺にて刺した画を毛糸で縫取るもので尖頭を円くした針と毛糸とを与へます、此恩物は主として女児に適する如く考へるものもおりますけれども男子も学校旅行中女子の手を借ること出来ぬ時に針の用法を知って居る必要があります、と思ひますから男子も針で綻びを縫ひ得る程の練習をば小学でも致させたきものと存じます。諸君自身も裁縫は女子の仕事であるなどと軽蔑せぬ様に私は希望します。

　ここでは小学校でも幼稚園の「縫取り」と同様に男子に裁縫を学ばせるべきだと強調している。現代人が言うならば珍しくもないが、戊辰戦争時は、長岡城に立てこもって戦った江戸時代生まれの小西信八の言葉だから重みがある。明治20年（1887）4月1日、東京女子師範学校の旧同僚・渡辺辰五郎（1844-1907/註；千葉県生まれ。江戸の一流の仕立て屋で和洋の裁縫術を修得。故郷で仕立て屋を開業。長南小学校で裁縫を教えることを経て、千葉師範学校、東京女子師範学校の教師に抜擢）を訓盲唖院教授嘱託として招いている小西信八にとっては、そういうことも当たり前のことになっていたのであろう。ちなみに、渡辺は男女の師範学校合併に反発し、宮川保全（1852-1922/註；沼津兵学校資業生。明治5年、同校廃止後、教導団に編入。翌年除隊。明治7年、文部省に出仕、官立長崎師範学校教員を経て、東京女子師範学校教員。数学担当。後、大日本図書出版社長）、鳩山春子、豊田芙雄など女子師範学校の仲間と共立女子職業学校（現・共立女子大学）や和洋裁縫伝習所（現・東京家政大学）の設立に関わっている。

　「紙織り」については次のように述べている。

　　第十四恩物（紙織り）　此恩物は色紙を細く截ち縦て横となし相織り種々の美麗なる模様を表はすもので将来織物敷物等の図案の素養となるものです、織り針として竹

を細く削り又少しく割りて鰐口を付け紙片を挟むに便します。

　フレーベルや後継者たちが編み出した恩物は、必ずしも職業教育に直結させるものでは
なかったが、手技的活動の中にはむしろ積極的に身辺の職業や生活技術の理解や原初的体
験を得させようとしているものも見られる。こうした活動の教育的意義について、盲唖児
教育者となった小西は自然と理解を深めることになったのであろう。
　手技的活動の中でも、古来、最も子どもたちにとってポピュラーな「紙摺み」いわゆる
「折紙」については次のように語っている。

　　　第十八恩物（紙摺み）　此恩物は正方に截ちたる色紙を与へて種々の形を摺み美麗
　　式にも営生式にも数学式にも富み幼児の玩用興味も極めて多く想像及種々の意匠を
　　練習し大人も亦大に興味を与へつつ相手をなし得るもので特にわが邦の紙質よろし
　　きため西洋には摺み能わざる営生式の諸形を摺み得て西洋人の羨む所であります。

　ここでは、小西が留学の際、米国から英国までの船旅の中で乗組員慰労の音楽会の寄付
に応じ、「折鶴」の中に紙幣を入れて渡したところ、大いに注目を浴び、皆の前で「折鶴」
の紹介をする機会を得て、それまで「ジャップ」などと呼んで差別していた連中から、連
日、腰を屈めて「折鶴」を教えてくれ、と頼まれて愉快な旅になったというエピソードを
挿入している。
　今日なお創造主義美術教育者の一部には、「折紙」は非創造的なものとして排斥する人
もあるが、特に彼らが根拠を持って主張しているわけではない。むしろ、声高く〇〇主義
教育を唱える人々が陥りやすい「観念の虜」になっている可能性の方が高い。筆者がかつ
て交流を持ったフランスの大学の幾何教育研究グループなどは、そうした先入主がないか
ら、日本の子どもの幾何学習能力の高さは、折紙遊びが関わっているのではないか、とい
う仮説を立てて調査研究をしていたくらいである。
「豆細工」について小西は次のように述べている。

　　　第十九恩物（豆細工）　此恩物は豆を以て「ツナギ」と致し提灯の「ヒゴ竹」をつ
　　なぎて種々の形式を表はし興味最も多く幼児の想像意匠を開発練習するに最も適し
　　たるものであります、此恩物も我邦には竹があり細く削りひご竹となし用ふるは西洋

153

人の羨む所であります。

　此恩物は体、面、線、点を結合して一個の形を造るもので諸君が「フレベル」氏の恩物は無意に順序を立てたものではなくて整然たる一貫の理を存することを洞察されるやうに望みます。

　最初には円体より立方体に移り板を以て面を示し箸を以て線を示し、豆を以て点を示し是に至りて立体に還元するは分解に始まりて総合に終るもので教育上急激の変化を避け漸次に歩を進むることを記憶せられたし。

　フレーベルの恩物は無意味に並べてあるのではないことを心せよ、と説く小西であるが、明治17年（1884）の改訂では「豆細工」は「排べ」活動のすぐ後に置いているのであるから、その時点ではそうした自覚は無かったのであろう。最後の「第二十恩物」については次のように語っている。

　　第二十恩物（土細工）　　此恩物は最末のものにして又豆細工よりも一層還元し実に諸種の三式を表はす際限なく遺憾なく実物に近きものを示すことを得て将来の彫刻家、建築家、図案家、陶芸家たる素養を完くし興味最も多く実業家たる者には最も適当なるものと存じます。土は粘土を用ひ板を与へて机を汚がさぬ様に致します。油土石膏等を用ふれば更に妙ならんも費用大にして実地に行われ難いと思います。

　これほど「土細工」の教育的意義を高く評価しながら、明治17年の幼稚園保育の改訂では、小西は「土細工」を削除している（註；同園では後にこれを復活させている）。これらの実体験を伴う活動の教育的意義については、むしろ障害児教育に関わるようになってから、さらに認識を深めたのではないかと思う。

　障害児教育の教員練習科生に対する恩物の講義の最後は「諸君も勉強の余暇に紙刺し、紙摺み、紙織り、紙組み、豆細工、紙組み、土細工等を工夫し他日教員となる時に幼少の生徒の智を開き手工に導き学業を楽ませる一助となさることを希望します」で締めくくっている。

6-3　小西信八の活動の広がりと最期

6-3-1　小西信八と中村正直

　幼稚園監事就任当時の小西信八は、幼児教育において徳育主義を重視し、復古主義に傾き、読み・書き・計算といった3R's を強調するなど、中村正直などの自由主義的、個人主義的教育の基本路線とはズレがあったが、二人が個人的に対立関係にあったわけではない。小西の人柄は、長岡市編『流芳後世：長岡の人々』(4) によると「資性温厚にして着実。少うして好学」とし、また、東京聾唖学校編『創立六十年史』(5) でも「資性温厚篤実、強記博覧特に弱者に対する同情心に富み」としていることなどから見ると、ヒューマニスト中村正直とはむしろ相響き合う部分も大きかったのではないかと思う。

　小西は幼稚園を去り、訓盲唖院に職場を変えたが、同校は、元々、中村正直、山尾庸三、前島密らをメンバーとする楽善会の努力によって認可、設立された楽善会訓盲院（註；明治9年認可）を始まりとし、その後、聾唖者を受け入れたことで訓盲唖院と改称（註；明治17年）し、さらに楽善会から文部省に移管（註；明治19年）され、後、東京盲唖学校と改称（註；明治21年）し、その後も移転、分離、名称変更などを繰り返した学校である。小西は、明治26年（1893）、東京盲聾唖学校長となるが、小西の前には、わが国の幼児教育、音楽教育の世界で功績を残した伊澤修二も一時同校の校長を歴任している。

　中村正直は、明治24年（1891）6月、亡くなるまで同校の役員をし、移転、寄宿舎建設等に際しても物心両面で支援を続けていた。小西は、東京聾唖学校時代にも中村とは近い位置にいたのである。特に、盲人のコミュニケーション手段の難しさに心を痛めていた中村は、日本式点字が完成した時には、大いに喜んで帰宅途中に小西の職場を訪ね、自ら、点字作成を試みたりしている。中村正直の葬儀には小西は同校を休校とし、教職員一同、生徒一同と共に参列し、中村の棺にしたがって悄然と歩く障害児者の列が人々の涙を誘ったことは先に書いたとおりである。

6-3-2　小西信八と傷痍軍人支援

　日露戦争は、明治37年（1904）2月8日（註；戦闘の開始。日本からロシアに対する正式の宣戦布告は2月10日）に始まり、明治38年（1905）9月5日まで続いたが、3万6000人余の傷病兵が帰還し、傷病兵の治療や生活支援は緊急かつ重要な課題となった。傷病兵の中には、失明した者、聴覚を失った者もいたが、彼らに自活の技術を与えることのできる専門的施設は限られていたため、小西信八の東京盲唖学校でも協力することになった。

明治39年（1906）5月15日付の「時事新報」ではこのことについて次のように報じて
いる。

　　　小西新八の盲唖院
　　　　廃兵の入院者多数〔五・一五、時事〕
　　　小西新八氏の設立に係る盲唖院にては、彼の出征兵士にして、戦闘の結果不幸盲者
　　及び聾者となりたるものを収容して、之に自活の芸術を授けんとする企てあり、帝国
　　軍人援護会にても深く此挙を賛し、内務当局者とも夫々打合せの上、今回四十人分の
　　収容費を支出する事となりたるを以て当局に於ては是等廃兵に向ひ入院希望の者を
　　取調べたるに、目下の処三十人の志願者あり、近日其手続を了する筈なるが、入院の
　　上は二ケ年を以てマツサージ其他の技芸を習得し、自営の道を得る都合なりと云ふ。

　このことについては、昭和10年（1935）発行の『東京盲学校六十年史』(6)の明治39
年（1906）の項に次のように記述している。

　　　十月一日　本日より軍人後援会主催明治三十七、八年戦役失明軍人の為鍼治按摩の講
　　習を開始することゝなり、既に十四名の講習員を入学せしめたり、而して此日同会の
　　交渉により其費用を以て該講習員を収容すべき寄宿舎を本校構内に建築して落成を
　　告ぐ因に同講習会々長は男爵石黒忠悳なり。

　また、講習は予定どおり進められたようで、講習員の卒業については同書(7)に次の
ような記述が見られる。

　　　七月二十六日　失明軍人講習卒業式を行ふ小松原文部大臣陸軍大臣代理男爵石本
　　陸軍次官松村文部省普通学務局長床次内務省地方局長井上同神社局長前内務次官
　　吉原三郎当時召集中の陸軍医部長等参列せらる、講習会長石黒忠悳の請により寺内
　　陸軍大臣より陸軍軍楽隊の軍楽を寄贈せられ此式を壮にす。

　東京盲唖学校では、失明軍人の自活支援協力の要請に応じており、また、同校はその期
待に応えるだけの内容を備えていた。北越戦争で長岡城が落ちた時、14歳だった小西信

八一家は、藩主と共に東北へ落ちのびていった。小西の周辺では、多くの人々が戦死し、傷ついたが、逃走の途中、匿ってくれた農家には、終生恩義を忘れず、機会がある毎に訪問した。小西は恩義を知る人で情愛豊かな人であった。戦争で失明した傷病兵のために、できる協力は進んでやったのであろう。

なお、妻・ウメ子は、長岡藩家老・河井継之助（1827‐1868）とは父親が従兄弟の関係にあったが、ウメ子の弟は軍人・豊辺新作（1862‐1927。註；最終階級は中将）である。日露戦争では、新作は秋山好古（1859‐1930）旅団長率いる騎兵第一旅団の騎兵第十四連隊長（大佐）として出征し、歴史に残る戦果を挙げている。

6-3-3　小西信八の最期

昭和13年（1938）5月12日、84歳の小西信八は、娘よしよと長岡出身の家政婦と共に、上野駅から長岡へ向かった。長岡では、墓参をし、長岡の盲唖学校を訪問して記念植樹をし、新潟市の盲学校、聾学校の二校を訪ねている。また、たまたま地元で行われていた戊辰の役時の戦死者のお祀りにも参列した。

5月24日、帰京した直後、小西は体調を崩したが、医者の診断は老衰と旅の疲れだろうというものであった。6月に入ると、ますます、衰弱が激しくなり、6月下旬には「もう時間の問題だ」と言われている。小西信八が亡くなったのは、昭和13年（1938）7月5日午前10時5分であった。享年84。小西の死は、縁戚、知人、朋友、門弟等多くの人々を悲しませた。小西の葬儀では、東京聾唖学校長、同校同窓会代表、茗渓会代表など多くの人々が弔辞を読んでいるが、日本聾唖教育会（ほか）編の『聾唖教育の師父小西信八先生小伝』（昭13）には、牧野伸顕（1861‐1949/註；大久保利通と満寿子の次男。親類筋の牧野家の養子。文部大臣、農商務大臣、外務大臣などを歴任。文展を開く/伯爵）から次のような弔慰文が寄せられたことを紹介している。

　　＜牧野伸顕からの弔慰文＞
　　拝啓仕り候
　　　今朝の紙上御先代の御他界を報し居り驚入り申候
　　小生文部省に在勤中献身的御尽力の段親しく
　　拝聴致し居当時の御熱誠を追想深く敬慕罷在候（中略）
　　御先代は明治教育者中偉大なる御存在にて被為在候事と存上候

略儀乍ら御悔み申上度如斯御座候

　　七月七日

　　小西よしよ　様

　　　　　御許に

　また、その後、牧野から手紙が届き「・・・小西先生の業績に付いては在職中は固より平生多大の敬意を表し居り候事故　誠意を篭めたる弔詞を自筆にて申上たる次第・・・」という言葉も書き添えてあったことを紹介している。

　小西の妻・ウメ子は小西の死の2年前に亡くなったが、大戸美也子氏から送っていただいた、伝通院にある墓石の写真には、正面には「コニシ　ノブハチ」の名前と「コニシ　ウメコ」の名前がカタカナで刻まれ、側面には子どもらの名前が同じくカタカナで彫られている。小西は最期まで仮名文字論者だったのである。

　小西信八は若い頃は豊田芙雄らと共にわが国の幼稚園教育の基礎固めをした。また、東京女子師範学校附属幼稚園の監事として勤める傍ら、大阪の愛殊幼稚園の首席保姆・長竹久仁の後任探しなど、親身になって対応もしている。後には、障害児教育の世界に入って、ますます、本領を発揮し、斯界に大きな足跡を残している。

注

(1) 長岡市公式ホームページ

　　http:www.city.nagaoka.niigata.jp/kankou/rekishi/ijin/jinbutu8.html/ 2015.4.1

(2) 自治館編輯局編『国語改良異見』、自治館、明治33年、p.176頁

(3) 小西信八先生存稿刊行会編『小西信八先生存稿集』、小西信八先生存稿刊行会、昭和

　　10年. この本には小西の講演、雑誌等論稿、学生の授業ノート等を集成している。

(4) 長岡市編『流芳後世：長岡の人々』、長岡市、昭和17年

(5) 東京聾唖学校編『創立六十年史』、東京聾唖学校、昭和10年

(6) 東京盲学校編『東京盲学校六十年史』、東京盲学校、昭和10年、p.249

(7) 上掲、p.260

7 近藤はまと幼児教育の開拓

7-1 謎の多い近藤はま

7-1-1 生い立ちと修業をめぐる謎

近藤はま (1)

　近藤はまの名前は、濱、浜、ハマなど様々に呼ばれているが、本稿では引用部分以外ははまを用いている。近藤は豊田芙雄と同時に、東京女子師範学校附属幼稚園の日本人最初の保姆となった女性である。近藤の保姆としての活動や、保育者養成に関わる事蹟については、各種の資料からかなりの程度知ることができるが、近藤はまの生い立ちや日常の生活振りあるいは晩年の様子等についてはほとんどわかっていない。また、近藤はまは結婚していたのか、独身女性であったのか、についても確証はないが未婚女性だったようである。

　こうした事柄は、近藤はまの保育活動や保育者養成と直接関係するものではないが、しかし、わが国の幼稚園教育を開拓した人がどういう人物であったかということもその保育観や保育活動と無関係というわけではない。そこで、ここでは近藤をめぐる謎を整理するために、まずは近藤の生い立ちの謎から記述することとする。

　近藤はまは、天保11年（1839）2月、江戸の松前藩邸で生まれたとされている（註；筆者はこれまで「天保10年（1840）2月生まれ」としていたがここで訂正しておく。ただし、『東京の幼稚園』における近藤はまの履歴書自体「天保10年生」と「天保11年生」の両方の記述がある）。近藤の没年月は、近藤はまについて詳しく調査、研究している小林恵子氏は『年表・幼稚園百年史』（お茶の水女子大学附属幼稚園）の記述が正しければ、明治45年（1912）4月となる、としている (2)。

　近藤が江戸の松前藩邸で生まれたとするのもはっきりとした裏付けがあるわけではない。幼稚園設立に際し、近藤が東京府に提出した履歴書の中で、漢籍を松山章（註；松前藩士）に学んだとしていることは注目できる。しかし、近藤が松前藩士・松山章に漢籍を習ったからといってこれだけで近藤が松前藩の人だったと言えるわけではない。

　東京女子師範学校を明治14年（1881）10月（註；10月は本人の履歴書による。東京女子師範学校年報では11月16日）に退職した近藤は、明治16年（1883）6月、共立幼稚

園設立（註；共立は文字どおり共同で設立すること。当時、共立を冠した幼稚園、学校は少なくない）に関係しているが、翌年の明治17年（1884）9月30日、大物の三氏（註；後述する）と共に芝麻布共立幼稚園を設立するための申請書に、園長兼保姆として添付した近藤の履歴書は次のようである（3）。

　　　　　園長兼保姆履歴書
　和　　歌　　　村田春野就業
　英　　学　　　ションシエームス就業
　洋　　算　　　河井鉄蔵就業
　漢　　籍　　　松山章就業
　　右就学仕候
　明治八年十月
　東京女子師範学校創設ヨリ舎長拝命
　明治九年九月
　東京女子師範学校附属幼稚園創設ヨリ幼稚園教師拝命
　明治十四年十月
　辞職仕候也
　　明治十七年九月

　　　　　　　　　　　　　東京神田区松任町拾番地
　　　　　　　　　東京平民　　近　藤　　浜　㊞
　　　　　　　　　　　四十五年七ヶ月

　何ともあっさりした履歴書であるが、近藤が、和歌や漢籍だけでなく、英学と洋算まで習っていることは注目すべきであろう。近藤が就学した師たちについていうと、まず和歌を習った村田春野（1801-1871）は国学者で和歌を能くし、明治4年（1871）、亡くなった人である。

　英学の「ションシエームス」は、『東京の幼稚園』では海軍省、逓信省のお雇英人で「ジェームス坂」で知られている Jhon M. James（c1862-1908）ではないかと思われる（4）としているが、ジェームスの生年は単純ミスとしても、当時、Jhon M. James という名のお雇い外国人には、明治4年（1871）、わが国の海事と関わることになった英国人ジョン・

160

マルマン・ジェームス（1838-1930/John Mahlmann　James/註；ドイツ系英国人）と、明治5年（1872）中、海軍省に入った英国人ジョン・マシュース・ジェームス（1839‐1908/John Mathews James）がいて、近藤がどちらのジェームスに英語を習ったか即断できないが、状況的に見る限りは後者の方であろう。

　二人とも、長年、わが国の公務に尽くしていて、恩給年金として、逓信省の申請によってマルマンが年600円、海軍省の申請によってマシュースが年1050円を貰えるようになった、とする文書と略歴が国立公文書館に残っている。また、マシュースについては、報知新聞の死亡記事において、幕末から親交のあったとする貴族院議員の某男爵のかなり詳しい談話（明治41年1月11日　報知）が残っている。

　近藤に英語を教えたのは正確にはどちらともつかないのであるが、マルマンは、記録から見て、当時、航海術者、船長として船に乗っていることが多かったので、明治初年、東京に住み、英語の指導をしていたとなるとマシュースの方が可能性は高い。今後、より正確な資料が発見された際に手助けとなるように、ここでは事蹟の比較的わかっているマシュースについて書いておくと、某男爵の談話は次のようである。

　　氏は英国に生まれて十四歳の時に英国の印度海軍省に赴任し、我が維新前6年の頃遂に海軍大尉の倀辞職し、それ以来はジャーデン・ハウスのキャプテンとなり、長崎のジャーデン・ハウス支店に居て、東洋通ひの飛脚船の船長を勤めて居ったのです。私は其頃浪人で長崎などに奔走して、ヂャーデン・ハウスの長崎支店長ガラバと懇意にしたので、其紹介でゼームス氏と親交を結ぶに至つたのです。恰ど夫れは慶応二年で氏がサローの船長であった時かと思ふ、此のジャーデン・ハウスの支店は飛脚船の運輸交通ばかりで無く、支店長のガラバとゼームスと共に日本の艦船買入或は注文に周旋し、薩摩の軍艦は勿論、肥後の龍驤艦など何れも両氏の手で回航し来つたものであります。

　つまり、ゼームスは支店長のガラバ（1838‐1911/註；グラバーのこと/Thomas Blake Glover）と共に薩摩や肥後の艦船購入の周旋などもしているのである。一時、西洋漫遊をするというある志士を乗せたジェームスの船が香港から「六百里ばかり」離れたところで暴風のため難破し、孤島に漂着して、苦労を舐めつくした末に、仏国船に救われたこともあったようである。この時、長崎に帰着した際には、ジェームスは窮境に陥っていて浪人

中の男爵に金策をさせたこともしばしばあったとのことである。その後のことについて某男爵は次のように述べている。

　一時帰国して明治四年再び来朝し始めて東京に来られたので、私は勝安房さんや故人の川村純義さんに紹介し、明治五年に海軍省雇となつた。気かぬ気で何んでも行ると云ふ精力のあつた人で、維新後の我戦艦は悉く同氏が委員となつて回航せしめ唯一つ途中で沈没した畝傍艦のみ回航委員に加はらなかつたので、一層氏の声明は揚りました。大久保甲東（註；大久保利通。甲東は号）が大使として支那に使ひした時には其行に加はり、故黒田清隆が明治八年に朝鮮に出掛けた時も顧問として行つたのです。夫ればかりでなく朝鮮沿岸の海底測量も行つて、我海軍に一大貢献をなしたのであります。で日清戦争後には勲二等に叙せられて旭日中綬章を賜はりました。

　マシュースは明治5年（1872）から日本海軍に指導者として入って、海軍の仕事を続け、明治22年（1889）に退職するが、日本と日本人を愛したマシュースはその後も日本に住み続け、明治41年（1908）1月8日、亡くなっている。大井町駅近くの「ゼームス坂」は、元は「浅間坂」と呼ばれていたが、ジェームスが坂の途中に住んでいたことや、私財を投じて急坂を緩やかな坂にしたことに因んで名付けられている。

　ジェームス邸跡には、現在、「三越ゼームス坂マンション」が建てられている。ちなみに、高村光太郎（1883-1956）の妻・智恵子（1886-1938）が入院し亡くなった「ゼームス坂病院」の跡もこの地域にある。

　洋算の河井鉄蔵についてはまったくわからないが、官員録によると、明治8年（1875）前後に陸軍省11等出仕の同姓同名の者（註；千葉県出身）がいるが、これが同一人物かどうかはわからない。

　漢籍の松山章については、ほとんど記録らしいものは残っていないが、大鳥圭介率いる旧幕軍伝習隊第2大隊1番小隊頭取・山口朴郎（1850‐1921/註；旧幕臣。陸軍教授。神奈川県立師範学校教員）が松前藩士・松山章に漢籍を習ったという記述を残している（註；陸軍関係履歴書）ようである。

　近藤はまは、明治維新期に30歳前後であるが、以上のことから、その年齢を過ぎてもなお学問（勉学）を継続できる恵まれた境遇にいたことがわかる。近藤家は女性の教育にも理解のある家庭であったのであろう。いずれにしろ、明治8年（1875）10月、東京女

162

子師範学校創設と同時に、優れた教養の持ち主であることが買われて、近藤は同校寄宿舎舎長（註；寄宿舎監事‐副監事‐舎長の順になる）として採用されたのである。

7-1-2　近藤はまはいつまで幼稚園に勤務したのか

　近藤はまは、東京女子師範学校附属幼稚園を辞め、仲間と共同で幼稚園作りをし、保育者養成にも関わるようになり、自前の幼稚園と保育者養成所を作ったが、いつ頃までその活動を続けたのかはそれほどはっきりしていない。

　豊田芙雄と同時にわが国最初の保姆という栄えある経歴を持ち、その後も斯界の先駆者として華々しく活躍しながら、近藤に関して謎が多いのは、手記、雑誌記事、著書等を一切残していないためである。

　近藤ほどの経歴があれば、保育に関する所感や保育実践の執筆依頼あるいは幼稚園教育を回顧する座談会などへの出席依頼などもあったはずであるが、そうしたことに応じた形跡は皆無である。

　しかし、近藤はかなりの期間保育に関わり、関心を持ち続けたようである。小林氏は、近藤はまの名前が雑誌『婦人と子ども』（明治34年）第二巻第四号の会員名簿と、『婦人と子ども』（明治40年1月）第六巻第六号の会報の名簿欄に記載されていることを明らかにしている。これ以外にも『フレーベル会報告. 第3, 4年』（明治32, 33年）の明治32年（1899）3月末時点の会員名簿にも「近藤幼稚園　近藤はま」と明記してあるので、明治32年（1899）春の時点でも近藤が「近藤幼稚園」に関与していたことは明白である。

　しかし、「フレーベル会」や『婦人と子ども』の会員名簿には、多くは勤務先も記述されていて、明治32年（1899）のフレーベル会の3月末の名簿には「近藤幼稚園　近藤はま」とあるが、明治34年（1901）の『婦人と子ども』の会員名簿には「芝区桜川町六　近藤はま」とだけあって、勤務先は書かれていない。

　『東京の幼稚園』では、明治32年（1899）は私立学校令が出て、改めて提出された書類があって資料が欠けていた部分を補うのに役立っている、としているが「幼稚園のばあいは近藤幼稚園（二十三年創立芝区西久保巴町五十九番地園主近藤登久＝近藤濱の後継者と思われる）や三田幼稚園（創立年不明芝区三田四国町二設立者小原かく）がそれぞれ廃園届を出している」（註；カッコ内の説明も同書のまま）と記述している（5）。なぜ、園主が妹の登久名義になっているのか事情はわからないが、この「近藤幼稚園」は名称や住所から、近藤はまが明治23年（1890）に設立した幼稚園以外にあり得ないが、同年10

月2日付で東京府に出された廃園届（註；9月末日廃園）には、「今般都合ニ據リ廃園候」とあるだけで、同園の廃園の理由はわからない。

　以上のようなことから、近藤幼稚園の廃園前後から、近藤はまは幼稚園勤務をしていない可能性の方が高い。

7-1-3　近藤はまに関する謎の人物照会の文書

　東京都公文書館には近藤はまに関する不可思議な文書が残っている。近藤自身の身上や近藤幼稚園の廃園と関係があるかもしれないこの「謎めいた文書」についてもここで敢えて触れておきたい。

　近藤幼稚園の廃園4カ月前、明治32年（1899）6月5日付で、神奈川県知事・浅田徳則（1848-1933/註；神奈川県知事の他、長野県、新潟県、広島県の知事、貴族院議員を歴任）より東京府知事・千家尊福（1845-1918/註；出雲大社宮司。元老院議官。貴族院議員。司法大臣/「年の初めのためしとて」の作詞者/男爵）宛に「東京府平民　近藤はま　天保十一年二月生」について「明治二十八年三月二十六日東京ニ於テ幼稚園保姆免許状ヲ受ク」ということに「相違無之哉」を問い、また「幼稚園保姆タルニ不都合之行為無之モノニ候哉」という緊急の人物照会をしており、東京府からは「御申越事項相違」はなく「且幼稚園保姆タルニ不都合ノ行為無之候条此聞及回答」している。

　当初は、「明治二十八年」に保姆の免許状を受けたという記述があるので、筆者はこの「近藤はま」は同姓同名の別人だろうと考えた。しかし、明治28年（1895）に東京府から保姆の免許状を受けたという記述はあったとしても、当時、幼稚園で働く天保11年（1840）2月生まれの「近藤はま」がもう一人東京にいたとは考えにくい。ここで照会されている「近藤はま」は豊田芙雄と共に日本人初の保姆となった「近藤はまその人」と考えるしかない。明治28年（1895）の免許状取得の件は、当時、保姆の資格を5年間に限っていたので、その年、資格の再発行があったということであろう。

　ともかく、近藤はま（濱）の身上に関して、神奈川県が問い合わせをしなければならない「何か」があったのである。これらの動きを時系列的に並べると次のようになる。

　　明治32年3月31日　フレーベル会会員名簿に「近藤幼稚園　近藤はま」がある。
　　同年6月5日　　　　神奈川県知事より東京府知事宛に「近藤はま」に関する緊急照
　　　　　　　　　　　会。

同年 10 月 2 日	近藤幼稚園（園主・近藤登久）の 9 月限り廃園の届。
明治 34 年	『婦人と子ども』会員名簿に「芝区桜川町六 近藤はま」とある。勤務先は書かれていない。
明治 40 年 1 月	『婦人と子ども』会費納入者に「近藤はま」がある。

　また、近藤幼稚園の園主が近藤登久になっていることから見ても、明治 32 年（1899）前半において、近藤に病気、事故、あるいは照会の内容からは、近藤の転職または近藤が養成した保姆に関わることなどに関する「何か」があったのであろう。もちろん、その「何か」は不明のままである。近藤の回想の記や、教え子たちの思い出の記などがあれば解決の糸口が見えるかもしれないが、近藤の場合はそういうものがまったくないのである。

　また、近藤はまはいつ、どこで亡くなり、どこに葬られたのかについても、現在のところ没年月を明治 45 年（1912）4 月とする情報以外には何も得られていない。その死因についても、墓所等についてもまったくわかっていない。この没年月であれば享年 73 歳である。明治 32 年（1899）頃から明治 45 年（1912）4 月まで、どう過ごしたのか、最晩年に幼稚園教育についてどういう所感を抱いていたのかなどについて知りたいところであるが、そうしたことを望むことは難しい状況である。

　縁者の子孫等が見つかればもっとほぐれてくることもあろうかと思うが、関係機関などに問い合わせをしてみても、いまとなっては、それも容易なことではない。近藤はまをめぐる謎の解明は今後の研究者の努力に期待するしかなさそうである。

7-2　幼稚園創設と豊田芙雄・近藤はまの苦闘

7-2-1　幼稚園創設期の景況

　明治 8 年（1875）10 月、東京女子師範学校の創設と同時に寄宿舎の舎長として採用された近藤はまは、履歴書にあるように、明治 9 年（1876）10 月、同校附属幼稚園保姆として採用されている。豊田芙雄の辞令の場合も、『豊田芙雄と草創期の幼稚園教育』（建帛社）の巻頭写真ページに掲載しているように、交付日は「明治九年十月十二日」であり、発令者は東京女子師範学校である。開園 1 ヶ月余り前に辞令を発令しているのは、保姆として正規の身分で準備を進める必要もあったからであろう。

　その後の同校附属幼稚園における近藤はまの活動は、同時に同園に勤務することになっ

た豊田芙雄と一緒にとらえる方がより理解しやすいだろう、ということで本節「7－2　幼稚園創設と豊田芙雄・近藤はまの苦闘」を設定した。

　幼稚園設立の認可は前年の明治8年（1875）9月に下りていたが、東京女子師範学校も出来たばかりで、すぐに幼稚園の準備に取りかかることは難しく、約1年をかけて、園舎の設計、建築、保育内容・方法の決定、規約の作成などを経て開園を迎えることになった。しかし、すべてがいわば「泥縄式」であった。しかも、ゼロからスタートする、まったく初めての事業であったから、松野クララにとっても、関信三にとっても、豊田芙雄にとっても、近藤はまにとっても、幼稚園教育の始動は相当のプレッシャーであったし、相当の覚悟を要した。

　開園3日前の11月13日には、午後2時から5時まで、第二回目の「婦人集会」が東京女子師範学校に於いて催され、350人が集まっている（註；第一回の「日本國婦人之會議」は同年6月21日）。この日の講演は棚橋絢子の「当今の学問は媒助法」に始まり、関信三の「幼稚園の説」、豊田芙雄の「母親の心得」、聴衆者の星（佐々木）豊寿（1853-1901）の「一家経済の心得」、最後に中村敬宇の講義があったと東京日日新聞（11月15日）が報じている。ただし、前日の読売新聞では、浅岡肇、松本万年（1815-1880）の講義もあったとし、500名の聴衆が集まったとしている（註；当時の中央のニュース記事はほとんど『新聞集成　明治編年史　第一巻～第十五巻』林泉社・1940を参照している）。

　ちなみに、ここで触れた星（佐々木）豊寿は、女性運動家というべき人であるが、ドラマチックな生涯を送った女性である。星（佐々木）は仙台藩で評定奉行、勘定奉行を務めた星喜四郎の娘であるが、結婚して佐々城豊寿となる。若き日に上京し、まず中村正直の同人社女学校で学び、次にメアリー・エディー・キダー（1834-1910/Mary Eddy Kidder/註；女性宣教師。フェリス女学院の創設者）の塾の一期生として学んでいる。後に婦人矯風会で活躍するが、娘・信子は、国木田独歩（1871-1908）の最初の妻となるが、5か月で破綻している。母子共に結婚、離婚、再婚など目まぐるしい人生を歩むが、豊寿は晩年には公的生活から引退し、静かに暮らしている。相馬黒光（1876-1955/註；旧姓は星良子。夫、愛蔵と中村屋を開業）は姪になる。

　当の婦人集会は、その企画自体が珍しがられたが、第二回の企画の核はもちろん関の「幼稚園の説」であったし、それに関連する豊田の「母親の心得」であった。こういう場合決まって登板するのは、豊田芙雄であって、年長者の近藤はまではない。同じ保姆でも、豊田は文部省辞令による四等訓導で幼稚園は兼務扱いであるから、同校辞令の近藤に比べて、

166

豊田が優先されるのである。もちろん、同園保姆の地位が低かったわけではない。地方の師範学校の教員なら即採用されるくらいの評価はあった。

　ただ、当時の文部省辞令の官立学校教員となると、ごく限られたエリートであって、女子師範学校辞令の保姆との差は大きかった。こうしたことも微妙に絡んで、近藤の辞職、独立にも繋がったかとも思うが、このことは後に触れる。婦人集会当日は月曜日であったが、前日の日曜日には、クララ、関、豊田、近藤は休日返上で「保育の伝習」を行っている。

　11月14日には、文部大輔・田中不二麿代理、文部大丞・九鬼隆一によって次のような幼稚園開設の布達があり新聞等でも報道されている。九鬼が代理となっているのは、田中が米国の博覧会視察のため長期出張中であったことによる。

　　東京女子師範学校内ニ於テ幼稚園開設候條、此旨布達候事。
　　　　明治九年十一月十四日
　　　　　　文部大輔　田中不二麿代理
　　　　　　　　文部大丞　九鬼隆一

　11月16日の開園の日には、九鬼隆一らの来園くらいはあったものの、まだ準備が整わなかったので特別な催しはなかった、とされているが、それは表向きの理由で、実際には文部省トップの田中不二麿不在中の祝典は控えたといったところであろう。もちろん、園の不備自体も事実で、開園しても、日々、泥縄式の「保育の伝習」が行われていた。

　ともかく、明治9年（1876）11月16日の開園前後には、幼稚園教育の趣旨を浸透させるための方策も次々と打たれている。また、開園直後には、中村正直の幼稚園教育に関する翻訳稿や関信三の幼稚園に関する記事なども新聞に掲載されている。

　東京女子師範学校に附属幼稚園を設けることは、一部には早くから知られていたが、開園前後に新聞、雑誌等で度々紹介されたことで入園の問い合わせも多くなったのであろう。11月28日付の朝野新聞には「当分入校差し止め」について次のような記事が掲載されている。宣伝が効きすぎて抑制が必要になったのである。

　　女子師範の幼稚園
　　（一一・二八　朝野）

女子師範学校内の幼稚園は、追々願ふて入る者多く、二才より六才まで小児凡そ六十
餘人に至り、教師の手に餘るにより、先づ當分入校は差し止められしといふ。幼稚園
はおひ々々各所に設けられるとの噂あり。

7-2-2　最初期の保育の実際

　豊田芙雄や近藤はまが日々どのような保育を展開したかについては、各種の文献に書か
れているし、『豊田芙雄と草創期の幼稚園教育』(建帛社)にも詳しく記述しているが、と
もかく、豊田と近藤は、年齢の差や立場の相違はあっても、共同して 20 恩物を中心とす
るフレーベル主義保育を導入し、定着することに悪戦苦闘するのである。

　ただ、保育史に詳しい研究者にとっては自明のことであるが、明治期の保育史を新たに
学ぼうとしている人のために、ここでも当時の保育の状況についてあらましだけは記述し
ておくこととする。まず、初期の幼稚園での 1 日の流れについて、『東京女子高等師範学
校六十年史』(復刻版)では次のように記述している (6)。

　登　園

　整　列

　遊戲室——唱歌

　開誘室——修身話か庶物話　説話或は博物理解

　戸外あそび

　整　列

　開誘室——恩物—積木

　遊嬉室——遊嬉か體操

　晝　食

　戸外あそび

　開誘室——恩物

　歸　宅

　いわゆる恩物だけでなく、唱歌、修身話や説話、遊嬉などはそれぞれ三つの学習の束(科)
に集約されており、三科は相互に連関するものとして考えられていた。すなわち三科は『日
本幼稚園史』によると次のようになっている (7)。

第一物品科

　　日常ノ器物卽チ椅子机或ハ禽獸花果等ニツキ其性質或ハ形狀等ヲ示ス。

第二美麗科

　　美麗トシ好愛スルモノ卽チ彩色ヲ示ス。

第三知識科

　　觀玩ニヨツテ知識ヲ開ク卽チ立方體ハ幾個ノ端線平面幾個ノ角ヨリ成リ其形ハ如

　　何ナル等ヲ示ス。

　これら三科の名称も翻訳者、実践者によって異なるが意味するところは同じである。こ
こでの三科の説明は、実際の子どもの活動からすれば簡単に過ぎるが、ともかく活動の一
端だけを示すことにしたのであろう。また、この三科に含まれる子目として同書において
次のような25の活動が挙げられている（8）。

　　　　一　　五彩球の遊び　　　　第一恩物

　　　　二　　鎖の連接

　　　　三　　木箸の置き方　　　　第八恩物

　　　　四　　剪紙貼付　　　　　　第十三恩物

　　　　五　　圖　畫　　　　　　　第十恩物

　　　　六　　木箸細工

　　　　七　　紙片の組み方　　　　第十七恩物

　　　　八　　唱　歌

　　　　九　　遊　戲

　　　一〇　　三形物の理解　　　　第二恩物

　　　一一　　形體の積み方　　　　第三、第四、第五、第六恩物

　　　一二　　環の置き方　　　　　第九恩物

　　　一三　　針　畫　　　　　　　第十一恩物

　　　一四　　織　紙　　　　　　　第十四恩物

　　　一五　　粘土細工　　　　　　第二十恩物

　　　一六　　計　數

一七　説　話

一八　貝の遊び

一九　形體の置き方

二〇　剪　紙

二一　縫　畫　　　　　　第十二恩物

二二　疊　紙　　　　　　第十八恩物

二三　木片の組み方　　　第七、第十五、第十六恩物

二四　博物理解

二五　體　操

　こうしたものは、時期によって、名称、種類、並べ方等に変化があるが、基本的に恩物を中心とした手技が多いのが特徴的である。松野クララ、関信三コンビが保育伝習に用いたのはほとんどが英国やアメリカで印刷され、発行された文献である。したがって、当然、これらは海外からの直輸入ということになる。

　しかし、興味深いのは、豊田や近藤だけでなく、見習生の氏原、木村、横川らは一緒になって知恵を絞り、試行錯誤をしながら、不具合の物は作り変え、不足するものは補ったり、創り出したりしている、ということである。

　明治9年（1876）11月16日、わが国最初の幼稚園がスタートした時点でも、豊田と近藤は、有益な文献として次のようなもの（下線部）を手にすることは可能であった。

○「米國教育寮年報書抄譯　幼稚園ノ説」（註；ピーボディー著。訳稿にはイリザベスピーボデー女誌とある）。『文部省雑誌』（明治7年（1875）12月28日）。幼稚園についての概論であるが、幼稚園教育の輪郭を把握することは可能な内容。大衆向けではなく、教育関係者向けの内容。これに比べると中村正直、関信三の新聞訳稿記事などは大衆啓発向き。文部省膝下の東京女子師範学校附属幼稚園に所属していた豊田、近藤はピーボディーの和訳稿があることは当然知っていたであろう。

○桑田親五訳『幼稚園　巻之上』（文部省）。明治9年（1876）1月。巻上は第4恩物までしか扱っていないが恩物の扱い方が豊富な図例で示されている。ちなみに『幼稚園巻之中』は明治10年（1877）7月発行。第5〜7恩物、箸組立附録（豆細工）があり、『幼稚園　巻之下』は明治11年（1878）6月発行。組紙、織紙、剪り抜き

紙及び図を引く事を含む。

○関信三の『幼稚園記　巻之一・巻之二・巻之三』（文部省）。明治9年（1876）7月。
巻之一、巻之二は遊戯と遊戯に付随する歌、説話の紹介が大半。漢訳調であり、実
際に保育に使うには平易化が必要であったが、漢籍の教養もあった豊田、近藤には
それくらいのことは問題なかった。巻之三は全編「圖畫課」の紹介。これは図例が
多く実践向きである。

　　『幼稚園記　附録』は明治10年（1877）12月刊行。各恩物の紹介。実践者にと
って使い勝手がいいとは言い難い。

　わが国最初の幼稚園は、何とか開園はしたが、20恩物を中心とする保育の導入を志向
しながらも、当初、保育活動に取り入れ可能な恩物用法はきわめて限定的であったし、ま
た、文献だけでは実際の活動を把握することには限界があった。そのため、豊田、近藤は、
幼稚園の放課後と、必要に応じて日曜、祭日返上で松野クララ、関信三による「保育伝習」
を受けている。

　ただ、園児は日々目の前にいるわけであるから、豊田、近藤はともかくやれることから
実践していくしかなかった。とはいえ、多くの面で不備があったため、同園では開園後，
半年間は保育料を無料としている。

　開園の年は1ヶ月半で新年の明治10年（1877）を迎えている。10年中は、豊田、近藤
らは同年3月まで「保育伝習」を受けたが、7月、『幼稚園　巻之中』が発行され、12月、
『幼稚園記　附録』が刊行されて、豊田、近藤が実施可能な保育法のレパートリーも拡充
していった。

　こうした状況下、同年4月6日には、豊田芙雄の実兄・桑原力太郎少佐が西南戦争で戦
死している。幼稚園が開業して4ヶ月余りの時期であった。東京女子師範学校の女生徒た
ちも、西南戦争を話題にすることもあったようであるが、生徒の間では西郷隆盛の人気が
高く、最終的には西郷が勝って東京に凱旋してくるだろう、といった他愛のないレベルの
会話だったようである。

　幼児教育関係の方では、明治11年（1878）6月、『幼稚園　巻之下』が発行されて、難
題の唱歌を除けば、20恩物に関する用法の基本的情報はほぼ出そろったといえる。

7-2-3　保姆見習制度の発足と保育の充実

明治11年（1878）3月1日、「保姆見習制度」（註；急いで整備されたため正式名称があったかどうかはっきりしない）がスタートした。大阪の氏原鋹と木村末、東京の横川楳子が生徒となった。

　他に、仙台の矢野成文や福島の「某氏」のように個人的に見学、研修に訪れる者も少なくなかった。保姆見習制度の発足の経緯等について、詳しくは次章で述べるが、各地で幼稚園を創りたいという声はあったが、ともかく保姆がいないため創ることができなかった。保姆養成は喫緊の課題であったが、ただ、この時点の保姆見習制度はまだあくまでも暫定的なものであった。

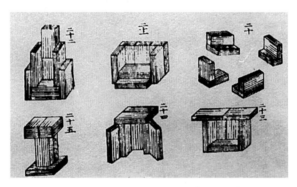

『幼稚園　巻上』積木形式恩物図例（9）

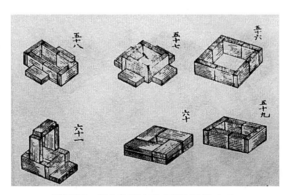

『幼稚園　巻上』積木形式恩物図例（10）

　明治11年（1878）6月の時点でも、まだ開園から1年7ヶ月目である。豊田や近藤にとって、「保育伝習」や4巻の『幼稚園記』（註；附録を含めて）などは、恩物用法の要点や意義を理解するのに重要ではあったが、各恩物ともそれぞれが数十種や数百種あるいは

それ以上の展開が可能であったので、『幼稚園』を加えても図例は不足していた。また、各地で新たに保姆となった人が、十分な保育を展開するためには、豊富な参考図例を示す必要があった。

明治11年（1878）11月、「東京女子師範学校附属幼稚園」から『幼稚園恩物圖形』（お茶の水女子大学蔵）を発行している。これには目次も説明もいっさいないが、第8恩物から第20恩物までの実践図例が豊富に掲載されている。もちろん、第1恩物から第7恩物までは『幼稚園　巻之上』（第1恩物から第4恩物まで）と『幼稚園　巻之中』（第5恩物から第7恩物＋豆細工）が発行済みであったので、附属幼稚園では第8恩物から第20恩物までの展開例を図示することになったのである。『幼稚園恩物圖形』中に示されている図例数は次のとおりである（11）。

　　第八恩物置箸法　　272種（文字、数字も含む）

　　第九恩物置鐶法　　107種

　　第十恩物図画法　　94種

　　第十一恩物刺紙法　93種（一部 abc といったバリエーションを省く）

　　第十二恩物繍紙法　136種

　　第十三恩物剪紙法　96種

　　第十四恩物織紙法　65種

　　第十五恩物組板法　93種

　　第十六恩物連板法　230種

　　第十七恩物組紙法　55種

　　第十八恩物摺紙法　129種

　　第十九恩物豆工法　108種

　　第二十恩物模型法　117種

　これらの図の出典はさまざまであるが、最も多いのがシュタイガル（註；士太牙。シュタイガー）のもの（置箸法・置鐶法・図画法・刺紙法・繍紙法・剪紙法・織紙法・組板法・組紙法・豆工法）であり、他にサイデルとスミットのもの（連板法）、ゴリトリア（註；ゴルトアンメル or ゴルトアマーと呼んでいた）のもの（摺紙法の1から48まで）、ウキーブのもの（模型法の1から17まで）などがある。

特に、『幼稚園恩物圖形』には、率先する豊田、近藤らに、保姆見習科の氏原、木村、横川らが協力するかたちで、第十八恩物摺紙法に伝承遊びの中から取捨選択した「折紙」の図例を63%、第二十恩物模型法（粘土細工）に身辺の器物、動物などをかたどった「粘土細工」の図例を85%取り入れたことは注目すべきだろう。

豊田をはじめ当時の保育者が述懐しているように、たとえば摺紙法（折紙）における「六歌仙」（最終章、横川楳子の章に写真掲載）なども、紙の選択、着彩（染色）について試行錯誤をしながら取り込んでいるのである。なお、保育唱歌と同様、摺紙にも幼児向きと、保育学生向きとが考えられていたようで、すべてが幼児向きではないと思う。

豊田は、保姆見習制では主として「保育法（代紳録）」や「幼稚園記」などの指導を担当し、近藤は、「図画法」や手工芸的な「恩物」の指導を担当したが、氏原鍉によると、近藤をはじめ彼女らが最も苦労したのが豆工法（豆細工）であった。欧米から取り入れた豆細工は、大豆を接点に木の細い串を刺して繋いでいって立体構造物を作ることであったが、なかなかうまくいかないため、これまた試行錯誤の末に、近藤が大豆の代わりに煮たエンドウ豆を用い、提灯屋の竹ひごを使うことを発案してうまくできるようになったのである。不具合のものは保育者が工夫することで改善したのである。

また、いわゆる「20恩物」には見られないもので、当時の保姆や見習生が取り入れた活動として、キシャゴ（キサゴ）を用いた遊びがある。径1.7センチほどの扁平な巻貝であるイボキサゴは、江戸時代におはじきとして使用されたが、「点材」の恩物として、並べて、絵を描いたり、文字を書いたり、数の学習に使うことが可能であった。もちろん、おはじき遊びもできた。また、輪繋ぎ（註；色紙の輪を繋いで紙の鎖状にすること。現在でも七夕飾りの代表的な一つ。江戸時代の絵図にもある。これの「発生と伝播」の関係は不明だが、外国の幼稚園等でも見られる）なども取り入れている。

最初期の保育者たちは、そろって高い知性と教養の持ち主であっただけでなく、けっこう柔軟性も持っていて創意工夫もしているのである。当時の保育者たちは「輸入」したものだけを後生大事にしたわけではなく、自分らの判断で、フレーベル主義保育に足りないものは「付け加えた」のである。こうした努力があってはじめて摺紙法も模型法も営生式、美麗式、修学式の三科の内容を満たすものとなっている。『幼稚園恩物圖形』を作成したことで、難題の唱歌を除けば、20恩物を中心とする同園の保育の内容は整ったと言える。

わが国の幼稚園の最初期に、最も難しかったのは唱歌であったが、ただ、同園が何もせず手をこまねいていたわけではない。作曲は宮内省の伶人に依頼し、歌詞は豊田、近藤も

改訳等に関わったのである。豊田が作詞（改訳）に最も力を注いだのは、明治10年（1877）秋から明治12年（1879）初め頃までで、その後は近藤の活動が目立つことになる。これは、明治12年（1879）2月、豊田が長期出張で鹿児島に赴任したためである。

　いずれにしろ、式部寮の伶人たちが作成した「保育唱歌」は雅楽調であったが、歌詞に限っていえば、フレーベル主義保育で用いられた唱歌の一部、すなわち洋風唱歌を幼児が歌える形にして最初に導入したのは豊田芙雄、近藤はまだったのである。

7-3　近藤はまと私立幼稚園創設と保育者養成

7-3-1　共立幼稚園の創設

　先にも書いたように、近藤はまの履歴書によると、明治14年（1881）10月（東京女子師範学校年報では11月16日）、東京女子師範学校附属幼稚園を辞職している。近藤の辞職は、当時、幼稚園入園希望者は多かったにもかかわらず、幼稚園が少なく、受け入れられる数に限りがあったために、識者らが私立幼稚園を設置する目的で近藤を引き抜いたことによる、と言われている。幼稚園を作ろうにも、幼稚園教育を担える人はごく少数だったので、保姆は引く手あまただったのである。

　また、東京女子師範学校附属幼稚園は名門ではあったが、同園にいる限り、近藤は年長者でありながら常に豊田芙雄の後塵を拝さなければならないということもあって、自分の力を思いっきり発揮できる新天地を求めた、ということもあったのではなかろうか。

　明治16年（1883）6月、近藤はまを含め次のような5名連名で共立幼稚園の開業願いが東京府に提出されている。

共立幼稚園副幹事	大村長衛	東京府士族
共立幼稚園副幹事	近藤　浜	東京府平民
共立幼稚園副幹事	東儀季芳	東京府士族
共立幼稚園　幹事	二階堂行正	専福寺住職
共立幼稚園　幹事	松平忠恕	華族

　いずれも各界の名士であるが、特に、東儀季芳（1838-1904/註；伶人。信時潔作曲の「海ゆかば」以前の海軍礼式歌「海ゆかば」の作曲者）は式部寮の伶人で保育唱歌の作成を通

じて近藤はまとは面識があった。二階堂行正（註；真宗大谷派）については資料がないが、松平忠恕（1825-1902/註；上野小幡藩第4代で最後の藩主。幕府奏者番兼寺社奉行。大蔵省少輔。日光東照宮宮司。東京府学務委員。貴族院議員/子爵）は社会的地位の高い人であった。また、教育と深い関わりを持った人としては、大村長衛（生没年未詳/註；旧幕臣）がいるが、大村は、明治6年（1873）、漢学や洋学を教える訓蒙学舎を設立したり、明治9年（1876）、東京女子師範学校教員・宮川保全の訳書『幾何新論』の出版人となったりしている。また、明治18年（1885）、英蘭堂から『改正教育令解釈』（大日本教育雑誌　第22号抜萃）を発行し、明治20年（1887）、共立幼稚園内に私立芝玉女学校を設立した人である。この幼稚園設立の実質上の中心人物は大村であった。

　近藤の辞職から幼稚園開業までは1年半余を要しているが、明治15年（1882）中は、東京都公文書館に残る資料に見られるように、大村が幼稚園敷地を探すため、陸軍省官有地やその他の借用折衝をするなど、準備に忙殺されていた。

　同園は、実際の開業場所は、「牛込区市谷薬王寺前町二十五番地」として、同年7月7日認可となり、同月26日に開園となっている。この時設立された共立幼稚園は、なぜか、明治14年（1881）6月に改正された東京女子師範学校附属幼稚園の内容、方法ではなく、基本的には改正前の規則をお手本としている。近藤の辞職1年半余り後に開業された共立幼稚園は、近藤の旧職場の「新しい規則」を参考にしようと思えばできたはずであるがそれをしていないのである。

　共立幼稚園の開設の「旨趣」は、改正以前の規則をお手本にしているため「本園開設の旨趣ハ学齢未満ノ児女ヲシテ就園ノ便ヲ得シメ而身体ノ健康ヲ保全シ天賦ノ才美ヲ養成シ善良ノ言行ヲ慣熟セシメルニアリ」というように簡潔明瞭である。また、同園では先の三科も立てており、恩物の名称も「六球法」、「三体法」、「置箸法」、「図画法」、「剪紙法」、「織紙法」、「摺紙法」など古い呼称のままであった。

　幼児の定員は「百名」、教師は助教を含め「五人」、保育料は「月一円」となっているが、「敷地建家」は、「地坪拾五坪（但園庭）」、「家屋拾坪」となっていて驚くほど狭隘である。教師は「但官立幼稚園保姆練習科卒業生ヲ以テ教師トス」とあるが残念ながら教師名を記してある該当書類は見当たらない。

　共立幼稚園は入園希望者が多かったようで、翌年の明治16年（1883）9月11日、共立幼稚園第一分園を、「四谷区麹町十二丁目十四番地」に、「地坪十坪五合（但し園庭）」、「家屋二十坪」で開園しており、同年8月28日、共立幼稚園第二分園を、「赤坂氷川町二番地」

に、「地坪五十坪（但し園庭）」、「家屋八坪七合五勺」で開園している（註；第一分園、第二分園は開園月日順にはなっていない。設置計画の順か）。『東京の幼稚園』によると「保育科目、保育用玩具、入退園規則、児童定員、雇女教師助教数、園費概算などはすべて本園の場合と同じである」としている（12）。

　本園、分園2園の実際の保育に、近藤がどう関わったかは、必ずしも明らかではない。本園では、近藤が園長格として、保姆の指導にもあたったと思われるが、分園にも助教を含め5人の教師がいたのであれば、そちらについては、近藤が随時指導・監督をすることで保育の展開は可能であったであろう。

　『東京の幼稚園』によると、共立幼稚園（本園）は、明治17年（1884）、牛込区市谷薬王寺前町二十五番地から同区仲町十七番地へ移転したが、「地坪百坪（但し園庭）」、「家屋二十七坪」となって園庭、教室共に広くなっている。明治29年（1896）2月には、「牛込区横寺町六十一番地」へ移転し、明治31年（1898）3月、設立者が土屋けんに代わり、翌年、東京府教育会付属幼稚園保姆伝習所の修了生・堤てつに代わっているが、『東京の幼稚園』では「廃止の年ははっきりわからない」としている。東京都公文書館には、昭和2年（1927）、共立幼稚園の「廃止命令」の文書が残っている。廃止命令の理由等については不明である。いずれにしろ、共立幼稚園は東京女子師範学校附属幼稚園を退職した近藤はまが設立、経営に初めて関与した私立幼稚園であった。

7-3-2　芝麻布共立幼稚園の創設

　次に近藤が私立幼稚園の設立に関わったのは芝麻布共立幼稚園である。この園の設置申請書は、明治17年（1884）9月30日、東京府に提出されている。出願者は富田鉄之助、子安峻（1836-1898）、山東直砥（1840-1904）で三人とも大物であった。近藤はまは園長兼保姆として迎えられている。

　富田は、天保6年（1835）10月、仙台藩の重臣の子として生まれるが、勝海舟、福沢諭吉に学び、勝の子息・勝小鹿（1852-1892/註；40歳で死去。海軍少佐）に同行してアメリカに留学し、外交官を経て、大蔵官僚となり、幼稚園設立当時は、日銀副総裁（註；後に日銀総裁となる）という高い地位にあった。

　富田は、教育にも関心が高く、明治19年（1886）9月29日には、アメリカ留学時代からの友人・新島襄を校長とする私立宮城英学校（註；半官半民的実態。翌年、東華学校と校名を変える。同志社分校。豊田芙雄の養嫡子・伴も一時同校の教員となる）の設立に協

力した。

　子安峻は、天保7年（1836）1月、大垣藩に生まれ、大村益次郎に蘭学を、佐久間象山に砲術を学ぶが、維新後は神奈川県権参事などを経て、明治3年（1870）、「横浜毎日新聞」の創刊に関与し、明治7年（1874）11月2日、日就社から「読売新聞」を発刊して初代社長に就任している。設立者総代の山東直砥は、天保11年（1840）2月、紀州に生まれている。高野山の僧侶であったが、明治元年（1868）、箱館府権判府事となり、神奈川県権参事、参事などを経ている。山東は教育にも高い関心を持ち、南部出身の柳谷藤吉が創設した北門義塾（北門社）を継承している。『懺悔の記』（出版社不明）など多くの出版にも関わっている。元女優で参議院副議長となった山東昭子は曾孫にあたる。

　当時、これほど社会的に影響力のある人々が、私立幼稚園設立に情熱を注いでいること自体注目し得ることである。同園は設立の目的を「本園設置ノ旨趣ハ学齢未満ノ児童ヲシテ就園ノ便ヲ得セシメ而シテ身体ノ健康ヲ保全シ天賦ノ才美ヲ養成シ善良ノ言行ヲ得セシメ後来小学校ニ入ルノ階梯トナスニアリ」としており、共立幼稚園の旨趣に加えて最後に「後来小学校ニ入ルノ階梯トナスニアリ」を追加している。

　「位置」は、「芝公園地六十三号岳蓮社内」、「幼童定員」は「百名」であるが、入園希望者は多かったようで、明治21年（1888）10月31日、園長・近藤はまから府知事あてに「幼童増員御届」が提出され「百五十名」を定員としている。「保姆員数」は「六名トス内一名ハ園長兼務　但保姆履歴書ハ追テ雇入ノ上差出スヘシ」としているが、近藤はま以外の保姆の履歴書は見当たらない。「敷地建物」については「敷地建物ハ別紙略図ノ通借地及借家（別紙略図をはぶく建坪二百二十三坪地坪大凡三百坪運動場凡百五十坪）」とあって、説明がわかりにくい点はあるが、ともかく共立幼稚園に比べると「建坪」も「地坪」もかなり広くなっている。「保育料」は共立幼稚園と同様「月一円」である。

　また、同園の場合は、おおよそ東京女子師範学校附属幼稚園の明治14年（1881）、明治17年（1884）の改訂保育を取り入れている。三科はなくなり、恩物の名称も木の積み立て、板排へ、箸排へ、鐶排へ、画き方、紙刺し、縫取り、紙剪り、紙織り、紙摺み、豆細工などの呼称に変えており、書物類も桑田親五訳の『幼稚園 <ruby>幼童<rt>をさなごのその</rt></ruby> 上　中　下』（文部省）、各恩物の図例『幼稚園玩器図形』（東京女子師範学校）、数え方の『幼稚園数の教　二冊』（東京女子師範学校）、読み方の『幼稚園かなの教　二冊』（東京女子師範学校）、書き方の『幼稚園かなの教　二　冊』（東京女子師範学校）、唱歌の『幼稚園唱歌集』（文部省音楽取調掛編纂）、「明治新歌」（式部寮雅楽局原本ニヨル）、「幼稚園遊嬉　一冊」、『幼稚園

修身の話　六冊』（東京女子師範学校）、明治 11 年（1878）5 月発行の吉川修平の『日本庶物示教　三冊』、『幼稚園動物図　50 冊』（東京女子師範学校）、関信三の『幼稚園動物図解　一冊』（東京女子師範学校）などを揃えている。

　明治 23 年（1890）3 月、園長は近藤はまから田中房（ふさ）に代わっている。この交代は、同年、近藤が、芝区西久保巴町五十九番地に自前の近藤幼稚園を設立したことによる。近藤は、芝麻布共立幼稚園には園長兼保姆として 5 年半勤務したことになる。近藤は、東京女子師範学校附属幼稚園を退職後、共立幼稚園の分園を含め、都合 5 園の設立に関与した。なかなかの活躍ぶりであったと言うべきであろう。

　田中房（ふさ）は、明治 31 年（1898）10 月、芝麻布共立幼稚園の譲渡願に添付した履歴書によると、明治 16 年（1883）2 月、東京女子師範学校（小学師範科）を卒業し、明治 18 年（1885）10 月から明治 21 年（1888）12 月まで、芝麻布共立幼稚園保姆（註；月俸 11 円）をし、明治 22 年（1889）1 月から、築地の私立幼稚園（註；明治 20 年設立された築地本願寺内の私立幼稚園。月俸 13 円）園長兼保姆として勤務するが、同年、同園が公立京橋区幼稚園となると（『東京の幼稚園』ではこの経緯を把握していないためやや混乱が見られる）、明治 22 年（1889）6 月、同園の園長兼保姆（註；月俸 13 円）となる。東京都公文書館の資料によると、京橋区幼稚園は、同年 5 月 22 日、設立が認可され、木寺安敦からは、同年同月 28 日、私立幼稚園の廃止届が出されている。これらの経緯は東京都公文書館の資料や現・中央区立京橋朝海幼稚園（旧・京橋区幼稚園）の沿革などで窺い知ることができる。

　東京都公文書館の資料によると、明治 23 年（1890）3 月 18 日、田中ふさは京橋区幼稚園を辞め、近藤の代わりに芝麻布幼稚園園長に就任する。京橋区幼稚園の方は、同年 4 月 1 日、園長兼保姆は古賀都子（註；別の同館資料では郁子）となっている。田中ふさは、東京府教育会付属保姆講習所教員（嘱託）などを経て、明治 31 年（1898）10 月には、芝麻布共立幼稚園を設立者総代の山東直砥から譲り受ける願を提出するのである。

　同園の存続については、東京都公文書館の文書で昭和 12 年（1937）までは確認できるがそれ以降については不明である。

7-3-3　近藤はまと保育者養成

　近藤はまは、既述のように分園を含め合計 5 園の私立幼稚園の設立だけでなく、明治 20 年代には保姆養成にも深く関わっている。「私立東京府教育会附属幼稚園保姆講習所」

(13)という長い名称を冠した、保姆養成機関の設立認可願いが東京府知事宛に提出されたのは、明治21年（1888）9月28日のことであった。申請者は木寺安敦である。木寺は、明治初年、東京府十一等、警視庁十等勤務などを経て、明治10年代は京橋区学務員として活躍したが、東京府教育会の幹事を兼ねていた時期に保姆講習所を開いたのである。

　『東京の幼稚園』によると、「教員」は、近藤はま他1名とされている。もちろん、近藤は芝麻布共立幼稚園の園長兼保姆との兼務である。「設置ノ目的」は「幼稚園保姆ニ必要ナル学科即開誘法諸遊戯及ヒ唱歌等ヲ修メントスル者ノ為ニ専速成ヲ主トシテ之ヲ設ク」としている。最初から「速成」を謳っているあたりに当時の保姆需要の高まりを見て取ることができよう。修業期間は「六ヶ月間」の短期であった。

　「入学生徒学力及入学生徒年齢」は「学力ハ尋常小学科卒業以上ノ力ヲ有スルモノ」とし、「年齢ハ十八年已上四十年已下ノ女子」としているが、40歳以下であれば最高齢の受験者は明治維新時に20歳前後で、小学校に通えた世代でもないから、文字通り「学力ハ尋常小学科卒業以上ノ力」ということであろう。「生徒定員」は「五十名」である。初年度の入学生は13名とも14名とも言われているが、小学校教員免許状を持っている者、無資格のまま幼稚園に勤務する者なども少なくなかった（註；後には年40名ほどの入学者があったようである）。

　「起業及終業時間」は「午後二時ヨリ四時迄トス」としている。幼稚園の放課後が授業時間である。「授業料」は「一ヶ月金五十銭」である。「位置及敷地建物」は「位置ハ芝区芝公園地内共立幼稚園内ヲ借用ス」とあり「敷地ハ別紙丙号の通り（省略）八坪」である。

　「学科」と「週時間数」と「履修内容」は次のようになっている。

　　開　誘　法　　六　　木ノ積立　板排ヘ　箸排ヘ　鐶排ヘ　画キ方　紙刺シ　縫取　紙
　　　　　　　　　　　　剪
　　　　　　　　　　　　紙織　鎖繋　組板　組紙　紙摺　豆細工　土細工　数ヘ方　読ミ
　　　　　　　　　　　　方　書キ方等の諸法
　　遊　嬉　法　　二　　諸遊嬉法
　　唱　　　歌　　三　　単音唱歌
　　実地授業　　　一

　使用した図書には次のようなものが挙げられている。

180

幼稚園遊嬉	一冊		
幼稚園修身ノ話	六冊		東京女子師範学校
日本庶物示教	三冊	芳川修平著	青木輔清
幼稚園動物図解	一冊	関　信三著	東京女子師範学校
幼稚園唱歌集	一冊	文部省音楽取調 掛編纂	文部省

　この保姆講習所では一瞥しただけで保育の「方法」のみの伝習に徹しているのがわかる。保育の原点に触れる「教育学」、「フレーベル小伝」、「恩物大意」などの科目はなく、明治10年代末、東京女子師範学校に学びながら設立された「公立愛珠幼稚園幼児保育法伝習科」などと比べるとあっさりし過ぎていて、保育の理想とか意気込みといったものに欠けるうらみがある。愛珠関連については後の章で触れることとする。

　東京都公文書館の資料によると、芝麻布共立幼稚園内にあった「東京府教育会附属幼稚園保姆講習所」は、設立の翌年、明治22年（1889）1月12日、京橋区築地への移転願いを東京府に提出している（幼稚園不在の地に保姆練習所を作っても実習ができないので、公立化を前提として、築地本願寺内の私立幼稚園に移したのであろう）。また、これより3日早い、同年同月9日、園長の近藤はまから「芝麻布共立幼稚園保姆練習所」の設立願いが出されている。事情は良くわからないが、築地と芝公園の二ヶ所にそれぞれ異なる保姆養成機関を置くことになったのである。さらに翌年の明治23年（1890）には、近藤はまは芝区西久保巴町に自前の近藤幼稚園を設立し、「近藤幼稚園保姆練習所」を設けている。

　芝麻布共立幼稚園保姆練習所の目的、修業期間、授業料、入学資格等は東京府教育会附属の養成機関と同じであったが、「練習生定員」を「二十名」とし、特別生徒の枠を設け「特別生徒　但特別生徒ハ年齢学力ニ拘ハラス向来及ヒ当今家庭教育ノ為メ志願ノ者」を付け加えている点に違いがある。近藤幼稚園の保姆養成機関もこれらとほぼ同じ内容であったかと思われる。近藤幼稚園保姆練習科の修了生には、頌栄幼稚園保姆の奈良英、麻布区教育会附属幼稚園保姆の吉住幾久江、若松幼稚園設立者の海老名リン（1848-1909）などがいる。海老名リンについて詳しくは本書の後の章で取り上げている。

　近藤は、東京女子師範学校附属幼稚園でフレーベル主義保育と出会い、それを定着させるために豊田らと共に苦労を重ね、見習科や練習科で保姆養成にも貢献をしたが、同園を

退職後も、計5園の幼稚園の設立と経営に関与し、保姆養成にも大きな功績を残した。

近藤は、氏原鋹が妊娠のため保姆見習科を中途で辞め、大阪へ帰ることになった折には、東奔西走して航海中の付添人を探してあげるなど「親切な人」だったようであるが、あっさりした履歴書に見られるように、もともと淡白な人で、豊田芙雄などのように理想を高く掲げて邁進するといったタイプではなかったのであろう。

注

(1) 玉川芳男編著『幕末・明治を記録した夫婦　海老名季昌・リンの日記』、歴史春秋出版（株)、2000年

(2) 小林恵子「日本における最初の私立幼稚園とその背景（1）　近藤はま（浜）と近藤幼稚園」、『幼児の教育』(2月号)、1982年、p. 39

(3) 東京都編『東京の幼稚園』、東京都、昭和41年、pp. 87-88

(4) 上掲、p. 87

(5) 上掲、p. 162

(6) 東京女子師範学校編『東京女子高等師範学校六十年史』(復刻版)、第一書房、昭和56年、pp. 335-336

(7) 倉橋惣三・新庄よし子『日本幼稚園史』(復刻版)、臨川書店、昭和55年、pp. 161-162

(8) 上掲、pp. 162-164

(9) 桑田親五訳・稲垣千穎校・那珂通高訂『幼稚園　巻上』、文部省、明治9年、復刻版、日本らいぶらり、昭和53年、巻末図例

(10) 上掲、巻末図例

(11) 東京女子師範学校附属幼稚園『幼稚園恩物圖形』、東京女子師範学校附属幼稚園、明治11年

(12) 前掲、東京都編『東京の幼稚園』、p. 76

(13) 上掲、pp. 136-142

8 氏原鍈・木村末と大阪模範幼稚園

8-1 大阪模範幼稚園の設立事情

8-1-1 渡辺昇府知事と幕末・維新

　東京女子師範学校附属幼稚園、鹿児島県女子師範学校附属幼稚園に続いて、大阪府が「幼稚園」という名称を冠する、わが国3番目の近代幼児教育機関「大阪模範幼稚園」を設立し得たのは、大阪府知事・渡辺 昇（註；のぼる、とも称す）の力である。

　しかし、幕末および明治維新直後は、渡辺昇はフレーベル主義保育などとはほど遠い位置にいた人物である。渡辺は、幕末を代表する剣豪であったが、長州藩の品川弥二郎の命を受けて「人斬り」として名を馳せた人物である。また、明治維新後は、新政府に出仕し、弾正台大忠を務めている。新政府では「耶蘇徒處置取扱被仰付候事」となり、「浦上四番崩れ」処理の現場実行者となっている。渡辺は、欧米諸国から非難を浴びたキリスト教信徒迫害の直接の関与者だったのである。この渡辺の手足となって諜報活動をしたのが、わが国の東西本願寺の僧侶の間諜たちであったことは既に述べたとおりである。

　渡辺は、天保9年（1838）4月8日、肥前国大村藩の上級藩士・渡辺巌の子として生まれ、早くから剣術の才を発揮していたが、父が江戸藩邸勤となった際に同行している。江戸では安井息軒（1799-1876）の「三計塾」に入っている。また、江戸で長州藩の剣豪・桂小五郎（木戸孝允）とも知り合いになった。さらに、桂の勧めで斎藤弥九郎（1798-1871）の「練兵館」（註；当時、江戸の三大道場の一つ）に入って神道無念流を究め、後、請われて桂小五郎後任の塾頭を務めている。渡辺は尊皇攘夷派の志士であったが、剣を通じて、佐幕派の近藤勇（1834-1868）とも親交が生まれている。

　大村藩に帰藩後、秘かに尊皇攘夷派のグループを結成して、元締役の富永快左衛門を謀殺し、藩政改革に乗り出している。長崎では、坂本竜馬と出会って、薩長同盟の必要性を説かれ、長州藩説得の役割を買って出ている。渡辺には周旋力もあったのである。また、渡辺昇は兄の渡辺清（1835-1904/註；福岡県令。貴族院議員。長女・石井筆子は滝乃川学園理事長となる/男爵）と共に大村藩勤皇党を率いて、京都でも、坂本竜馬、桂小五郎、高杉晋作(1839-1867)、西郷隆盛、大久保利通らと交流を深めている。国立公文書館の履歴書を手がかりに、渡辺昇の大忠就任後の動きを見ると次のようである。

明治 2 年（1869）8 月 15 日	弾正台大忠となる。
明治 4 年（1871）7 月 9 日	弾正台大忠を辞める。
同年 7 月 20 日	盛岡県権知事となる。
同年 8 月 12 日	盛岡県権知事を辞める。
同年 8 月 12 日	大阪府大参事となる。
同年 11 月 22 日	大阪府権知事となる。
明治 10 年（1877）1 月 22 日	大阪府知事となる。
明治 13 年（1880）5 月 4 日	元老院議官（註；年俸 4000 円）となる。

　その後、明治 17 年（1884）5 月、会計検査院長、明治 20 年（1887）5 月、子爵、明治 37 年（1904）8 月、貴族院議員となるが、その間、明治 28 年（1895）には、大日本武徳会を結成し、明治 35 年（1902）5 月、同会より初代剣道範士の称号を受けている。

　渡辺が幼稚園設立に関与するのは大阪府知事時代である。氏原鋹によると、渡辺は明治 10 年（1877）のある日、東京女子師範学校附属幼稚園を訪問した。もちろん、渡辺が幼稚園を見ることもなく、幼稚園設立の構想を抱いたとも思えないので、明治 10 年（1877）1 月 22 日、大阪府知事に就任する前後に、公務で上京した折に、同幼稚園を訪問する機会があったのであろう。

8-1-2　渡辺昇と関信三

　渡辺昇と関信三（安藤劉太郎）の二人の過去の関係は人前で言えるようなものではなかった。いずれにしろ、過去を捨て、心機一転、フレーベル主義保育の導入にすべてを賭けていた関にとって、渡辺昇は最も会いたくない訪問者の一人だったはずである。しかし、二人きりになるとかつての上司と部下である。人目のないところでは、関は「ご無沙汰いたしております」というくらいの挨拶はしなければならなかっただろうし、渡辺も「その後どんな仕事をしてきたのか」というくらいの言葉はかけたであろう。

　渡辺は、帰阪後、大阪でも幼稚園を設立するという意志を固めている。できることなら、東京女子師範学校から保姆を派遣してもらいたかったようである。しかし、東京女子師範学校には保姆を派遣できる余裕はなかった。ただ、事務方が、近々、保姆養成の科を設ける予定がある、という不確かな情報を伝えたようで、渡辺は確認も不十分なまま大阪の小

学校教員2名を選出して東京へ送り込むのである。もちろん、東京の幼稚園側では大慌てで見習規則等を作ることになった。『日本幼稚園史』は次のような氏原の手記を紹介している(1)。

　東京女子師範学校附属幼稚園主事関信三先生の、御徒町の邸に行き、大阪府学務の添書を差出して来意を告げ、翌日よりお茶の水幼稚園に入学すべく思ひしに、其運びができません。
　これは本校より係見習生を置くと回答したるも、斯様に早く私共の上京せぬものとし、其保姆見習生に関する規定時間割等が未だ出来てなく、之の準備を整へ数日の後に出頭せよとの通知を受けました。之れは大阪府が、幼児教育の必要性を感じ、一日も早く開園せんものをと本校よりの回答に接し、直ちに私共両人を急に上京せしめたもので、早手回しの失敗なりし。併しこの早手回しが他府県に率先して大阪府の第一番に開園出来たものなり（註；鹿児島が大阪より先で不正確な記述である）。

氏原鋹の手記によると、氏原と木村末は、大阪から神戸まで列車、神戸から横浜まで汽船、横浜から新橋まで列車を使って上京している。時期は、明治11年（1878）2月だったようである。ともかく、その後、一時は東京を凌ぐようになる大阪の幼児教育の隆盛は、渡辺の怪我の功名とも言うべきこうしたきっかけから生まれたのある。

8-1-3　氏原鋹の生立ちと教師への道

氏原　鋹(2)

　氏原鋹と一緒に上京し、保姆見習をし、大阪に帰って大阪模範幼稚園を設立した木村末については、氏原による上京の旅、在京中の様子等が僅かに知られている程度で、大阪に帰って大阪模範幼稚園に勤務したところまではわかるが、早々に辞職したようで、その後については情報がない。
　氏原に関しては、自身が書き残したものや、周辺の人々が記述したものがあるため、かなりの程度のことがわかっている。氏原は、近藤はまと違って、保育の集会、研究会などにも積極的に参加し、『京阪神連合保育会雑誌』や『幼児の教育』などの保育雑誌にも数々の著述を残し、童謡や童話まで創作し、保育雑誌に発表したりしている。また、氏原鋹の場合は、その人物像や業績について触れた

論稿なども相応に残っている。

　氏原については、平成7年（1995）、『幼児の教育』誌に掲載された守随香氏の「保育実践のパイオニア：氏原鋹（1）」（3）および「保育実践のパイオニア：氏原鋹（2）」（4）の論文が氏原の記録などを使って詳しく記述されている。ここでは守随香氏の論文や氏原自身の手記などを参考に記述を進めることとする。まず、氏原が大阪府の小学校教員になるまでを守随氏の記述を参考に要約すると次のようになる。

　　西山鋹は、安政6年（1858）、青木藩江戸藩邸（註；青木藩は摂州にあった小藩で一万石の麻田藩のことである）で生まれている。父は同藩の武士で西山明教（註；鋹自身の記述に明教は会津若松で誕生したとある）、母は鈆である。父・明教は宝蔵院流槍術を得意としていたが、詩作や謡曲なども楽しむ風流の人でもあった。しかし、家庭内では礼節にうるさく、特に長幼の序などには厳格であった（註；そういう点では豊田芙雄の父・桑原幾太郎に似ていたと言える）。

　　当時、6歳6ヶ月で習いごとを始めると上達が早いと信じられていたが、鋹も6歳6ヶ月から習字を習い始めている。また、9歳になると鋹は詩吟を習っている。鋹が10歳の時、幕府が瓦解すると、麻田藩の人々はそろって国元の摂州麻田村に帰っている（註；この時の様子などは氏原の手記に残っている）。11歳になると、父が鋹に漢籍と楷書を教えている。当時は11、2歳頃になると、武家の女子は裁縫などを習えばそれでよしとする風潮が一般的である中で、父・明教は女子だからといって教育面で差別することはなかったのである。母・鈆は、元気で活発すぎる鋹に少しはおしとやかになって欲しいという願いもこめて諸礼式、折り方、結い方、生花などの手ほどきをしている。

　　17歳の頃、鋹は医学生・氏原知正と結婚する（註；夫・知正が医者になったかどうかは不明であるが子どもの氏原均一は医学博士となる）。鋹は結婚自体乗り気ではなかったが、夫が留守中に、昼間、舅や姑に気を遣いながら、家に閉じ込められている生活は、元々活発で学問の面白さにも目覚めていた鋹には耐え難いものであった。

　　しかし、そういう鋹に、実父の知人から、西区の小学校教員募集の話が舞い込み、鋹は大喜びするが、当時の元武家の家庭では、嫁が家の外で働くことは簡単には認められず、実父が義父を必死で説得することによってようやく婚家先の舅の理解を得て、まず西区堀江小学校助教となり、後に同校の訓導となるのである。

さらに、小学校教員の氏原鍈と木村末は、大阪府から選抜され、東京女子師範学校附属幼稚園で保姆見習をするよう命じられることになった。二人が選ばれた経緯等についてははっきりしないが、二人の上京の様子についてはすでに触れたとおりである。

8-1-4　氏原・木村の保姆見習

氏原鍈、木村末、横川楳子に対する保姆見習は、3 月 1 日にスタートしている。氏原、木村は大阪府の給費生（註；関信三の宮城県学務課への手紙によると月 10 円。小学校教員の給料を含めたものか）であったが、横川は東京女子師範学校の給費生（註；月 5 円）であった。

保姆見習は、当初、半年間の予定であったが、それでは不十分だとして発足後すぐに 10 ヶ月間に延長されている（註；12 月の修了式後も 1 ヶ月余講義は継続されている）。

氏原の手記（5）によると、保姆見習の内容は「入學後は<u>實地保育</u>、宮内省伶人先生の<u>唱歌</u>、松野クララ先生による<u>保育法</u>、豊田芙雄先生の幼稚園記並に<u>保育法</u>、近藤濱先生の<u>手技製作等</u>」があったとしている（註；下線部は前村による）。ただ、氏原は既婚者で上京後に妊娠していることがわかって、7 月までは講義を受けたが 8 月末には大阪に帰っている。したがって、氏原は保姆見習の後半の講義は受けていない。

氏原は、見習中途で大阪に帰るという事情があったので焦りもあったようで、松野クララの保育法の講義については、同手記において次のような所感を残している（6）。

> 中で一番休みが多くて進まぬのは、クララ先生の保育の講義で、これは通譯付き講義で、此通譯には關監事が擔當せらるるのですが、此講義の當日、クララ先生が出勤せられても、關先生缺勤の時には講義は出來ませず、又關先生が出勤せられましてもクララ先生の缺勤の日は休みとなるので、此兩先生が揃ふ事がなく、一週中一廻もない時があつて、留学生の身として一番閉口いたしまして、二ヶ月が一ヶ月に相當する様なもので有りました。

クララの講義は、回数では半分しかなかったと嘆いているが、通訳付きの授業であるから単純計算では通常講義の 4 分の 1 の分量にしかならなかったことになる。おそらく大半は豊田の「代紳録」を用いた「保育法」の講義で代替するしかなかったであろう（註；クララの英語による講義は、中身は「保育法」であるが、関には、おそらく中村にも、当分、

保姆となる者には英語の素養も必須であるという考えもあったようである）。「代紳録」の中身について詳しくは共著『豊田芙雄と草創期の幼稚園教育』(建帛社) に記述している。

　豊田の「幼稚園記」の授業は、翻訳者の関が担当した方が良かったのではないかと思うが、関は体調面で不安が大きくなっていたのであろうか。もちろん、これは訳書があるわけであるから「講読」による講義（演習）は「読書（講読）」の講義に慣れていた豊田にとっては難しいことではなかったであろう。

　近藤は「製作手技等（註；図画を含む）」を担当しているが、これらの他に唱歌の指導もしたようである。ただ、唱歌については、氏原や仙台の矢野成文が書いているように、当時の同園では、「風車」や「家鳩」など数曲のみが歌われているだけであった。

　当時、同園には西郷従道文部卿の長男・従理 (1875-1885/註；8 歳頃、ロシア公使についてロシアに行き、後、ワシントンに渡って、チフスに罹り死去。享年 10 歳) が通園していたこともあって、明治 11 年 (1878) 8 月 21 日、同園関係者は西郷邸の食事会（註；西洋料理）に招かれている。文部大輔・田中不二麿夫人、松野クララ、豊田芙雄、近藤はまに加え、見習生の横川楳子、氏原鎮、木村末らである。従道邸では、一ヶ月に一回くらいお客を招いて食事会をしたようで、これもその一環であったが、常に教師は上席に座ってもらうのが同家のしきたりで、教師としては躊躇したり、戸惑ったりすることもあったようである。

　その後も木村は研修を続け、同年 12 月 24 日、修了式を迎えている。豊田は「二人の修了生」という文言の入った祝辞の原稿を残している。ただ、先にも書いたように、豊田の講義は 2 月上旬まで続いているので、木村もその頃まで東京にいたのではないかと思う。明治 12 年 (1879) 1 月、関信三は愛珠に残る『幼稚園創立法』に木村から請われたので複写を与えることにした、という経緯を記し、署名をしている。この一書がなぜ愛珠幼稚園に残ることになったかについては既述したとおりである。

8-2　大阪模範幼稚園の設立とその特徴

8-2-1　大阪模範幼稚園の設立主意

　「大阪幼稚園」とも「大阪模範幼稚園」とも称される、全国 3 番目の幼稚園が、大阪で開業したのは、鹿児島幼稚園開業に一月遅れの明治 12 年 (1879) 5 月であり、さらに一月遅れて、同年 6 月、全国 4 番目の仙台区木町通小学校附属幼稚園が開業した。

大阪府学務課が「大阪幼穉園手引」という「規則」を作ったのは同年３月である。鹿児島でも大阪でも幼稚園教育の内容、方法、その他諸規則等は基本的に東京女子師範学校附属幼稚園のものを踏襲しているが、「大阪幼穉園手引」では、次に引用するようにやや長文の前文「設立主意」（7）を掲げているところに特色がある。

　　　設立主意
　　世上ノ母トナル者其心必ス其嬰児ノ成立ヲ欲スルハ人性ノ自然ニ出テ他人ノ教導ヲ待タスト雖モコレヲ愛撫養育スル法ニイタリテハ其欠クル所少ナカラス真ニ之ヲ愛スル者ハ其児ノ身躰ヲ健固ニシ其児ノ善心ヲ発動シ良知を誘起スルニアリ然シテ幼児ノ家ニ在ル多クハ悪戯飽食習ヒ性トナリ却テ脆弱ナル身心ヲ損スル等比々是ナリ縦令其法ヲ知ルモ其母タル者或ハ家事ヲ理シ単ニ保嬰ノ法ニノミ従フコト能ハサル者多シコレ此幼稚園ヲ開設シ相比シタル幼児ヲ集メ其母ニ代リテコレヲ保育スル猶園丁ノ植物ヲ培養スルカ如ク和風麗日ニ其繊々タル萌芽ヲ養ヒ其甘美ナル成果ヲ佗（註；他のことか）日ニ俟タントス抑幼稚保育事業ノ法タルヤ西人布列別氏ノ数十年間懇篤ニ発明シタル所ニシテ現今一般六七歳ノ児女ヲシテ突然学ニ就ケ一時ニ其心ヲシテ激動強促スルノ弊習ナカラシメ僅ニ其ノ母親ノ懐抱ヲ脱シタルヨリ先ツ遊嬉楽事ヲ以テ其良知ヲ誘引シ自然学業ヲ愛好スルノ心情ヲ発生セシムルノ教ニシテ其幼穉ニ益アルヤ身体健康手芸熟練言語理論等ノ勢力ヲ発揮シ思惟力覚悟心ヲ練磨明亮ニシ平日礼譲アリテ容儀温雅ノ風ヲ蓄ヘ自ラ謹慎鋭敏善ク物ニ堪ヘ博ク物ヲ識ラント欲スルノ念ヲ生ス右等総ベテ幼穉常行ノ範囲中ニ領取スル所ニシテ其ノ功妙実ニ不俟論ナリ今其管内ノ模範タルベキ一園ヲ設ケ以テ嬰児教養ノ忽^{ゆるが}セニス可ラサルヲ世ノ父母タル者ニ示ス

　この設立主意もまた『幼稚園創立法』などを参考に書かれたようでまさにフレーベル主義保育そのものである。一般に家庭では多くの子どもは甘え、甘やかされて「悪戯飽食習ヒ性ト」なりがちであるが、幼稚園で幼児を集め「其母ニ代リテコレヲ保育スル」ことは「園丁ノ植物ヲ培養スルカ如ク」であり、そのことで「遊嬉楽事ヲ以テ其良知ヲ誘引シ自然学業ヲ愛好スルノ心情ヲ発生セシムル」と説いている。また、末尾の「其管内ノ模範タルベキ一園ヲ設ケ以テ嬰児教養ノ忽^{ゆるが}セニス可ラサルヲ世ノ父母タル者ニ示ス」などを読むと、渡辺を始め大阪の人々がいかに幼稚園に期待し、いかに幼児教育に熱い思いを抱い

ていたかを知ることができる。

8-2-2　東京・大阪・鹿児島の幼稚園保育の比較

　東京と大阪で、保育科目として「第一　物品科」「第二　美麗科」「第三　智識科」の三科を置いているのは同じであるが、鹿児島では「第一　営生式」「第二　摘美式」「第三　脩学式」という名称を使っている。もちろん、三科の内容はいずれも同じであるから特に問題はない。ただ、これら三科に含まれる子目として大阪で次のように列記していることは気になる (8)。

　　五彩球ノ遊ヒ。木箸ノ置方。図画。計数。三形物ノ理解。環ノ置方。織紙畳紙。博物理解。貝ノ遊ヒ。剪紙木箸細工。唱歌。鎖ノ連接。剪紙貼付。粘土細工。説話。形体ノ積方。針画。木片ノ組方。体操。形体置方。縫画。紙片ノ組方。遊戯。

　恩物の並べ方が東京でもランダムであるが、大阪ではそれ以上にランダムなのである。いっぽう、鹿児島では第一恩物六球法に始まって第二十恩物模型法（註；粘土細工）まで順序良く並べ、その後に貝ノ遊ヒ、鎖ノ連接、計数、博物解、説話、唱歌、体操、遊戯を加えている。なお、三科の旨趣は、説話、唱歌、遊戯など全ての保育活動に含まれているのである。

　ここでは「恩物保育の良否」を問題にしたいわけではない。ただ、「フレーベル主義保育」を掲げる以上は、保育課程全体がシステマティックであることを前提にすべきである。それ故、順序はおろそかにできないが、それに関して開業時の東京や大阪は無頓着なのである。

　時間割についていえば、東京女子師範学校附属幼稚園の明治 10 年（1877）7 月の規則では、毎朝の室内会集が 30 分であったのを、大阪では 20 分に短縮している。ちなみに、鹿児島では室内会集と唱歌で 20 分としている。

　また、東京（3 クラス）の保育時間割表は大雑把なもので 30 分、40 分、45 分の静的な恩物活動が連続していても気にしていない。大阪（当初 2 クラス）でも、満 4 歳以上の「第一ノ組」の前半時間帯は東京と同様 40 分の静的活動が毎日 3 連続し、後半時間帯でようやく動的活動と静的活動が交互に組み合わされている。しかし、大阪でも、満 3 歳以上の「第二ノ組」では静的活動（積体法など）と動的活動（放課・体操・遊戯など）を交互に

組み合わせている。

　鹿児島（当初2クラス）の場合は、満3歳以上の「第一開誘室」でも、満4歳以上の「第二開誘室」でもすべて静的活動と動的活動を交互に組み合わせている。比較のために3園の時間割表を示すと次のようである。

＜東京＞　第一ノ組　小児満五年以上満六年以下

	三十分	三十分	四十五分	四十五分	一時半
月	室内会集	博物修身等ノ話	形体置キ方（第七箱ヨリ第九箱ニ至ル）	図画及ビ紙片組ミ方	遊戯
火	同	同計数（一ヨリ百二至ル）	形体積ミ方（第五話）及ヒ小話	針画	同
水	同	木箸細工（木箸ヲ折リテ四分ノ以下分数ノ理ヲ知ラシメ或ハ文字及ヒ数字ヲ作ル）	剪紙及ヒ同貼付	歴史上ノ話	同
木	同	唱歌	形体置キ方（第九箱ヨリ第十一箱ニ至ル）	畳紙	同
金	同	木箸細工（豆ヲ用ヒテ六面形及ヒ日用器物ノ形体ヲ模造ス）	形体積ミ方（第五箱ヨリ第六箱ニ至ル）	織紙	同
土	同	木片組ミ方及ヒ粘土細工	環置キ方	縫画	同

＜東京＞　第二ノ組　小児満四年以上満五年以下

	三十分	三十分	四十五分	四十五分	一時半
月	室内会集	体操	形体置キ方	図画（三角形等ニ至ル）	遊戯
火	同	同	博物修身ノ話及ヒ図画	針画	同
水	同	同	形体積ミ方（第三箱ヨリ第四箱ニ至ル）	縫画（三倍線等）	同
木	同	唱歌	計数（一ヨリ二十二至ル）	織紙（第十二号ニ至ル）	同
金	同	体操	木箸置キ方（六本ヨリ二十本ニ至ル）	畳紙	同
土	同		歴史上ノ話	形体積ミ方	同

＜東京＞　第三ノ組　小児満三年以上満四年以下

	三十分	三十分	四十五分	四十五分	一時半
月	室内会集		球ノ遊（第一箱）	図画（三倍線ノ直角等）	遊戯
火	同	体操	小話	貝ノ遊ヒ	同
水	同	同	三形物（球、円柱、六面体）	畳紙（第一号ヨリ第四号ニ至ル其他単易ノ形）	同
木	同	同	計数（一ヨリ十二至ル）及び体操	鎖ノ連接	同
金	同	唱歌	形体積ミ方（第三箱ニ至ル）	針画	同
土	同	体操	画解	木箸置キ方（六本ニ至ル）	同

<鹿児島>　第一開誘室。二組の内年上の組。

	従九時至二十分	従九時二十分至五十分	従九時五十分至十時	従十時至三十分	従十時三十分至十一時	従十一時至三十分	従十一時三十分至十二時
月	室内会集　唱歌	第一積体法　第三	放課	計数　修身話	体操遊戯	織紙法　唱歌	自由遊戯
火	同　同	第三積体法	同	図画法	同　同	刺紙法　同	同
水	同　同	第四積体法	同	連板法　歴史上ノ話	同　同	繋紙法　同	同
木	同　同	置板法	同	組板法　置糸	同　同	摺紙法　同	同
金	同　同	置箸法	同	博物解　置環法	同　同	組紙法　同	同
土	同　同	剪紙法	同	豆工法	同　同	模型法　同	同

<鹿児島>　第二開誘室。二組の内年下の組。

	従九時至二十分	従九時二十分至五十分	従九時五十分至十時	従十時至三十分	従十時三十分至十一時	従十一時至三十分	従十一時三十分至十二時
月	室内会集　唱歌	六球法　計数	放課	小話　貝ノ遊ヒ	体操遊戯	鎖ノ連接　唱歌	自由遊戯
火	同　同	三体法　置環法	同	図画法	同	織紙法　同	同
水	同　同	第一積体法	同	画解　組板法	同	刺紙法　同	同
木	同　同	第二積体法	同	置板法	同	繍紙法　同	同
金	同　同	第一積体法　第二	同	修身小話　連板法	同	摺紙法　同	同
土	同　同	置箸法	同	博物解　豆工法	同	模型法　同	同

※鹿児島でも三組を予定していたが事情により「但シ当分二組トス」としている。

<大阪>　満三歳以上の組。大阪では年少組を先に示している。大阪でも二組としている。

		従九時至同廿分	従九時二十分至同五十分	従九時五十分至十時	従十時至同三十分	従十時三十分至十一時	従十一時至同三十分	従十一時三十分至十二時	従一時至二時

第二ノ組	月	室内集会	六球法	放課	小話	遊戯体操	置環法	唱歌体操	自畠遊
	火	同	三体法	同	鎖ノ連接	同	図画	同	同
	水	同	第一積体法	同	計数	同	刺紙法	同	同
	木	同	第二積体法	同	貝ノ遊	同	織紙法	同	同
	金	同	置形法	同	小話	同	摺紙法	同	同
	土	同	置箸法	同	画解				

＜大阪＞　満四歳以上の組。

第一ノ組		従九時至同二十分	従九時二十分至同十時	従十時至同二十分	従十時二十分至十一時	従十一時至同三十分	従十一時三十分至十二時	従一時至二時
	月	室内集会	置形法	計数	剪紙法	遊戯体操	連板法	自畠遊
	火	同	剪紙法	修身小話	置箸法	同	図画	同
	水	同	刺紙法	画解	組板法	同	組紙法	同
	木	同	繍紙法	歴史小話	剪紙法	同	摺紙法	同
	金	同	第一第二積体法	知恵ノ板	織紙法	同	図画	同
	土	同	第三積体法	貝ノ遊	粘土細工			

　活動時間や活動の組み合わせで３園を比べると、幼児の心理や生理について考えていないのが東京の場合で、大阪も第一の組では、東京より少しましであるが、ほとんど似たようなものである。大坂も、第二の組の場合においては、静的活動と動的活動がうまく組み合わされている。鹿児島は両クラス共に活動単位時間は短縮し、静的活動と動的活動を見事に組み合わせている。鹿児島では保育内容については、東京の幼稚園をなぞるようなことはしていない。鹿児島では上司の意向を気にすることなく、豊田自身の考えを通しやすかったのであろう。

　フレーベルとその後継者たちが作り上げた「フレーベル主義保育」の恩物の順序性については、小西信八の章でも部分的に述べたが、ここではさらに全体に触れておきたい。

　恩物は、第一恩物六球法という６色の球によって、自然界の基本的な色の学びと、球の本質を「感得する」ことを本旨とし、球で可能な様々な活動（遊び）をするが、これを最

初に置いたのは球体が自然界（宇宙）でもっとも安定した完璧な形体であるという理由による。

　次に第二恩物三体法があって、一見まったく違う球、円筒、立方体であっても相互に関連を持った存在だという活動（遊び）をする。立方体の平面の中央に糸をつけて回せば円筒になり、一つの角に糸をつけて勢い良く回せば球体が見えるといった体験をするのである。また、球と立方体の中間にある円筒は曲面を持つという点で球体と共通点があり、平面を持つという点で立方体と共通点を持っている。地球上におけるあらゆるものが、一見、まったく相反するようなものであっても「なかだち」となる「中媒」があることを感得させるのである。白と黒の中間の「灰色」、山と谷を結ぶ「道」なども同様である。「正」と「反」と「合」の考えである。

　第三恩物第一積体法から第六恩物第四積体法までは、同じ大きさの立方体を分割したものであるが、シンプルな分割からやや複雑な分割へと進められており、それぞれを使った物品科、美麗科、智識科を含む積木の活動（遊び）をする。第六恩物までは「立体」を扱う活動（遊び）である。

　第七恩物置板法は、色のついた板を並べて、模様を作ったり、様々な具体形を造る活動（遊び）をするが、これは「平面」を使った学び（遊び）である。

　第八恩物置箸法には数種の長短の棒があり、棒を並べて、家、橋、塔、人などごく素朴な図形を描く活動（遊び）ができるが、外国ならアルファベット、日本ならカタカナ、漢字の学習に使うこともできるし、足し算・引き算の式に使うことも可能であった。もちろん、ここでは「平面」から「線」の活動（遊び）に入っている。

　第九恩物置環法は金属の円状のもの、半円状のものを使って物の形を作るが、これも曲線の「線」の活動（遊び）である。

　第十恩物図画法に至って、石盤や紙などに筆記具を使って図画を描く活動（遊び）をする。これはもちろん線と面の自在な展開である。

　第十一恩物刺紙法は、紙に金属の先のとがったもので穴をあけ、破線状の絵柄などを描く活動（遊び）であるが、これは細かい「点」の活動（遊び）になる（註；最も写真に写しにくい被写体であるが、海老名リンの章で作例を紹介している）。

　第十二恩物繍紙法は、第十一で、点（穴）で描いた図柄を、色のついた糸で縫う活動（遊び）であって、点の活動と線の活動が合体することになる。もっとも素朴な刺繍ともいえる（註；これも海老名リンに関する章で紹介している）。

第十三恩物剪紙法（きりがみ）は、いろいろな色紙をハサミで切らせて、切片を組み合わせて台紙に貼りつける活動（遊び）である。

第十四恩物織紙法（おりがみ）は色のついた細い紙帯を織ってかなり複雑な模様を作り出す活動（遊び）である。織物のもっとも素朴な体験となるが、実際的には線と面の両面を持った活動になる。

第十五恩物組板法は弾力性のある細長い小板（赤4本・青4本・黄4本・緑5本・橙5本・紫5本　計27本）で、様々な形やものを作る活動（遊び）である。

第十六恩物連板法は「折尺」のように数個の細板を連接したものを使って様々な形を作る活動（遊び）である。

第十七恩物組紙法は細長い色紙を使って様々な形に組み合わせる活動（遊び）である。

第十八恩物摺紙法（しゅうし）（註；畳紙または折紙）は一枚の紙を折りたたんでレリーフ状や立体状の複雑な形を作り出すことであるからやや高度な活動（遊び）となる。

第十九恩物豆工法（註；豆細工）は、両端を尖らせたひご状のものを、接点として用いる煮豆に四方から刺して繋げていき、簡単なものはハシゴ状のものから、ジャングルジムや塔や橋のような構造物を作り出すことである。

第二十恩物模型法は粘土で様々な器物や自然物等を自在に造物することから、「フレーベル主義保育」では二十恩物中最も高度な活動として位置づけられている。

8-2-3　大阪模範幼稚園のその他の諸特徴

ただ、大阪の場合も府知事肝いりでスタートした幼稚園であるから、その後に生まれる個人立の幼稚園などに比べたら施設、設備、備品、消耗品費などは相当に恵まれたものであった。しかも、何と言っても同園の保育料は当初無料であった（註；後には月25銭の保育料を徴収し園費の一部としたようである）。また、同園では、幼稚園で必要な用具、机、腰掛、恩物等の凡ての見本を東京から取り寄せて、大阪の商人に模造させた。園庭は、日本全土の形状を模して、幾つもの低い小山状にして、島々、海（池）を含めた造りとなっていた。子どもたちは、この形状の上を駆け登ったり、駆け降りたりして楽しんだようである。また、藤棚、広い芝生、一人ひとりの小畑があるというのだから、恵まれた「模範幼稚園」を目指していたのである。

また、同園では見習方式で保姆養成にも務めており、同園の見習修了生は愛珠幼稚園等の創立にも関わることになった。

大阪模範幼稚園において、見習方式による保姆養成に取り組んだことは、各種の論稿等に見られるが、特に湯川嘉津美氏は『日本幼稚園成立史の研究』（風間書房/2001）で大阪模範幼稚園の「幼稚保育法見習規則」にまで踏み込んで検討している。この文書は、明治12年（1879）5月1日付のもので、現在、大阪府公文書館（註；ここにあるのは写真版で消滅しかかっていてかろうじて読み取りが可能である）や玉川大学が所蔵しているが、同園では、さらに、同年7月、東京女子師範学校の「計画」に倣って保姆練習科（1年）まで設置しており、見習（4ヶ月）を終えた者で希望すれば本科（保姆練習科）で学ぶことができるとしている。東京では保姆練習科の応募者は一両名しかなく、一旦、頓挫し、秋に構想を練り直して、翌年春にスタートすることになるが、大阪の場合の保姆練習科の実態については筆者は知らない。

　「幼稚教育法見習規則」では、植物は注意を払いながら大切に育成すれば期待どおりの見事な花や果実をつけるが、人間の場合はなおさらその理が当てはまる、と記述している。また、「戸庭ノ間皆幼稚ノ教育場ニシテ母氏ノ膝上ハ学校ナリト謂モ皆此意ナリ」とし、「稚児ノ母タル者此理ヲ察セスシテ可ナランヤ」としているように「見習規則」では「母親教育」を強調している。大阪模範幼稚園を含めて、全国で幼稚園は3園しかないのだから、修了すれば幼稚園に勤務できるとは謳いにくかったのであろう。

　規則の第一条においても「此ノ保育見習科」は「母親及乳母タル者」に「幼稚ヲ保育スル術ヲ授クル為ニ設ク」とし、第五条で修業期間を「四ヶ月」とし、第九条で「終業」すれば「仮証書ヲ付ス」とし、第十条においてようやく「此仮証書ヲ得ル者ハ自家ニ於テ幼稚園ヲ開クコヲ得」としている。

8-3　大阪模範幼稚園の廃園と設立意義

8-3-1　大阪模範幼稚園の廃園の決定

　しかし、これほど力を入れて設置された同園であるが、明治16年（1883）6月14日、僅か4年で廃園の命が発せられている。しかも、大阪府議会で廃園を決定したのはその2年前であった。明治13年（1880）5月4日、渡辺昇が府知事を辞め、建野郷三（1842－1908）が新たに府知事となったことがその背景にある。

　建野は、廃園の機会を窺っていたが、愛珠幼稚園の『沿革誌』(9) によると、明治16年（1883）6月1日（註；氏原の記述中5月は誤り）、同園では第三回記念式と移転祝賀

会を兼ねた祝典を、建野府知事、熊谷東区長をはじめ、町会議員、学務委員、創立委員、北浜・道修両小学校首席教員等を来賓に迎えて盛大に執り行うが、建野は、愛珠幼稚園の盛況ぶりを見て、府立園は必要なしと判断したのである。

　しかし、町立の愛珠幼稚園が盛況だからといって、府立の模範幼稚園を廃園とするのはおかしな理屈である。要するに、建野郷三知事は前任者の渡辺昇が創った幼稚園に愛着は無かったし、幼児教育に府費を使うことを惜しんだのである。

　建野が府立模範幼稚園廃止を最終的に決めたのは、明治 16 年（1883）6 月のことであるが、翌年の明治 17 年（1884）2 月 15 日、文部省の普通学務局長は、府県知事宛に学齢未満児の小学校入学禁止の通達を出し、各地で幼稚園設置の必要性が認識されるようになるのであるから、建野知事の判断は間の抜けたものとなっている。

　当時の学校管理は杜撰で幼児の小学校入学も珍しいことではなかった。通達は「学齢未満ノ幼児ハ幼稚園ノ方法ニ因リ保育スヘキ」と言い、幼児を学校に入れて同一の教育を受けさせるのは「心身ノ発育ヲ害スルコト不尠」というのだから慧眼の士もいたのである。

　しかし、だからといって国家主導で幼稚園設置や保姆養成に力を入れるようになったというわけではない。あわてて対策を練るのは、むしろ地方自治体の方であったが、これまた温度差は様々であった。

　また、前々年の明治 15 年（1882）12 月には、文部卿代理・九鬼文部少輔の簡易幼稚園に関する示喩もあった。完備した幼稚園を作るとなると、どこでもという訳にはいかず、貧乏な民の子弟や、条件の厳しい地方の子どもは、なかなか幼稚園教育の恩恵を受けることができないので、簡易幼稚園を設けることも必要であると言っている。示喩の終末部分だけ示すと次のようである（10）。

　　此種ノ幼稚園ニ在テハ編制ヲ簡易ニシテ唯善ク幼児ヲ看護保育スルニ堪フル保姆
　　ヲ得テ平穏ノ遊戯ヲナサシムルヲ得ハ即チ可ナリ
　　　是レ尚ホ群児街頭ニ危険鄙猥ノ遊戯ヲナスルモノニ比スレハ大ニ勝ル所アリ其父
　　母モ亦係累ヲ免レ生産ヲ営ム便ヲ得テ其益蓋シ少小ナラサルヘキナリ

　これも一つの優れたアイディアであったが、都会においても、地方においても予算の不足と保姆の欠乏のため、十分生かされることはなかった。ただし、完備された幼稚園とは違った緩やかな幼児教育機関もあっていいのだ、という観念を普及することには役立った

と言えるだろう。

後に触れるが、各地の幼稚園設置の理由にもあるように、子守たちが神社の境内などに集って、品のない噂話に興じ、賭けごとに夢中になるのも珍しいことではなかった。そうした環境が幼児の生育に良い影響を与えるはずはなかったのだが、むしろ親の方が、より良い子育ての在り方について無知だったのである。

8-3-2　氏原鋹らの努力

大阪模範幼稚園の廃園が現実のものとなった際には、氏原は大いに落胆したが「幼児教育を切り拓く」という熱い思いを持っていた氏原は負けてはいない。氏原鋹が妹・膳タケと共にその真骨頂を発揮するのは逆風が吹き始めてからである。

この時は、幸い園児の保護者で7名の有志者が援助を申し出てくれたので、氏原鋹は妹の膳タケ（真規子）と協力して、明治16年（1883）10月、私立中洲幼稚園をスタートさせている。場所も建物も以前と同じであった。ただ、府立模範幼稚園は廃園となったので、物品等は競売にかけられ、歴史的に貴重な資料の一部は愛珠幼稚園に競り落とされたのである。しかし、これによって同園の膨大な資料の中に大阪模範幼稚園の資料も保存されることになったのは幸いであった。

ところで、この私立中洲幼稚園も半年後には廃園となる。しかし、これは氏原、膳にとって、降って湧いたようなラッキーな出来事であった。「文部省の通達」という追い風もあって、明治17年（1884）、同園は北区立幼稚園となって氏原に任され、膳は同時に設立された西区立幼稚園を任されることになり、両園には保姆養成が求められたのである。

その後、氏原と膳は、それぞれ北区立幼稚園、西区立幼稚園を拠点に、関西の幼児教育発展に尽くした。しかし、明治24年（1891）2月、今度は北区会が北区立幼稚園の廃園を決定し、3月、廃園とした。表向きの理由は、同園は保姆養成の任務を十分に果たしたということであった。しかし、これは、明治21年（1888）、市町村制が公布され、明治22年（1889）4月、大阪市が発足したことも影響している。同年7月、見習方式の「保育伝習科」が廃止となり、同年10月、大阪府高等女学校から大阪市に移管された市立大阪高等女学校に附属保姆養成所（発足時は愛珠幼稚園内）が設けられ、愛珠幼稚園首席保姆の春田隆子は同校、同所に転じている。

しかし、幼稚園廃園の動きには常に幼児教育に対する理解不足が背景にあった。幼稚園における「保育伝習科」を廃止するからといって幼稚園まで廃止することはない。大阪で

も幼児教育を支援する人々がいるいっぽう、幼児教育の必要性を理解せず、公費の出費を惜しむ人々もいたのである。こうしたことは仙台でも、福島でも、函館でも同様であった。

　ただ、北区立幼稚園の廃園が決まっても、氏原は、泣き寝入りなどしていない。氏原は単身打って出るのである。氏原の真骨頂はそういうところにあると言うべきであろう。氏原の戦いについて守随氏は次のように記述している（11）。

　　この時氏原は、幼稚園を続けられるように取りはからってもらおうと町会議員の家を一軒一軒回っている。品格を守って育った氏原が、これほど低姿勢で人に請願するのは初めてだった。家庭教育で培われた強靭な忍耐力と教職の誇りが、氏原の志を支えたに違いない。氏原の努力は実を結び、公立西天満幼稚園が開園された。

　その後、氏原は、北区立西天満幼稚園に9年間勤めた後職を退くが、明治35年（1902）には、活躍の舞台を大阪女子師範学校に移し、保育理論を講じ、同校附属幼稚園の上席保姆を兼任するようになった。関西の保育界のリーダーにふさわしい地位に就いたと言えよう。氏原は同校を明治43年（1910）に退職している。ほぼ30年に及ぶ教職生活に終止符を打ったのである。しかし、まだ50歳を少し出たばかりの氏原は精力に満ちていて、拠点を関東に移し、その後も20年以上保育界と関わりを持ち続けた。老いても全国各地に出かけ、文筆活動も続けたので、保育界の先達として、全国的に知られる存在となっていった。氏原鋹は、昭和13年（1938）5月19日早暁、熱海市西山の別邸で逝去した。享年80歳。氏原もまた幼稚園教育を開拓し、わが国の幼児教育界に大きな足跡を残した保育者の一人であった。

　倉橋惣三は、同年7月号の『幼児の教育』に、氏原鋹の逝去に対する追悼文を書いている。前半部分は人々にとって、既知のことがらも多いので省略するが、後半部分で倉橋は次のように述べている（12）。

　　氏原女史は晩年を令息医学博士氏原均一氏ご夫妻の豊かなる孝養の下に、気候温かく、風光明るき熱海の別邸に悠々と老を楽しんでゐられたが、尚、その興味は幼稚園のことを離れず、屢〃東京に出でゝわれ等の幼稚園の諸会合に妹君と共に列せられるを楽しんでゐられた。老を忘るゝお元気であつて、若い保育実習科卒業者のためにいろいろと興味深き昔話（生きた保育史）をされ、更に朗々として詩吟などをせられて、

若者を鼓舞激励せられたのであった。

膳女史は先きに長逝せられ、姉君として如何にお力落しのことであつたらうと皆々お察してゐたのであつたが、その後は何んとなく健康もお勝れにならず、東京の会などへもお出がなくなり、御静養を主としてゐられたが、御病気を以て妹君の後を追われたのであつた。そして、その直前まで幼稚園のことを考へて、御所感やお作なども送られたのであつた。

茲に謹で、我国の幼稚園の祖なる姉妹の大保育者の霊に、心からなる敬意を表し、日本幼稚園史上に長く々々記念し奉る。

8-3-3　大阪模範幼稚園設立の意義

大阪府立大阪模範幼稚園は僅か4年余りで廃園となった。しかし、わが国最初期の幼稚園を大阪に設置したという歴史的意義は大きい。同園はその後も、有力な保護者や氏原鋹、膳タケ姉妹の努力もあって、私立幼稚園として継続され、半年後には区立幼稚園となっている。府立幼稚園は廃園となったが、幼稚園そのものは消滅したわけではないのである。

大阪模範幼稚園が存在したのは短期間であったが、何よりも、同園は後に保育界のリーダーとなる氏原鋹を育てたのである。また、同園の設立が刺激となって、幼稚園全体がわが国の文化遺産というべき愛珠幼稚園の設立に繋がったことも大きい。

また、大阪模範幼稚園では保育伝習生を置いており、愛珠幼稚園の発足時の保姆となった山片曾子、巽勢以、福尾菊子は同園で保育の伝習を受けた人たちであった。特に福尾は後に記すように京都舞鶴の幼稚園で園長となり長い期間保育活動に関わっている。

大阪の幼稚園は、一時は東京を凌駕するような活況を呈するが、そのきっかけは大阪模範幼稚園が作ったのである。

注

(1)　氏原　鋹「回想記事」、倉橋惣三・新庄よし子『日本幼稚園史』、臨川書店、昭和5年初版（昭和55年復刻版）、p. 119

(2)　日本保育学会著『日本幼児教育史　第一巻』、フレーベル館、昭和43年、p. 121

(3)　守随　香「保育実践のパイオニア：氏原　鋹（1）」、『幼児の教育』、1995年5月

(4)　守随　香「保育実践のパイオニア：氏原　鋹（2）」、『幼児の教育』、1995年6月

(5) 前掲、氏原 銚、pp. 119-120

(6) 上掲、氏原 銚、p. 120

(7) 文部省『幼稚園教育百年史』、ひかりのくに株式会社、昭和54年、p. 808

(8) 上掲、p. 809

(9) 愛珠幼稚園『沿革誌』、愛珠幼稚園、明治36年、p. 5

(10) 前掲、文部省、pp. 917-918

(11) 前掲、守随 香「保育実践のパイオニア：氏原 銚 (2)」、p. 51

(12) 倉橋惣三「氏原銚女史を悼む」、『幼児の教育』、1938年7月、p. 35

9 愛珠幼稚園を創った人々と保育の特徴

9-1 大坂の町人文化と愛珠幼稚園

9-1-1 大坂の町人文化と教育

　大阪模範幼稚園は、府知事渡辺昇の一個人の力で創設され（もちろん、議会の賛否両論の議論はあった）、渡辺が大阪を去ると、府立としては廃園となった。しかし、愛珠幼稚園の創立は、大坂の町人文化が学問と教育を大切にし、それを民衆に開放したという伝統を抜きに語ることはできない（註；大坂と大阪の使い分けは、一応、明治維新を境にしているが、厳密な使い分けはしていない）。

　江戸の人口は、総人口及び武家と商人その他の割合も諸説があって明確ではないが、幕末頃の総人口を100万人程度から100数十万人とし、武家の割合は4割あるいは5割程度であった、とする説が多い。正確な数値ではないにしろ、いずれにしても、江戸は多数の武家で構成されている全国的に例のない都市であった。これとは対照的に、大坂は武家やその家来、家族を含めても武家層の割合は 2～3％程度だったと言われており、武家の影響力は微弱であった。大坂もまた町人層の財力によって自治的社会を形成していたユニークな都市であった。

　享保9年（1724）、「懐徳堂」が、5人の豪商、道明寺屋吉左右衛門（1684-1740/註；富永芳春）・三星屋武右衛門（1674-1732)・船橋屋四郎右衛門（生没年未詳/註；長崎克之）・備前屋吉兵衛（1690-1767/吉田盈枝）・鴻池又四郎（生没年未詳/註；山中宗古）によって、船場の尼ケ崎町一丁目（註；現在の愛珠幼稚園西隣）に、学主を三宅石庵（1665 - 1730)、助教を五井蘭洲（1697 - 1762)、学問預り人を中井甃庵（1693 - 1758）として開かれ、2年後には、中井甃庵の努力によって幕府公許の学問所となった。

　ここでは町人たちが、朱子学を中心に本格的に学問を学んだが、商人の世界に道徳的精神を導き入れるものでもあった。また、懐徳堂は子どもたちの読み、書き、計算の学習の場としても開放され、町人の子どもだけでなく、奉公人も学びやすいように、朝8時から夜7時まで開かれ、生徒には仕事の都合による遅刻も早退も許されていた。ここで学んだ著名人は多いが、山片蟠桃（1748 - 1821/町人学者)、富永仲基（1715-1746/註；町人学者)、大塩平八郎（1793 - 1837)、佐藤一斎（1772 - 1859）なども懐徳堂の出身者である。

ここでは山片蟠桃だけに触れておくと、蟠桃は山片家「升屋」の番頭（註；蟠桃の名前は番頭に因んでいる）になった町人学者であるが、懐徳堂では鰲庵の長男・中井竹山（1730 - 1804）、次男・中井履軒（1732 - 1817）に学び、学問所の他に、天文学者として有名な麻田剛立（1734 - 1799）に学んでいる。蟠桃は合理的精神を貫いた人で晩年の大作『夢の代』では、地動説、諸外国事情、仏教批判、神道批判、無神論、神話否定、解剖図、医学情報まで記述している。この著書は大正5年（1916）発行の滝本誠一編『日本経済叢書』（日本経済叢書刊行会）の巻25で読むことが可能である。細かい文字でびっしり印刷された600頁を超える同書を精読するのは容易ではないが、太陽系の惑星の図や、土星とその輪の図などもあって、とても江戸期に書かれたとは思えない驚嘆すべき内容が盛られている。

　「升屋」ではいわゆる大名貸しに応じていて、それが焦げ付きかけ、家運が傾いたが、商人としても有能であった蟠桃は、貸付先の仙台藩に財政改善を提案し、それを成功させ「升屋」の立て直しに成功している。ちなみに、後に触れる、愛珠幼稚園の最初の保姆の一人・山片曽子は豪商山片家「升屋」の「お家さん」である。

9-1-2　蘭学と適塾

　大坂には長崎、江戸を経由して西洋の学問も集積されていたが、蘭学塾では蘭医緒方洪庵（1810 - 1863）の「適塾」（註；適々斎塾とも適々塾ともいう。洪庵の号「適々斎」に因んでいる。現在の愛珠幼稚園のすぐ裏手にある）が有名である。洪庵自身は中天游（1783 - 1835）に医学だけでなく、ニュートンの力学、ケプラーの法則まで学んでいる。洪庵もまた塾生に医学だけでなく、西洋の幅広い学問を学ばせ、各界で活躍する次のような偉人たちを輩出した。

　　○大鳥圭介（1833 - 1911/註；軍学者・旗本/東北、箱函で官軍と交戦/後、官僚・外交官/男爵）、○大村益次郎（1824 - 1869/註；長州藩出身の医師・洋学者・兵学者。維新後、暗殺される）、○佐野常民（1823 - 1902/註；佐賀藩出身/日本赤十字社の創始者。大蔵卿・農商務大臣・元老院議長/伯爵）、○杉亨二（1828 - 1917/註；統計学者・官僚）、○高峰譲吉（1854 - 1922/註；科学者・実業家。工学博士・薬学博士。帝国学士院会員）、○長与専斎（1838 - 1902/註；医師・官僚・医学教育者。「衛生」の訳語採用者）、○橋本左内（1834 - 1859/註；福井藩士/幕末の代表的な志士。藤田東

湖・西郷隆盛・梅田雲浜・横井小楠らと交流。安政の大獄で斬首。弟の橋本綱常は陸軍軍医総監。帝国学士院会員/男爵）、〇福沢諭吉（1835‐1901/註；慶応義塾創始者）、〇箕作秋坪（1826‐1886/註；漢学、数学、英語を教える三又学舎を開く）、〇武田斐三郎（1827‐1880/註；五稜郭の設計・建設者）、〇高松凌雲（1837‐1916/註；箱館蝦夷政府軍の病院長）、〇石坂惟寛（1840‐1923/註；陸軍軍医総監）、〇池田謙斎（1841‐1918/註；東京帝国大学初代医学部綜理）、〇手塚良仙（1826‐1877/註；良庵とも言う。幕府歩兵屯所付医師。後、大日本帝国陸軍軍医。西南戦争に従軍、病死。漫画家手塚治虫の曽祖父）、〇本野盛享（1836‐1909/註；官僚。実業家。子安峻らと読売新聞創刊。子安は近藤はまらと私立幼稚園を創った人）

洪庵自身は、文久2年（1862）、伊東玄朴の強い要請で最晩年に奥医師兼西洋医学所頭取となった。文久3年（1863）1月26日、洪庵の診療を受けるため、豊田小太郎は弟を連れて水戸から江戸に赴いているが、詳細はわかっていない。同年6月11日、洪庵は喀血、窒息して亡くなっている。

9-1-3　泊園書院とその他の学校

　大坂を代表する学問所としては、高松藩の藤沢東畡（1795‐1865）が、大坂に出て、文政8年（1825）、淡路町御霊筋西（淡路町5丁目）に開いた泊園書院や広瀬旭窓の塾などがあった。東畡は荻生徂徠（1666‐1728）の古文辞学を受け継ぎながら、中国思想に加え、歴史や文学など該博な知識を背景に教育したが、幕末には懐徳堂を凌いで大坂一の私塾となっている。東畡は元治元年（1864）に没している。東畡の長子・藤沢南岳（1842‐1920/註；愛珠幼稚園の命名者。愛日小学校、通天閣、仁丹、寒霞渓の命名者でもある）は、高松藩が鳥羽・伏見の戦いで、幕府側につき、官軍に発砲したことを危惧し、高松に帰って必死に藩論を勤皇側に変えることに努めている。そうした事情もあってか、明治元年（1868）、泊園書院はいったん閉じられ、南岳は高松藩の藩政に参与し、藩校「講道館」の督学となっている。また、明治2年（1869）には懐徳堂も閉じられている。

　藤沢南岳は、明治6年（1873）、大阪の船場唐物町（唐物町二丁目）に泊園書院を再興している。その後、泊園書院は昭和23年（1948）まで継続しているため、多方面に多数の人材を輩出しているが、比較的初期の出身者には次のような人々がいる。

〇京極高厚（1829 - 1905/註；但馬豊岡藩最後の藩主。豊岡藩知事/子爵）、〇華岡積軒（1827 - 1872/註；華岡青洲の弟の子。医師）、〇岸田吟香（1833 - 1905/註；ジャーナリスト・売薬業者。中村正直らと楽善会訓盲院を開く。岸田劉生の父）、〇陸奥宗光（1844 - 1897/註；紀州藩士。海援隊員。農商務大臣。外務大臣/伯爵）、〇松平忠興（1848 - 1895/註；摂津尼崎藩最後の藩主。尼崎藩知事。日本赤十字社の前身博愛社設立者の一人/子爵）、〇滝山瑄（せん）（1851 - 1931/註；愛珠幼稚園創設。道修小・北浜小・愛日小の校長。日本教育保険創立）、〇豊田文三郎（1853 - 1896/註；愛珠幼稚園創設。大阪府議会議員。大阪市議会議長。衆議院議員）、〇森下博（1869 - 1943/註；森下仁丹創業者）、〇五代目・武田長兵衛（1870 - 1959/註；武田薬品工業創業者）

石田梅岩（1685－1744）が、民衆のために道徳を平易に説いた石門心学は、最初、京都に始まり、都市部で広まって、後に全国各地に広まっていったが、商人道を説き、商業経済の理論的裏付けを説く石門心学は、大坂でも歓迎され、明誠舎をはじめ大坂心学七舎が設けられている。石田梅岩は、京都の塾の前に、聴講料が無料であること、出入り自由であること、女性にも開放することを掲げていた。こうした大きな学問所や大きな私塾とは別に、大坂には『商売往来』などを用いて、手習いと商業の基礎知識を教える寺子屋や私塾なども多数あった。学問や教育を大事にする大坂の商人文化を土壌に愛珠幼稚園も生まれたのだと思う。

9-2　愛珠幼稚園を創った人々と意気込み

9-2-1　豊田文三郎の活躍

豊田文三郎 (1)

愛珠幼稚園設立は、平野町三丁目他20ケ町聯合町会組織が結成され、明治12年（1879）10月、最初の議会が開かれた日、議員の豊田文三郎が聯合町立幼稚園の設立を建議したことに始まる。滝山瑄（せん）の回想録によると、元々は、滝山が大阪模範幼稚園に関心を持ってしばしば足を運んでいるうちに、自分らの地域にも幼稚園を作りたいと思うようになって、豊田に語ったところ、豊田も大いに賛同してことを運ぶことになった、と記述している。滝山としては豊田のリーダーシップに期待したということであろう。議会は豊田の建議を受け入れ「町費ヲ以テ

幼稚園ヲ起スコトヲ決シ」て、戸長の中西儀兵衛に加え、豊田文三郎、滝山瑄、原嘉助を創立委員としたのである。彼らは地域の行政家、政治家であったが、大阪の町人文化を背景に育った人々であった。

　豊田文三郎は、明治24年（1891）発行の篠田正作編『明治新立志編』(2) によると、嘉永6年（1853）7月、大阪の糸商「越後屋」の豊田善右衛の次男として淡路町1丁目の家で生まれている。

　父・善右衛門は丹波国篠山の出身で、大阪に出て糸物商を営んで財を成したが、性温厚で善行が多く、明治6年（1873）3月、大阪府権知事・渡辺昇に認められて特別に金幣を下賜されている。

　文三郎は子ども時代から学問を好み、青年期に、今泉芝軒（1835-1873）、藤沢南岳に漢学を学び、名和大年翁、数田年治翁に国学を学んでいる。実家は長子・善九郎が受け継いだので、文三郎は別に高麗橋三丁目に一家を立て、実父が大坂の豪商らと開いた両替店米屋商店で働いていた。しかし、兄・善九郎が早世したので、周囲は文三郎に実家に戻るよう勧めたが、文三郎はそれを断り、妹に婿養子をとって、実家を継がせることを提案している。

　自由民権運動に触発されるようになった豊田は、商業とは違う分野で力を発揮したいと考えていたのである。平成12年（2000）に出版された三善貞司編の『大阪人物辞典』(3) によると「私欲に薄く、社会・公共のために尽くすことを第一義にする」とあるが、その事跡を見ると、まさにそのとおりである。また、豊田は、進取の気象に富み、決断力、実行力に富んでいたが、最も特徴的なところは天性のオルガナイザーであった、という点にあろうかと思う。成人後の豊田文三郎の事跡をさらに篠田正作編『明治新立志編』（鍾美堂。明治24年）を参考に加えて時系列で示すと次のようになる。

明治9年（1876）	関新吾、万代義勝、中島勝義らと大阪演説会創設。
明治12年（1879）10月	聯合町会で町立幼稚園設立の建議。
明治13年（1880）5月	愛珠幼稚園開業。豊田、滝山ら4人が監事に就任。
明治15年（1882）	大阪府議会議員に当選（その後も連続当選）。
明治17年（1884）	不備の避病院の移転、建て直しを建議し、実現する。
明治18年（1885）	私立大阪教育会設立。

明治 19 年（1886）	前知事の五大鉄橋化計画に反対する。
明治 20 年（1887）	大阪有志談話会・北浜苦楽部を設立する。
明治 21 年（1888）	月曜会を設立。
明治 21 年（1888）12 月	大阪電燈株式会社設立に関わる。取締役就任。
明治 22 年（1889）	大阪市立衛生会設立。
明治 23 年（1890）	大阪 2 区から、第 1 回衆院選に当選（大手倶楽部）。
明治 27 年（1894）	第 4 回衆院選に当選。
明治 28 年（1895）	議員団（10 名）と日清戦争従軍（註；視察か）許可。
明治 29 年（1896）8 月 7 日	逝去。44 歳。

　若い頃、尊皇攘夷派の藤沢南岳に学んだ豊田は、明治に入って、自由民権運動に関心を寄せるようになったが、政治家としては、特に教育、衛生に力を入れたようである。豊田が、愛珠幼稚園の設立に関与するのは聯合町会議員時代であるが、勧誘者という意味でも、組織形成者という意味でもなかなかのオルガナイザーぶりを発揮している。それが愛珠幼稚園の設立、維持、発展の原動力の一つとなったかと思う。『愛珠幼稚園史』は、豊田文三郎の愛珠幼稚園設立の建議について、次のように記述している。

　　議員豊田文三郎建議シテ曰ク今ヤ小学ノ数ハ殆ンド全国ニ普及スト雖モ幼児ノ教育
　　上欠クベカラザル幼稚園ハ猶東京女子師範学校ニ附属スルモノ及ビ大阪府立、鹿児島
　　県立ノ三箇所ニ過ギズ故ニ当聯合町ハ全国ニ率先シテ町立幼稚園ヲ設立シ以テ幼児
　　保育ノ効果ヲ社会一般ニ知ラシメント議員滝山瑄大ニ之ヲ賛シ学童監護人在務中実
　　験シタル例ヲ縷陳シ併セテ幼稚園設立ニ関スル予算等ハ議員中ヨリ三名ヲ撰ビ之ニ
　　戸長一名ヲ加ヘ開園設備ノ委員タラシメンコトヲ図リシガ衆之ニ和シ直ニ豊田、滝山、
　　原嘉助、戸長中西儀兵衛ヲ創立委員ニ選挙ス時ニ西原清次郎委員ニ謂ヒテ曰ク町立幼
　　稚園ノ設置タル未ダ他ニ例ヲ見ズト雖モ中西、豊田、滝山氏ノ熱意ナル必ズ十分ナル
　　成功アラン願ワクハ三氏教育ニ対スル義務トシテ今後当聯合町ニ関係スルト否トニ
　　拘ラズ終始本園ノ為ニ尽瘁セラレンコトヲト委員皆瀹ラサレ（註；連帯しての意味
　　か）コレヲ誓ヒヌ

豊田は「当聯合町ハ全国ニ率先シテ町立幼稚園ヲ設立シ以テ幼児保育ノ効果ヲ社会一般ニ知ラシメン」と言い切っている。また、聯合町会は創立委員には、後々、聯合町との関係が続こうと続くまいと「終始本園ノ為ニ尽瘁セラレンコト」を義務として求めたのだから見事な布石というべきであろう。戸長・中西は明治 18 年（1885）4 月に病没するが、彼らは、実際、生きている間は愛珠幼稚園の維持、発展のために尽くしたのである。

9-2-2　滝山瑄と協力者たち

滝山瑄（4）

　創立委員の滝山瑄、原嘉助もまた有力な人材であった。滝山は豊田の 2 歳年上であるがほぼ同年齢層ということになる。滝山も豊田と同じく泊園書院の藤沢南岳に学んでいる。滝山は大阪の商家「豊島屋」に生まれたが、明治 12 年（1879）、家業は弟に譲って政治畑、教育畑、実業畑へ進み、町立幼稚園設立に関わることになった。

　滝山は、北浜小学校、道修小学校の校長となり、明治 19 年（1886）、両校が統合した愛日小学校（註；これも藤沢南岳が「孝子愛日」から命名したとされている）の校長を務めている。北浜小学校は、元々、船場の豪商「升屋」の山片家が自邸の土地、建物、建具のすべてを寄付して作られた東大組第十三区小学校を起こりとしている。

　また、滝山は、明治 29 年（1896）9 月、日本教育保険（註；4 年後、日本教育生命保険に改称）を設立するなど保険事業にも関わっている。明治 28 年（1895）、『奠都祭博覧会遊覧乃栞』(5) という、関西を中心として、西は岡山県、広島県、東は岐阜県、愛知県を含む各地の観光名所を紹介する旅行案内書を発行している。滝山は、明治 20 年代に入ってすぐに日本生命保険に入社していた関係もあって、本の至る所に、日本生命保険、日本海陸保険の広告を載せている。

　原嘉助については、詳しいことはわからないが、繊維関係の商人仲間の岡橋治助、野田吉兵衛（1845-1910/註；大物経済人。銀行設立。天満紡績設立。豊田芙雄の弟・桑原政が社長をした明治炭坑の取締役。現在の愛珠幼稚園舎の建設委員の一人）、永井仙助、村上嘉平衛、渡辺庄助、山口善五郎らと共に第三十四国立銀行（註；後、合併を繰り返して三和銀行―UFJ 銀行―三菱東京 UFJ 銀行となる）を設立した人物である。

　創立委員のいま一人・中西儀兵衛については、最も人物に関する情報がないが、当時の戸長は江戸時代の庄屋・名主クラスから選ばれていた一地域単位のトップの行政家であっ

たから、中西も当該地域の人なら誰もが知っている名士だったであろう。

愛珠幼稚園創立委員4名は、いずれも社会的地位があり、経済的な裏付けもしっかりした人ばかりだったが、何よりもそれぞれが持つ人脈が豊かであった。設立後、愛珠も決して平坦な道を歩み続けたわけではないが、愛珠の経営を支える条件は最初期から用意周到に考えられていたのである。

9-2-3　愛珠幼稚園創設の意気込み

愛珠幼稚園については、資料が豊富に残っているということもあって、『日本幼児保育史　第一巻』（日本保育学会）などでも詳しく記述している。愛珠でも大阪模範幼稚園と同様に規則「愛珠幼稚園志留辨」に前文を置いている。趣意は同様だが、文章は少し変え、良く練って、豊田や滝山には模範幼稚園に勝るとも劣らない園を作るという意気込みがあったことが感じられる。『沿革誌』(6)によると緒言は以下のとおりである。

人其児ノ健康ニシテ才思アルヲ欲セサルナシ然レトモ徒ニ舐犢（註；溺愛。親牛が子牛を舐めて可愛がることからくる）ノ愛ニ溺レテ飽食従肆（註；ほしいままにすること）ソノ為ス所ニ任シ以テ才且健ナルヲ望ムハ猶栽エス培ハスシテ果実ノ成熟ヲ俟ツカコトシ故ニ誠ニ之レヲ愛スルモノハ幼稚ノ時ニ於テ能ク之レヲ保育シ能ク之レヲ開誘シテ以テ其身体ヲ強固ニシ其能力ヲ発揮ス又猶ホ果樹ヲ萌芽ノ日ニ護スルカコトシ世ノ母タルモノ保育ノ忽セニス可カラサルヲ知ルト雖モ家事ヲ理スルノ煩劇ナル単ニ之レニ従事シ能ハサルモノ亦少ナシトセス児女六七歳ニシテ始メテ学ニ就クヤ一時ニ其心志強促シテ業ヲ厭フノ念ヲ生シ或ハ怠惰ニシテ終ニ頑愚ニ帰スルモノアルハ職トシテ保育ノ素ナキニ由ラサルハナシ曩キニ日耳曼国人布列別氏非凡ノ識力ト多年ノ経験トヲ以テ保育事業ヲ発明シ幼稚園を創置シテ衆多ノ幼稚ヲコヽニ集メ遊戯ニ託シテ身体ヲ養成シ心知ヲ開誘ス其法タル精ニ其意タル深シ故ニ大ニ泰西諸国ニ行ハル輓近（註；最近のこと）吾邦ニ於テモ漸次幼稚園ノ設ケアリ茲ニイマ本分画内ニ一園ヲ設置シ以テ幼稚保育ノ業ヲ開キ聊教化ノ万一ヲ補ハントス父母タルモノ若シソレ保育ノ忽セニス可カラサルヲ知ラハ嬰児入園ノ期ヲ慈ルコト勿レ今此園ニ冠スルニ愛珠ノ称ヲ以テスルモノハ蓋シ意ノ存スルモノアルナリ

わが子が健康で才思あることを願わない親はいないが、得てして溺愛し、子どもをだ

めにしたり、また、忙しさにかまけて保育をおろそかにし、怠惰、頑愚な子どもにしてし
まうことも良くあることである。我々は子どもたちが健全に育つように、幼稚園を創立し、
遊戯によって、身体を強くし、心知を開誘することを行う、保育の大切さを知る親ならば、
わが子を幼稚園に入園させよ、と強調しているのである。なかなか説得力のある文章であ
る。

9-3　愛珠幼稚園の保育

9-3-1　愛珠幼稚園変遷の概要

　愛珠幼稚園は、明治13年（1880）6月に創立された、わが国最初期の幼稚園の一つで
あるが、現在も大阪市立幼稚園として、創立以来135年の古い歴史を誇っている。その変
遷の概要を先に示しておくと次のようになる。

明治13年（1880）6月1日	東区今橋5丁目（現在の中央区北浜4丁目）で創立される。
明治14年（1881）9月	東京女子師範学校保姆練習科卒業生・長竹国子が首席保姆として赴任する。長竹赴任の見込みもあって、8月、山片は保姆を辞職している。
明治16年（1883）6月1日	東区今橋3丁目（現在の中央区今橋2丁目）の鴻池善右衛門持家に移転。移転と創立3周年の祝典を挙行。
明治18年（1885）11月	長竹国子、辞職。
同年12月	東京女子師範卒業生・木村鈴、首席保姆に採用。
明治19年（1886）1月	中船場・北船場東幼稚園と共に大阪府より「保育伝習科」設置の認可を受ける。
同年2月	木村鈴、辞職。
明治20年（1887）9月	東京女子師範卒業生・春田隆子、首席保姆に採用。
明治21年（1888）2月	創立以来8年勤務の巽勢以、辞職。
同年4月	前年廃園の昌平幼稚園を分園とする。保姆の多田

	マチ、佐藤フサ、伊東スエは愛珠に改任。
同年5月	初めて郊外遊戯を梅田停車場畔で行う。
明治22年（1889）4月1日	大阪市の市制施行により、大阪市に移管される。
同年10月	愛珠幼稚園内に市立大阪女学校附属保姆養成所が置かれる。明治23年（1890）に移転。春田隆子、同校、同所に移る。
同年11月	春田隆子、市立女学校保姆養成所教員となる。
明治23年（1890）4月	分園が今橋幼稚園となり、分園保姆は同園に移る。
明治24年（1891）4月16日	小林遊園地で、郊外遊戯を行うため、巡査2名の派遣を請う。明治26年（1893）、27年（1894）にも同様に行う。
明治29年（1896）1月	首席保姆・蜷川可代、辞職。
同年5月	東京女子師範卒業生・伏見柳、香川県より赴任。首席保姆となる。
同年7月	大型積み木を作製し、幼児に共同制作をさせることを始める。
明治34年（1901）	現在地に新築移転する。
明治40年（1907）7月21日	英国フレーベル会が日本の幼稚園の現状を調査。園は調査資料を提出。
明治43年（1910）4月21日	第1回フレーベル祭を開く。
明治44年（1911）3月	東京女子高等師範卒業生・稲葉むめ、主任保姆として赴任。
明治45年（1912）3月	稲葉むめ、園長就任（その後約20年間）。
大正2年（1913）	稲葉、保育に唱歌劇を取り入れる。
昭和6年（1931）3月13日	米国のニュース社が保育の様子を取材し、トーキーに撮影する。
昭和20年（1945）3月14日	戦争の激化により、この日より休園となる。
同年10月1日	保育を再開する。
昭和22年（1947）4月21日	大阪保育会結成の会場となる。

昭和25年（1950）5月24日	国公立幼稚園園長会結成式の会場となる。
昭和43年（1968）	「明治百年」の特集として幼稚園初期の様子が複数のテレビ番組で放映される。
平成11年（1999）	園舎が大阪市指定有形文化財に指定される。
平成19年（2007）	園舎と回転すべり台が国の重要文化財に指定。

　これら同園の変遷を一瞥しただけでも、愛珠幼稚園が関西の保育界の中核であり続けたことがわかるし、名実ともに日本を代表する幼稚園の一つであり続けたことが明白である。
　公立には珍しい「愛珠幼稚園」という名称は、豊田や滝山の師でもある藤沢南岳が命名したが、白居易（772-846/白楽天）の詩の一節にある「掌中一顆児三歳又方看掌弄珠」によったとも、袁士元の「海棠の詩」によったとも言われている。また、最初期の愛珠幼稚園の園舎は、山片家が寄贈した北浜小学校に併置されていた戸長役場跡に、洋風2階建て（本家八坪六合属平屋二坪二合）を新築し、他は修理を加えて使用した。

9-3-2　愛珠幼稚園最初期の保姆たち

山片曽子の肖像(7)

　最初期の保育を担当した保姆たちは、計画の当初から保姆の見込みがあったわけではないため、聯合町会では、明治12年（1879）12月、山片曽子と巽勢以の二人を町費による給費生として、大阪府立模範幼稚園に送り込み、保育法の伝習を受けさせている。二人とも、明治13年（1880）4月、保育法伝習を修了した。山片曽子は、船場の豪商「升屋」山片家のいわゆる「お家さん」であるから、経済的に困っていたわけでもないが、伝習修了の時点で49歳3か月という年配者であったにも拘わらず保育者となることを目指している。山片は幼児教育に関心が高かったと同時に、自らが、教育と学問を大切にしてきた大阪町人の伝統のただ中にいるという自負もあったのであろう。また、既述するように、この愛珠幼稚園の地は、元々山片家の屋敷跡であったことから、曽子には特別な思い入れもあったものかと思う。
　巽勢以は、摂津国豊島郡の出身で、天保3年（1832）11月生まれである。習字、裁縫、諸礼式、点茶法を学び、結婚して夫に算術、並びに挿花法を学んでいる。しかし、明治10年（1877）12月、夫が病死し、明治12年（1879）8月から10月まで、北浜女子手芸学校で助教をしていたが、声をかけてくれる人があったようで、愛殊幼稚園保姆となるこ

とを前提に、同年 12 月から翌年明治 13 年（1880）4 月まで大阪模範幼稚園に通学し、4 月 4 日、卒業している。山片と巽は、明治 13 年（1880）5 月、愛珠幼稚園の保姆を拝命している。

ほとんど、同時期に、福尾菊子も同園の保姆となるが、福尾は明治 13 年（1880）2 月から大阪模範幼稚園に通学し、6 月 9 日、卒業となっているので、片山、巽に 1 ヶ月遅れて同園に就任した模様である。福尾は京都府丹波国加佐郡舞鶴の出身で、弘化 4 年（1847）3 月生まれであるが、同郷の士族・福尾鉱次郎の妻であった。福尾は、明治 17 年（1884）3 月に辞職した後も、同年に認可された京都府加佐郡明倫小学校附属幼稚保育科（註；9 月 12 日、幼稚保育科規則布達。11 月、保育開始。現・舞鶴市立舞鶴幼稚園）に転じ、その後、明治 38 年（1905）9 月から大正 9 年（1920）10 月まで舞鶴幼稚園園長に就任している。

山片は、明治 14 年（1881）8 月、保姆補充の見込み（註；長竹国子招聘）もあって辞職している。巽は、比較的長く勤務し、明治 22 年（1889）3 月に辞職している。愛珠幼稚園創設期の保育を担ったのは山片、福尾、巽の 3 人であった。

しかし、大阪模範幼稚園で数ヶ月保育法を学んだ保姆だけでは心許ないということで、愛珠は東京女子師範学校に依頼し、明治 14 年（1881）9 月、主任（首席）保姆として、東京女子師範学校附属幼稚園保姆練習科卒業生の長竹国子を迎え入れている。

明治 13 年（1880）6 月 1 日午前 9 時から、愛珠幼稚園は開園式を挙行するが『沿革誌』によると、建野府知事が属官を従えて臨席し、区長、山本、山片両区書記、戸長、町会議員、創立委員等が参列し、監事、保姆が幼児を率いて参会し、数多くの保護者が参観する中で、午前 11 時に式を終えている。当初の同園監事は豊田文三郎と滝山瑄が務めているがいずれも無給であった。

明治 44 年（1911）4 月 21 日、大阪市松島幼稚園で開催された「フレーベル先生六十年祭」に際し講演した滝山の「幼稚園創設苦心談」(7) によると、愛珠幼稚園の設立当初は人気を呼んだようで、たちまちのうちに 72 名（註；定員 64 名の記憶違いか）の入園希望者が集まって満員となったが、「一週間程の間に願書を返せ返せと言ふて漸々退園する計りであります。折角集まったものがと思って其の理由を尋ねますと私処の子供には讃美歌等は歌わされませんから」ということだったのである。当時の人々は「唱歌」を「讃美歌」と錯覚し、幼稚園は「耶蘇教」を教えるところと誤解したのである。そのため、関係者は家を一軒一軒回って「あれは讃美歌ではない唱歌である」と説明し、耶蘇教でない証拠に

214

お宮を建てると言い、実際に園内にお宮を建て、保姆は毎朝拍手を打ってお参り姿を見せ、再び園児を集めることにしたのである。結局、最初期の同園は定員64名の園児を集めてスタートしている。

　また、滝山は親の中には「私方の子供は御粥を食べますから食べさせて下さいと言ふてくるかと思へば昼夜飯後に煎餅を食べる習慣が有りますから食べさせて下さい等言ってくるのであります。良い家でごちゃごちゃ小言を言ふ人が沢山有ったので有ります。今日から言へば無茶苦茶な事をして居たので有りますが其のときは一生懸命なので有ります」と語っている。まだまだそういう時代だったのである。

9-3-3　見学者たち

　珍しいものができると、物見高い人々が集まるのも世の常である。同園にも「来観人」「傍聴人」といった参観者が数多く押しかけたようで、「来観約束」や「傍聴人約束」まで作って対応している。『日本幼児保育史　第一巻』(8)によると「来観約束」と「傍聴人約束」は次のようになっている（註；文中不適切な用語を含むが歴史的史料としてそのまま掲載している）。

　　　　　来観約束
　第一条　園中ノ来観ヲ乞フモノハ何人ヲ論ゼズ先ヅ名刺ヲ園丁又ハ園婢ニ出シ保姆
　　　　　ノ案内ヲ俟ツテ園中ニ入ルベシ
　　　　　但シ本園幼稚ノ父兄ハ名刺ヲ出スニ及バズ
　第二条　来観ハ必保育時間ニ限ル
　第三条　来観人ハ猥ニ飲食物ヲ携フルコトヲ許サズ
　第四条　保育方法ニ不審ノ事アルカ又ハ保育上ニ裨益アル件ヲ質問陳述セント欲ス
　　　　　ルモノハ接客所ニ就テ監事ヘ申述スベシ

　　　　　傍聴人約束
　第一条　傍聴ハ貴賤男女ヲ論セスト雖左ニ記セルモノハ之ヲ許サス
　　　　　　第一項　十五年以下ノモノ
　　　　　　第二項　銘酊ノモノ
　　　　　　第三項　瘋癲白痴ノモノ

第二条　傍聴人先ツ受付所ニ設ケタル傍聴人名簿ヘ住所姓名ヲ詳記シタル後傍聴牌
　　　　ヲ乞ヒ之ヲ携帯スヘシ
第三条　傍聴人ハ静粛ヲ主トシ仮ニモ私語喫煙其他不敬ノ挙動アルヘカラス
第四条　傍聴ハ議場ノ都合ニヨリ五十名ヲ限トス
第五条　傍聴人五十名ニ満ルトキハ本日傍聴満員ノ六字ヲ標示ス可シ

　来観人と傍聴人の違いははっきりしないが、来観人は保護者を含め直接的、間接的に同園の保育に関係のある人で意見具申まで許されていたようである。傍聴人は文意から見ていわゆる一般の見学者といったところであろう。いずれにしろ、傍聴人は 50 人を限度とするなど、幼稚園に関心を持つ人は少なくなかったようだが、子どもを幼稚園に通わせれば、知恵を伸ばすことができ、躾なども行き届き、小学校教育にもスムーズに入っていけるとなると、子を持つ親が幼稚園に関心を持つのは当然であろう。

9-3-4　初期の保育

　愛珠幼稚園では、当初、保育内容についても身近にある大阪模範幼稚園に準拠したが、問い合わせ等をしても要領を得ぬ、ということもあって、同園で斟酌を加えたり、不明な点は東京女子師範学校附属幼稚園に直接尋ねるようにした模様である。

　愛珠では、いわゆる物品科、美麗科、智識科といった三科は示していないが、保育科目としては鹿児島と同様に第一恩物から第二十恩物まで順に並べ、最後に、球遊、貝遊、計数、耕作、理解、唱歌、音楽、説話、體操、遊戯を付け加えている。他園と若干の異同があるが、特に耕作を明示しているのは興味深い。大阪模範幼稚園や他でも耕作を取り入れているが愛殊ほど強調していない。愛珠ではクラス「第一ノ部」で週に2回、「第二ノ部」で週1回、耕作を保育時間表の中に入れている。

　同園の『沿革誌』中の「保育法幷規則ノ變遷」においてこの辺の事情について次のように記述している(9)。

開園ノ当時ハ府立模範幼稚園ニ準拠シ斟酌ヲ加ヘテ別ニ規則ヲ編ミ保育時間等ハ課
目ヲ取捨スル所アリ
此時代ノ保育ハふれーべる氏二十恩物ニ據ルノ外説話理解計数及ヒ体力ノ発達ニ
稼穡（註；農業）ノ労苦ヲ知ラシメンカ為ニ耕作ノ一科ヲ課セリ

また、同様『沿革誌』によると、保育内容で説話には他園と同様に「いそっぷ物語」を用いているが、理解は博物理解のことで掛図や標本などを用いて解説し、計数では「十以下ヨリ百内外ニ及ホシ小学校用計数器ヲモ使用セリ」としている。また読み書きについては「単語等ハ仮名ヲ以テ読ミ且書クコトヲ教エタリ」と記述している（註；読み書きは後に削除している）。

　さらに、耕作については「耕作ハ園中ノ一部ニ畔ヲ作リ小形ノ鍬鋤手桶等ヲ備ヘ耕灌ノ真似事ヲ為サシメタリ、後明治十六年六月移転後ハ園地狭小ニシテ畔ヲ設クルノ所ナキヲ以テ遂ニ之ヲ廃セリ」と説明している。

　問題の唱歌については「此時代ハ唱歌ニ伴ヘル遊戯ハ家鳩民草等ノ数種アルニ止マリ楽器モ亦十三弦ヲ専用シ笏ヲ用キテ拍子ヲ調フルニ過キス」という状況であったが、『沿革誌』では、第三回記念式兼移転祝賀式を記述した明治16年（1883）6月1日の項に「前月ぴやのヲ購入シ此日初メテ之ヲ用ウ爾後唱歌ハ本器ヲ専用ス」とある。東京女子師範学校保姆練習科修了生で、当時、愛珠に首席保姆として赴任していた長竹国子がピアノを弾いたのであろう。

　手技については同じく『沿革誌』で「手技ニ於テモ煩雑ナルモノ又ハ幼児ノ力ニ適セサルモノ多キヲ占メタリ」と述べ、手こずった様子を述べているが、特に豆細工については「豆細工ニ用ウル豆ノ如キモ凡テ大豆ニシテ形状長キニ過キ使用ニ適セサリシヲ保姆岡本婉子保育担任ノ後白豌豆ヲ試用シ結果良好ナルヲ以テ遂ニ専之ヲ用ウルコトヽ為レリ然レトモ割竹ハ別ニ製造販売スルモノ無ク爾後数年間ハ保育時間外ニ於テ保姆自身ニ之ヲ製作セリ」と述べており、東京で近藤らが豆細工には特に苦労して解決したことがうまく伝わっていなかったようである。

　保育時間表における静的活動と動的活動の組み合わせについては、「第一ノ部」では、大阪模範幼稚園の「第一ノ組」のように静的活動が3コマ連続するということはなかったが2コマ連続する部分はあった。「第二ノ部」では、模範幼稚園の「第二ノ組」と同様に静的活動と動的活動が交互に組み合わされており、単位時間は30分、40分を基本としていた。

　　9-4　主任保姆の人事問題と保育者養成

9-4-1 主任保姆・長竹国子の就任と保姆養成

　長竹国子の愛珠幼稚園招聘は、豊田文三郎、滝山瑄が東京女子師範学校附属幼稚園に保姆の派遣を要請して、明治 14 年（1881）9 月、赴任が実現したが、小西信八は、同年 7 月 18 日、監事に就任したばかりであったので、実際の候補者は豊田芙雄が選び出し、小西が決定したのであろう。豊田芙雄は、保姆練習科の学生指導には、鹿児島出張中のため直接関わっていないが、練習科生も豊田が同園の中心人物であることは知っていたし、その後の就職の世話などを見ても、豊田は練習科修了生について、個々の力量や人柄を掌握していた模様である。愛珠幼稚園に残る長竹国子（註；久仁とも称していた）の簡単な履歴書の内容は次のとおりである。

万延元年（1860）11 月	長竹秀斎の長女として誕生。
明治 8 年（1875）11 月	東京府下芳林学校下等第四級卒業
	その後、松本万年に漢籍を学ぶ。
明治 12 年（1879）3 月	東京女子師範学校附属幼稚園保姆練習科入学
明治 13 年（1880）7 月	同科卒業

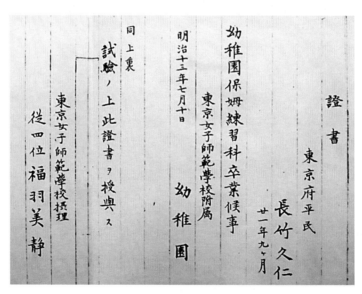

長竹久仁保姆練習科卒業証書（愛珠幼稚園蔵）

　幕末に、長竹秀斎という人物が 2 人いたとも考えられないので、父親は、武蔵国入間郡

出身で、6歳で失明し、幕末、江戸で難病をも治癒させたという高名な鍼灸師・長竹秀斎であろう。国子が卒業した「芳林学校」（註；有馬藩士で清水家侍臣・金子正成が開いた家塾。金沢藩主・前田斉泰が「芳林堂」と命名。長竹が学んだのは、明治6年、芳林堂から幼童学所、翌年、芳林小学校に改名した同校と思う）も秀斎が住んでいた神田にあった学校である。秀斎は、優れた技術を持ち、評判も高かったので大きな財をなしたと言われるが、維新後は西洋医術に押されて、秀斎が腕を揮う機会も減っている。秀斎の長女（註；国子と考えられる）は、養嫡子で医師の長竹正徳と結婚したと言われている（10）。

　秀斎の出身地・入間郡の隣・秩父郡出身の漢学者で、東京師範学校の教師となった松本万年の「止敬学舎」では、女子部で万年の娘・松本荻江（1851-1899/註；東京女子師範学校の第一回入学試験を受けるがあまりにも優秀であったため教員として採用された）が指導していたこともあって、当時の向学心旺盛な女性で万年の塾で学び、さらに東京女子師範学校で学んだ者は少なくない。横川楳子、古市静子、長竹久仁（国子）などがそうであるが、同校に入学した試験による女医第一号荻野吟子の場合は、埼玉時代からの万年の弟子で、荻江とは義姉妹を結んでいた関係である。止敬学舎の入門者名簿などがあればもっと多くの該当者が判明することであろう。

　滝山によると、長竹には子どもがいて、下宿させるのは気の毒だということで、母子を滝山の自宅に住まわせたようである。ともかく、長竹が赴任したことで、愛珠では本格的な保育実践ができるようになった。

　また、長竹が赴任してすぐに保育伝習も始めたようで、『沿革誌』によると、明治15年（1882）7月1日、初めて稲原円子に仮保育法伝習証書を授与している。その後、愛珠では希望者を募って、伝習生を置き、保育法を見習わせ、傍ら恩物の使用法と唱歌を教習している。同年12月にも、伝習生・岡本婉子に伝習証書を授与している。また、明治17年（1884）10月には、伝習生・八田嘉志に伝習証書を授与している。稲原、岡本、八田らは証書を受け取るとそれぞれ同園の助手となり、2、3年を経て、正規の保姆となった。

　同園の見習方式の様子を、もう少し詳しく見るために、まだ長竹が在任中であった明治17年（1884）11月の「愛殊幼稚園保育伝習生修業日表」を示すと次のとおりである。

「愛殊幼稚園保育伝習生修業日表」

明治17年11月	午前・午後

日	出　園	実地保育	読　書	恩物用法	唱　歌/恩物大意	退　園
一　日	八時	同	同	同		四時
二　日	休					
三　日	休					
四　日						
五　日						
六　日	七時廿分	同		同		四時五十分
七　日	八時	同	同	同	恩物大意	
八　日	同	同	同	同		一時
九　日	休					
十　日	同	同	同	同	唱　歌	四時廿分
十一日	同	同	同	同	同	同
十二日	同	同	同	同	同	四時
十三日	七時四十分	同	同	同		四時十分
十四日	八時	同	同	同	恩物大意	同卅分
十五日	同	同	同	同		二時
十六日	休					
十七日	同	同	同	同	唱　歌	四時
十八日	八時廿分	同	同	同	復　習	四時廿分
十九日	七時四十分	同	同	同	唱　歌	同
廿　日	八時	同	同	同		五時
廿一日	同	同	同	同		同
廿二日	同	同	同	同		十二時五十分
廿三日	休					
廿四日	七時三十分	同	同	同	唱　歌	五時
廿五日	八時十分	同	同	同	同	同
廿六日	八時	同	同	同		同十分
廿七日	同	同	同	同	同	五時
廿八日	七時	同	同	同		五時十分

廿九日	八時	同	同	同		二時
卅　日	（註；休）					

　この月は「恩物大意」の授業回数が少な過ぎるようであるが、同年12月の場合は、実地保育23回、読書23回、恩物用法23回、唱歌8回、恩物大意6回、図画2回、教育法1回、体操1回となっている。また、翌年2月は、実地保育、読書は同程度であるが、唱歌10回、恩物大意8回、図画3回となっている。こうした見習方式の保姆養成については、「見様見真似」のレベルの低い評価しか与えていない場合も多いが、こういうのを見ると相応の質は保っていたように思う。ただ、保育理論、教育理論などは読書（自習中心）となっているので不十分であった。

　明治18年（1885）3月には、奈良町給費伝習生・森久枝、山本滝子に初めて試験を行った上で伝習証書を与え、以後、試験を課すことを恒例とした。この二人の伝習生には実科の教習だけでなく読書（幼稚園記教育論ノ類）、算術（四則筆算）、習字（楷書）等の学科を授け、試験は修身（操行勘査）、素読（教育論）、講義（幼稚園記）、恩物大意、恩物用法、唱歌（理論及ヒ実地弾琴）、算術（四則応用問題）、習字（楷書四字）、体操、実地保育を課し、一科五分平均六分以上の点を取らなければ卒業できないとしている。徐々に保姆養成の質を高めていこうという意図は持っていたのであろう。

　筆者は、平成26年（2014）5月18日、日本保育学会第67回大阪大会（大阪総合保育大学・大阪城南女子短期大学）で司会・大戸美也子氏（武蔵野大学名誉教授）、話題提供者・松村紀代子氏（元大阪市立愛珠幼稚園園長）、同・宮里暁美氏（お茶の水女子大学附属幼稚園副園長）、同・前村晃（西九州大学）、兼指定討論者・前村晃（同）とで、「幼稚園草創期の教育実践にかかわる研究（3）―明治10年代後半の保姆養成の実相を探る―」という自主シンポジウムを行ったが、その関係もあって、何度目かの愛珠幼稚園訪問をする機会を得た。近々、愛珠幼稚園が耐震工事に入って、当分公開できないということで、現園長、前園長、元園長からお招きをいただき、高橋清賀子氏、大戸美也子氏らと共に、愛珠の建物を見学し、膨大な史料を拝見するという機会を与えてもらった。

　その機会に、松村氏の情報によって、愛珠の首席保姆人事には小西信八だけでなく豊田芙雄も関与していたことを知ったし、たまたま筆者が執筆中であった函館の幼稚園保姆・武藤やち本人の書簡や関係者の書簡数点を見出すことになった。筆者にとっては「函館の資料を大阪で知る」という思いがけない幸運もあった。

9-4-2　長竹国子の辞任と後任探しの困難

　長竹は、日々の保育の充実だけでなく、保育者養成の質の向上を図って、愛珠幼稚園の基礎固めに貢献していたが、最初から2年とか3年とかの任期付きの赴任であったのか（註；任期は良く延長された）、明治18年（1885）3月には辞職する予定で行動を開始している。愛珠に残る書簡によると、豊田文三郎・滝山瑄が、東京の小西信八に長竹の後任探しを最初に依頼したのは、明治17年（1884）の夏頃である。

　豊田、滝山はあくまでも東京女子師範学校の卒業生で、愛珠の首席保姆が務まるような有能な保育者を要望し、面倒見の良い小西信八は豊田芙雄と相談しながら何とかそれに応えようとするが、該当者を見つけることは容易ではなかった（註；難航した人事の経緯について、函館の武藤やちが絡む部分は、該当の章で詳しく触れることとする）。

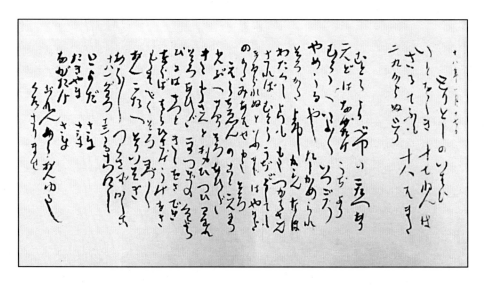

小西信八の豊田（文）・滝山・長竹への書簡（愛珠幼稚園蔵）

　愛珠に残されている豊田（文）・滝山、小西、長竹、武藤、函館の官僚らの何通もの書簡には、苛立ち、焦り、嘆き、困惑、苦情が満ちていて、まさに人事ドラマを見る思いがする（註；小西宛の武藤や函館の官僚の手紙まで愛珠に残っているのは、小西が自らの手紙にそれらを事の推移の裏付けとして添付したことによる）。

人事の難航の背景には、東京女子師範学校が保姆練習科を廃止したこともあって、幼稚園勤務の経験があり（註；力量さえあれば幼稚園経験はなくても良かったのだが）、愛珠の首席（主任）保姆が務まるくらいの人材となると、全国的に見ても数えるほどしかいなかったのである。しかも、愛珠幼稚園では、正規の「保育伝習科」を設置したいという予定もあったので、それに応え得る人材でなければならなかった。

　小西の手紙によると、長竹には結婚（再婚？）して家を継ぐという事情もあったようで、籍は愛珠に残し、後任未定のまま、明治18年（1885）4月頃には帰京した。同年9月末の長竹の手紙によると、華族の子女の家庭教師を始めて多忙であると書いている。ただ、後任が見つからない限り正規に辞めることができないため、愛珠と母校の東京女子師範学校に後任探しを依頼すると同時に、本人も後任探しの努力を重ねている。

　上の平仮名書きの手紙は、小西が明治18年（1885）1月13日に書いたもので、1月17日に愛珠の豊田（文）・滝山・長竹が受け取ったものであるが、小西は、この時点では武藤やち（註；函館師範教員兼附属幼稚園保姆）に愛珠に赴くよう交渉中であり、保姆練習科時代からの級友である長竹にも武藤を説得させることを記し、武藤が「どうしてもまゐられぬ」となった場合には、山田千代（1851－1913/註；保姆練習科修了生。麹町区立麹町幼稚園保姆）に愛珠赴任をすすめるとしているが、結局、武藤と山田の大阪行きは実現していない。

　難航した愛珠の首席保姆人事にようやく「進展」が見られたことは、明治18年（1885）9月25日付で、長竹が愛珠の豊田（文）・滝山宛てに送った手紙で知ることができる。この手紙によると、豊田芙雄が面談して意思を確認の上、東京から大阪へ差し向けた「大江氏」が愛珠とは違う幼稚園を訪ねてしまった、という行き違いが生じたことなどについても触れているが「木村すゞ上阪確定いたし反て行違ひの巧妙なぞと一同申し居候同氏山口より直ニ上阪可致様電信ニテ豊田芙雄より掛合候所すでに山口を出立の後にて有之候上阪遅ニ相成居候」と書いている。この時は豊田芙雄の電報が届く前に、木村は山口を離れ、小西信八、豊田芙雄と面談するためいったん上京している。

　木村は、東京女子師範学校の卒業生で山口師範学校の教員をしていたが、大阪の愛珠赴任を承諾したのである。また、長竹は、「（註；木村が）過日東京へ帰り候に付小西豊田（註；豊田芙雄）よりも掛合候處早々確定いたし誠ニうれしく存候」と書き、長竹はやっと肩の荷を降ろして、同年11月に正式に愛珠を辞め、代わりに木村鈴が同年12月に愛珠に赴任することになったのである。

また、翌明治19年（1886）1月には、大阪府より愛珠・中船場・北船場東の3幼稚園に保育者養成のための「保育伝習科」を設置することが認められている。木村の赴任は愛珠の「伝習科」設置に役立ったのである。

　しかし、愛珠の人事はこれで終わりではない。今度は、就任したばかりの木村が、たった2ヶ月で、東京に住む母親の病気を理由に、2月1日付で愛珠を辞めたのである。就任前は、母親も一緒に大阪に住むとしていた木村の辞職にはやや不可思議な部分も残るが、難航の末成就した愛珠の首席保姆人事は、またしても振り出しに戻ったのである。

　豊田文三郎や滝山瑄は、愛珠の基盤作りの時期に特別に世話になった人物として小西信八を取り上げているが、『沿革誌』などでは小西から贈られた次のような和歌も紹介している（註；記述によっては開園時のものとしているが、小西の東京女子師範学校赴任が明治13年9月であることから、創立3年後に行われた第三回記念式時のものかと思う）。

　　サキガケテ　オドロカシケリ　ナニハウメ　アヅマノキギハ　ハルシラヌカト

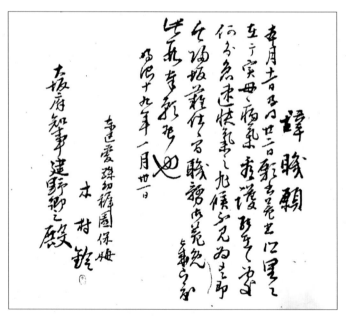

木村鈴の辞職願（愛珠幼稚園蔵）

9-4-3　愛珠幼稚園幼児保育伝習科における保姆養成

　愛珠幼稚園における保姆養成については、長竹国子赴任後、見習生方式をとっていたが、

明治 19 年（1886）1 月、愛珠幼稚園が制定した「公立愛珠幼稚園幼児保育法伝習科規則」
の概略は『幼稚園教育百年史』（11）によると次のようである。

　　第一章　通則

　第一条　本科ハ婦女ヲシテ幼児ヲ保育スル術ヲ練習セシムルタメニ設ク伝習生ノ人

　　員ハ六名ヲ限リトス

　　第二章　教則

　第五条　本科伝習ノ科目ハ修身、恩物大意、恩物用法、実地保育、唱歌、体操、教育

　　学、幼稚園管理法ノ八課トス

　第六条　本科伝習の期限ハ概ネ六ヶ月トス

　第七条　伝習時間ハ一日六時間一週三十五時間トス

　　但シ土曜日ハ五時間トス

　　（略）

　第九条　各課伝習ノ要旨左ノ如シ

　　一　修身ハ倫理綱常ノ大道ヲ講述シ必ズ之ヲ躬行^{きゅうこう}（註；自ら実行）セシム

　　一　恩物大意ハ恩物ノ性質功用ヲ説明シ務メテ其応用活動ヲ謀ル

　　一　恩物用法ハ恩物ノ使用ヲ講究シ手芸ニ熟練シ意匠ヲ巧緻ナラシム

　　一　実地保育ハ本園ノ幼児ニツキ保育ノ模範ヲ示シ各部ノ保育法ヲ練習セシム

　　一　唱歌ハ正雅優美ニシテ幼児ノ心情ヲ和グニ足ルモノヲ撰ミ殊ニ音調ヲ整粛ニ

　　　シ和洋ノ楽器ヲ用ヒテ之ヲ和セシム

　　一　体操ハ美容術、遊戯、徒手運動等幼児ニ適スルモノヲ授ケ且自己ノ身体ヲ健康

　　　ナラシム

　　一　教育学ハ教育ノ真理、三育ノ大要ヨリ学事ノ法令等ヲ授ケ実地保育ノ基礎ヲ鞏

　　　固ナラシム

　　一　幼稚園管理法ハ幼稚園ノ原則及ビソノ編制、幼児ノ管理、表簿ノ編製等一園ノ

　　　管理ニ必要ナルモノヲ授ク

　　（略）

　　第三章　入退園則

　第十一条　伝習生ハ品行方正、体質健全、年令十八年以上ニシテ小学中等科以上ノ学

力アル婦女ニ限ル

但シ時宜ニヨリ十八才未満ノ者モ入園ヲ許スコトアルベシ

（略）

第四章　試　験

（略）

第十八条　卒業試験ハ伝習満期ニ至リソノ伝習セシ各課ノ熟否ヲ試ミ及落ヲ判スル
モノトス

第十九条　毎課定点ヲ一百トシ各課五十以上、総課平均六十以上ヲ得タルモノヲ及第
合格トス

第二十条　入園試験ノ科目左ノ如シ

一、読書　皇朝女子立志編

一、作文　近体文　手簡文

一、習字　楷、行、草

一、算術　珠算（加減乗除）筆算記数法ヨリ分数法マデ

一、容儀　進退起居礼

一、体格　健全ニシテ痘瘡セシモノ

　第五章　伝習料

第廿三条　伝習生ハ毎月伝習料トシテ金壱円ヲ納ムベシ

（以下略）

愛殊幼稚園幼児保育法伝習時間表

毎週＼課目	月	火	水	木	金	土	計
修　身						三十分	三十分
恩物大意	一		一		一	三	三
恩物用法	一		一		一		二
実地保育	四	四	四	四	四		二十
唱　歌		一		一		一	三
体　操						三十分	三十分
教育学		一					一
幼稚園管理法				一			一
計	六	六	六	六	六	五	三十五時間

修身、教育学、幼稚園管理法ハ伝習生勉メテ自修シ保姆ハ唯其疑義ヲ講明スルモノトス

「愛殊幼稚園幼児保育法伝習科」では、特に修身、教育学、幼稚園管理法は最初から自習とし、質問は時間を設けて応対するということにしていたようである。ここでこの愛殊の伝習科の授業科目を東京女子師範学校保姆練習科の学科表や鹿児島女子師範学校附属幼稚園保育見習科の学科表（『豊田芙雄と草創期の幼稚園教育』中、清水陽子氏、307 頁）を比べてみたい。

東京女子師範学校保姆練習科における学科（前期）

学　　科	前　　　　　　　期	一周内ノ時数
教　育　論	其大意ヲ口授シ其要義ハ生徒ヲシテ手記セシム	二
物理学並動　物　学	其大意ヲ口授シ或ハ実物経験ヲ以テ之ヲ示シ以テ生徒ヲシテ其ノ概略ヲ了解セシム	二
幾　何　学	平面幾何ノ大意ヲ口授シ或ハ之ヲ問答ス	一
図　画　初　歩	幼稚園法ノ縦横線ヨリ始メ略諸物体ノ形状ヲ模写スル法ヲ知ラシム	一
園　制　大　意	幼稚園記及其附録ニ就テ口授ス	一
二十恩物大意	当分原書ニ就テ口授シ生徒ヲシテ手記セシム	一
音　　楽	唱歌遊戯ヲ授ク	二
恩　物　用　法	二十恩物ノ内前十号ヲ授ケ殊ニ製作品ノ貯蔵スヘキモノアルトキハ検査ノ上縦覧室ニ陳列スヘシ	六
体　　　操		一
実　地　保　育		六

東京女子師範学校保姆練習科における学科（後期）

学　　科	後　　　　　　　期	一周内ノ時数
修　身　学	其大意ヲ口授シ其要義ハ生徒ヲシテ手記セシム	二
人　体　論	口授或ハ問答法ニ依テ人体解剖ノ大意生理ノ概則及養成法ヲ理会セシム	二
幾　何　学	立体幾何ノ大意ヲ口授シ或ハ之ヲ問答ス	一
古　今　小　説	幼稚園適当ノ小説ヲ記憶セシメ且ツ其ノ話法ヲ練習セシム	一
布　列　別　伝	当分原書ニ就テ口授シ生徒ヲシテ手記セシム	一
二十恩物大意	授業法前期ト同シ	一
音　　楽	唱歌遊戯ヲ授ク	二
恩　物　用　法	授業法前期ト同シ	六
体　　　操		一
実　地　保　育		六

鹿児島女子師範学校附属幼稚園保育見習科学科表

学　　科	指　導　概　要	一周内ノ時数

227

幼稚園教育ノ口授	但シ生徒ヲシテ其要義ヲ手記セシム	一
物理書及博物書	但シ簡易ノ書ニ就キ其概略ヲ解習セシム	一
園制ノ大意	幼稚園記及ヒ其附録ニ就テ口授ス	一
音　　楽	弾琴唱歌ヲ授ク	二
恩　物　用　法	二十恩物ノ用法並ニ園用画法ヲ授ケ殊ニ製造品ノ貯蔵スヘキモノアルトキハ検査ノ上縦覧室ニ陳列スヘシ	六
生　理　書	簡易ノ生理書ニ就キ講習セシム	一
古　今　会　話	幼稚園適当ノ小説ヲ記憶セシメ且其ノ話法ヲ練習セシム	一
体　　　　操		
実　地　保　育		六
修身書　諸物指数	此二書ノ如ハ授業時間外ヲ以テ三十分間ツツ口授ス	

　東京と鹿児島は、ほぼ同時期の実践であるが、鹿児島では専門家は豊田のみで、クララも関も近藤もいない、一人の協力保姆もない状態では豊田の負担は大きかったと思う。また、東京では、幼稚園教育に理解のあった摂理の中村や、幼稚園監事の関が声をかけてくれれば、本校の物理学や博物学、生理学関係の教師たちも幼稚園教育に進んで協力した様子が見られるが、鹿児島では、岩村通俊県令という強力な後ろ盾があったとは言え、鹿児島師範学校や鹿児島女子師範学校の普通の教師の2倍、3倍の月50円の高給取りの豊田芙雄に対して、快く協力してくれる教師がどれほどいたか、やや疑問である。

　そうした不利な状況はあったが、幼稚園教育法そのものについては、豊田は水で薄めるようなことはしていないように思える。「恩物大意」と「恩物用法」をまとめて「恩物用法」の一科にしたことは賢明であったし、「図画初歩」なども、一個の科目にとらわれず「恩物用法」の中で「園用画法ヲ授ケ」たのである。また、「布列別伝」やフレーベル主義保育の根幹についても、豊田なら「幼稚園教育ノ口授」や「園制ノ大意」の中でわけなく講義し得たであろう。

　愛殊幼稚園は、東京女子師範学校のアドバイスを受けながら、大阪府によって認可された「幼児保育法伝習科」を設立するに至ったが、東京や鹿児島の保姆養成が大よそ1年を修業期間としていたのに対し、6ヶ月を修業期間としている点で、内容の厚みを欠くのはやむを得ないところであろう。

　『幼稚園教育百年史』（文部省、ひかりのくに、昭54）によると、愛殊幼稚園の「幼児保育法伝習科図書表（実地保育参考図書表略ス）」には、次のようなものがあるので参考までに示しておく。

＜修身の部＞・荒野文雄著『日本品行論　上下二冊』（明 42.11）＜恩物大意の部＞・東京女子師範学校講述『恩物大意　全一冊』（写本）＜恩物用法の部＞・東京女子師範学校附属幼稚園製造『幼稚園恩物図形』（明 11.11）・加藤錦子選『幼稚園玩器手本』（明 18.4）

＜唱歌ノ部＞・文部省音楽取調掛『小学唱歌集　従初編至三編』（明 14.11、明 16.6、明 17.6）・東京女子師範学校撰『唱歌　四冊』（写本）＜教育学の部＞・桑田親五訳『幼稚園　三巻』（文部省、明 9.1、明 10.7、明 11.6）・小泉信吉・四屋純三郎訳『那然小学教育論』（文部省、初版、明 18.3）　註；『幼稚園教育百年史』で「然那」とあるのは間違い。『那然小学教育論』の初版は明 10.1.「那然」は米国人のチャーレス・ノルゼントのこと。・高峰秀夫訳『教育新論　二巻』（茗渓会、明 18.3）＜幼稚園管理法ノ部＞・伊沢修二著『学校管理法　全一冊』（明 18.3、第四版）・関信三述『幼稚園創立法』（文部省教育雑誌第八十四号所載、明 11.12）

　これらの本の中で、最も関心が持たれるのは、東京女子師範学校講述『恩物大意　全一冊』（写本）であるが、これは長竹国子が保姆練習科在学中に筆記したものか、氏原か木村が筆記したものを大阪幼稚園廃園の際に競売で入手したものか、大阪模範幼稚園で講義された「恩物大意」を山片か巽が筆記したものか、いずれとも判別できないが、元々は豊田芙雄、近藤はまを相手にクララが英語で講義し、関が翻訳した「授業記録」が、明治 19 年（1886）でもなお使用されているのである。しかし、資料を良く残している愛殊幼稚園でもこれだけは何らかの事情で残らなかったようで『愛珠　第 1 集〜第 3 集』（愛珠会）の目録には記載されていない。なお、お茶の水女子大学には現在も手記『恩物大意』が残されている。

　愛殊幼稚園では、保姆養成については、その後も新方式と旧方式を併存させたが、明治 19 年（1886）3 月には、旧方式の伝習生吉見ユタ、安井コウに伝習証書を授与している。

　愛珠幼稚園では、木村鈴子が辞めた後、明治 20 年（1887）9 月、新たに東京女子師範学校卒業生の首席保姆・春田隆子（註；豊田芙雄の薫陶を受けている世代）を迎え、保姆養成を充実させることが可能となった。明治 21 年（1888）4 月、藤沢テイ、高見カネに初めて改正試験による考査を課した上で伝習証書を授与している。

　明治 22 年（1889）7 月、元・愛敬女学校教師（註；愛珠幼稚園内に作られた女学校）で旧方式の見習生と思われる片山恒（註；船場幼稚園の首席保姆となる）、蜷川可代（註；

愛珠幼稚園の次席保姆となる）に伝習証書を授与している。

　この月、同園における保育法伝習科は廃止されたが、在園中の者は卒業まで伝習を受けることが許された。同年10月、愛珠幼稚園内に大阪市立大阪高等女学校附属保姆養成所（註；明治23年、同園から移転し、明治29年3月には、これも廃止されたが、55名の保姆を養成した）が置かれ、同年11月、首席保姆・春田隆子は大阪市立女学校教諭に転じ、保姆養成所の教員となった。春田の後は次席保姆の蜷川可代が同園の首席保姆となった。

　数こそ多いとは言えないが、愛珠幼稚園は、保育の面だけでなく、保姆養成の側面でも着実に地域の幼児教育の発展に貢献したのである。

　ちなみに、愛殊幼稚園と東京女子師範学校、東京女子高等師範学校との関係はその後も続き、明治19年（1886）5月、これも豊田芙雄の薫陶を受けている世代である東京女子師範学校卒業生（註；明治14年7月）の伏見柳（りう）が赴任し、明治35年（1902）4月まで勤務している。また、明治44年（1911）3月、東京女子高等師範学校卒業生の稲葉むめが主任保姆として赴任し、翌年3月、園長となり、その後20年間同職にあったが、大正2年（1913）には唱歌劇を取り入れ、愛珠の保育に新風を吹き込んでいる。

9-4-4　愛珠幼稚園設立の意義

　愛珠幼稚園は、豊田文三郎の力量と滝山瑄の情熱があって設立され、維持されたが、背景に教育、学問を大切にした大阪の町人文化の伝統があったことを見落とすことはできない。大阪模範幼稚園の廃園後は、名実共に愛珠幼稚園が大阪の模範幼稚園として存在し続けた。もちろん、愛珠幼稚園の教育も、郊外遊戯を試み、大型積木に挑戦し、唱歌劇を導入するなど、時代と共に革新してきた。しかし、愛珠幼稚園が「模範幼稚園」であり続けたのは、豊田と滝山が創立時に謳った「当聯合町ハ全国ニ率先シテ町立幼稚園ヲ設立シ以テ幼児保育ノ効果ヲ社会一般ニ知ラシメン」という精神を忘れずに希求してきた結果であろう。また、愛殊では幼稚園教育の草創期から保姆養成を手がけたことも忘れてはならない。愛珠の努力は関西地方だけでなく東京や全国各地に刺激を与えたのである。

　また、愛珠幼稚園が創立以来の膨大な一次史料を保存していることは、まさに一種の奇跡である。建物だけでなく、これら史料群はわが国の幼児教育を跡付けることができる第一級の文化財である。戦時中は、愛珠幼稚園は最も大きな危機を迎えたが、教職員の使命感がこれを防いでいる。戦争が激しくなると、史料群は何度にも分けて郊外に移転させて

いる。

　昭和20年（1945）3月14日の大空襲では、大阪市の3分の1が焼土と化し、その後も度重なる空襲で、東区でも幼稚園はことごとく焼け、愛珠だけが残るという惨状となった。当時の中村道子園長は2、3の同僚と交代で宿直し、空襲で近くの家々が燃え、火の粉が降り注ぐと、園内を走り回ってそれを消し止めている。戦争最末期のある宵には、近くで激しい空爆が始まり、自分の命も今日まで、と覚悟している。

　同年6月30日午前8時半、ついに船場署員が愛珠にやってきて、隣の三菱信託を守るために、木造建築を疎開するという通告をし、8月8日から10日にかけて解体する計画を示した。しかし、8日は天候が悪く解体作業が中止となり、中村園長が業者に隣の空家から先に解体してくれ、と嘆願したりする内に、8月15日、終戦を迎えた。

　中村道子園長の話は、豊田芙雄の曾孫・高橋清賀子氏のご尊父・豊田健彦氏が、近隣に火災があると、火の粉を全身に浴び、般若心経を唱えながら豊田天功、小太郎、芙雄らの史料を運び出した、という話を思い出すが、中村道子園長のように命懸けで「幼稚の園」を守る人がいて初めて愛珠幼稚園は残ったのである。

国の重要文化財指定の愛珠幼稚園の建物

　大阪市立愛珠幼稚園は、現代においても、お茶の水女子大学附属幼稚園と共にわが国で最も有名な幼稚園である。園舎と回転すべり台は「国の重要文化財」の指定を受けているし、また、わが国の幼稚園開始期以来の貴重な資料を豊富に所蔵していることでも知られている。園全体がいわば「幼児教育の世界遺産」と言っても過言ではない。水害、風害、

震災、戦禍と度重なる危機を乗り越えて、園舎と資料群は守られてきた。愛珠幼稚園の資料は貴重であり、国家的レベルで援助をし、保存すべきものである。

　現存する愛珠幼稚園の建物は、愛珠の首席保姆人事で何度も協力した豊田芙雄の実弟・桑原政が社長を務めた明治炭坑の重役・松本重太郎が建築の相談役となり、同じく野田吉兵衛が建設委員となっていることは奇縁と言うしかない。

　愛珠幼稚園は、総括的に言うならば、学問と教育を大切にしてきた大阪の伝統と、大阪町人の自治自立の精神と、豊かな経済力を土壌として見事に咲いた「浪速の華」なのである。

注

(1)　日本保育学会『日本幼児保育史　第一巻』、フレーベル館、p. 144

(2)　篠田正作編『明治新立志編』、鍾美堂、明治24年、pp. 78-80

(3)　三善貞司編『大阪人物辞典』、清文堂、2000年

(4)　前掲、日本保育学会、p. 143

(5)　滝山　瑄『奠都祭博覧会遊覧乃栞』、大阪国文社、明治28年

(6)　愛珠幼稚園『沿革誌』、愛珠幼稚園、明治36年、pp. 32-33

(7)　大阪市立愛珠幼稚園百周年記念事業委員会編『愛珠幼稚園百年史』、大阪市立愛珠幼
　　　稚園百周年記念事業委員会、1980年

(8)　前掲、日本保育学会、pp. 161-165

(9)　上掲、pp. 147-148

(10)　前掲、愛珠幼稚園、p. 24

(11)　島田篁村『篁村遺稿　巻中』、島田均一出版、大正7年

(12)　文部省『幼稚園教育百年史』、ひかりのくに株式会社、昭和54年、pp. 918-920

10　仙台に幼稚園を創った人々

10-1　賊軍となった仙台藩の青年たち

10-1-1　仙台藩の処分

　仙台区木町通小学校附属幼稚園が創設されたのは明治12年（1879）6月のことである。わが国において「幼稚園」を冠する最初の幼児教育機関は、明治9年（1876）年11月に開業の東京女子師範学校附属幼稚園であった。2番目は、明治12年（1879）4月、鹿児島に、3番目は、明治12年（1879）5月、大阪に設立されている。仙台の幼稚園は4番目ということになるが、大阪とは1ヶ月、鹿児島とは2ヶ月遅れたに過ぎなかった。

　戊辰戦争時、仙台藩は奥羽越列藩同盟の盟主となり、官軍に対して抗戦するが敗退している。その結果、62万石から28万石に大幅減封となり、多数の陪臣は武士の身分を剥奪された。また、東北の領有地も狭められ、北海道の3分の1に及ぶ領地、警衛地も失っている。

　また、明治5年（1872）8月2日、最初に「学制」が公布された際には、全国八大学区の内、東北地方の大学区では中心地が青森県となっている。その後中心地は宮城県に移されたが、言い訳はいろいろあろうとも、これも新政府による仙台藩処分の一環だったのであろう。

　あらゆる点から言って、かなり厳しい状況下の仙台に、最先端の事業である幼稚園設置がなぜ構想されたのか不思議である。ストーリーはそこから始めなければならない。

10-1-2　仙台藩士と教育者への道

　一度、賊軍のレッテルを貼られた旧仙台藩士やその子弟は、たとえ優秀であっても、当時の社会にあっては、立身出世の道はかなり狭いものとなった。そのため、彼らの中には教育者として活路を見出そうとする者も少なくなかった。

　小学校教師となり、かなり早い時期に幼稚園を設立することに力を発揮することになった矢野成文（1830-1894）、若生精一郎（1847-1882）、白極誠一（1848-1905）らもそうした人々であった。

　矢野は、天保元年（1830）、藩校明倫養賢堂に勤めた仙台藩士・別所直栗の次男として

233

生まれている。字は純郷、通称は連蔵、号は静斎である。天保9年（1838）、数え年9歳の時から養賢堂で漢学を学び、後、小姓組から監察へと進み、一時、藩命により奥州遊歴に出掛けている。明治15年（1882）8月の矢野成文の手書きの履歴書（写真参照）によると、教職関係で言えば、明治4年（1871）2月5日、藩立養賢堂「三等教授」に就任するが、同5年（1872）3月13日、藩立中学校「督学」に転任し、6月16日、該校廃止に付き免職となっている。これは学制発布が予定された廃止であった。

　明治6年（1873）5月20日、仙台公立四番小学校「読書仮教師」を拝命するが、明治8年（1875）3月、仙台に開校された教員伝習学校に44歳で入学し、約3カ月間の研修を経て、同年6月25日、仙台公立四番小学校「仮教師」から「二等権訓導」となった。さらに、明治9年（1876）3月15日、同校「一等権訓導」を拝命し、明治10年（1877）12月12日には「同校創立以来教授ノ方法及百事尽カノ由ヲ以テ本県ヨリ金五円賞賜セラル」と記している。

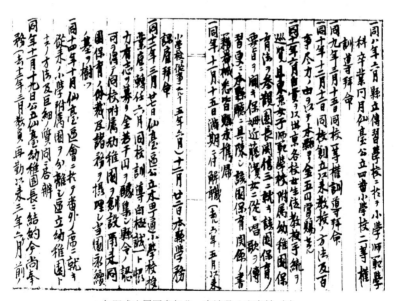

矢野成文履歴書部分・宮城県公文書館 (1)

　大村榮氏によると(2)、学制発布後、明治6年（1873）中に、仙台では7校の小学校が先駆けて設けられている。すなわち、同年6月15日、三番小学校（現・上杉山通小学校）、6月27日、五番小学校（現・片平小学校）、7月2日、二番小学校（現・東二番丁小学校）、7月3日、一番小学校（現・荒町小学校）、7月4日、四番小学校（現・木町通小学校）、

7月5日、六番小学校（現・材木町小学校）、7月5日、七番小学校（現・立町小学校）などである。

四番小学校では矢野が初代校長相当（註；校長職はまだない）となるが、同校は明治9年（1876）4月、現在地に移転し、培根小学校と改称され、若生訓導が2代目校長相当となった。矢野が命名した培根は儒教の古典『小学』中の「以培其根　以達其支」から採られたが(3)、以後、この学校では「以て其根を培い　以て其支を達す」という「培根達支」の精神を「培根魂」と呼び、同校教育の根幹としている。幼少期に基礎・基本をしっかりと身に付けさせ、将来さまざまな方面で豊かな能力を発揮できるようにするという「培根魂」は幼稚園設置の発想とも無関係ではない。明治12年（1879）4月、同校は木町通小学校と改称され、白極誠一が3代目校長となった。

矢野は、明治11年（1878）11月15日、いったん満期解職となるが、同年12月22日、学務課雇となり、明治12年（1879）3月27日、仙台区公立木町通小学校授業雇に転じ、6月、同校訓導・白極誠一と協力して同校附属幼稚園を設立している。

矢野は、実際的な指導にも熱心であり、国立国会図書館に、明治11年（1878）6月発行の矢野成文編『小学日課表用法』(4)がある。その緒言によると「余ノ培根小学ニ従事スルヤ茲ニ年アリ常ニ生徒ノ緩慢ニシテ遅滞ノ者多キヲ憂」いて一日同僚と相談し、生徒の教科学習や態度などをチェックする一覧表を作成している。矢野らはこれを用いて実効ある成績評価をし、生徒のやる気を引き出そうと考えたのである。

矢野は、明治19年（1886）12月18日、東二番丁小学校准訓導を命じられている。矢野がいつまで教壇に立っていたかはわからないが、最晩年まで、江戸時代をはじめ内外の近代幼児教育文献資料の収集と幼児教育に関する手記をまとめることに心血を注いでいる。矢野は根っからの教育者だったのである。明治27年（1894）1月12日、逝去。享年64歳であった。

『創立百三十周年記念誌　あゆみ』には、明治11年（1878）春頃、培根小学校の教員間で「矢野成文を中心に幼稚園設置の計画」が進められるようになったとある(5)。まだ東京女子師範学校に附属幼稚園が設置されてわずか1年半後のことである。

培根小学校の訓導で校長相当の若生精一郎は、明治9年（1876）6月、宮城県権令・宮城時亮（1838-1893/註；長州藩士の家に生まれる。明治6年、官立宮城師範学校、明治7年、同附属小学校、宮城外国語学校を設立）宛に「培根小学校ヘ裁縫仮教則ヲ設ケ度願書」(6)を提出し、明治11年（1878）4月、裁縫科を設置している。子守のため、学校教育を

235

受けられない女児に「児ヲ負ヒタル儘無月謝ニテ」通えるようにしたいわゆる「子守学校」
であった。矢野や若生は幼児教育だけでなく女子教育にも目を向けていたのである。『あ
ゆみ』中の千葉昌弘氏の論稿によると、裁縫科では「裁縫術、育児法、養生法、珠算、帳
合法、日用文」まで教育することが構想されていたようである。

　また、明治9年（1876）12月12日付で、若生精一郎は木村敏（註；養賢小学校教諭・
仙台師範学校長兼務）ら7名で、学齢外の年長青少年のための「夜学校設立願書」を県に
提出している。

　若生精一郎は、大村榮氏の著書が記述するように、弘化4年（1847）、仙台藩槍術指南
の若生徳之進の第3子として誕生している。若生も、矢野、白極と同様藩校養賢堂で学ん
だが、明治7年（1874）2月、エリート教員の養成校官立宮城師範学校（註；前年11月
15日開校。規則上は修学期間2ヶ年）に入学し、全科を卒業して、翌年7月19日、宮城
県派遣となり、明治9年（1876）4月、訓導として四番小学校（培根小学校）に赴任した。

　若生には、明治9年（1876）3月4日、伝習学校教員の兼務（月俸19円）が命じられ
ている。若生は児童から慕われ、作文教育や社会系教育に熱心だったが、特に作文は丁寧
に添削をするため、児童が待ち焦がれる授業だったようである。

　また、若生は、進取の気性を持った男であり、東北の自由民権運動の雄、河野磐州
（1849-1923/註；三春藩郷士の三男。河野広中。尊皇攘夷論者。自由民権運動家。第11
代衆議院議長。第27代農商務大臣）と連絡を取り合って、明治11年（1878）10月、仙
台に「鶴鳴社」を設立し、明治12年（1879）、小学校訓導を辞め、宮城日報を創刊した。
明治13年（1880）には、後に衆議院議員に9回当選する政治家・村松亀一郎（1853-1928/
註；陸奥国登米郡出身。弁護士。自由民権家。政治家）らと「本立社」を結成している。
愛国社の国会期成同盟第二回大会（東京）には宮城県1330名、山形県76名の署名を持っ
て参加し、政府に「国会開設哀願書」を提出するが却下されている。

　若生は、明治14年（1881）4月、古川小学校の校長（月俸30円）に復帰するが、同年
9月、病気のため辞職し、明治15年（1882）3月25日、労咳により35歳の若さで逝去し
た。民権派教師・若生精一郎は常に多忙であったが、明治11年（1878）9月、若生精一
郎著『小学作文類題』（松風竹影書楼）を発行しており、明治13年（1880）10月、若生
精一郎閲、桜田憲章編『宮城縣地誌要畧字引』の発行に関わっている。

　ちなみに、精一郎の兄で仙台藩の郡奉行の若生文十郎（1842-1869）は、会津藩恭順の
説得に成功するが、この案は官軍側に拒否され、結局、奥羽越列藩同盟を進める大立者と

なり、後、官軍から切腹を命じられ、若生家は士分剥奪となった。兄・文十郎も弟・精一郎も熱血漢であったという点では共通していたのである。

白極誠一もまた若生精一郎に共鳴する民権派教師であった。白極家は能楽大鼓幸流（威徳流）を受け継ぐ家柄であり、家禄 300 石の名家であった。戊辰の役後、白極はハリストス正教に入信している。

白極については、岩手の東磐史学会の村上光一氏から、東京府で官途に就いていた時期に白極が書いたと思われる履歴書を送っていただいたが、それによると、明治 6 年（1873）7 月 10 日、第一大学区武州多摩郡二宮小学校（現・東秋留小学校）教師の辞令を受けている。同校には長くはいなかったようで、明治 7 年（1874）3 月、水沢県にできた小学教則伝習所（在学期間 8 週間）で下等小学校教員の免許を取得し、明治 8 年（1875）2 月 2 日、水沢県の藤沢小学校の四等訓導となっている。ここにも長くはおらず、同年 4 月 17 日には、宮城県の第七大学区第一中学区第六小学区南材木小学校の訓導となったが、おそらく在職のまま、明治 8 年（1875）3 月、宮城県仙台に開校された小学校教員伝習学校（修学期間 100 日）に 26 歳で入学している。入学時、生徒代表挨拶をしたが、卒業時の成績もトップであった。

卒業後、南材木町小学校の一等権訓導となり、伝習学校助教を兼務したが、後、培根小学校（木町通小学校）の教師となった。さらに後には、教師を辞め、各府県の官吏として渡り歩き、明治 32 年（1899）に加美郡長となり、明治 34 年（1901）4 月に柴田郡長となった。白極は、明治 38 年（1905）1 月 6 日、58 歳で亡くなっている。

戊辰の役に敗れた仙台藩の若者たちは、維新後の藩閥主導の社会で自由に飛翔することはできなかったが、矢野成文、若生精一郎、白極誠一らは、先ずは共通に教育の世界に活路を見出し、後進の成長に期待を寄せ、早々に女子教育や夜学校、幼稚園教育などを構想し得る先進的な教師に育っていったのである。

10-2 矢野成文と仙台における幼稚園設置

10-2-1 矢野成文の幼稚園見学と購入物

仙台区培根小学校の教員・矢野成文は、同校に附属幼稚園を開設するという計画を立て、同僚の若生精一郎らの理解を得て、明治 11 年（1878）6 月 7 日、東京女子師範学校附属幼稚園を見学するために旅立つことになった。

矢野の手記「幼稚園保姆及母親の心得」（宮城県図書館）の巻八（付録）によると、東京女子師範学校附属幼稚園の見学には、翌年保姆の一人となる師範学校生徒・庵原俊を同行させている。矢野らは、幼児保育の実際は、若い庵原に学ばせるのが適切と考えたのであろう。矢野は出立から帰校まで40日間の予定で上京するが、大村榮氏の記述によると、矢野の申し出により若生を通じ県に対し10日間の「御暇延長願い」が出され、即日許可されている。矢野は履歴書にこの時の上京は「自費ヲ以」と書いているが、県からも実費の一部30円の助成があったようである。

　矢野成文らが東京の幼稚園を見学したのは6月から7月の間である。その頃同園には、氏原鋘、木村末、横川楳子の保姆見習生3名が在園し、関信三と松野クララによる保育の「傳習」や、豊田芙雄、近藤はまによる保育法の講義、演習が行われていた時期である。

　矢野の履歴書によると「東京女子師範学校附属幼稚園保育法ヲ参観園長関信三ニ就キ該園保育ノ要旨ヲ聞キ」とあり「更ニ本縣廰」に陳情して同園の保育関係の書籍、器械など必要なものすべてを入手したと書いている。また、矢野の手記「幼稚園保姆及母親の心得」には、唱歌について「保姆近藤はまニ従ヒ唱歌数曲ヲ傳習」とある。氏原の手記にも、当時実際に歌われた唱歌は数曲があったと述べていることから、矢野らも、「風車」「家鳩」など数曲の唱歌を習ったのであろう。

　矢野の履歴書や手記には豊田芙雄の名前は出てこないが、豊田の保育も参観したであろうし、保育をめぐる会話などもあったと思う。矢野は、明治11年（1878）7月20日、帰校するが、この時、矢野が東京で入手し持ち帰ったものは次のとおりである。

　　幼稚園十二恩物、幼稚二人用卓子、同腰掛、幼稚一人用卓子、同小型椅子、墨板、塗板、幼稚園創立法、童蒙教草、保姆新書、幼稚園規則、教育雑誌、玩具

　これらの内、幼稚二人用卓子は倉橋惣三の希望で後に東京女子高等師範学校附属幼稚園に譲られ、今もお茶の水女子大学に現存しているようである。また、同じく同大学に残る「二十遊戯之図（複製）」も、明治11年（1878）、矢野が購入した作品の複製と言われている。原図（註；錦絵。同図は愛珠幼稚園でもかなり良好な状態で所蔵している）は仙台の園に保存されていたが空襲で焼失している。墨板、塗板は「黒板」である。『童蒙教草』はイソップ物語や教訓話を集成した書物、「幼稚園規則」は東京の幼稚園の規則、『教育雑誌』は文部省発行の雑誌である。ただし、ここにある『保姆新書』がどういうものか不明

である。

　注目したいのは、この時点で関信三の『幼稚園創立法』を入手したとしていることであるが、このことについては関信三の章で触れたとおりである。

10-2-2　木町通小学校附属幼稚園設立伺

　仙台の「木町通小学校附属幼稚園設立伺」は、「仙台区木町通小学校附属幼稚園規則」を付して、明治 12 年（1979）5 月 9 日、木町通小学校四等訓導・白極誠一、仙台区書記兼学区取締・浦川盛至、仙台区長・松倉恂（1827-1904/註；仙台藩元重臣。兵器奉行。軍艦奉行。戊辰戦争で敗北後、藩論分裂で脱藩。仙台区長の後、明治 17 年末、御用掛准奏任官で大蔵省へ異動）の連名によって、宮城県令・松平正直（1844-1915/註；旧福井藩士。官僚。政治家。実業家。県令。内務次官。貴族院議員。枢密院顧問官/男爵）宛に提出されている。この「伺」は、田中不二麿が三条実美宛に出した幼稚園設置の「伺」の 4 倍超、同「再應伺」の 3 倍超の長さである。『あゆみ』その他の資料によると仙台の幼稚園設立の「伺」は次のとおりである(7)。

木町通小学校附属幼稚園設立伺

　当校開業以来茲ニ七年今ヤ該小学区内六百余名ノ学齢生徒皆此校ニ就学シ既ニ上等壱級ニ進ミ殆ント小学全科ヲ卒ヘントスル者アリ普通ノ教育ニ於テハ稍花実ヲ結ビタルガ如シ而シテ独リ其学齢未満ノ稚児ニ至リテハ富人ノ子ト雖概子無智盲昧ナル婢僕ノ手ニ成長シ貧者ノ女ハ必頑童黠児（註；聞き分けがなく悪賢い子）ニ接スルヲ常トシ柔惰優慢拙劣汚行終日為ス所有害無益ナラザルハナシ其学齢ニ至ニ及ヒテ遽ニ学ニ就カシメ頑愚悪習ヲ免レント欲スルモ得ベカラザル猶ホ草木稚嫩ナル之ヲ屈撓スレハ終ニ直クス可カラサルカ如シ是レニ因テ幼稚天賦ノ本性ヲ養成スル適切ノ良法ナカルベカラズ是レ西人幼稚園ノ発明アル原由ニシテ西洋各国競フテ之ヲ設クル所以ナリ而シテ近時最モ亜米利加合衆国ニ盛ニ行ハレ其経験僅ニ数年ト雖其ノ成績ノ美ナル真ニ望外ニ出タリ是レ他ナシ曽テ幼稚園ニ在留セシ生徒ノ進テ学校ニ入ル者ハ其学業進歩ノ速ニシテ且品行ノ善良ナル他ノ生徒ノ隣ニアラズ是ヲ以テ幼稚園ヲ設クルハ却テ学校ノ費用ヲ減スル一助也ト当ニ知ルヘシ幼稚園ノ効用果シテ少小ナラサルヲ是ニ於テカ我文部省ニモ曩ニ東京女子師範学校附属幼稚園ノ設ケアリ本県亦当校ノ両女教師ニ命シテ之レカ保姆練習科ニ入ラシムルノ挙アリ而シテ其

卒業来春ニアリト云ヘハ実ニと遠キニアラサルナリソノ期ニ臨ミ遽然（注；読みは、きょぜん。意味は、にわかに）開設ヲ計ラハ自然欠漏ノ患アルヲ免レズ幸ニ有志ノ徒数名相協同シテ開設ヲ促ス既ニ数十円ヲ醸出シ器械恩物略備ハルヲ以テ今般仙台区定禅寺通櫓丁三番地ヲ仮用シテ当校附属幼稚園トナシ先ヅ二三十名ヲ募集シ保姆其外ノ職員ハ皆当校ノ教師ヲ以テ之レヲ兼務シ規則ノ如キハ一ニ東京幼稚園ノ制ニ模倣シ不日開業シテ漸次歩ヲ進メ他日普通学課ニ入ルノ予備門ト為サント欲ス依テ別紙規則相添ヘ此段奉伺候也

木町通小学校四等訓導

明治十二年五月九日　　　　　　　　　　　　白　極　誠　一

仙台区書記兼

学区取締浦川盛至

仙台区長松倉恂

宮城県令松平正直殿

　冒頭は小学校教育の開業以来7年が過ぎ、相応の成果があがったことを書いているが、白極誠一らは自身小学校の教師であるからここは実感を持って書いたと思う。また、後半にある幼児教育が小学校教育への有効な橋渡しになるというのは、フレーベル主義保育の主張するところであるが、矢野や白極もこのことに共鳴した模様である。冒頭に続く大部分は関信三の『幼稚園創立法』から借用したものである。このことから、この頃までには、矢野や白極が同書を入手していたことは確実である。両者を対照すると次のとおりである。

　仙台の設置伺

「富人ノ子ト雖概子無智盲昧ナル婢僕ノ手ニ成長シ貧者ノ女ハ必頑童黠児ニ接スルヲ常トシ柔惰優慢拙劣汚行終日為ス所有害無益ナラザルハナシ」

幼稚園創立法

「富人ノ子ハ概子無智盲昧ナル婢僕ノ手ニ成長セシヲ以テ唯驕奢傲慢ノ風ニ慣習シ貧者ノ女ハ必ズ頑童黠児ニ接スルヲ常トシテ以テ拙劣汚行ニ陥入シ此ノ如ク富子モ貧女モ終日為ス所悉ク皆有害無益ナラザルハナシ」

仙台の設置伺

「猶ホ草木稚嫩ナル之ヲ屈撓スレハ終ニ直クス可カラサルカ如シ」

　幼稚園創立法

「猶ホ草木ノ稚嫩ナルヲ之ヲ屈撓スルトキハ其長ズルニ及ビテ終ニ之ヲ直クス可カラ
ルカ如シ」

　仙台の設置伺

「幼稚天賦ノ本性ヲ養成スル適切ノ良法ナカルベカラズ是レ西人幼稚園ノ発明アル原由ニシテ」

　幼稚園創立法

「幼稚天賦ノ本性ヲ養成スル適切ノ良法ナカルベカラズ是レ幼稚園ノ発明アル原由ナリ」

　仙台の設置伺

「近時最モ亜米利加合衆国ニ盛ニ行ハレ其経験僅ニ数年ト雖其ノ成績ノ美ナル
真ニ望外ニ出タリ是レ他ナシ曽テ幼稚園ニ在留セシ生徒ノ進テ学校ニ入ル者ハ其
学業進歩ノ速ニシテ且品行ノ善良ナル他ノ生徒ノ隣ニアラズ是ヲ以テ幼稚園ヲ設
クルハ却テ学校ノ費用ヲ減スル一助也ト当ニ知ルヘシ幼稚園ノ効用果シテ少小ナ
ラサルヲ」

　幼稚園創立法

「近時最モ亜米利加合衆国ニ盛ナリ聖路易府ノ学監ハリス氏曰ク幼稚園ノ経験僅
ニ数年ナリと雖其成績ノ美ナル真ニ望外ニ出タリ即チ公立学校ノ教師ハ皆公立幼
稚園ノ益々盛ナランコトヲ希望セリ是レ他ナシ曽テ幼稚園ニ留任セシ生徒ノ進デ
学校ニ入ル者ハ其学業進歩ノ速ニシテ且ツ品行ノ方正ナル他ノ生徒ノ比ニアラズ
是ヲ以テ公立幼稚園ヲ設クルハ却テ公立学校ノ費用ヲ減ズル一助ナリト当ニ知ル
ヘシ幼稚園保育法ノ効用果シテ少小ナラザルヲ」

　仙台の「伺」は『幼稚園創立法』冒頭の書き写しである。ただ、これは安易な借用とい
うよりは、幼少期にしっかりと根を張らせて幹枝を大きく育てるという矢野らの「培根魂」
と、幼児を「キンダーガルテン（幼児の園）」で園丁が植物を育てるように健やかに育て

241

るという『幼稚園創立法』の根本理念は共有し得る世界だったのである。

　「伺」の最終部分では「当校ノ両女教師ニ命シテ之レカ保姆練習科ニ入ラシムル」や「有志ノ徒数名相協同シテ開設ヲ促ス既ニ数十円ヲ醸出シ器械恩物略備ハルヲ以テ今般仙台区定禅寺通櫓丁三番地ヲ仮用シテ当校附属幼稚園トナシ先ヅ二三十名ヲ募集シ保姆其外ノ職員ハ皆当校ノ教師ヲ以テ之レヲ兼務シ規則ノ如キハ一ニ東京幼稚園ノ制ニ模倣シ不日開業シテ漸次歩ヲ進メ他日普通学課ニ入ルノ予備門ト為サント欲ス」の部分は、同校独自の文章であり、すでに保姆の育成、物品・用具の購入、土地の手当はできているといい、矢野や白極の幼稚園設置計画は相応に用意周到なものであったことがわかる。

　ただ、有志が「既ニ数十円ヲ醸出シ」とあるように、全てを「公」に頼めなかった同園の苦しい立場も窺える。なお、予算の裏付けについては、後述するように、「伺」の日付の三日後、5月12日付で「木町通小学校附属幼稚園維持方法」が提出されている。

10-2-3　　木町通小学校附属幼稚園開園挨拶考

　仙台の木町通小学校附属幼稚園は、明治12年（1879）6月7日、無事開園を迎えるが、校長・白極誠一の当日の祝詞も大部分が『幼稚園創立法』冒頭部分を参考にしたものである。白極の祝詞は『あゆみ』その他によると次のようである。

　「人ノ幼稚ナルヤ嫩芽（注；読みは、どんが）ノ如シ。春花秋実ノ美ヲ観ント欲セバ、宜シク之ヲ園圃ニ移シ、勉メテ其ノ生力ヲ養成セザルベカラズ。若シ之ヲシテ野外荒蕪ノ地ニ生長セシムル時ハ、昆虫其ノ根ヲ噛ミ、風雨其ノ枝ヲ撓（注；読みは、たわ）マシ、其ノ花ハ浮薄其ノ実ハ委靡シ、竟ニ天然ノ美栄ヲ発スルノ期ナシ。
　ココニ該校付属幼稚園ノ開業ヲ行フ。乃チ今日ハ嫩芽ヲ園圃ニ移植スルノ吉辰ニアラズヤ。欣喜抃躍（注；読みは、べんやく）ノ情已ム能ハズ。敢テ蕪詞ヲ陳ブ。芝蘭（注；読みは、しらん）ノ園ニ長ズルハ荊棘（注；読みは、けいきょく）ノ枝ヲ束ヌルナリ。蘇苔ノ庭ニ生ズルハ塵埃ノ根ヲタツナリ。唱歌ノ婉娩（注；読みは、えんべん）ナルハ心神ヲ柔グベク、玩器ノ爛漫タルハ知覚ヲ発セシムベク、無用ノ遊戯ヲ実地ニ転ジ、有益ノ技能ヲ幽処ニ求メ、漸次薫陶養成シテ、他日幼童等果実ヲ結ブノ美栄ヲ歓ブコトヲ敬ミテ祝ス。」

白極誠一祝詞

「春花秋実ノ美ヲ観ント欲セバ」

幼稚園創立法

「草木ノ花蕾ヲ発シ果実ノ結ブノ栄ヲ観ンヲ要セバ」

白極誠一祝詞

「宜シク之ヲ園圃ニ移シ、勉メテ其ノ生力ヲ養成セザルベカラズ」

幼稚園創立法

「園丁ノ最モ老練ナル者ハ之ヲ園圃ノ中ニ栽培シ常ニ意ヲ注シカヲ添ヘ（註；前村による中略）其天工ヲ養成シ」

白極誠一祝詞

「若シ之ヲシテ野外荒蕪ノ地ニ生長セシムル時ハ、昆虫其ノ根ヲ噛ミ、風雨其ノ枝撓マシ、其ノ花ハ浮薄其ノ実ハ委靡シ、竟ニ天然ノ美栄ヲ発スルノ期ナシ」

幼稚園創立法

「荊棘葛藟（注；読みは、かつるい）ト倶ニ野外荒蕪ノ地ニ放生セシムベカラズ若シ然ルトキハ幹株屈曲シ枝葉縦横ニ濫出シ蓬草其根ヲ掩ヒ塵埃其條ヲ穢シ容姿甚ダ野ニシテ見ル可カラズ」

　設立の「伺」ほどではないが白極の祝詞も『幼稚園創立法』からの借用であり、白極自身、関信三の『幼稚園創立法』に目を通し、深く共鳴していたものと思われる。

　また、この日、矢野も開園の祝詞を述べているが、白極の祝詞の3倍超の長さである。矢野も前半は『幼稚園創立法』と明治12年（1879）3月発行の関信三纂輯『幼稚園法　二十遊嬉　全』を引用しているが、後半では他府県の動向に関心を寄せ「鹿児島県ノ如キニ至リテ、既ニ其議ヲ決シ本年三月官ニ請ヒ東京幼稚園ノ保姆（註；豊田芙雄のこと）ヲ聘シ現今既ニ開設ニ及ブト云フ」と言い「全国中設立ヲ企望スルノ県々ニ少ナシトセズ　然レトモ既ニ此挙アルモノ僅ニ四カ所ニ過ギズ　然レバ今日ノ開業ハ実ニ本邦第五ノ開設ニシテ将来幼稚ノ教育上ニ於テ全菅ノ面目ヲ一変スル元素タル」と述べている。矢野は、幼稚園の開業は「僅ニ四カ所」であり本園は本邦5番目の幼稚園だと述べている。矢野は京都の幼穉遊戯場も含めているのであろうか。ちなみに、プロシアの幼稚園解禁時、松野クララは8歳であるが、矢野の祝詞中クララを「嘗テ幼稚園ニ成長セル」と紹介している

243

のは他にも書いたが少し気になる部分である。6月7日の開園当日は、園児は20名ほど
で、来客は100人ばかりがあった。仙台日々新聞（明治12年6月11日付。宮城県図書館
蔵）は次のように記述している。

> 兼ねて報道せし木町通小学校附属幼稚園の開業式は愈去る七日施行されましたが今
> 其の概畧を述ぶれバ室の中央には生徒就業の机を排列になり其北室には幼稚が就業
> の硝子額并に庭園の掛図を掲げ其下には亜米利加及び文部省京都府其外本縣等にて
> 製造せし二十恩物を陳列して縦覧を許されたり扠午後一時三十分を合図に生徒は思
> い思いの支度をなし付添人諸とも各々その席に就き参観の衆庶は其左右を環りて堂
> に充満せり此時学務課の林十等属ハ室の正面に立て左の祝詞を朗読せられたり

　この日は、宮城県十等属の林通の祝詞の朗読に始まり、校長・白極誠一の朗読、幹事・
矢野成文の朗読と続いている。これが終わって矢野秋、南良、庵原俊の三人が歌唱七曲を
歌って、この後園児に菓子を与えて退園させ、その後午後三時まで祝宴が続いたようであ
る。大津よしぢ（1862-1943/註；橋本よしぢ）、相原春（はる）が東京の幼稚園で本格的
なフレーベル主義保育の教育を受け、保姆練習科を修了して、この園の保姆に就任するの
はこの日から1年2ヶ月後のことである。

10-3　仙台区木町通小学校附属幼稚園設立当時の保育の実際

10-3-1　木町通小学校附属幼稚園規則等

　この園では、「伺」中に「規則ノ如キハ一ニ東京幼稚園ノ制ニ模倣シ」とあるように、
規則は東京女子師範学校附属幼稚園が、明治10年（1877）7月に撰定したものをそのま
ま踏襲している。しかし、僅かな違いはあるので、ここではその点に注目して取り上げて
いく。規則の前段にある条（條）はいずれも12条（條）で同じである。全体的に、東京、
鹿児島、大阪、仙台とも同一といって良い。

　仙台の第一條の幼稚園設置の目的から、第二條の入園年齢、第三條の種痘及び天然痘ま
たは伝染病に関する條目は一部字句の順序の違いはあるがほぼ東京と同じである。

　最初の違いは、第四條の定員の條にあるが、東京の大約150名のところが仙台では大約
75名となっている（開園直後の定員は48名）。仙台では定員は東京の半分ぐらいを妥当

としたのである。ちなみに、鹿児島では定員を大約90名とし、大阪では大約50名としている。第五條の園児募集広告、第六條の願書書式、第七條の付添人に関する條目もほぼ東京と同文である。

　次に違いが出てくるのは、第八條の保育料の部分で、東京の月25銭が仙台では月50銭となっている。ただ、「木町通小学校附属幼稚園維持方法」の但し書きによると「当分一名ニ付金廿五戔宛収納」とある。また、同條の但し書きの部分にも違いがあり、東京では「但シ貧困ニシテ保育料ヲ収ムル能ハザルモノハ其旨申出ツヘシ事実ヲ訊問シテ後コレヲ許可スルコトアルヘシ」とあるが、仙台では「但員外開誘室ニ於テ保育スル者ハ半額ヲ収ムヘシ」となっている。

　仙台の幼稚園は、明治13年（1880）4月、規則第八條を改正し、「保育料を月額、上等五十銭、中等二十五銭、下等十銭、貧困な者は無月謝たるも妨げざる者とす」としている。そのことで一挙に園児26名が入園し定員48名を満たしたと『創立百三十周年記念誌　あゆみ』に書かれている。

　ちなみに、鹿児島では「毎月金五拾銭ヨリ多カラス三拾銭ヨリ少ラザル保育料ヲ収ムヘシ」とあるが、大阪では保育料は無料である（註；後には徴収し園費に充てたようである）。

　仙台の第九條の年齢別の組分け、第十條の保育時間についてもまったく東京と同じである。第十一條の在園時間については期間の区切りに若干の違いがあり、東京では「六月一日ヨリ九月十五日マテ午前第八時ヨリ正午十二時ニ至リ九月十六日ヨリ五月三十一日マテ午前第九時ヨリ午後第二時ニ至ル」としているが、仙台では「六月一日ヨリ九月三十日マテ午前第八時ヨリ正午十二時ニ至リ十月一日ヨリ五月三十一日マテ午前第九時ヨリ午後第二時ニ至ル」（註；下線は前村による）としている。この区切り方は、東京だけが異なり、鹿児島、大阪、仙台は同じである。ただ、東京でも運用上は鹿児島、大阪、仙台と同じにしていたとも考えられる。

　第十一條の休日については、日曜と夏期休暇、冬期休暇の他に、祭日については東京では紀元節と天長節だけを書いているが、仙台では「孝明天皇祭、紀元節、春季皇霊祭、神武天皇祭、神嘗祭、秋季皇霊祭、新嘗祭」と書かれている。夏期休暇はどちらも「七月十六日ヨリ八月三十一日マテ」で同じである。冬期休暇は東京では「十二月二十五日ヨリ一月七日マテ」であるが、仙台では「十二月二十五日ヨリ一月十日マテ」（註；下線は前村による）とあり、三日分だけ長い。

10-3-2　　同園の時間割表及び保育

保育科目についても、第一物品科、第二美麗科、第三知識科の三科があり、三科に含まれる子目も五彩球ノ遊ヒから遊戯に至るまで24種とも同一であるが、東京の「石盤図画」が仙台では「図画」となっている点が異なっている。

保育時間表については若干の違いはあるが、保育の中身自体は一部曜日で活動の入れ替えはあるがほとんど東京と同一である。ただ、第三ノ組（年少）と第二ノ組（年中）においては、会集に続く2コマ目の30分の活動内容が、仙台では体操が週4回、唱歌が週2回であるのに対し、東京では体操が週5回、唱歌が週1回となっている。また欄外でも仙台では「但　保育ノ餘間ニ体操或ハ唱歌ヲナサシム以下同シ」とあるように「唱歌」が加わっている。保育時間表上では仙台の方が唱歌を重要視しているように見える。ただし、明治11年（1878）当時、氏原銀が東京では唱歌は週2回あったと書いていることから、東京でも唱歌に関して実際は仙台と同様に実践していたとも思える。

　　　　仙台の初期保育時間割表（※　本来の縦組みを横組みに変更している）

第一ノ組　　　幼稚満五年以上満六年以下

	三 十 分	四 十 五 分	四 十 五 分	四 十 五 分	一時半
月	室内会集	博物或ハ修身等ノ話	形体置キ方（第7箱ヨリ第九箱ニ至ル）	図画及ヒ紙ノ組方	遊喜
火	同	計数（一ヨリ百二至ル）	形体積ミ方（第五箱）及ヒ小話	針画	同
水	同	木箸細工（箸ヲ折リテ四分ノ一以下分数ノ理ヲ知ラシメ或ハ文字及ヒ数字ヲ作ル）	剪紙及ヒ同貼付	歴史上ノ話	同
木	同	唱歌	形体置キ方（第九箱ヨリ第十一箱ニ至ル）	畳紙	同
金	同	木箸細工（豆ヲ用ヒテ六面形及ヒ日用器物等ノ形体ヲ模造ス）	形体置キ方（第五箱ヨリ第六箱ニ至ル）	織紙	同
土	同	木片組ミ方及ヒ粘土細工	環ノ置キ方	縫画	同

第二ノ組　　　幼稚満四年以上満五年以下

	三 十 分	三 十 分	四 十 五 分	四 十 五 分	一時半
月	室内会集	唱歌	形体置キ方	図画（三倍等二至ル）	遊喜
火	同	体操	博物或ハ修身等ノ話	針画	同
水	同	同	形体積ミ方（第三箱第四箱ニ至ル）	縫画	同

木	同	唱 歌	計 数(一ヨリ廿二至ル)及ヒ体操	織紙 (第十三号二至ル)	同
金	同	体 操	木箸ノ置キ方 (六本ヨリ廿二至ル)	畳 紙	同
土	同	同	歴史上ノ話	形体積ミ方 (第四箱)	同

第三ノ組　　　幼稚満三年以上満四年以下

	三 十 分	三 十 分	四 十 五 分	四 十 五 分	一時半
月	室内会集	唱歌	球ノ遊ヒ (第一箱)	図 画 (三倍線ノ直角等)	遊 喜
火	同	体操	小話	畳 紙 (第一号ヨリ第四号二至ル他単易ノ形)	同
水	同	同	三形物 (球、円柱、六面体)	貝ノ遊ヒ	同
木	同	唱歌	計 数(一ヨリ十二至ル)及ヒ体操	鎖ノ連接	同
金	同	体操	形体ノ積ミ方 (第四箱二至ル)	針画	同
土	同	同	画 解	木箸ノ置キ方 (六本二至ル)	同

　　保育時間表に関していえば、仙台は大阪と同様に東京の幼稚園を忠実に踏襲しており、鹿児島（豊田芙雄）が活動時間単位を短くし、静的活動と動的活動を交互にするというような独自の工夫は見られない。しかし、次表「第一開誘室」の例のように明治14年（1881）頃になると仙台でも初期のものにだいぶ変更を加え、活動単位時間を縮めている。また、土曜日は平日の半分ほどの活動としている。

第一開誘室　　幼稚満五年以上満六歳以下

	廿分	卅分	二十分	二十分	廿分	廿分	卅分	一時	三十分	卅分
月	室内会集	会集唱歌	第三、四恩物	画ノ説明	遊戯体操	刺画	昼飯	自由遊戯	第七恩物 直三角	遊戯
火	同	同	第七恩物 両等辺直三角	計数	同	繍紙	同	同	豆工	同
水	同	同	第五恩物 立方体同斜二二ブス及四ブスル者	修身 小話 歴史上	同	組紙	同	同	連板	同
木	同	同	第七恩物 正三角	組板	同	剪紙	同	同	置箸	同
金	同	同	第六恩物 長方体同ク縦及横二二ブスル者	知恵板	同	摺紙	同	同	図画	同
土	同	同	第七恩物 鈍三角	織紙	模型	休	休	休	休	休

仙台の幼稚園において最大の注目点は、明治 12 年（1879）6 月の開業の時点で、東京の幼稚園を短期間見学した幹事・矢野成文と保姆・庵原俊、保姆・南良、保姆事務（助手）・矢野秋（註；あき・矢野成文の長女）という体制で、どの程度の保育実践ができたかということである。

　当然、十分な活動はできなかったと思う。しかし、ほとんどが具体的な活動であるから、保育実践の水準を問わなければ、ある程度の活動はこなし得たかとも思う。もちろん、同園の本格的な保育は、東京の保姆練習科に送り出していた大津よしぢと相原春（はる）が仙台に戻ってきてからである。

10-3-3　　幼稚園維持方法

　仙台の幼稚園は公立小学校の附属幼稚園の名称で発足する。人件費の大部分を実質県が肩代わりしているため公立としたいところだが、明治 12 年（1879）10 月 29 日付の宮城県学務課の文書(宮城県公文書館)には「維持金ハ勿論補助金等モ下付不致モノニ付假令該校附属ノ名アルモ其實私立ニ係ルモノニシテ木町通小学校ノ教員中差繰授業ノ儀ヲ單ニ認可セラルヽ所トナレバ決シテ公立ノ名目ヲ附スヘキモノニ無之」とあり、同園は「私立」であり「公立」でないことを強調している。また、他の文書においても仙台区木町通小学校附属幼稚園の名称自体が誤解を招くので不適当としている。平成 13 年（2001）に出版された湯川嘉津美氏の『日本幼稚園成立史の研究』（風間書房）でも指摘しているように設立当初この園は私立幼稚園なのである。実態は半官半民といったところであったが、同園をわが国最初の私立幼稚園と称しても間違いではないのである。

　その点は、東京、鹿児島、大阪の幼稚園との大きな違いである。この 3 園は経費上もかなり余裕があった。鹿児島では、県令の発案でできた幼稚園であったため、豊田の給与だけでも月 50 円となっており、施設、備品等に至るまでかなり自由に予算が使えた。いっぽう、小学校教師有志の設立である仙台区木町通小学校附属幼稚園は、経費的にはかなり厳しい状況でスタートせざるを得なかった。

　明治 12 年（1879）5 月 12 日付の「木町通小学校附属幼稚園維持方法」(8)によると同園の予算は次のようである。

　　　＜収入＞

保育料収入　七円五十銭　※　但入園幼稚三十名ヨリ当分一名ニ付金廿五戔宛収納
ノ積リ

＜支消＞

校舎借舎賃　三円

恩恵物品費　貳円廿五銭　※　但当分一名ニ付金七戔五厘掛ノ見込

薪炭並筆紙

墨ノ諸雑費　壱円廿五銭

小使給料　　壱円

＜差引＞

　　　　　無銭

　これには幹事、保姆（2 名）、保姆助手等の給与が書かれていないが、木町通小学校教職員の兼務のかたちをとっているからである。また、諸費に関して木町通小学校の校費から補填もあったであろう。東京、鹿児島、大阪に比べたら、経費的には微々たるものであったかと思われるが、こうした経済的に厳しい中でも最初期の幼稚園を設置したという点は高く評価すべきであろう。

10-4　大津よしぢと相原春の上京と保姆練習科への入学

10-4-1　　大津よしぢと相原春の上京

　東京女子師範学校では、明治 11 年（1878）6 月 27 日、保姆練習科を設置するが、受験生の応募が一両名しかなく、そのため、同年 10 月 31 日、保姆練習科に給費生 5 名、自費生 6 名を置くことを決め、同年 12 月になって再度募集を開始した。

　培根小学校の教員・大津よしぢと相原春は、矢野や若生の推薦があって、明治 11 年(1878) 12 月 25 日、宮城県より保姆練習科の受験をするよう命を受け、二人は明治 12 年（1879） 1 月 1 日、仙台を出立した。二人には県から月 2 円の給付が約束されていた。二人は、保姆練習科修了後は、矢野や白極が前もって開園する幼稚園に赴任することが前提の上京であった。大津は母親と一緒に人力車で東京に向かっている。当時はまだ世情不穏な時代であったから大津は胸に日本刀を抱いての旅立ちであった。途中、車夫どうしが喧嘩をした際には、よしぢは車上から叱り飛ばしている。気合が入っていたのである。出発から 11

日目に東京に着いた。大津と相原は仙台師範学校の同級生で仲が良かったが、相原も大津親子と一緒に人力車で上京したのかどうかは不明である。特にそうした記述がないことからすると、相原の場合は、安上がりで、もっと早く東京に着ける船旅を選んだ可能性の方が高い。いずれにしろ、1月中旬までには、二人とも東京に着き、矢野の紹介状などもあったはずであるから、大津の母も一緒に東京女子師範学校附属幼稚園に出掛けて挨拶したり見学したりしたであろう。豊田芙雄も、2月中旬までは、まだ東京にいたことから仙台の若い女性二人と会う機会もあったかと思う。

10-4-2　　関信三が宮城県学務課に送った手紙と二人の試験結果

　東京の幼稚園側では、保姆練習科入試の準備が進まず、3月4日になってようやく入学試験をしている。試験科目は、関信三が宮城県学務課に送った手紙で初めて知ったが、十八史畧、数学、日本外史、書状文、記事文、輿地誌畧、実地製品の7科目であり、各科目30点で210点が満点であった。応募者は16名で、3月10日に合格発表がなされた。

　矢野成文の曾孫の矢野善孝氏は『創立百三十周年記念誌　あゆみ』の中で、関信三の手紙（写真参照）に触れ、その一部を紹介している。「大阪府拝ハ両名派遣ノ婦女（矢野氏による中略）留園罷在候処最早卒業目出度帰阪ノ都合ニ立至候」と「殊ニ此度鹿児島縣ニ於テモ幼稚園創設ノ企テ在之無余儀同縣ノ所需ニ因リ當園保姆壱名出張被致候（註；矢野氏による以下略）」という箇所であるが、この手紙は各地に幼稚園創設がなされ始めたことを関信三自身が記述している貴重な史料であることがわかる。

　筆者はこれを仙台の公文書館で見せていただいたが、明治12年（1879）3月10日、東京女子師範学校附属幼稚園監事の関信三が、宮城県の学務課宛に送ったこの手紙は、実は、重大かつ極めて緊急性を要する主意が他にあった。3月10日は合格者発表の日であった。試験の結果、5名が合格者（給費生）となり、大津は及第して給費生となったが、相原は落ちたのである。大津は、3月10日午後1時30分、東京から仙台の家族宛に電報を打ち、同日午後4時、仙台の局が受信、同日中に家族に合格の知らせが届いた。電報は「ワタクシダケ。キウダイコウヒセイニナル」が全文である。翌日、大津の兄・義一郎は電報を添えて県の学務課にこの件を報告（写真参照）している。

　関をはじめ幼稚園の教師たちは、大津と相原の日頃の仲を知っているだけに、一人を合格とし、一人を不合格とすることに忍びないものを感じた。しかも、総合点は大津が158点、相原が141点でそれほど大きな差があるわけでもない。数学や日本外史ではむしろ相

原の点が高いが、実地製品（実技試験か）で「大津與志治」の30点満点に対し、「相原春」の得点は15点で、ここで大きな差がついている。二人の試験結果比較表の得点以下「右之通相違無之候也」や関信三の署名などは赤い文字で書かれている。

　関の主旨は、同園では給費生以外にも成績の良かった者は自費生として学ばせたいとして、相原の場合は県で詮議して、前からの約束である2円に月5円を足して計7円で滞留研修の道が開けるようにできないかということであり、検討の結果は電信で至急知らせてくれ、というものであった。卒業帰阪した大阪の両名などは府から月10円ずつ給付されていたと書き、鹿児島に出張した豊田芙雄（手紙の中で実名をあげている）は、県から月50円の給料を貰うということを書き、宮城県が今回月5円の金を追加して二人の保姆を養成することは、相原個人にとっても県の幼児教育の将来にとっても大きな益となるというのである。これらの動きを見ると関信三は律義で優しい男であったことがわかるが、元スパイだっただけにかなり「したたか」でもあった。

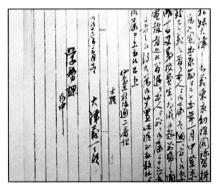

兄・義一郎の宮城県学務課へ妹・よしぢの及第の報告（9）

関信三の宮城県学務課宛の手紙後半部分／6行目上部に豊田芙雄の名前がある（10）

宮城県の学務課は、関信三の手紙の趣旨を受けて、3月17日には、県に対し、関信三の手紙と、関の手紙に同封された両人の試験結果比較表を添えて、両者の成績に差がないことを書き、相原の殊勝な意思を尊重し素志を貫徹させたいとし、学資利子金から5円を払っていいかという伺を出し、承諾されている。相原春は関信三に救われたが、病状が進行していた関は、それから8ヶ月後、同年11月4日、死去している。享年35歳。

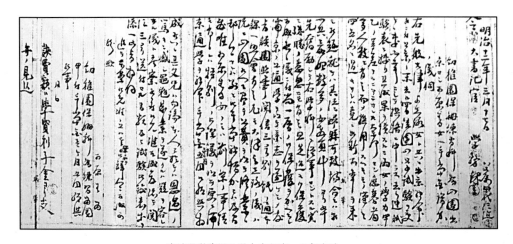

宮城県学務課の県大書記官への伺(11)

　宮城県の留学生二人は、明治12年（1879）3月、他の9人と一緒に保姆練習科の授業を受けられるようになった。大津には、毎月校費から5円、県から2円の計月7円が支給され、相原には宮城県から毎月2円に5円がプラスされ、合わせて月7円が支給されるようになった。このことは矢野成文の手記にも記述がある。

10-4-3　大津よしぢ（橋本よしぢ）と周辺の人々

　大津よしぢは、文久2年（1862）6月16日、仙台藩士・大津仁右衛門の5女として生まれている。名前の表記はさまざまで、よしぢ、嘉治、與志治、よ志ぢなどがあるがここでは「よしぢ」を用いることとする。大津は、明治11年（1878）7月9日、仙台師範学校小学師範学科を卒業し、同年8月27日、培根小学校に六等権訓導（月報金3円）として赴任している。大津は、明治15年（1882）、開業医・橋本亮（まこと）と結婚し橋本姓になったが、保姆（毎月7円）に就任以来、昭和7年（1932）3月31日、同園の後身東二番丁幼稚園を退職するまで、52年もの長い間勤続した。退職時の年齢は69歳であった。橋本よしぢ

と開業医の夫との間には11人の子どもが生まれた。幼稚園保姆で多忙な橋本よしぢのかわりに、病院の「看護婦」が子どもたちの世話をしたが、子どもたちの中には、医師、研究者、大学教授などが育っている。クリスチャンであった橋本は、昭和18年（1943）3月21日、80歳で永眠し、北山のキリスト教信者の墓地に葬られている。

　川嶋保良氏は『昭和女子大学女性文化研究所紀要』の「明治－大正期・草の根の有職婦人像（その二）　幼稚園保姆　橋本よしぢ」(12)において、女性の社会的進出の視点から、橋本について聞き書きを中心に論文を書いている。川嶋氏は、橋本の教育観については次のように述べている。

　　　　よしぢは早くから人生・社会のあり方についてある信念を抱いていたようだ。それ
　　　は50年勤めた職場にあっても、また、11人の子女を育てた家庭にあっても貫かれた
　　　ものである。その信念とは、一つはペスタロッチの教育理念であり、一つはキリスト
　　　教への帰依である。だが、よしぢは、この二つの信念を決して露わに人に強制はせず、
　　　その時どきに人々が「なるほど」と納得する形で表出した。

　また、明治15年（1882）、1歳年上の橋本亮と20歳で結婚したよしぢには、6男5女が生まれ、四男だけは早世するが、10人は無事に育った。川嶋氏は「長女のみ県立高女に入学させたが、5男4女は、キリスト教系の東北学院の中等部と宮城女学院に進学させ、男子はここから二高（旧制）そして東大、京大へと進んだ」と記述している。さらに、川嶋氏は、長男・寛敏（1890‐1974/日本臨床医学会会長、日本病院協会会長となる）は東京帝大医学部、アメリカ留学を経て「昭和16年から亡くなる49年まで、33年間聖路加病院々長を勤め、医学者として、また医療管理者として国際的にも活躍した」と書き、次男は農学博士として、宮崎高等農林、九州大学、東北大学などに勤務し、三男は船乗りになり、五男は化学者でジュラルミンの研究をし、六男は最初牧師を目指して京大哲学科に入ったが、後、東北大学で法律を学んだと記述している。橋本よしぢは、仕事を持ちながらも、子どもの教育にも目を配っていたのであろう。

　相原については詳しいことはわからないが、相原は仙台藩士・相原三郎治の娘として生まれ、明治11年（1878）7月、仙台師範学校女子師範科を卒業した。相原は、明治13年（1880）7月10日、保姆練習科を修了して仙台に戻り、同年8月から保姆として勤め、明治16年（1883）までは、『あゆみ』の職員名欄に名前が残っているが、明治17年（1884）

になると名前が消えているので、その頃に幼稚園を退職したのであろう。矢野善孝氏によると、明治 32 年（1899）、名簿上で東二番丁尋常小学校訓導にその名があったということであるから、園の退職後は小学校教員となったのであろう。仙台の幼稚園で関わりのある仙台師範学校女子師範科の同級生の名前と卒業時の年齢、卒業後の勤務は次のようである。

大津よしぢ（16 歳）　後、木町通小学校附属幼稚園保姆

相原はる　（17 歳）　後、同園保姆

矢野あき　（14 歳）　後、同園保姆助手（註；矢野成文の娘）

黒沢この　（15 歳）　後、同園保姆

植山みよ　（不明）　後、宮城養稚園（註；宮城県二番目の幼稚園）保姆

10-5　同幼稚園の変遷と史的意義

10-5-1　同園の変遷

　東京と鹿児島の幼稚園は、師範学校の幾多の改革、改編に伴って相応に歴史的変遷を重ねているが、一貫して官立、公立、国立として存続している。大阪の幼稚園は、府立であったのは初期の数年だけで、渡辺昇が府知事を辞めた途端に廃園が決定されている。その後、氏原はじめ有志の努力により私立として維持されたが、後、区立幼稚園となっている。

　仙台の幼稚園は、設立当初は、あくまでも私立幼稚園であった。その後、公立、私立、父母教師会立、市立、私立と変遷したが、他の 3 園に比べ最も厳しい苦難の道を歩んでいる。『創立百三十周年記念誌　あゆみ』を参考にその変遷を示すと次のとおりである。

「仙台区木町通小学校附属幼稚園」の変遷

明治 12. 6. 7	「仙台区木町通小学校附属幼稚園」発足。園児 20 名。幹事・矢野成文、保姆・庵原俊、南良、保姆事務（助手）・矢野秋（あき）。定禅寺通櫓丁三番地。
明治 13. 4. 1	立町東二番丁角に園舎を借り「木町通小学校附属幼稚園」とする。保育料を改訂。上等 50 銭、中等 25 銭、下等 10 銭、貧困の場合無月謝でも可とした。入園児が一挙に 26 人増え定員 48 名に達した。

明治13. 7.30	大津よしぢ、相原春、卒業帰県。
明治13. 8.17	大津よしぢ、相原春の担任発令（月給7円）。
明治14.11.10	公立仙台幼稚園として独立設置を県に申請（5日）、認可。仙台区元鍛冶町十五蕃地（借地）。11月30日、園名を「仙台幼稚園」とする。定員48名（実際は男29名、女21名計51名入園）。保姆（2名）大津よしぢ、相原春、保姆助手(2名)・矢野秋、黒沢之（この）。11月19日、矢野成文に園長委嘱（月給9円半）。
明治16. 6.13	仙台区会、「仙台幼稚園」の廃止を議決。
明治16.10.24	私立幼稚園「仙台区共立幼稚園」として継続。
明治17. 9.22	仙台区より、「公立幼稚園設置申請」（9月13日付）が許可。「公立仙台幼稚園」となる。仙台区南光院丁三番地。矢野成文月俸2円/大津よしぢ　月俸7円/細谷なほ　月俸1円。
明治19.10	移転。「仙台区東二番丁小学校附属幼稚園」となる。東二番丁小学校長・真山寛園務を管理。
明治19.12.18	矢野成文、東二番丁小学校准訓導を命じられる。
明治24. 6. 7	パリ開催の万国博覧会から、多年幼児教育に貢献した功績により賞状と銀牌を贈られる。
明治27. 1.12	矢野成文死去。享年64歳。
明治29. 4. 1	東二番丁小の所管を離れる。市立「仙台市幼稚園」となる。
明治30.11	橋本よしぢ、園長事務取扱となる。
大正　5. 4. 1	3月31日付で「仙台市幼稚園」廃止。「仙台市東二番丁尋常小学校附設幼稚園」となる。
昭和　4.11.23	創立50周年祝賀会。
昭和　7. 3.31	橋本よしぢ退職、勤続52年。
昭和14.10. 7	第7回全国幼稚園関係者大会を東二小講堂で開催（7〜8日）。
昭和16. 4. 1	「仙台市立東二番丁国民学校附属幼稚園」と改称。当時の在園児数（5級編成）昭和16年度　男 82名　女 82名　計164名。
昭和18. 3.21	橋本よしぢ、逝去。80歳。
昭和20. 7. 9	仙台空襲により園舎全焼。

昭和 20.10.31	幼稚園廃止。
昭和 28. 4	東二番丁小学校地内に父母有志による父母教師会立の幼稚園舎復興、落成。
昭和 29. 3. 1	東二番丁小学校父母教師会立「仙台市東二番丁幼稚園」設立認可。
昭和 29. 4.12	復興第1回入園式挙行。
昭和 36. 8. 4	全国造形教育研究大会会場園となる（4〜6日）。
昭和 40.10.17	第8回NHK全国図画コンクールにおいて学校特賞を受け、賞牌を受ける。
昭和 49. 3.30	「仙台市立東二番丁幼稚園」として設立認可。
昭和 54. 6. 7	創立100周年記念式典。4学級　園児数118名。
平成 21. 3.17	仙台市議会、2010年4月、民営移行を前提に「仙台市立東二番丁幼稚園」の廃園方針議決。4月1日、4学級、園児数85名。
平成 21. 6. 6	創立130周年記念式典。
平成 22. 4. 1	「学校法人曽根学園東二番丁幼稚園」となる。

10-5-2　矢野成文・橋本よしぢらの闘い

　明治14年（1881）11月、この園は私立から公立となるが、それから1年にも満たない明治15年（1882）秋には、仙台区会は同園廃止を議決する。矢野成文らは「幼児の教育は一日たりとて休むことはできぬ。教員たちが申し合わせ、無月俸で出園保育する、と申し出があるので、その心をかなえてほしい」と訴えている。

　仙台区長・松倉恂は県に対し「仙台区幼稚園自費保育」の伺いを出し、明治15年（1882）9月28日に許可されるが、同年12月22日、仙台区会で幼稚園廃止決議は再議の上撤回されている。しかし、翌年、明治16年（1883）6月13日、仙台区会は再び「仙台幼稚園」の廃止を議決する。この時、学務委員・大立目克詣や矢野成文は宮城県令に対し、激しい抗議をしている。大村榮氏は先の書で矢野の抗議文（部分）を紹介している。

　抑（そもそも）、教育ノ事ハ中々（なかなか）一朝一夕ニテ其結果ヲ看ル能ハザルモノナレバ之ヲ永遠ニ期スルトノ儀ハ　閣下ノ能ク御存ジアル所ナリ。然ルニ一年ハ区費多端トテ之ヲ廃シ、一

年ハ田穫不熟ヲ以テ之ヲ止メナバ、教育ハ却テ人民敢為ノ鋭気ヲ挫キ、子弟進取ノ精
　神ヲ蕩カスノ具トナランノミ。

　また、大村は、区議会の「(幼稚園は幼児の) 脳 力ノ発育ヲ妨ゲテ遅鈍ニ陥ラシムル
ノ恐アルノミナラズ、衛生上ニ於テモ亦害アルコト少カラズト現今泰西諸国ニテ有名ナル
学士ノ主張スル説アリ。然ラバ即チ幼稚園ノ如キハ教育上必要ノ者ト為スベカラザルモノ
ノ如シ。」という主張に対して、矢野は欧米では年を追うごとに幼稚園は増加し「区議会
議員カ駁撃ハ全ク見込違ヒノ極点ニ至リタルモノ」と反撃したとしている。しかし、矢野
らの要求が受け入れられることはなく、同園は廃園となり、私立「仙台共立幼稚園」とな
った。しかし、翌年の明治17年（1884）9月22日、仙台区より提出された「公立幼稚園
設置申請」（同年9月13日付）が許可され、同園は再び「公立仙台幼稚園」となった。こ
の時、保姆の橋本よしぢは以前と同じ月俸7円であるが、矢野成文は以前の月俸9円半が
「2円」となり言う言葉がない。

　東二番丁幼稚園は、昭和20年（1945）7月9日、仙台空襲により園舎が全焼し、同年
10月31日、幼稚園は廃止された。戦争は「幼稚の園」すら焼き尽くすのである。

　昭和25年（1950）頃から、東二番丁幼稚園の復活運動が活発になり、再三仙台市当局
に陳情をするが当局の回答は「戦災義務教育の復興と都市計画の実施のため不可能」であ
った。そこで、関係者らは「町内会、父母教師会の総力をあげ、基金を募り、園舎を復興
建築し、教具教材を購入」して、昭和29年（1954）3月1日、東二番丁小学校父母教師
会立「仙台市東二番丁幼稚園」の設立許可を得、8年半のブランクを経て復興した。

　いずれにしろ、この園の歴史は、幾多の苦難に遭遇しながらも、矢野成文の犠牲的精神
や、50年以上勤続した大津よしぢの献身的な活動、保育者、保護者、関係者らの幼児教
育に対する熱い期待と熱心な支援活動によって、この園がブランク期間を含め130年もの
長い期間「名門幼稚園」として存続し得たことを示している。

　筆者は、平成22年（2010）3月末、仙台市立東二番丁幼稚園を訪問したが、同園が同
年4月から私立幼稚園になるという事実を聞いて唖然とした。平成21年（2009）3月17
日、またしても仙台市議会は民営化を前提に市立東二番丁幼稚園の廃園を決定したのであ
る。当然、同園関係者は大きな反対運動を展開したが、市議会の決議を覆すことはできな
かった。幼稚園は、義務教育という法的保護がないだけに、その時々の政治的状況、経済
的状況によって簡単に公立を民営化したし、また、私立幼稚園に対しても評価に値するよ

うな支援はしてこなかった。

　歴史を顧みると幼児教育や保育に対して一部の政治家や行政家は驚くほど冷淡であった。冷淡であった、というよりは、愚かな判断を繰り返した、と言った方が適切であろう。いま、少子化対策が声高に叫ばれ、応急対策が打たれつつあるが、少子化の原因の一つには、若者が安心して子育てをしながら働ける環境を作ってこなかったことも大きな一因である。

　公的機関の推測によると、35年後、わが国の人口は1億人を割り、45年後には、8700万人程度になるが、恐るべきはその中身で、45年後、わが国の14歳以下の人口は現在と比べて半分になる。労働可能人口もごっそり減るが、老人の実数は現在とあまり変わらないのである。こんな国に明るい未来があるのだろうか。幼児教育の変遷を見ながらこんなことを思わざるを得ないのである。わが国は、電力不足や戦争で亡びることを心配するよりも、少子化によって亡びる可能性の方が高いことを自覚し、その対策を進めた方が賢明である。

　もちろん、公立幼稚園が良くて、私立幼稚園が良くないというわけではない。独自の建学の精神を持った私立幼稚園の存在は重要である。しかし、適切な補助をしなければ私立幼稚園経営は極めて困難であることは歴史が証明しているとおりである。

10-5-3　　仙台区木町通小学校附属幼稚園設置の史的意義

　仙台区木町通小学校附属幼稚園は、東北・北海道における最初の幼稚園である。わが国4番目の幼稚園が東北の仙台に誕生し、フレーベル主義保育を実践した先駆性は高く評価すべきである。人口が稠密な東京、大阪あたりでは年を追うごとに幼稚園が増えていったが、宮城県では同園設置から、約25年程後発の幼稚園ができなかった、という点は鹿児島県に似ている。仙台の「戊辰戦争」や鹿児島の「西南戦争」による混乱と経済的疲弊は後々まで影響したのであろう。

　明治17年（1884）に文部省から「学齢未満の幼児の小学校入学禁止の通達」が出されたこともあって、宮城県では「本県仙台区ヲ除ク外未タ幼稚園ノ設ケアラサルヲ以テ学齢未満ノ幼児ハ学校ニ入レ一室ヲ設ケ専ラ遊戯ヲ主トシ身体ヲ保育スルノ方法ヲ取調中ナリ」（文部省年報）という報告をしている。ただし、明治18年（1885）の年報にも同じ記述があるがこれを実施したとは書いていない。ただ、この年の宮城県の報告には「該園ハ園長一名保姆二名ヲ以テ管理シ幼児九十名を保育セリ之ヲ前年ニ比スレハ保姆一人減ス

ト雖トモ幼児は六十一人ヲ増加シ其事業モ亦漸次上進スル状況アリ是レ幼児ノ保育ヲ重スルモノ年々ニ増加スルニ因ルモノナリ」とあるように、一部の行政家はじめ一般の人々の間にも幼児教育の必要性が少しずつ理解されていったことがわかる。

　宮城県における2番目以降の幼稚園設置年は、『宮城県教育百年史』、『宮城県幼稚園教育百年史』、「仙台市統計」などの資料によると、同じ図書中でも記述の食い違いなどがあり、1、2年のずれはあったりするが、明治38年（1905）の私立宮城養稚園（東二番丁。わざわざ養稚園と称している）、明治40年（1907）5月の米人婦人宣教師ミス・フェルプスによる私立仙台幼稚園（元寺小路。仙台育児院幼稚園）、同年の石巻幼稚園（石巻市立町）、明治42年（1909）の私立青葉幼稚園、明治43年（1910）の私立花壇幼稚園、同年の仙南幼稚園の順番である。この6園が宮城県における幼稚園第二グループと言える。

　『宮城県幼稚園教育百年史』によると、二番目にできた私立宮城養稚園（東二番丁）は、退役軍人で社会事業家の妻・坂しまが経営し、春日えつ（吉田鉞）、植山みよが保姆をしたキリスト教主義の幼稚園（養稚園）であり、橋本よしぢの東二番丁幼稚園とは経営方針を異にしていたが、植山みよは、橋本よしぢと仙台師範学校時代の同級生で、二人ともクリスチャンで個人的には親密な交際があり、お互いに励まし合う仲だったようである。

　ちなみに、鹿児島県における2番手、3番手の幼稚園は、明治41年（1908）4月、報徳会の花田仲之助が設立した私立會友舎幼稚園（平之町）、明治45年（1912）4月の私立錦城學會幼稚園（易居町）、大正3年（1914）4月の私立研志舎幼稚園（西千石町）などがある。

　文部省や地方行政組織が主導した幼稚園設置とは違って、仙台区木町通小学校附属幼稚園の設立が、矢野成文を中心とする小学校教師有志の手によって設置されたということは、最初期4園の中では異例である。早期の幼稚園で民間による設立には、明治13年（1880）4月、桜井ちかが桜井女学校内に設立したキリスト教主義の幼稚園があるが、仙台区木町通小学校附属幼稚園はこの園より早いわが国最初期の私立幼稚園ということになる。

　もちろん、東京、鹿児島、大阪の幼稚園に比べると、経営的には格段の差がある。こうした園では経費すべてを「官」に頼るわけにいかなかったからである。

　しかし、有志だけで幼稚園を設置し得たという歴史的事実は重要である。もちろん、経営に不安があるため、この園のように、行政機関に申請して私立を公立にする例は良くあるが、この園は有志による幼稚園設立の最初期の試みとして貴重な存在であり、幼児教育の重要性を、徐々に宮城の人々に認知させることになったのである。

仙台区木町通小学校附属幼稚園は、設立当初も、実態は半官半民に近かった。しかし、県の学務課はあくまでも小学校教師有志が設立した「私立幼稚園」と見なしていた。同園は、そうした園がその維持・発展のために、どのような取り組みをせざるを得なかったかを示す好例となっている。東二番丁幼稚園（旧仙台区木町通小学校附属幼稚園）の歴史は、幼稚園の存続と発展は、保育者、保護者、関係者らの幼児保育に対する熱意と努力を抜きには語り得ないことを良く示している。こうした点でこの園から学ぶべきものは多い。

注

(1) 矢野成文手書き「矢野成文履歴書」、宮城県公文書館蔵、明治 15 年

(2) 大村榮『養賢堂からの出発　教育百年史余話 I 』、ぎょうせい、昭和 61 年、p. 57

(3) 仙台市立東二番丁幼稚園創立 130 周年記念事業実行委員会『創立百三十周年記念誌あゆみ』、平成 21 年

(4) 矢野成文編『小学日課表用法』、国立国会図書館蔵、明治 11 年

(5) 前掲、仙台市立東二番丁幼稚園創立 130 周年記念事業実行委員会、p. 129

(6) 宮城県教育委員会『宮城県教育百年史』（第一巻）、ぎょうせい、昭和 51 年、p. 176

(7) 「木町通小学校附属幼稚園設立伺」、宮城県公文書館蔵、明治 12 年 5 月 9 日

(8) 「木町通小学校附属幼稚園維持方法」、宮城県公文書館蔵、明治 12 年 5 月 12 日

(9) 大津義一郎（よしぢの兄）届出文書、宮城県公文書館

(10) 関信三の宮城県学務課宛の手紙後半部分、宮城県公文書館蔵、明治 12 年

(11) 宮城県学務課の県大書記官への伺、宮城県公文書館、明治 12 年

(12) 川嶋保良「明治－大正期・草の根の有職婦人像（その二）幼稚園保姆　橋本よしぢ」、『昭和女子大学女性文化研究所紀要』、1990 年

11　武藤やちと函館の幼稚園教育

11-1　保姆練習科修了と東京女子師範学校附属幼稚園勤務

11-1-1　謎の多い武藤やちの生涯

武藤やち（2）

武藤やちが北海道（函館）の最初期の幼稚園教育の功労者であったことは、ごく限られた関係者の間ではそれなりに知られているが、その生涯は謎だらけである。武藤やちは北海道の数少ない歴史上の女性の一人として『北海道歴史人物事典』(1)にも掲載されているほどであるが、同書中の武藤やちの項でも「生没年不詳」とあるように、武藤がいつどこで生まれ、いつどこで没したのかすらわかっていないのである。

明治17年（1884）6月の『函館県職員録』(3)に「武藤やち　東京府士族」とあることや『北海道歴史人物事典』で幼稚園を廃園後は「東京に転居した」とあるので、東京（江戸）で生まれ育った可能性は高い。

幕臣の場合、旧徳川幕府と共に駿府に移った者は静岡県士族となるが、静岡での生計難等で東京に戻った者は東京府士族となっている。生年については、東京女子高等師範学校が、明治26年（1893）12月、全国50園を調査した「公私立幼稚園要項取調表」及び「公私立幼稚園保育課目取調表」(4)の中の私立函館幼稚園の「最年長保姆53歳」を武藤やちとすれば天保12年（1841）頃に生まれたはずである。

武藤の名前はヤチ、八千と表記されることもあるが、本稿では『函館県職員録』にある武藤やちを用いることとする。

11-1-2　保姆練習科の入学と東京女子師範学校附属幼稚園勤務

武藤は、明治12年（1879）3月4日、準備の都合で遅れに遅れた東京女子師範学校の保姆練習科の入学試験を応募者16名と共に受け、給費生5名の一人として合格するが、他に私費生6名を含め、計11名が入学することになった。ちなみに、高橋清賀子文書で見ると給費生は武藤やち、山田千代、松本桂、大津よしぢ、原田良の5名である。

武藤は、保姆練習科を修了後、東京女子師範学校の附属幼稚園に採用されている。『北海道歴史人物事典』では「1881 年、時の皇后陛下が同校にお成りの際、上司黒田芙雄の部下として天覧授業を行う。」としているが、明治 14 年 (1881) 5 月 14 日、皇后宮が東京師範学校、東京女子師範学校の本科及び附属幼稚園を訪問したおりに、武藤が豊田芙雄らと共に行った「天覧授業」のことである。これはそれぞれの文脈の都合で本書の横川楳子の章でも同じ部分を引用するが、当日の幼稚園における授業は次のとおりである (5)。

遊戯室	運　動		「君が代」・「白金」・「飛行末」ノ三曲唱歌
三の組	修　身	教生	永井たか
		同	猪子ふで
		同	本多よし
二の組	織　物	同	長谷川てる
		同	多賀はる（註；後の鳩山春子）
一の組	積　體	保姆	豊田芙雄
		同	横川うめ
四の組	連　鎖	同	加藤きん（註；後の武田錦子）
		同	武藤やち

　武藤は、同僚の保姆・加藤きんと一緒に、現在でも七夕飾りなどの一つとして製作される「輪飾り」の授業をしたようである。ちなみに、練習科修了生の武藤やちと山田千代が母校の幼稚園に採用されたという「話」もあるが山田の名前はここにはない。山田が採用後すぐに辞めたのか、単なる間違いかは、はっきりしない。

　山田千代は練習科を修了後、高知県師範学校教師となったようで、それを経た後、麹町区の小学校及び同校附属の幼稚園教師として採用されているが、ここにも長く勤めることはなく、古市静子の章でも記述しているように、明治 19 年 (1886)、自前の私立小石川幼稚園を設立している。

11-2　櫻井ちか・武藤やちの渡道と函館師範学校仮幼稚園設立

11-2-1　桜井ちかの渡道と函館師範学校赴任

桜井ちかは、本書のいくつかの章で登場する人物であるが、明治 9 年（1876）、キリスト教主義による桜井女校（後、桜井女学校に改名）を創設し、女学校を核に附属の小学校、貧学校、幼稚園を立て続けに設立した女性である。桜井女学校は数年の内に有数の学校として発展するが、明治 14 年（1881）7 月、桜井ちかは桜井女学校をミセス・ツルー（実質経営者）と矢島楫子（校長代理＝実質校長）に託して、伝道のため渡道する夫・桜井昭恵（あきのり）に同行することになった。

　夫・昭恵は、ちかの影響で、明治 9 年（1876）、洗礼を受けて伝道師となったが、元々開拓使の安藤丸の海軍士官であったことから、北海道に特別な愛着があったのであろう。函館師範学校第一年報によると、桜井ちかは、明治 14 年（1881）7 月 22 日、「東京ニ於テ採用スル所ノ女教員（月俸金二十圓）櫻井ちか着函ス」(6) ということになり、同校の助教諭として赴任するのである。

11-2-2　　武藤やちの渡道と函館師範学校赴任

　明治 15 年（1882）2 月、開拓使が廃止となり、3 月、函館師範学校は函館県の管轄となったが、武藤やちは、桜井ちかと同じように、明治 16 年（1883）3 月 2 日、「東京ニテ採用スル所ノ本校三等教諭（月俸金十五圓）武藤やち着函ス」(7) ということで函館師範学校の教員となっている。同月 13 日、武藤には女子師範生徒「寄宿舎取締」が命じられている。

　武藤やちの函館赴任は、具体的な経緯に関する資料が残っているわけではないが、これは桜井の斡旋以外にあり得る話ではない。函館では明治 13 年（1880）頃に幼稚園設置構想があったが、人を得られず、一度断念していた。幼稚園設立の経歴を持つ桜井が赴任して新たに幼稚園設立計画が浮上したのであろう。しかし、桜井は、東京の桜井女学校に附属幼稚園を設置したが、園児の前で「お話」をする機会ぐらいはあったにしても、桜井自身が日々の保育を担当したわけではない。函館に幼稚園を設立するとなれば、保姆の手当てをするのは当然のことで、桜井が東京女子師範学校と掛け合った上で、武藤が推薦されたということであろう。いずれにしろ、東京に住んでいた武藤はわざわざ函館まで赴くことにしたのである。

　函館師範学校では、明治 16 年（1883）11 月 1 日、「本校ノ附属小学校内ニ假リニ幼稚園ヲ開キ生徒二十五名入園ヲ許ス」(8) として仮幼稚園を開園している。北海道の教育史などでは、この幼稚園では桜井ちかと武藤やちが指導に当たったのであろう、としている

が、先に述べたような事情から、実際の保育は武藤がほとんどすべてを担ったはずである。いずれにしろ、これが北海道における幼稚園教育の嚆矢であったが、この仮幼稚園については、実態はほとんどわかっていない。豊田芙雄の日記には、明治 17 年（1884）1 月 21 日、仮幼稚園が設置されて 2 ヶ月半程が過ぎた時期に、武藤やちから手紙が届いたとある。もちろん、この手紙には函館における仮幼稚園の設置に関して触れていたと思うが、残念ながらこの手紙は残っていない。

　明治 18 年（1885）9 月 1 日、函館師範学校内に函館女学校が設置されたが、この際に、函館師範の女子教員養成部門はこの学校に移され、同校には高等女学科と女子師範学科が併置されている。『函館師範学校第一年報』には、収録期間外の「函館女学校」についても、記録を残しているが、「函館女学校規則」の第一条は「本校ハ彝倫（註；人倫のこと）道徳を本として高等の普通学科を授け優良なる婦女を養成し及女児小学校教員たるに必須の学科を授けて善良なる教員を養成し兼て幼稚園保育法を授くる処なり（pp. 432-433/ 註；下線部は前村による）とある。

　同校の「女子師範学科課程表」によると「教育學」の中に「幼稚園保育法」と、「實地授業」の中に「幼稚園保育」があり、「女子師範學科教科用図書各級配當表」によると「教育學」の中に「幼稚園記」と、「図画」の中に「幼稚園恩物図形」があることから、武藤がそれらを担当していたことや、実地授業中に幼稚園保育が含まれていることから仮幼稚園が当時も存続していたことがわかる。

　また、何よりも函館師範学校（女学校）でも東京女子師範学校に倣って「小学校教員と幼稚園教員を兼ねて養成した」ことがわかる。保姆練習科を修了し、東京女子師範学校附属幼稚園で保姆を経験した武藤やちならではの実践である。

11-3　愛珠幼稚園首席保姆・長竹国子の後任人事と武藤やち

11-3-1　桜井ちかの辞職と武藤やちの立場

　当時は、たとえば東京から地方へ赴任する場合は、1 年あるいは 2 年の任期付きを条件に出かけることも多かったことから、武藤の函館赴任もそうであったかと思うが、根拠となる資料が残っているわけではない。

　武藤の赴任から 1 年 4 ヶ月後、明治 17 年（1884）7 月 8 日、桜井ちかは函館師範を辞職している。辞職して札幌師範に移ったという話もあるが、これについてははっきりした

ことはわからない。いずれにしろ、夫の桜井昭恵が病気になったため、ちかは函館師範を辞職し、夫の故郷愛媛に移り住むことになったのである。

　武藤も、函館で仮幼稚園の開業に尽力し、保育活動を軌道に乗せるという任務は果たしていたし、知人の桜井も函館を去ったことから、機会があったら、できれば温暖な地方にでも移ってみたい、という気持を抱くようになるのも自然であろう。そういうところにちょうど良い話が舞い込んでくるのである。

11-3-2　　大阪愛珠幼稚園からの誘い

　長竹国子は保姆練習科生11名中の一人で武藤やちの同級生である。長竹は、愛珠幼稚園の章で記したように、明治14年（1881）9月、大阪の公立愛珠幼稚園の首席保姆として赴任し、愛珠幼稚園で保育実践と見習い方式による保育者養成に大きな足跡を残した人であるが、東京に帰って、結婚をし、家を継ぐという家庭的事情もあったようで、明治18年（1885）4月頃には、愛珠に籍を残したまま東京に戻っている。もちろん、後任の心配もしていて、愛珠と母校の東京女子師範学校の小西信八や豊田芙雄に、後任探しを依頼すると同時に、本人も懸命に後任探しの努力を重ねている。

　明治12年（1879）3月に開始された東京女子師範学校附属幼稚園の保姆練習科は、翌年7月、第一回修了生を出すと同時に廃止され、同校では幼稚園保姆と小学校教員を兼ねて養成することになったが、同校の卒業生は、各地の師範学校や高等女学校に就職したり、幼稚園より勤務条件のいい小学校に流れたりするため、幼稚園の保姆になる者は限られていて、愛珠の「首席保姆」となり得るほどの人材は僅かしか育っていないのである。

　そのため、小西信八や豊田芙雄は、愛珠の後任探しのために大変な苦労をしている。結局、何人かの候補者が浮上しては消えるという状態を繰り返したが、小西らの頭の中で最有力者として思い浮かぶのは、やはり保姆練習科の修了生で幼稚園保姆を経験している武藤やちや山田千代であった。しかも愛珠幼稚園では、正規の「保育伝習科」を設置したいという目論見もあったので、それに応え得る人材でなければならなかった。

　しかし、この人事は様々な事情が絡んでいて難事となっている。わが国の幼稚園の歴史的資料を豊富に収蔵している愛珠幼稚園には、この間の事情を生々しく伝える、当事者間で交わされた貴重な書簡群が残っている。小西が愛珠に送ったかなりの数の手紙、武藤が小西に送った複数の手紙、函館県の庶務から小西に送った手紙、長竹から愛珠の豊田・滝

山に送った何通もの手紙などが残されている（武藤の手紙や函館県の庶務の手紙まで愛珠に残ったのは、小西が自らの手紙にこれらを添付したからである）。

　これらの書簡の内容については愛珠の章のみの記述で良かったのかもしれない。しかし、この人事は、結果的に、武藤やちの生涯を決定付けているので、敢えて本章でも取り上げることとした。

11-3-3　　人事の混乱

　小西の手紙によると、大阪の愛珠から東京の小西に熱心な後任探しの依頼があったのは、明治17年（1884）中頃からのようである。武藤の大阪行きについては、函館県も当初は特段の反対はなかったようで、武藤も上阪の意思を固めつつあったが、函館県の方でも、武藤の代わりを見つけるのは容易なことではなさそうだ、ということに気づいたようで、武藤の引き留め工作をするようになるのである。

　やはり「県もさるもの」で、同年12月5日、にわかに武藤を「二等助教諭月俸金二十圓」と昇格、昇給させたことから、武藤も函館を去りにくい状況になって、大阪行きに未練を残しながらも、12月中には断念する手紙を小西に送っている。

　しかし、その後、同年末12月29日、小西から改めて大阪赴任の強い要請の手紙が武藤に届いて、武藤の気持は再び揺れ動くことになる。それから約1週間後、明治18年（1885）1月4日付で、武藤から小西に宛てた手紙には、武藤の複雑な気持ちが滲み出ている。武藤は本音では大阪に行きたいのである。武藤は一旦断ったことを「勘考中　俄に等級等も進められ　扱去んと致身ニ取てハ困苦弥増迚も至急の事ニハ相成兼候事故右を以御断申し上候所」と書き、しかし、東京の「親類共より申し越し候一条」もあるので、一度帰京の上（相談をして）「仰せに随って上阪したい」というのが武藤の本音であった。

　これを受けて、「十八一ぐわつ十三日」付で、小西は大阪の「とよださま　たきやまさま　ながたけさま」宛の手紙を書く（小西は仮名書論者のため、大阪へ送った手紙はひらがな書きかカタカナ書きである）。小西は「むとう　より　べっしの　こたへ　あり　こんどは　ながたけ　うぢより　むとうへ　いよいよ　いつごろ　やめらるや　たしかめられ　そろ　かた　よろしからん　なほ　わたくしよりも　もうし　つかわさん　されば　むとう　うぢといたしても　まゐられぬ　と　いふまでは　やまだのかた（注；山田千代）　みあわせ　もうし　そろ」と書くのである。

しかし、函館県の庶務担当の前田憲は、函館師範に勤務していた時期もあって、函館師範の事情にも良く通じていた人物であったが、同年2月13日付で、小西に対してかなり厳しい調子の手紙を送りつけている。前田は「其節モ申上候通函館縣ニテハ目下略方幼稚園ノ基礎相立既ニ生徒三十余名入園」しており、今後、規則なども定めて「良好ノ幼稚園」とするとしており、「今同人ニ離レラレ候テハ何トモ当惑ノ次第」と書き、幼稚園づくりを進めることは、武藤本人にとって「名声」となり、「名誉」となり、「立身の資」ともなるとし、函館県も地方の「幸慶」と見なしているのだと書いている。また、武藤を引き抜くのなら代わりを寄越してくれ、しかし、見込みはないのじゃないか、といった調子でかなり怒りを含んだ最後通牒ともいうべき手紙を送るのである。武藤が「函館を辞めて大阪に行く」ときっぱりと決断すれば、函館県も諦めざるを得なかったと思う。しかし、武藤にはその決断ができなかったのである。県との関わりだけでなく、園児たちとの関わりにおいても、函館を去り難いものもあったのであろう。

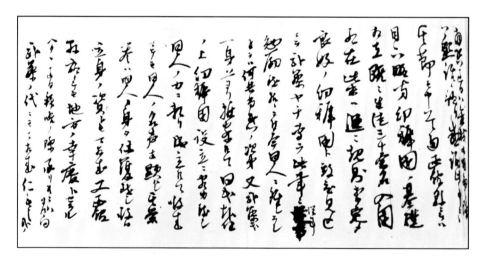

函館県庶務担当・前田憲からの小西信八宛の手紙大半部分(9)

　2月24日付の小西から大阪宛の手紙には、小西はようやく武藤に決まったのに函館が「うらがへって」しまったことに不満を漏らし、「むとうの　かはり　みつけ　はこだてへ　むけんと　いろいろ　さがしたれど　いまに　なし　やまだ　ちよ　いかにと　ぞんじ　とひあわしに　はこだてはと　もうし　はきと　ゆくとも　ゆかぬとも　もうさず　とくと　かんがへて　のちと　もうし　そろ　おんちの　ほう　は　やまだにても

267

よろしきや」と書き、武藤の話が駄目そうなので、山田千代に愛珠に赴くことを勧めるが山田でも構わないかというのである。ただ、当時、山田は麹町区の小学校附設の幼稚園に勤務していたので「しかし　これも　いよいよ　かうぢまち（註；麹町）　の　ほう　やめうるや　いかに　くちやう（註；区長）　の　ほう　き〻てのち　かは　ぞんじ　そらへども」と書いている。

　さらに、小西は「三グワツ　二十五ニチ」付の手紙で「ムトウ　ワ　ハコダテニテ　ハナサズ　ガクムクワ　ヨリ　ネンゴロニ　タノミ　カツクドキキタリ　イカニモ　センカタ　ナク　ヤマダ　ニ　ハナシ　ニ　コレモ　コトワリ　マコトニ　オンキノドク　ト　ゾンジ　サシアタリ　オノゾミノ　ジンブツ　コノ　オモテニ　ナクテ　ヤマガタ　ケンニ　ツトメオル　ヒト　コレナラバ」云々と書くのである。

　山田はその後間もなく麹町区の幼稚園を辞めるが、山田は函館へも大阪へも行く気はなく、明治19年（1886）、恩物の活動は細かすぎない方がいい、という伊沢修二のアドバイスなども受けて（註；伊沢夫人と山田千代は友人関係）、自前の私立小石川幼稚園を設立している。

　さて、武藤やちに関する章ではあるが、その後愛珠の人事がどうなったのかを書かなければ、読み手としては落ち着かないであろう。愛珠の章で触れたように、明治18年（1885）9月25日付で、長竹から愛珠の豊田・滝山に宛てた手紙で、愛珠の人事にようやく「進展」が見られたことがわかる。この手紙によると、「（註；木村鈴の）上阪確定いたし（註；前村による中略）同氏山口より直ニ上阪可致様電信ニテ豊田芙雄より掛合候所すでに山口を出立」云々と書いている。

　木村鈴が大阪愛珠への赴任を応諾したのである。また、長竹は「（註；木村が）確定いたし誠ニうれしく存候」と書き、長竹は、同年11月、正式に愛珠を辞めることができたのである。木村は同年12月に愛珠に赴任した。しかし、その後も愛珠のこの「人事ドラマ」は続くが、それについてはご関心があれば愛珠の章をご参照いただきたい。

11-3-4　　函館師範学校の廃校

　武藤やちは、県から懇望されて函館に残ったが、それから2年余り後、武藤は、突然、梯子を外されることになる。明治19年（1886）4月10日、文部省は師範学校令を発するが、その影響もあって、同年9月17日、北海道では札幌師範学校と函館師範学校を廃校とし、改めて札幌に北海道尋常師範学校を設置し、函館には北海道師範学校函館分校（女

子師範学校）が置かれたが、分校も翌年には廃校となり、武藤は師範学校教員の身分を失ったのである。

　武藤の場合は、愛珠幼稚園に移る絶好のチャンスがあっただけに、「あの時愛珠に移っていたら・・・」と思いたくなるが、これは歴史に「御法度」の「たら・れば」の世界である。社会や組織は時として個人にとって非情なものとなる。函館では、旧函館師範学校の校長をし、廃校後の函館分校の校長をしていた素木岫雲ですら解雇となっている。一教師・武藤やち個人ではどうにもならないことだったのである。

　明治18年（1885）8月、文部省は東京女子師範学校と東京師範学校の合併を決定するが、これに反発し、宮川保全、渡辺辰五郎、豊田芙雄、鳩山春子ら旧東京女子師範学校教師の面々が共同戦線を張って、共立女子職業学校を設立したのはこの頃のことである。

　ちなみに、昆虫学者で元台北帝大教授、元日本応用動物昆虫学会長の素木得一（1882-1970）は素木岫雲の長男、大正時代の女流小説家・素木しづ（1895‐1918）はその妹である。また、岫雲の孫、得一の子・素木洋一（1914-1998）は昭和の代表的な窯業研究者でセラミックスの権威者となっている。

11-4　私立函館幼稚園の設立とその推移

11-4-1　　幼稚園の設立と幼児教育の啓発

　私立函館幼稚園については、資料が限られているが、武藤は東京女子師範学校の保姆練習科の卒業生で、卒業後、同校附属幼稚園で保姆を経験していることから、当時の最も正統派の保育法を知る人である。武藤が母校の保育を参考としたのは当然であろう。

　明治21年（1888）6月1日に開園する私立函館幼稚園に関しては、武藤にとって、初めて自前の幼稚園を創るという気持も働いたのか、かなり力が入っている。

　武藤は、函館新聞に園児募集の広告を出しているが、同じ広告をざっと見ただけでも6月8日、同10日、同13日、同15日、同19日、同21日と6月中だけで6回も出している。

　また、記事中には何回かに分けて同園に対する寄付者の名前と金額が載せられており、これは寄付者への感謝の気持を表すと同時になおいっそうの寄付の広がりを期待するものとなっている。

寄付の記事も 6 月 13 日、同 19 日、同 21 日、同 22 日に分けて掲載されている。特に 6 月 13 日分はもっとも多額になっているが、函館新聞には「○　函館幼稚園寄付　全氏名　今度元町に設けをる私立函館幼稚園経費の経費の内へ寄付金及び氏名ハ左のごとくなりといふ」(10) と書き、「金貳十圓渡邊熊四郎」を筆頭に「金十五圓　松岡讓」（他 2 名）、「金十圓　三木彦七」（他 4 名）、「金五圓　野田鷹雄」（他 16 名）、「金三圓　矢本成五郎」（他 7 名）となっており、他の日の分と合わせて新聞紙上でわかる分だけでも、総額 300 円近い寄付金が集まっている。地元の人々の幼稚園に対する期待は小さくはなかったのである。

　　幼稚園教育の啓発としては、同じく函館新聞に 3 回に分けて「幼稚園の必要を述ぶ　梅柳生述」(12) が掲載され、「函館幼稚園規則」(13) が

新聞広告 (11)　　掲載されていることが大きい。地元の新聞も幼稚園設置を強力に支援しているのである。

11-4-2　　私立函館幼稚園規則

　ここでは先に「函館幼稚園規則」を取り上げることとする。同園に関する設立申請書などは見つかっていないが、新聞紙上に「規則」が残っていることは幸いである。同園の規則の全文は次のとおりである（読みやすいように項目ごとに改行している）。

　　　函館幼稚園規則

　第一條　保育科を別ち左の三科とす

　　一修身科　天稟の良性を開發す即ち心思言語擧止をして中正善良ならしむ

　　○二体育科　健康活溌即ち體揮を齊一にして必性を怜悧にし身体を強健にす

　　○三智育科　觀玩に由て知識を開く即ち事物の名稱形狀性質等を示す

　第二條　前條三科に包有する所の仔目左の如し

　　修身話。庶物話。五彩毬の遊び。木の積立。板排べ。箸排べ。豆細工。土細工。鎖繋ぎ。紙織り。紙摺み。紙刺し。紙片の組み方。縫取り。紙剪。畫。數へ方。讀み方。書き方。唱歌。遊嬉。体操

　第三條　保育時間は一日凡三時間とし一科に付凡三十分時間とす但保育時間と雖も幼兒の都合に依り休憩あるいは退園するも妨けなしとす

○第四條　入園の幼児は男女を論ぜず年齢三歳以上六歳以下とす

○第五條　園中に於てハ教員一切保育の責に任す故に附添人を要せす但幼児未だ教
　　　員に慣馴せざる間又は幼児自から本園に往來すること能はざる時は附添人をして
　　　送迎せしむべし

○第六條　幼児の恩物遊戯の玩品等一切本園に備ふ故に持參するを要せす

○第七條　幼児の恩物類を自宅に持歸らんと欲する時は之を許すことあるべしと雖
　　　ども若し遺失破損する時ハ之を辨償せしむ

○第八條　幼児の未だ種痘をなさず或いは天然痘を歴さるもの又傳染病等を患ふる
　　　ものハ入園を許さす

○第九條　毎月の保育料を金五十銭とす但十五日前退園するか又は十五日后入園す
　　　るものハ其月分の半額を徴収す

○第十條　年中の休業定日は左の如し
　　　日曜日。孝明天皇祭（一月三十日）。紀元節（二月十一日）。春季皇霊祭（春分日）。
　　　神武天皇祭（四月三日）。札幌神社祭（六月十五日）。夏季休業（自八月一日至同月
　　　卅一日）。鎮守祭日。秋季皇霊祭（秋分日）。神嘗祭（十月十七日）。天長節（十一
　　　月三日）。新嘗祭（十一月廿三日）。歳末歳始（自十二月廿六日至一月十日）。此他
　　　臨時休業は其時に掲示すべし（完）

　この時期、中身の是非はともかく保育科を「修身科」「体育科」「智育科」の三科としている点は注目できることである。

　明治14年（1881）、17年（1884）の東京女子師範学校附属幼稚園の保育課程改正では、三科の柱が無くなり、保育の「仔目」が羅列される状態となったが、武藤はこの三科を立てることで保育の体系が見える方を採用したのである。

　「仔目」については、当時の大方の幼稚園と共通する20恩物を主体とするものであるが、「數へ方」「讀み方」「書き方」等は勤務していた東京女子師範学校附属幼稚園の例に倣ったのであろう。

　他の條目についても、他の幼稚園と同様のものであるが、休業日の内、札幌神社祭（六月十五日）、鎮守祭日などはローカル色を出している。他の学校園と同様、当時の神道による国民統合の路線に沿ったものでもある。

11-4-3　　函館新聞記事による幼稚園教育の啓発

　幼稚園が設立された直後の函館新聞には「梅柳生　述」（註；梅柳は「むめ・やなぎ」で「むとう・やち」のことと思う）による「幼稚園の必要を述ぶ」が３回に分けて掲載されている。当時の地方の新聞による幼稚園教育啓発の資料として貴重と思われるので長くなるが全文を掲げておく。第一回目の明治21年（1888）６月22日の記事は以下のとおりである。

　頃日函館幼稚園の設けありしと聞く然れども未だ其何たるを辨へざるもの多しと因て聊か左に愚見を述べ以て不知案内の人に示すと云爾（註；「うんじ」「しかいう」「のみ」などの読み。「これにほかならない」の意）　　　　　　　　梅柳生　述
泰西文物の我邦に輸入してより學齢（六歳）以上の子女教育の必要あることは皆已に之を知れり而して學齢以下の幼稚を教養するの最も緊急なるに至ってハ之を知るもの甚だ稀なり是れ余が甚だ遺憾に思ふところなり
熟々幼稚の性情を観察するに凡そ目前に顕はるゝ處萬象善となく悪となくただ専ぱら之に倣はんことを欲し事々物々見るに随ひ聞くに随つて之が眞似を爲す即ち梨園に到れば俳優の假聲身振を眞似し寺院に伴なヘバ頻りに南無の唱号を稱ふるなど一として皆眞似せざるもの無し殊に人の事物を感得するの力や幼稚の時を以て最も大切とす此時期に於て其教導宜しきを得バ則ち俊秀卓越の器を造るべく若し之を誤れば頑愚無智の廢物に歸し復如何とも爲す可らざるに至らん俚言に云はずや三才兒の魂百までもと蓋し幼稚の時一度頭腦に印したる事は終生消滅すべからざるなるの謂ひならん去れば人の善となり悪となり智となり愚となるも皆幼時の教導如何に在るものにして楊子が岐に泣き墨子が糸染を悲みしといふも亦唯之が爲のみ實に幼稚教養の大切なること斯の如し
然るに世の父母たるもの多くハ未だ其大切なるを知らず幼稚をして頑童黠兒（註；愚かで悪賢い者の意）と伍せしめ街頭路上に悪戯を爲すも恬として省みず或は一文不通嘗て無教育の乳母若しくハ傳婢に放任して足れりと爲す而して教育の重任を儋へる現時の母たるものハ如何と顧みるに是亦概して舊時不文の世に人と成りしものにて殆んど無教育の人物といふも敢えて誣言（註；しいごと。事実を曲げて言うこと）にあらざるべし幼稚の前後左右を圍撓するもの已に斯くの如く無學無識の人のみ之に加ふるに頑童黠兒の群に入り日に悪戯に習ひ狡智に長ず否らざれば只徒に愛に溺れ

て身に温袍を纏はしめ口甘味に飽かしめ些少の寒暑にも之を厭ひて濫りに家外に出るを禁じ終ひに其身の■（註；印字が真っ黒になっていて読めない）弱に陥ゐるを覺らざるものあり洵に浩嘆の至りにあらずや

現時の幼稚敎育の有様たゝ概ね前陳の如く實に亡狀極まれりといふべし斯のごとくして子女の世に顕はれんこと欲するも所謂木に攀て魚を求むると一般決して望む可らざるや疑ひ無し故に子女を有する人は深く此に鑑み他日世に出でゝ耻ざるの人と爲さんと欲せば宜しく先づ幼稚園に就て家庭教育の足らざる處を補わざる可らず是れ幼稚園の設け無からざる可らざる所以なり

或は云ふ内の兒も入園させたけれども之に附徒ふ者なし下婢を傭ければ臺所の用を缺くとか又は傳婢が無いから入園させること能はずと然ども其兒女に傳婢を附けると附けざるハ各自の随意にして幼稚園にハ敢て之を要するにあらず元來幼稚園は豈に既定の稼業を教ふるのみにあらず幼稚園の園中にある間ハ食事の時便所に往く時其他悉皆親に成代つて親切丁寧に之を看護し時としてハ失つて流したる糞尿に至る迄取始末し且又危險の事無からん様萬事萬端注意するハ是れ皆保姆の務めにして園中に在る間は實に安全至極なれば決して心配するの憂へ無し故に人不足なるものハ唯往復の送り迎へさへ爲れば足れりとす尤も幼稚のことゆゑ其未だ馴染ざる初めハ親を慕ひて啼叫ぶこともあるべしと雖ども追々馴らせば遂ひに送迎ひのミにて馴るゝものなり然るを尚ほ臺所の用を缺くとか傳婢無いとかいふを口實として入園せしめざるハ未だ幼稚園の大切なること充分納得せざるなり何となれば若し眞に其の大切を知るならば從ひ傳婢を要するものとしても僅か半日位ゐの時間■（註；活字が潰れて読めない）親から下婢に代りて臺所の用を足す何の六ヶ敷ことかあらん斯る瑣細の事情に係はりて幼稚敎育の大切なる時期を空過し終ひに無用の人と爲すが如きハ豈に父母たるものゝ務めならんや

嘗て聞く佛帝那破翁身卑賤より興り其名天下に轟きしハ全く幼稚に於て其母の教導宜しき得たるの結果にして決して偶然に非ざるなりと之に因て之を觀れば人の智愚如何は皆其の幼稚の時の教導如何にあるや必せり豈に之を忽諸にして可ならんや

（以下次号）

　筆者の「梅柳生」がどういう人物か誌上ではわざと隠しているが、幼児教育の意義をかなり明確に把握しているので、「むめ・やなぎ（梅柳）」は「むとう・やち（武藤八千）」

以外にないであろう。

　内容としては、将来、賢者となるも愚者となるも幼児期の教育次第だと強調している。親たる者はそのことを理解して子女を幼稚園に通わせるべきだというのである。フランスの皇帝ナポレオンの例まで出していかに幼児期の教育が大切かを説いている。

　「幼稚のことゆゑ其未だ馴染ざる初めハ親を慕ひて啼叫ぶこともあるべし」というのは、現在でも幼稚園入園式で毎年見られる光景であるが、子どもは125年前も今も変わらない部分は変わらないのである。

　月50銭の保育料は、貧しい家庭では出費する余裕はなかったであろうが、当時の函館でも、子どもを月50銭の保育料で幼稚園に通わせる程度の経済力のある家庭も、一定程度はあったのであろう。「梅柳生」の記事は初回からかなり力を入れているが、第二回目の明治21年（1888）6月23日の続きの記事は次のとおりである。

　　　　　　幼稚園の必要を述ぶ（續き）　　　　　　梅柳生述
抑も幼稚園の起源を尋ぬるに日耳曼のフレベルといふ人實に之が始祖とす氏が創定
したる幼稚保育の課程ハ遊嬉、唱歌、戯劇、体操、説話等の數種にして幼稚をして専
ぱら是等の課業に就かしめ以て其天稟の良性を開誘し智能を發達し且つ身体を健康
にし精神を活潑ならしめ或ハ意匠を顯敏にし思考力を養ひ或ハ言語動作を習ハして
自から禮義作法を知らしめ以て他日活潑有爲の人物を造るの基礎を固むるにあり而
して其保育の法濫りに幼稚を束縛せず自由自在に歡遊嬉戯せしめ之に因て以て幼稚
自然の良性を導き智能を開發養成するを本旨とす
幼稚園の必要なる事由ハ畧ぼ之を述べたれば是より幼稚保育の課程方法に就き其要
畧を東京女子師範學校附属幼稚園規則中より抜抄して左に示すべし
　○修身の話　修身の話ハ和漢の聖賢の敎へに基づいて近易の談話をなし孝弟忠信
　のことを知らしめ務めて善良の性質習慣を養ハんことを要す
　○庶物の話　庶物の話ハ専ぱら日用普通の家具、什器、鳥、獸、草、木等幼兒の知
　り易き物或ハ其標本、繪圖を示して之を問答し以て觀察注意の良習を養ひ兼て言語
　を習ハしめんことを要す○木の積立　木の積立ハ立方體、長方體、方柱體、三角柱
　體の木片を與へて門、家、橋等の形を積立てしめ或ハ種々の形を排べしめ以て構造
　の力を養ふを主とし兼て邊、角、形、體の觀念を得せしむ○板俳べ　板俳べハ彩色
　する薄き正方形、三角形の小板を與へて門、家等の正面或ハ側面其他種々の形を俳

べしめ以て美麗を好むの心を養ふを主とし兼て角度の大小等の観念を得せしむ。○箸俳べ　箸俳べハ大約一寸より五寸までの五種の細長き箸を與へて門、梯、家、机等の輪廓を俳べしめ以て工夫の力を養ふを主とし兼て長短の観念を得せしむ○鐶俳べ　鐶俳べハ鉄或ハ真鍮の全鐶、半鐶を交へ與へて種々の形を俳べしむ間々箸を交へ與ふることあり其目的略箸俳べに同し○豆細工　豆細工ハ細く削りたる竹と水に浸したる豆とを與へ豆を以て竹を接合ハせ机、堂等の形を造らしめ以て模造の力を養ふ○珠繋ぎ　珠繋ぎハ始めにハ彩色せる麥藁の切れと穴を穿ちたる色紙の切れとを交へ糸にて繋がしめ終にハ南京珠を繋がしめ以て縫取りに入る階梯とす○紙織り　紙織りハ細く截りたる色紙を經筋緯筋とし種々の模様を編ましめ以て色の配り方を知らしむ○紙摺み　紙摺みハ色紙を與へて舟、鶴等の形を摺ましめ以て想像の力を養ふ○紙刺し　紙刺しハ柄ある鍼にて紙面に紋形、花、草等の形を刺し穿たしめ以て縫取りの下畫となさしむ○縫取り　縫取りハ紙刺しの課にて刺し穿ちたる紋形、花、草等の形を色糸にて縫取らしめ以て針の運び方を知らしむ

（未完）

　第二回目では、幼稚園をフレーベルが創始したこと、幼稚園では「遊嬉、唱歌、戯劇、体操、説話等」の課業によって、「其天稟の良性を開誘し智能を発達し且つ身体を健康にし精神を活溌ならしめ或ハ意匠を顕敏にし思考力を養ひ或ハ言語動作を習ハして自から禮義作法を知らしめ以て他日活溌有爲の人物を造るの基礎を固むるにあり」と幼稚園教育の真髄を高らかに謳い上げ、「其保育の法濫りに幼稚を束縛せず自由自在に歡遊嬉戯せしめ之に因て以て幼稚自然の良性を導き智能を開發養成するを本旨とす」として、強制でない自由な保育を心がけるべきことまで述べている。

　続けて、東京女子師範学校附属幼稚園規則を抜抄して保育内容の説明に移っている。ほとんどが恩物の具体的な用法と効能の解説である。当然、ここでは東京女子師範どおりに最初期の「説話」は「修身」となり、「博物理解」は「庶物の話」となっている。また、恩物においては知識、技術の習得だけでなくこれらの活動によって「観察力」、「工夫の力（創造力）」、「想像の力」、「美麗を好む心」、「構造の力（構成力）」を育むとしている点などは注目に値する。第三回目の明治21年（1888）6月24日の記述も同様である。

　　　幼稚園教育の必要を述ぶ（續き）　　　　　　　梅柳生述

○紙剪り　紙剪りハ色紙を與へて方形、三角形等に剪り之を白色の臺紙に貼付けて種々の形を造らしめ或は種々の紋形等を剪抜かしめ以て工夫の力を養ひ兼て剪刀の用ひ方を知らしむ○畫き方　書き方ハ始めにハ罫ある石盤の上に縦線、横線、斜めなる線を以て物の略形を畫かしめ終にハ鉛筆を以て之を罫ある紙に畫かしむ○數へ方　數へ方ハ專ら果物、小石、介殻其他の實物に由て物の數を知らしむるを旨とし數の觀念を畧得たる者には又實物に由て三十箇以下の寄せ方引き方をなさしめ兼て十以下の數字を敎ふ○讀ミ方　讀み方ハ始めにハ片假名、平假名を以て幼兒の知りたる物の名等の綴方易き者を黒板に書き示して假名の稱へ方用ひ方を敎ふるを旨とし後にハ假名を記せる骨牌を以て物の名等を綴らしむ○書き方　書き方は片假名、平假名を以て既に授けたる物の名等を黒板に書き示して石盤の上に習はしめ又數字を習はしむ○唱歌　唱歌は保姆の唱ふる所に倣ひ容易くして面白き唱歌を爲さしめ時に樂器を以て之を和しおのづから其胸廓を開きて健康を補ひ其心情を和げて德性を養はんことを要す○遊嬉　遊嬉は幼兒に適する者を撰んでこれをなさしめ以て身體を健かにし精神を爽かならしめんことを要す右にて幼稚保育の方法は畧了解に至りしなるべし由りて尚ほ左に函館幼稚園の規則を掲げて參考に供すべし

　最後に記している「函館幼稚園の規則」は先の項で述べたとおりである。この日の部分では特に簡単な「數へ方」、「讀ミ方」、「書き方」を教えるとしている点に注目がいく。当時も、こういうものは幼稚園では教える必要なし、と考える人もあったが、そういうことまで教えてくれるなら保育料を払ってもわが子を幼稚園に通わせたい、という保護者もあったのである。また、「唱歌」や「遊嬉」は幼児の「健康の教育」、「心の教育」とも繋がるとしている点も、特に目新しいものではないが、武藤もそうしたことを意識していたということに興味はある。

　ただ、これほどの強力なメッセージであっても、新聞すら読めない親も少なくない当時にあっては宣伝効果も限られたものであったであろう。それはともかく「幼稚園教育の必要性」を高らかに謳い上げながら私立函館幼稚園はスタートしたのである

11-4-4　設立 1 年も経たず被災焼失

　実は、最初の私立函館幼稚園は、明治 20 年（1887）5 月 7 日、素木岫雲が北海道師範学校函館分校附属小学校跡地を借りて設立した私立函館学校内に設けられた。同年 5 月

17日付の函館新聞の広告では、募集園児数を「二十名」、授業料を「五十銭」としていたが、実際には50名（男子24名、女子26名）の園児が入園している。この幼稚園は素木岫雲を園長、武藤やちを保姆としていたが、教場が狭かったため、すぐに、これを廃園とした。

武藤は、改めて翌年の明治21年（1888）6月1日、渡辺熊四郎（1840‐1907）を保証人とし、地域の有志の支援を受け、北海道庁立函館商業学校の校舎の一部を借用して、私立函館幼稚園を設立した。函館商業学校自体、明治20年（1887）1月11日、旧函館師範学校の校舎を引き継いで開校されたものであり、武藤にとっては、馴染の旧職場の建物の一部を借りての再出発である。この幼稚園では武藤やちが園長となっている。武藤は初めて自前の幼稚園を所有したのである。ちなみに、渡辺熊四郎は大分県竹田の出身で、函館で大成功をした豪商であったが、現在も観光スポットとして有名な金森レンガ倉庫などを残している。

しかし、同園は、明治22年（1889）2月4日午前零時半頃、函館商業学校の炭部屋から出火し、一棟が全焼した際に焼失している。同校の沿革史によると「校内の函館幼稚園も燒燼せり。尤も直き下の函館学校は始め随分危険の状態にあったが各消防の働き空しからず延焼を免れた。唯々氣の毒に堪へないのは右幼稚園で、昨春義金を募り設立した許りにて漸く維持の見込みも立ち設備も整頓する塲合に當つて、かく一朝の災害に遭ひ空しく烏有に歸しめ、殊に婦女子の道具は何一つも持出しかね殆ど皆灰燼に歸した事であつた」（14）と記している。

地域の有志の寄付金や協力を得て、やっと設立した自前の武藤やちの幼稚園は設立して1年も経たない内に、まったくの灰燼と帰したのである。恩物をはじめ幼稚園の教材、教具、備品などは一朝一夕に揃えられるものではないため、武藤の失意は相当に大きかったと思われる。

しかし、同園は、一時、元町の英語学校内に仮住まいをするが、同年4月には閉鎖し、同年7月1日、会所町59の公立函館女学校敷地内の旧師範学校宿舎跡を改装して再開している。

函館中央図書館のデジタル資料中の明治24年（1891）製「函館実地明細絵図」によると、現在の市電「末広町駅」から、日和坂を函館山方向に150メートル程登った左側部分が函館幼稚園跡であり、これに接する山側角地が函館女学校跡であるが、ここは元函館師

範学校附属小学校・仮幼稚園跡でもあり、ここも武藤にとっては馴染の土地であった。もちろん、地域の理解と支援を得てのことであろう。

11-4-5　　私立函館幼稚園の教育的成果

　私立函館幼稚園は、明治22年（1889）7月の再開後、明治36年（1903）の廃園まで、何とか園の経営を持続している。『函館市史』(19) によると、私立函館幼稚園の園児数は次のようになっている。

　　　明治21年（1888）92名（男49・女43）

　　　明治23年（1890）100名（男55・女45）

　　　明治25年（1892）97名（男63・女34）

　　　明治33年（1900）103名（男57・女46）

　　　明治34年（1901）83名（男44・女39）

　　　明治35年（1902）100名（男51・女49）

　統計の不明の年度等もあるが、武藤の幼稚園は設立から廃園まで常に100名前後の園児を保育している。武藤は函館師範学校附属小学校の仮幼稚園以来函館の幼児の保育に貢献したのである。この教育的功績は決して小さなものではない。

　次に掲載している写真は、函館幼稚園の園児と保姆、函館幼稚園の「保育証」であるが、保育証のコピーは、函館市立博物館を訪問した際に、資料閲覧をお願いし、後に、同館の保科智治氏より園児・西沢弥太郎の祖父・西沢弥兵衛（1820-1897）に関する文章と共に送っていただいたものであるが、弥太郎周辺のことを付記しておく。弥太郎は、2代目西沢弥兵衛の子どもで、明治25年（1892）5月生まれである。

　初代・西沢弥兵衛は、博物館における展示会時の保科氏の文章や、丸山浪人の『北門名家誌』(17) などを参考にすると、弥兵衛は近江国斧磨村に生まれ、京都に移って沖船頭などをしたが、弘化元年（1844）、16歳の夏、大志を抱いて、兄弟で北海道に渡っている。

　最初、行商をし、太物（註；太糸の綿織物・麻織物のこと。細糸の絹織物ではない）を中心に商いをしたが、住まいや倉庫は弁天町、末広町と移しながら、回漕業・海産物商店・貸金業などにも手を広げ、後には、択捉での漁場経営、秋田県での硫黄鉱山開発なども手がけている。度重なる函館の大火、所有する船の沈没など、何度も災難に遭っているが、

その度に再興している。西沢弥兵衛は名実共に函館屈指の事業家の一人であった。初代・弥兵衛の死後、2代目・弥兵衛（仲次郎）は居を豊川町に移し、さらに、西沢家の故地の一つ京都に移っている。

私立函館幼稚園の子どもたちと後列中央が武藤やち（15）

私立函館幼稚園保育証（16）

私立函館幼稚園で学んだ西沢弥太郎は、成人後、東京に移って、石炭を商う「弥栄商店」を経営するようになったようである。東京に帰った恩師・武藤やちに再会する機会などがあったかどうかはわからない。

函館幼稚園に対する有識者の評価は高かったと言える。『函館市史』では、明治25年（1892）の「北海道庁學事年報」が、私立函館幼稚園について「該園ノ課程ヲ卒リ小学校ニ入ル者ハ學業品行共ニ優良ナルノ形蹟アリ、其公學ニ補ヒアルスクナカラサル」と記し、その教育的効果を高く評価していることを紹介している。また、函館区も明治26年（1893）から廃園までの10年間年100円の補助金を同園に出し続けている。

11-4-6　　廃園と武藤やちの功績

私立函館幼稚園の廃園は、明治36年（1903）であるが、『函館市史』では「廃園についての詳細は不明」としている。函館師範学校赴任以来20年を経て、武藤自身が高齢者となったということなども理由の一つに挙げられ得るだろうが、最大の理由は、経済的に維持することが困難になったということであろう。

ただ、最終的に武藤に「もはやこれまで」という決意をさせたのは意外にも函館の人々、正確に言えば、函館区議会議員たちだった、と思われる事実がある。明治36年（1903）2月1日付けの新聞「函館公論」（18）によると、函館区議会で私立函館幼稚園の補助金年100円に20円を増額するか否かに関する議論があったことがわかる。議員の中には増額に賛成する者もあったが「入園を希望する者の数を増すと云はるも該園に入園するには月謝の七十錢も要することとてなか々中流以下にて望む可らざる事なり云はゝ上流社會に於ける子弟機関とも見るべく之に補助の増額をなす必要なし」という意見が陳述されると「採決々」の声が沸き起こり圧倒的多数で増額案は否決されるのである。ここでも「例によって例の如し」であった。次が同日の新聞記事である。

　　遠藤一番は項二目私立函館幼稚園補助費に就いて説を述べて曰く本年よりは年齢計
　　算法に依りて児童の入学するを得ざる者増加し従て従来の補助費額年百円にては教
　　員一名を雇入るゝ事も出来ざる始末なれは二十円を増加し百二十円としたいと云へ
　　種田十七番高橋二十七番の賛成あり松下七番は反対説を述へて曰く補助金は之を幼
　　稚園に与ふるより私立小学校に給与する方適当にて　幼稚園に向て此上の補助を与
　　ふる必要なしと駁し竹内三番は調査委員として該項を原案の通り可決せし理由を述

へ幼稚園には補助増額の必要なしと述へ秦十番又反対説を述へ年齢計算法に依り幼
稚園に入園をする希望する者の数を増すと云はるも該園に入園するには月謝の七十
銭も要することとてなか々中流以下にて望む可らざる事なり云はゝ上流社会に於け
る子弟機関とも見るべく之に補助の増額をなる必要なしと陳するや採決々の声起り
一番説に賛成起立五名の少数にて消減原案は多数を以て通過したり

　僅か20円の補助金増額の否決は武藤にとって大きな落胆であっただろう。武藤がこれ
を契機に「もはやこれまで」という決意を固めた、と推測することにそれほど無理がある
とは思わない。

　函館区議会が年20円の補助金増額を渋ったために、函館市から「私立函館幼稚園」は
姿を消し、函館の幼児たちは武藤やちの保育を受けるチャンスを失ったのである。

　武藤やちは、明治16年（1883）、函館師範学校附属小学校内仮幼稚園で北海道初の幼稚
園保姆となって以来、20年ほど幼児教育を開拓し続けている。北海道の幼児教育界で忘
れてはならない功労者であった。

　また、大戸美也子氏にご教示いただいた松浦映子氏（藤女子大学）の論文（19）による
と、明治21年（1888）8月、札幌における最初の幼稚園設立3ヶ月後、同年11月、同市
で2番目の公立創成小学校附属幼稚園を開設した西川かめ（註；明治21年7月、高等師
範学校女子部小学師範科卒業。明治25年頃矯風会札幌支部で会計係を務めている）は武
藤やちとは関係の深い人物であった。西川は、明治16年（1883）3月16日、松前町立松
城小学校を退学しているが、その理由には「函館女子師範学校入学」とある。明治18年
（1885）3月、師範学校内に県立函館女学校が設置され、女子師範学校部分は同校女子師
範学科として移されているので、この時、西川も同校に「移籍」したと思う。

　西川は、明治19年（1886）4月、各府県から推薦された者の一人として、合併したばか
りの東京の高等師範学校を受験し、入学しているが、応募資格は原則各地の師範学校に
2年以上在籍した者となっていた。

　もちろん、西川が函館師範学校及び函館女学校女子師範科で武藤やちから直接薫陶を受
けていたことは間違いない。函館における武藤やちの実践は札幌における幼稚園開拓へと
繋がったのである。そうした意味でも北海道の初期幼児教育界における武藤やちの存在は
大きい。私立函館幼稚園の廃園後、武藤は東京に帰ったと言われている。

注

(1) 北海道新聞社『北海道歴史人物事典』、北海道新聞社、1993 年

(2) 上掲、北海道新聞社、p.373

(3) 『函館県職員録』、伊藤鋳之助出版、明治 17 年 6 月

(4) 東京女子高等師範学校「公私立幼稚園要項取調表」及び「公私立幼稚園保育課目取調表」、明治 26 年（1893）12 月

(5) 倉橋惣三・新庄よし子『日本幼稚園史』、臨川書店、昭和 5 年初版、昭和 55 年復刻版、pp.90-91

(6) 函館師範学校『函館師範学校第一年報　自明治八年一月至十七年十二月』

(7) 上掲、pp.23-24、明治 14 年 7 月 22 日

(8) 上掲、p.32、明治 16 年 3 月 2 日

(9) 函館県庶務課前田憲から小西信八宛の書簡、愛珠幼稚園蔵、明治 18 年 2 月 13 日

(10) 函館新聞記事「函館幼稚園寄付」、函館新聞、明治 21 年 6 月 13 日

(11) 函館新聞「園児募集広告」、函館新聞、明治 21 年 6 月 9 日

(12) 函館新聞 記事「幼稚園の必要を述ぶ　梅柳生述」、明治 21 年 6 月 22・23・24 日

(13) 函館新聞記事「函館幼稚園規則」、明治 21 年 6 月 24 日

(14) 北海道庁立函館商業学校『函館商業学校沿革史：創立四十年記念』、函館商業学校、昭和 4 年、pp.43-44

(15) 函館市「私立函館幼稚園　写真」、『函館市史デジタル版』、last update 2014.2.7、pp.1253-1255

(16) 西沢弥太郎保育証、函館市立博物館蔵

(17) 丸山浪人『北門名家誌』、魁文社、明治 27 年、pp.10-11

(18) 新聞・函館公論「補助金 20 円増額　区議会否決の記事」、函館公論、明 36.2.1

(19) 松浦映子「北海道における明治期の幼児教育―札幌の公立幼稚園教師「西川かめ」の生涯から―」、『藤女子大学紀要』（第 49 号）、平成 24 年、pp.195-201

12　古市静子と幼児教育の展開

12-1　古市静子と学問への情熱

12-1-1　　向学心旺盛な女性

　古市静子は、わが国の近代幼児教育史における最初期の功労者、松野クララ、豊田芙雄、近藤はまのような第一期に属する人ではない。古市は、氏原鋹、大津（橋本）よしぢ、横川楳子、山田千代、湯浅初子（1860‐1935）、海老名リンたちと同様第二期、第三期ともいうべき後続の保育者である。しかし、こうした人々を抜きにわが国の幼稚園教育の広がりはあり得なかったのも事実である。しかも、古市は東京女子師範学校系とキリスト教系の最初期の幼児教育を経験した希有な存在である。

　古市に関する記述は多くはないが『種子島の人』(1)、『うさぎ幼稚園八十周年記念誌』(2)、『不屈の系譜』(3)などにそれがある。古市は、弘化 4 年（1847）6 月 4 日、種子島の士族・古市庄兵衛を父に種子島熊毛郡北種村に生まれている。古市家は、種子島藩の由緒ある家柄であったが、静子の幼少期、周辺に女子教育の必要性を唱える人はなく、機織、裁縫など家庭の仕事のみを習ったと語っている。また、15、6 歳の頃、弟・熊太郎が先生について四書五経を学ぶようになると、静子はそれが羨ましくてならず、家人が寝静まると密かに弟の本を開いて学んだとも述べている(4)。

　慶応 3 年（1867）、20 歳になった静子は、学問研鑽の機会を求めて、叔父だけの了解を得、両親には内緒で大阪行きの船に乗り込むが、出港後間もなく大暴風に見舞われ、九死に一生を得て北種村の浦田の港に帰り着いている。大胆とも無謀とも言える行為であったが静子の学問研鑽に対する熱意は強かったのである。しかし、両親の怒りは大きく静子は数ヶ月間自宅で謹慎させられている。静子初回の挫折である。

　翌春には、両親の怒りもとけて、静子は種子島家の大奥に仕えることになる。ここなら勉強の機会も少しはあるかと期待して御殿に上がったが、期待とは裏腹に、多忙極まりない生活のみがあった。その上、静子は眼病を罹って、明治元年（1868）には、御殿を下がっている。古市 2 回目の挫折である。その後、静子の眼病は、父と共に長崎の名医を訪ね 4 カ月間治療を受けることで完治する。眼病治療に伴い、静子にとって幸いだったのは、鹿児島藩の前田正名（1850‐1921/註；旧薩摩藩士の貧しい漢方医の六男。フランス留学。

殖産興業政策立案・実行者。官僚。貴族院議員／男爵）の知遇を得る機会があったことである。前田は、後に、新政府の役人となり、山梨県知事、勅選貴族院議員などを歴任し、男爵の爵位を受けた人物である。鹿児島に帰ると静子は前田家の子女の家庭教師を依頼されることになる。この回は禍転じて福となったのである。

　明治2年（1869）、森有礼は新政府に廃刀令を提案するが、無視されたために官を辞して鹿児島に帰ったが、静子は前田家に居たことで森と出会う機会を得た。当時、森は鹿児島で英語を教えていたが、女子にも英語を教えることになり、静子も森の女子塾生の一人となった。明治3年（1870）になると、太政官の命で再び森は上京することになり、鹿児島の英語塾は僅か1年余で閉鎖されている。ただ、男尊女卑の風潮の強かった鹿児島の地に、森有礼は早々に近代女子教育の小さな一粒の種を蒔き、古市もその恩恵を受けることができたのである。

　その後も、静子の向学心は益々盛んになり、明治6年（1873）11月末、今回は周囲の了解を得て、友人・本田つねと共に上京することになった。二人はまず「春日丸」に乗船して大阪に行き、そこから小田原までは徒歩の旅を続け、途中盗難にあったりしている。小田原から品川までは汽車に乗り、東京に着くと、本田は浅草の親戚の家へ、静子は森邸へと向かった。静子は森有礼邸に住むことになった。ちょうどその頃、米国人ホイチニーなる人物（1882-1925／註；ウィリアム・C・ホイットニー。森有礼の声かけで、明治8年、一家で来日。商法講習所で雇い入れ。年俸2500円。勝海舟の三男・梅太郎の妻となるクララ・ホイットニーの父／William Cogswell Whitney）が、森の屋敷内で女学校校舎建築に着手しており、静子はその完成を心待ちにするが事情あって中止となったため、森の紹介で築地米国公使館のキャプテン・パソツルにしばらく英語を学んでいる。

　明治10年（1877）春、静子は30歳で東京女子師範学校に入学したが、寮では荻野吟子と同室であった。森有礼は、明治8年（1875）2月6日、福沢諭吉を証人に旧旗本の娘・広瀬常と「契約結婚」をし、世間を驚かせるが、静子には、敬慕する森に対して複雑な思いがあったのか、吟子に胸の内を語ると、吟子は怒って一人で森のところへ直談判に行き、静子の当座の学費の保証を取り付けた、というエピソードが残っている。

　静子は、学校から月4円支給されており、小遣いには不自由しなかったと書いているので、吟子の行為も実際のところは不明であるが、森の母親が静子の性格を気に入っていて、森に静子と結婚するよう勧めていたが、森は生返事をするばかりであったという「伝聞」あたりが真相に近いのかもしれない。森は、明治6年（1873）7月、米国から帰国し、明

治7年（1874）正月には、開拓使主催の宴会で開拓使仮学校女学校の美人生徒・広瀬常を見初めており、それ以後は、常以外は眼中にないという状態になっていた。

　静子は胸の病で女子師範を退学した。静子、3回目の大きな挫折であった。同じ頃、種子島からは父危篤の知らせが届くが旅費は森に出して貰っている。静子の回想録などを読む限り、森は恩師であり、恩人であり、生涯敬慕し続けた対象だったようである。

12-1-2　　古市静子の人的ネットワーク

　古市静子の人生は、全体を通して、まさに「禍福は糾える縄の如し」といった印象がある。静子には、若い時からさまざまな試練が降りかかってくるが、静子にとって幸いだったのは、常に良き先輩、良き友人、良き後輩に恵まれていたということである。

古市静子の関係者たち

人名・職業・地位など	古市の関わり
前田正名/官僚・男爵	鹿児島で前田家の家庭教師をする。
森有礼/初代文部大臣	鹿児島の森英語塾で学ぶ。上京後も森邸に住む。
辻新次/文部官僚・次官・男爵	古市の幼稚園の支援者。同園評議員。
吉村幸次郎/画家・夫	精神的病いで古市の苦悩を深める。
豊田芙雄/幼児・女子教育者	女子師範時代の恩師。鹿児島幼稚園で助手をする。再上京後、豊田と同じ旧旗本屋敷の一角に住む。
松本荻江/女子師範教員	女子師範時代の恩師。後、教会仲間。
荻野吟子/試験合格女医1号	女子師範の寮で同室。親友。矯風会仲間。
山田千代/保育者	女子師範以来の親友。幼稚園経営仲間。
海老名弾正/キリスト教指導者	明治19年（1886）以来の信仰の指導者。
矢島楫子/櫻井女学校実質校長	古市を幼稚園の受持に招く。矢島の勧めで受洗。
ツルー/宣教師・教育者	古市の幼稚園設立を支援。
ミリケン/宣教師・教育者	桜井女学校付属幼稚園保姆、幼稚保育科で助力。
湯浅初子/保育者・湯浅治郎妻	幼稚保育科1回生。矯風会仲間。
宗方光/保育者	幼稚保育科準1回生。熊本県初宇土幼稚園設立。
吉田鉞/保育者	幼稚保育科2回生。キリスト教主義幼稚園で保育。
海老名リン/幼児・女子教育者	矯風会で共に活動。若松幼稚園設立。

野口幽香/保育者	本郷教会仲間。女子師範、後輩。
島沢雅子/保育者	山田、古市の両園で働く。古市の園を引き継ぐ。

　古市静子は、種子島生まれの勉強好きな一少女であったが、新しい時代を意欲的に生き抜こうとし、度々襲う嵐のような試練を乗り越えながら、新時代の一女性として自立した生涯を生き切っている。試練多き人生であったが、静子の周辺には、常に新時代を代表するようなリーダーや親切な仲間がいて彼女の人生を支援しているのも特徴的である。

　古市が、その生涯において知己を得たり、交流を深めた人物には、上記のように、山梨県知事、貴族院議員となった前田正名（1850-1921）、明治初年から教育行政分野で活躍した初代文部大臣の森有礼、東京女子師範学校教員で日本人幼稚園保姆第一号の豊田芙雄、キリスト教界の有数の指導者・海老名弾正（1856-1937）、明治前期の優れた文部官僚で文部次官となった辻新次、キリスト教に基づく婦人解放運動家で女子教育者・矢島楫子（1833‐1925）、医業試験合格第一号女性医師・荻野吟子（1851‐1913）など、各界のリーダー格の人が目立っている。

　支援者に恵まれたことには、当然古市の人徳も作用したであろうが、特に、明治17年（1884）の受洗以後は、古市の人生はキリスト教関係者の後援、支援に支えられている。

11-1-3　豊田芙雄と古市静子

　明治15年（1883）1月、時習黌校（時習女学校）を設立するに際し、古市が東京府に提出した申請書に付された履歴書には「明治六年二月ヨリ同十二年十二月迄都合八ケ年二カ月府下土手三番町廿一番地松本萬年ニ従學諸學同家ニ於テ習学ス」(5)と書かれている。ここには森有礼に英語を学んだことや、東京女子師範学校に在学したこと、鹿児島幼稚園で豊田の助手を務めたことなどは一切書かれていない。

　この履歴書には若干不正確な部分もある。古市は回想録に、明治年6年（1873）11月に上京したように書いているので、明治6年（1873）2月から松本万年に習ったというのは間違いであろう。また、荻野吟子が埼玉の松本万年から紹介状を貰って、東京の井上頼圀に入門するのが明治6年（1873）4月であったことを考えると、古市が明治6年（1873）2月から松本万年に従って学んだということはあり得ないのである。

　松本万年が男子の東京師範学校の教師となるのは明治8年（1875）のことである。また、万年が家塾・止敬学舎を設立し、女子に対しては娘の荻江に教授させたのはその時点から

である。静子が万年の塾に入ったのは事実のようであるが、実際の入門は明治8年（1875）頃のことだろう。また、当然、荻江に直接習ったはずである。松本荻江は明治8年（1875）に設立された東京女子師範学校の生徒になるつもりで受験したが、あまりに優秀だったため、急遽、教師として採用された女性である。

　当時、甲府の内藤塾で教師をしていた荻野吟子は、松本荻江から勧められて東京女子師範学校に入学している。荻江も吟子も既に結婚の経験があったが、荻江は生まれた子どもが夭折したことから、気持を紛らわすために書物を読み耽るようになり、それが原因で離縁となった女性であり、吟子は夫から淋病をうつされたことが原因で自ら離縁を求めた女性である。二人は境遇が似ていたこともあって、意気投合し、早くから「義姉妹」の契りを結んでいた。

　横川楳子も、保姆見習生になる前に、松本万年から教員の口を世話されたが断った、と両親宛の手紙に書いている。愛珠幼稚園の首席保姆・長竹国子も万年に習っている。荻江、吟子、楳子、静子、国子らは万年を接点に早々に知り合う機会があったのである。

　入学後は、古市は豊田芙雄の授業も受けたし、他の同級生がそうであったように、同じ敷地内にある附属幼稚園を見学したり、時には簡単な手伝いをしたりするぐらいのことはあったであろう。当時から、周囲の人々が豊田を語る際は、常に「藤田東湖の姪の」というのが修飾語になっていたが、古市も豊田のことは「藤田東湖姪の」というふうに書いている(5)。

　豊田の鹿児島への出立は、明治12年（1879）2月のことであるが、古市は、当時、学生の身分である。その時点においては、自らもその年中に退学し、郷里の種子島に帰ることになろうとは夢にも思わなかったであろう。

　同年11月、父危篤の知らせを受け、静子が故郷種子島に帰り着いた時、父はすでに他界していた。静子は母を慰めるため暫く種子島で過ごすが、豊田芙雄が長期出張で来鹿し、幼児教育に精励中であることを知っている静子が黙ってこれを見過ごすはずはない。おそらく同年末か翌年早春までには、種子島から鹿児島に出て豊田の助手となったのである。古市は、回想録において、豊田の助手を1年務めたと書いているが(6)、豊田は明治13年（1880）6月末には帰京しているので、古市が助手をし、豊田の薫陶を直接受けた期間は長くても半年程度であったろう。ただ、豊田の官舎に住み、園では日々豊田の保育を目の当たりにし、種々手伝いをすることによって、古市の保育理解はかなりの程度進んだのではないかと思う。

明治14年（1881）、古市は再び上京し、「今川小路二丁目十一番地」に一家を借りて住み(7)、明治15年（1882）1月、「今川小路二丁目十一番地」（現在は西神田交差点上）に、時習黌校（時習女学校）を開いているが、実は「神田今川小路二丁目十一番地」は、旧旗本の屋敷があったところで豊田芙雄の東京の住所でもある。古市の再上京に際し、豊田が古市の住まいの世話をしたものと思う。古市は豊田の住いのある旧旗本屋敷内の「一屋」を借りて住み学校を開いたのであろう。古市の時習黌校開業願いの書類には同住所が明記されている。この学校は、教える学科を経書、歴史、文章、裁縫、諸禮、習字、算術とし、入学者年齢を「十五才以上」としていることから、中等学校程度のレベルを目指していたようである。

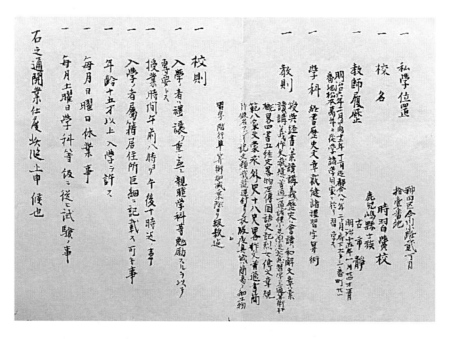

時習黌校設立申請願部分（東京都公文書館）

　古市は、既述するように、東京女子師範学校を病気で退学し、父危篤の知らせで種子島に帰り、自身の本来の希望とは大きく懸け離れた境遇に陥っていたが、豊田が、鹿児島に赴任していたことで、再び道が開かれたのである。豊田芙雄は、結果的に、古市が女子教育者、幼児教育者として生涯を捧げることになった大きなきっかけを作った人と言えるだろう。

12-2　桜井女学校附属幼稚園の「受持」と洗礼

12-2-1　　古市静子の桜井女学校附属幼稚園就任と受洗

　明治 17 年（1884）、古市は、矢島楫子の招きを受けて、桜井女学校附属幼稚園の「受持」と校費生の「監督」として就任するが、古市は当時まだ保育者として無名であったから、矢島が直接古市に声をかけて実現した人事ではない。

　桜井女学校と東京女子師範学校の間では日常的に交流があったことから、最もあり得ることは、矢島が女子師範学校に桜井女学校附属幼稚園の「受持可能」な人の推薦を依頼し、人柄、経歴、能力等を最も良く知る豊田が古市を紹介したということであろう。豊田芙雄の日記には、明治 17 年（1884）4 月 9 日、「古市静」が来訪し、桜井女学校の件を報告したことが記されている。古市は、桜井女学校に就職後は、同校寮舎に移り住んでいたからである。

　しかし、古市はここでもまた赴任してすぐに胸の病を再発している。古市は再び苦悩の時を過ごすが熱海で数ヶ月保養することで乗り切っている。この時、矢島の篤い教導があって、同年中に、古市は番町組合教会の「小川牧師」から洗礼を受け、「全生涯をして世のため人のために奉仕の一生たらしめん」(7)と決意している。古市の場合は「世のため人のため」の奉仕は、ほとんどすべてが幼児教育に向けられることになった。

　この年 10 月、古市は、新富座で行われたキリスト教大演説会に、親友・荻野吟子を誘っている。その頃には古市の健康もかなり回復していたのであろう。評伝の形ではあるが、渡辺淳一は『花埋み』で「すべて人間は神の御子で男女、職業の貴賤にかかわらず皆、平等だとする考えは吟子の心を大きく揺さぶった」(8)と書いている。こうしたキリスト教の教えは、封建時代の男女差別のただ中を生き抜いてきた古市や荻野にとって、あるいは新時代の到来を感じ取っていた一部の女性にとって、新鮮でもあり、勇気づけられるものでもあった。

　矢島楫子については、詳しくは次の章で述べるが、明治 19 年（1886）12 月、米国の禁酒運動推進者メアリー・レビット(1830-1912/Mary GreenLeaf Clement Leavitt)の来日を機に、矢島ら 56 人は発起人となって東京婦人矯風会を立ち上げている。古市は発起人の中には名前が見られないが、ごく早い時期からメンバーとして活動している。

　『日本キリスト教婦人矯風会百年史』の明治 20 年（1887）7 月の東京婦人矯風会員姓

名住所表には東片町の「古市　静」(9)が掲載されており、静子も会員であったことがわかる。静子の友人で女医の荻野吟子は、明治19年（1886）11月、海老名弾正（註；熊本バンドの主要メンバー。牧師。後、同志社総長）から受洗しているが、同時に受洗した人物としては経済評論家で政治家の田口卯吉（1855-1905）とその妻がいる。

荻野吟子は、明治22年（1889）、矯風会の副会頭となり、明治23年（1890）、風俗部が設置された際には、吟子が部長、湯浅初子（註；徳富蘇峰、蘆花の姉）が副部長となり、幹事に古市静子・横井とみ子・徳富しづ子・西村はる子、議員に徳富ひさ子（1829‐1919/註；徳富初子、蘇峰、蘆花の母）がなっており、古市静子の住所本郷湯島6丁目6番地を仮事務所とした。古市静子、荻野吟子、湯浅初子らはキリスト教信仰と矯風会活動を通してさらに強い絆を結んだのである。

12-2-2　　桜井女学校附属幼稚園と古市静子

明治16年（1883）、休養のため米国に一時帰国したマリア・ツルーは、明治17年（1884）、米国の保姆資格を持つエリザベス P．ミリケン（1860-1951/Elizabeth P.Milliken）を引き連れて再来日する。ミリケンは同校附属幼稚園の保育の改善に乗り出すが、同時に、同校では保姆養成を目的とする幼稚保育科が設けられている。短期間とはいえ、古市が同校附属幼稚園の「受持」をし、校費生の監督をしたのは、ちょうどその時期である。

古市は、同校の寮に住み込んだが、種子島から引き取って育てていた甥の実喜が、矢島家の子どもたちと喧嘩をするので、困ってしまって、常に身近に置いておくことにした、というのもこの頃のことである。

『女子学院の歴史』では古市を桜井女学校幼稚保育科の卒業生の一人としている。古市は上述のような桜井女学校附属幼稚園の「受持」をしながら、幼稚保育科に籍を置き、正規の保姆資格を取得しようとしたのであろうか。ただし、古市はその点については一切触れていない。疑問の残る部分である。

桜井女学校附属幼稚園がキリスト教保育のカラーを打ち出してくるのは、ミリケンの赴任以後のことである。ただ、ミリケンの日本語能力などから言って、同園の保育が変わるには少し時間を要したと見るべきであろう。先にも書いたが、修了生が出るまでは、古市の役割も大きかったであろうし、東京女子師範学校流の保育も継続されていたことは、修了生が開いた幼稚園の内容を見ても明らかである。元々、ミセス・ツルーが望んでいたのは、皮相的な保育の変容などではなく、キリスト教主義幼稚園にふさわしい敬虔・博愛・

奉仕の人間教育を幼児期からどう創っていくかということにあったものと思う。

12-3　駒込幼稚園の開設と苦闘の日々

12-3-1　駒込幼稚園の設立と初期の状況

　古市が幼稚園を開設したのは、明治 19 年（1886）の末であったが、その 1 年前には、幼稚園設置を予定していたようで、東京都公文書館には、明治 18 年（1885）12 月 18 日付で、「幼稚園設置願書下戻之件（古市静より、先の幼稚園設置願書下戻の申出につき書面下戻）」という記録が残っている。古市の回想等にはいっさい触れられていないので、この時、どういう事情で設置願書の取り下げをしたのかはわからない。

　古市静子は、明治 19 年（1886）11 月 27 日、マリア・ツルーの後援を得て、新栄教会の本郷東片町講義所内に駒込幼稚園を設立した。古市の記述によると、ツルーは幼稚園の設立に際し、10 円寄付している。幼稚園設立の金額としては多いわけではないが、保姆の給与が安い場合は月額 2 円、3 円、見習いの場合は 1、2 円であった時代のことを考えると少ない金額というわけでもない。この幼稚園のスタート時の園児は 5 名といわれている。ただ、残念ながらこの時期の東京府の書類には不備があって、申請書類などは一切残っていない。したがって、この幼稚園の設立当初の設立の趣旨、保育内容などはほとんど知ることができないのである。また、古市の回想録にも設立の簡単な経緯あるいは経営上の苦労話等は書かれているが、保育内容等に直接触れた部分はない。

　『うさぎ幼稚園八十周年記念誌』には、保姆が 5 名の園児を相手に摺紙（折紙）をしている様子（東片町講義所内としている）や、縦横の罫線の入っている恩物机（和室用の低い机）で園児が積み木をしている様子（明治 32 年本郷片町に新築移転後としている）を描いたスケッチ(10)があるが、記述を読む限り、これは古市の直接の回想によるものではなく、古市に昔話を聞いていた島澤雅子（註；古市の幼稚園の後継者）の話を参考に再現したものである。ただ、他の多くの幼稚園と同様に、古市の幼稚園でも恩物を中心とした保育がなされたようであるから、イメージに違和感があるわけでもない。また、同書には当時歌われた唱歌として「門（ここなる門）」の楽譜が掲載されているが歌詞の一部は豊田芙雄作である。

　後に古市の幼稚園で保姆として働き、幼稚園経営を引き継いだ島澤雅子は、明治 34 年（1901）から山田千代の小石川幼稚園に勤務した。島澤は往時の同園の保育内容として次

のようなものをあげている。

　　会集　積木　箸ならべ　板ならべ　環ならべ　刺紙　織紙　連鎖　豆細工　折紙
　　お絵かき　粘土　鋏　唱歌遊技

　古市の駒込幼稚園でも、山田千代の幼稚園でも、保育内容については大きな差異はなか
ったのではないかと思う。島澤によると、山田は伊澤修二の妻と知り合いであったが、当
時の幼稚園は 20 恩物の扱いが型にはまっていて、細かすぎるところがあるので、もっと
柔軟な保育をする幼稚園を設置したらどうか、という伊澤修二のアドバイスがあって小石
川幼稚園を設立したということである(11)。

　もちろん、島澤が「恩物も改良されてきたらしいのですが、恩物尊重主義はまだまだ根
深く、その中で取扱いやすい物だけを選んで取入れておるようでした」(12)と記述するよ
うに、時代の推移にしたがって、恩物保育にも一定の変化はあったが、基本はなお恩物保
育であった。個々の恩物については、恩物（手技）は 1 日で終わるものもあったが 2、3
日継続するものもあったこと、豆細工は準備が大変だったが子どもが喜んだこと、折紙(た
たみがみ/摺紙）が保育の花形だったこと、お絵かきはお手本の模写はさせず子どもの自
由に任せたこと、唱歌遊戯は、雅楽調の風車、門などもやったが、徐々に新しい唱歌、鳩
ぽっぽ、桃太郎、金太郎などができたことなどを記述している(13)。

　駒込幼稚園を設立してすぐに古市の身辺には大きな三つの出来事が発生している。一つ
は、明治 22 年（1889）2 月 11 日、大日本国憲法発布の記念式典の日に森有礼が国粋主義
者に襲われ、翌日死亡するという事件である。静子は「私の身にとりたとへ様のなき失望
のドン底へ落とし入れられました」(14)と述べている。

　また、二つ目には、明治 23 年（1890）6 月 3 日、隣家から出火があり、静子の設立し
た幼稚園及び静子の持ち物全てが焼失するという災難があった。そのため、駒込幼稚園は、
有志の支援を得て、春日局の菩提寺として知られる本郷龍岡町麟祥院内に移し、沖静幼稚
園（註；沖はさんずいの沖ではない。体がじゅうなんの意）と改称して継続した。

　さらに、三つ目は、この年 12 月、43 歳の古市は、弓町本郷教会の牧師・横井時雄（1857 -
1927/註；横井小楠の子。母は矢島楫子の姉つせ。ジャーナリスト。逓信官僚。衆議院議
員。同志社第 3 代社長）の媒介で、画家・吉村幸次郎と結婚したことである。しかし、こ
の結婚は、古市の生涯にとって最大の試練となった。結婚後、ほどなくして、幸次郎は治

る見込みのない重い精神的疾患に罹ってしまうのである。

　古市の幼稚園においてキリスト教主義を直接裏付けるようなものは見当たらない。古市の幼稚園は、当初はキリスト教の講義所内において開設されていたことから、園児の保護者の間でも、古市がキリスト教信者であることは知られていたと思う。しかし、最初の園の類焼後7年ほどは、仏教寺院の麟祥院の一室を借りて経営していたことからも、特にキリスト教主義を前面に謳う幼稚園ではなかったことも明らかである。

　個人立の幼稚園の場合は、多くが、キリスト教主義を大々的に謳うことがなかったのは、当時は、キリスト教を毛嫌いしたり、警戒する人々も多く、園児の募集上の障害となることをもあったのであろう。もちろん、古市の周辺の事情からいっても、後にも、教会関係者の子女も、園児の中に一定数は含まれていたと思う。

　麟祥院内の一部を借りている状態では種々都合が悪かったために、古市は早くから移転を計画するが、同園の評議員であった元文部次官・辻新次の助言、援助もあって、1000円の寄付を集め、明治32年（1899）8月、本郷区弓町2丁目13番地に土地を借り、家屋を購入して移転した。

　この時、静子は、園舎を活用して中学程度の夜学校・有正學舎を開業している。ここでは幼稚園も有正學舎も、園児、生徒が多く集まり、順調な経営を続けた。弓町本郷教会の日曜学校として古市の幼稚園が使われたのもこの頃のことであった。しかし、この場所も本郷区の区画整理の都合で借地が売りに出されることになり、建物を2000円で売り、さらに園舎建築の寄付金などを募って、土地を探し移転することになった。

12-3-2　大森移転と沖静幼稚園

　古市静子の幼稚園は、明治41年（1908）4月、大森へ移り、5月1日に開業している。移転当初は20名程の園児がいたようであるが、当時はまだ郊外であった大森では、園児の募集が困難で園児の数は徐々に減っていった。

　島澤雅子は、7年余り小石川幼稚園で山田千代の助手をしたが、その間、夜、竹早町の養成所（註；帝都教育会教員保姆養成所。後の竹早教員養成所。近藤はまが設立に関係した。私事であるが、昭和終末期、前村は1年間同校で非常勤講師をした）に通って、小学校教員と保姆の無試験検定を取得している。

　小石川幼稚園は、山田が病気になって経営から身を退いたことから、同窓生共立となったが、島澤雅子が、古市の大森沖静幼稚園に勤務するようになるのは、たまたま華族学校

（現・学習院）の教師・木村貞子（1856-1926/註；幕臣の娘。明治-大正期の教育者）宅で病気療養中の山田千代を見舞った際に、山田から親友・古市静子の沖静幼稚園の窮状を告げられ、奉仕的に手伝って欲しいとの依頼があったからである。

　木村貞子について付記しておくと、木村は、明治13年（1880）2月、東京女子師範学校を卒業し、足利小学校附属女学寮長、女子中学教諭を経て、明治15年（1882）、麹町区立麹町小学校校長となったが、この時期、おそらく木村の引きで、山田千代は同校教諭及び同校附属幼稚園保姆として勤務した。木村は、明治20年（1887年）、鹿島（石井）筆子（1861‐1944）、棚橋絢子らと共に東京婦人教育談話会を設立し、翌年、下田歌子（1854‐1936）、武田（加藤）錦子らの賛同を得て、大日本婦人教育会を成立させている。

　古市静子の沖静幼稚園を手伝ったことついて島澤は次のように述べている(15)。

　　　この園のことについては、前に述べましたように、大森の地へ移転されてからも神の試練の茨の道が続いていました。

　　　私がこのお話をお受けしたのは、沖静幼稚園の極端に苦しい経営状態、少なくなってしまった園児の数……まったく、みるにみかねたからです。とにかく立派なのは建物だけなのですから。それと、単なる家庭の主婦の座に坐っているのがいやだったことも、その理由の一つです。じっとしていられないたちなのですね。

　　　いざ、お引き受けしてみると、根が仕事好きの故か、次第に全力を挙げて幼稚園務に当るようになり、家もとうとう園の近所に引越してしまいました。当時は園児が十三名ほどでしたが、私がお手伝をはじめてからというものは、そろそろ信用も回復し人目もこちらに向いて園児が増加してきましたので、先生も一安心された御様子でした。

　次に掲載している写真は、土木学会第21代会長の真田秀吉氏（1873-1960）の大量の旧蔵資料を、古書店を通じて土木学会が一括購入し、土木学会図書館で収蔵することになったものに含まれているものである。真田氏の愛娘が沖静幼稚園に在園し、卒園したことがあったことで、運よく残った沖静幼稚園関係写真2枚中の1枚である。

　明治42年（1909）から、島澤は大森沖静幼稚園に勤務するが、月給は無給の時もあり、遅配も常態化していたようである。ただ、経済面は「大先生」と呼ばれた古市が仕切っていたが、その他のことは「若先生」と呼ばれた島澤に全て任されていたため、行事などが

ある際には、島澤一家総出で準備に協力していた模様である。

　島澤は保育内容に関しては「山田先生に教えて頂いたことが主体となり、恩物を大切に扱い、フレーベル式に基づいていた」(17)と述べている。古市の厳しい試練は続いていたが、ここでも古市は良き協力者に恵まれたのである。

大森沖静幼稚園の園児たちと右婦人・古市静子、左婦人・島澤雅子(16)

　大正4年（1915）12月25日、翌年には70歳という高齢と、治る見込みのない夫の精神的疾患もあったことから、信仰の指導者の海老名弾正や教会執事の西原喜代松と相談の上、古市は幼稚園を島澤太郎夫妻に譲ることにした。

　『不屈の系譜』の中で桑原蕎氏が紹介している島澤雅子の述懐によると(18)、病気の進んだ吉村は古市を殴ったり、けったりすることもあったようである。それでも、古市は「神は人に背負い切れない負い目を与えたまうことはない」という聖書の一句を思い浮かべ、「私にとってかけがえのない人だから」と耐えて生きたのである。この辺の事情に関する古市の述懐は次のとおりである(19)。

　　病が常ならぬものなれば、人まかせにすることは出来ず、その上一寸の目もはなすこ
　　ともならず、さりとて幼稚園の事を思へばこれはまた私の責任にかゝるものなれば、
　　これを打すておくことは出来ず、如何にせんと心を千々にくだくのみでした。
　　かようにして幾年月を送りむかへました。遂に或る餘儀なき事情のために、やむなく
　　復籍の事に決しました。

295

然し誰に渡さん人もなくそのまゝに世話を見ることになつたのであります。

大森に移りてより、病勢は悪化しそれがため私の事業も困難に落入りました。この間の私の心労は一方ならず、百方つきて、眠れぬ不安の幾夜をすごし、また年と共に衰へ行くわが身を案じつ如何せんと心を千々にくだきました。

大森組合教會の執事たりし、西原喜代松氏は、この様を見られ一日私に申さるゝに「もはや老年にてその上常ならぬ病人のあることなればこの上事業を繼續するは常に困難と見受けられる故に誰か適當なる人にこの事業を譲られては」との言葉でした。

熟慮ののち私は西原氏の言葉に從ひ、園の將來の事を思ひましたので承諾の旨を伝へました。

夫とは事情あって戸籍上は離縁したが、夫を引き取る人もなかったので、引き続き面倒を見た。古市の幼稚園は、「一、幼稚園家屋及び道具一切を譲ること、また負債も同様に」「二、月々古市へ扶育料を送ること」の二つの約束を以て島澤夫妻に譲られている。負債は 600 余円あったが、古市には月々 20 円が支払われ、5 年後には、月 25 円が支払われるようになった。

その後、同園は、島澤雅子の優れた経営能力もあって発展し、現在では、「うさぎ幼稚園」として東京都品川区に 2 ヶ所、千葉県市原市に 1 ヶ所合計 3 園が継続されている。同園は、純然たる個人立の私立幼稚園としては現存する日本最古の園である。

家庭的には恵まれない古市であったが、種子島の弟・熊太郎の次男・実喜を 8 歳の時から引き取って、わが子のように 7、8 年間養育していた時期がある(20)。古市の回想録によると、先にも書くように、種子島の甥・実喜を引き取って育て始めたのは、桜井女学校の寄宿舎に移り住む前からのようで、寄宿舎では矢島家の子どもたちと良く喧嘩をしたので、外出時はいつも連れ歩かなければならず、そのため、実喜は「腰巾着」というあだ名を付けられたと静子は記述している。明治 26 年（1893）春、築地本願寺内の中学校を終えた実喜は士官学校を受験するが、受験 2 日目に帰宅後喀血した。古市は実喜を赤坂病院に入院させたが、退院後、暖かい種子島に帰るよう勧めている。その後、実喜は長崎医専に入学して医者となり、満州で開業するまでになった。実喜は、満州から手紙を書き、上京する機会があると古市のもとを訪ねたが、これは古市にとって大きな慰めと悦びとなった。

古市は、意志が強く、真っすぐな性格の女性だったが、口数は少なく、保育者には珍し

く小声だったようである。古市は鹿児島時代に八田知紀（1799-1873/註；鹿児島藩士/幕末から明治の歌人。宮内省歌道御用掛に就任）について和歌を習っていたが、明治30年（1897）前後から、再び、八田知紀の弟子であった黒田清綱（1830-1917/註；鹿児島藩士。官僚。歌人。洋画家・黒田清輝の養父/子爵）の滝園社に所属して、和歌を詠むようになった。

　先般、品川区の洗足うさぎ幼稚園を訪問し、園部裕子園長に会って話を伺った際に、島沢家の関係の方から、昭和61年（1986）、幼稚園創立百周年を記念して発行された古市静子の『我が生涯』を戴いたが、この中には「我が生涯」だけでなく、200首以上の静子の和歌(20)が収められている。和歌の種類は四季の歌などが多いが、意外にも16首ほどの「恋歌」も含まれている。古市にとって、和歌は思いの丈を吐く良き手段の一つだったのであろう。

　　　　逢　　恋
　あひみてはいふ言の葉もなかりけり只嬉しさの胸に迫りて

　　　　風破旅夢
　きゝなれぬのきの嵐に夢さめて語るひとなきたひの宿かな

　現実の恋を詠ったのか、あるいは空想の恋を詠ったのかはわからないが「逢恋」は、恋する人の心のときめきのようなものが表現されていて微笑ましいが、「風破旅夢」は古市ならではの孤独感が詠み込まれている。「たひ（旅）」は古市の「人生の旅」でもあろう。古市の試練の多い人生と重ね合わせる時いっそう寂寥感が増してくる歌である。

　昭和3年（1928）、82歳になって古市に「高齢者に天杯拝受」の慶事があり、島沢の幼稚園では古市を招いて盛大な祝賀会を催している。次の歌はその際に古市が作ったものである。この歌には、要領の良さや器用さとは無縁だった古市にとって、信仰こそが古市静子の厳しい人生の支えであったことが込められている。

　　　いつしかと八十路の坂を越えにけり神の恵の御手にひかれて

　古市静子については信仰上の指導者でかつ生活面でも助言を与えていた海老名弾正の

297

人物評が的を射たものと思われるので次に引用する(21)。

　私は明治 19 年の秋より古市女史に交わりを辱うするやうになつたことを記憶して
居ります。その頃まで日本の女子教育は極めて幼稚であつて、高等女学校程度の教育
する僅に其萌芽をあらはしたに過ぎなかつたのであつた。

　女史は既に女子師範学校にも出入せられ、當時の女子としては最高の教育を受けて
居られた。女史はクリスチャンであつた。因つて女史は當時最も進歩した所の男女の
頭脳を明快ならしめた二つの教養を有して居られた一人といはねばならぬ。一は歐米
の新知識、一は基督教の信仰と倫理であつた。其上其専門として學び得られたものは
幼稚園の保姆でありました。その頃幼稚園の教育は甚だ幼稚であつて、之に従事し得
る女子の數も甚だ少なかつた。因つて古市女史が本郷區で幼稚園を始められたことは
日本に於ける幼稚園の手始であつたといつてもよからう。しかも其事業は私立の事業
であつた故に中々困難な事業であつた。その困難な事業を持續して來られた熱心と忍
耐とは決して尋常のものではなかつた。又女史は最も援助を受くべく期待して居られ
た良人の病弱なるに遇し、却つて自分が良人を介抱せねばならない悲境に陥り、一方
に幼稚園を掲げ一方に良人の看護を為さねばならなくなつたことは蓋し出來難い事
業でありましたので、幼稚園の事業も思ふ様に發達いたさなかつたのも怪むに足らな
い。しかも三十有餘年の長い年月の其間、勝利のない戦闘を續けて絶望せられなかつ
たことは實に無限の同情を喚び起す悲惨であつた。此の如き悲惨の中にも神を敬ひ人
を憤らず自からを危険に落し入るゝやうなこともなかつたのは、蓋し女史の心底に根
強い信仰と道徳の力があつたことを推し量らずには居られませぬ。

　しかも内憂外患と戦ひ其女史たる本領を失はなかつたことは深い意味に於て女史
は人生の勝利者であつたのであります。實に女丈夫と稱すべきであらう。決して賞め
過ぎたとは思ひませぬ。

12-3-3　　古市静子の苦闘の保育者人生とキリスト教

わが国の初期の近代幼児教育を担った女性たちに共通するのは、順風満帆の生涯を送っ
た人はむしろ稀であるという事実である。彼女らの苦闘の根底にあるものの一つは病魔と
の闘いを余儀なくされているということがあり、場合によっては、志半ばで早世すること
も少なくなかったということである。

古市静子や海老名リンは常に結核に悩まされ、宗方光（1845‐1890）は幼児教育者となって、僅か4年ほどで病没している。これは医学、衛生学の未発達による悲劇であったが、古市静子もこの時代的限界から免れることができなかった女性の一人である。

　また、もう一つに彼女らは誰もが、未だ色濃く残っていた封建的な女性蔑視の風潮と闘い続けなければならなかった、ということがある。古市静子も海老名リンも宗方光も同様であった。唯一の救いは彼女らが学問、教育こそが人間を解放する一つの手段だと直感していたことである。彼女らは、教育は男であれ、女であれ幼児期から始めるべきだ、という信念も抱いていたのである。

　また、特に私立幼稚園に携わった保育者たちは、保育に対する一般の理解がなかなか進まないため、経営が思うようにいかず、常に経済的な困窮と闘わなければならなかった、という事情もあった。函館の武藤、仙台の矢野、会津の海老名、東京の古市、八王子の横川などはみな同様であった。

　一部の保育者、海老名、古市、湯浅らを共通に支えたものにキリスト教があった。神の前では、男女の差も、大人と子どもの差も、貧富の差もなくみな平等であるという考えが、自分を救い、社会を救うものになると信じていたのである。こういう考えを持った女性が幼児教育者となったのは子どもらにとっては幸いであったと思うし、古市静子はその代表的な女性の一人であった。

　ミリケン来日後の桜井女学校附属幼稚園や、ミス・ポートル、吉田鉞による英和幼稚園などの場合を除いて、古市、湯浅、海老名の幼稚園ではなぜキリスト教主義を前面に出さなかったのか、という素朴な疑問は残るが、教団や大きな組織のバックアップがない個人立の幼稚園の場合は、当時の社会状況下では、経営上、キリスト教主義を前面に打ち出さなかったのではなく、打ち出せなかったと見るべきであろう。ただ、たとえば古市が人を信じ、人を愛し、特に幼児教育について人一倍責任感を持ち、常に幼児教育に心を砕いていた背景にキリスト教信仰があったことは見過ごすことはできない。保育においてキリスト教主義を前面に出さなくても、言動の端々にキリスト教の影響が滲み出ていたことは、古市をはじめ、湯浅、海老名らの保育の実際を見れば明瞭である。

　古市や古市周辺の保育者たちが、私立の幼稚園を立ち上げた時代は、直訳式の20恩物時代からは脱しつつあったとはいえ、未だ恩物中心の保育であったことも特徴的である。幼児教育の方法が根本的に変わるのはいま少し後のことである。

　第二期、第三期の保育者群像の中でも、古市静子ほど試練に満ち、波乱に満ちた人生を

送った人は珍しいと言える。しかし、古市静子の周辺には、常に人格的にも、社会的にも第一級の先輩、友人、後輩がいて彼女の活動を支援していたし、そして何よりも、たとえ押し潰されそうな試練に襲われても、古市は敬虔な信仰を持つことで、希有な保育者人生を生き抜くことができたのである。古市静子は、昭和8年（1932）7月、亡くなっている。86歳であった。

12-3-4　　古市静子設立園の後継園の発展

　初期の幼稚園は、その後廃園となったものが少なくないが、古市の後継園は、島沢雅子の努力と経営の才によって、現在は、都内に2園、市原に1園の計3園が「うさぎ幼稚園」として発展し、今日まで引き継がれている。もちろん、戦時中は、強制疎開、戦災による焼失などもあって、同園も平坦な道程を歩んできたわけではなかった。

　既述したように、先般、品川区の洗足うさぎ幼稚園を訪問し、園部裕子園長に会って話を伺った際に、昭和61年（1986）、幼稚園創立百周年を記念して発行された古市静子の『我が生涯』を、島沢家の関係の方から戴いたが、古市静子の故郷種子島と島沢家、うさぎ幼稚園との交流は現在も続いているのである。明治19年（1886）11月27日、たった5名の園児で発足した古市静子の個人立の駒込幼稚園は、設立後130年程経った今もなお生き残っている。

〔注〕

(1) 柳田桃太郎『種子島の人』、柳田桃太郎、1975年

(2) 島澤雅子・良子『うさぎ幼稚園八十周年史』（非売品）、島澤雅子、昭和41年

(3) 桑原驀監修『不屈の系譜』、鹿児島新報社、昭和50年

(4) 古市静子『我が生涯』（非売品）、島澤良子、昭和61年（復刻）。本書は(2)に所収されている古市の「我が生涯」を、同園百周年を記念して復刻し、古市の和歌を集成している。

(5) 前掲、古市、p.9

(6) 同上、古市、p.9

(7) 同上、古市、p.10

(8) 渡辺淳一『花埋み』、河出書房新社、1970年、p.238

(9) 日本キリスト教婦人矯風会編『日本キリスト教婦人矯風会百年史』、ドメス出版、1986
   年, p. 45

(10) 前掲、島澤雅子・良子、写真頁

(11) 上掲、p. 14

(12) 上掲、p. 18

(13) 上掲、p. 23

(14) 前掲、古市、p. 11

(15) 前掲、島澤雅子・良子、pp. 29-30

(16) 真田秀吉所蔵写真「大森沖静幼稚園」、土木学会土木図書館蔵、大正 2 年 12 月

(17) 前掲、島澤雅子・良子、p. 32

(18) 前掲、桑原蕣監修、p. 229

(19) 前掲、古市、pp. 22-23

(20) 上掲、古市、pp. 25-60

(21) 上掲、pp. 3-5

13 　矢島楫子・湯浅初子・宗方光と幼稚園

13-1 　矢島楫子と桜井女学校附属幼稚園

13-1-1 　矢島楫子の誕生と生立ち

　本章では、明治10年代半ばから明治20年代初頭における、矢島楫子（1833 - 1925/元の名は勝子）、湯浅初子（1860 - 1935）、宗方光（1845 - 1890）の3名と幼稚園教育との関わりについて記述する。

　この3名をセットにしたのは、共通して幕末の肥後に生まれ、キリスト教主義を謳う桜井女学校と深い関わりがあった彼女らの事跡を検証することによって、新しい幼稚園教育史の視野が開けるのではないかと思うからである。

　明治14年（1881）7月、桜井ちか（1855 - 1928）から桜井女学校を受け継いだ矢島楫子は、同時に、同校附属幼稚園の経営と改革に関与することになったが、矢島の活動は、総合学園の経営、禁酒運動、廃娼運動、女権拡張運動、平和運動など多岐に渡っているため、、矢島が幼稚園教育と関わったという印象は薄い。しかし、矢島も経営者として、幼児教育と関わっていたのである。

　湯浅初子は、矢島楫子の姪で矢島の手伝いをしていたが、同校の実質上の経営者とも言えるマリア・ツルー（1840 - 1896/Maria T. Pitcher True）がアメリカに一時帰国し、幼稚園教育に明るいエリザベス P．ミリケン（1860-1951/Elizabeth P.Milliken）を伴って日本に戻り、明治17年（1884）9月、同校附属幼稚園に保姆養成課程「幼稚保育科」（註；修了生の履歴書でも名称はまちまちである）が設置されると、第一期生として入学し、明治20年（1887）5月、東京府に榎坂幼稚園設立の申請をしている。申請者代表は実業家・政治家で新島襄没後同志社を支援した夫・湯浅治郎（1850-1932）であった。

　宗方光は、保育界でも知る人はほとんどないだろう。宗方光は、弟の宗方儀吉が肥後宇土藩最後の藩主の養嗣子のお付きとなって、一家そろって上京した際に同行したが、明治17年（1884）に、儀吉が新たな命を受け、帰郷することになると、光もみんなと一緒に宇土に帰っている。しかし、同年秋、桜井女学校附属幼稚園に幼稚保育科が発足すると、40歳を過ぎていたにもかかわらず、光は保姆になることを目指して、再び上京し、湯浅

らにやや遅れて同科に入学した。約1年保育法を学び宇土に帰って、明治19年（1886）4月頃、熊本県初の宇土幼稚園を開くのである。

矢島楫子（3）

本章では、最初に矢島楫子を取り上げることとするが、矢島楫子の人となりや事跡について書かれたものは多く、伝記としては、比較的手軽に読めるものとして、守屋東（1884－1975/註；教育者・社会事業家・日本基督教婦人矯風会会員）の『矢島楫子』(1)、津曲裕治・一番ヶ瀬康子編・今波はじめ著『シリーズ福祉に生きる 30 矢嶋楫子』(2)があり、詳細なものとしては久布白落実（1882-1972）の753頁の著作『矢島楫子伝』(4)がある。

また、茅原廉太郎（崋山）・茅原ふじ子の『左右修竹』(5)、徳富猪一郎（1863－1957/蘇峰）の『日本名婦伝』(6)、女子学院史編纂委員会編『女子学院の歴史』(7)、『日本キリスト教婦人矯風会百年史』(8)などにも矢島楫子に関する記述がある。また、矢島楫子は、明治以来、雑誌、論文等で取り上げられることも多かったが、小説としては三浦綾子（1922－1999）の『われ弱ければ―矢嶋楫子伝』(9)がある。

楫子は、天保4年（1833）4月24日、熊本県上益城郡津森村大字杉堂の地に、惣庄屋の父・矢島忠左衛門直明と母・鶴（註；鶴子も惣庄屋三村家の娘）の間に生まれている。細川藩には郡と村の中間に「手永」が存在したが、惣庄屋はその責任者である。惣庄屋は代官を兼ねることもあったが、身分は農民である。元は肥後藩内に100以上の「手永」があったが幕末には51ヶ所に整理されている。楫子のきょうだいは、男子は兄1人、女子は姉5人と妹1人という構成であった。生まれてすぐに亡くなった男子が1人いたが、残った8人は順調に育っている。ただ、女の子ばかりが続いたためか、楫子の誕生後、両親がなかなか名前を付けないので、姉・順子が可愛そうに思って「かつ（勝子）」と命名したと言われている。

矢島家は大家族であったが、父親が惣庄屋であったので食べ物に困るようなことはなかった。しかし、母・鶴の方針で、着る物、食べる物などは質素であった。矢島家の家風は「勤勉」「質素」「奉仕」であった。矢島家が管轄する地域は、大きな河川が流れていたため、常に水害に悩まされ、氾濫の度に橋が流れ、住民の生活に支障をきたすことも度々あった。祖父・弥兵衛は自費で石橋を架け、村人の生活を守ったので、村人たちに深く感謝されている。そのこともあって、お上から苗字帯刀が許され、一領一疋（註；元々は戦国時代の農兵制度。鎧一領と馬一匹の意。郷士）の身分となった。父・忠左衛門、兄・直

方もまた地域住民の暮らしを第一に考える奉仕の人であった。そのことは横川楳子の章で述べる八王子の千人同心「横川家」の場合と良く似ている。こうした家の気風は、幼児教育、女子教育、慈善事業、女権の拡張運動に後半生を捧げた矢島楫子にも当然のように影響を与えている。

　矢島家では、上の姉たちや兄・直方は、近隣の師匠について手習いをしたが、下の娘たちには、教養豊かな母・鶴が文字の読み書きや書を教えている。矢島家には、娘たちに一定の学問教養を身につけさせる、という考えもあったのである。聡明であった母・鶴は、子どもたちに一様に、百人一首、古今和歌集の仮名序、三十六歌仙などを自筆し巻物にして与えている。

　また、父・忠左衛門は武家並みに学問と武芸に励んだが、兄・直方も早くから学問、武芸と取り組み、後に横井小楠（1809‐1869/註；維新の十傑の１人。維新直後、参与となったが暗殺された）の門下生となった。

　勝子が４歳の時、忠左衛門は、湯の浦の惣庄屋兼代官に栄転し、一家そろって転居したが、ここでは屋敷はより大きくなり、経済的にもより豊かになった。そういう恵まれた環境の中で勝子らは育っている。また、湯の浦時代には、兄・矢島源助直方が姉たちに漢学を講じることもあった。

　もちろん、矢島家では、きょうだいが多かったので、きょうだいげんかも毎日のようにあった。しかし、勝子は腹が立つということがなかったので、けんかはしなかった、と守屋東の書中で語っている。

　数年後、父・忠左衛門は、さらに下益城郡中山郷の惣庄屋に栄転している。湯の浦郷は支配高5000石程であったが、中山郷は支配高１万5000石程度あった。忠左衛門は謹厳実直で人物も練れていたが、この地域では小さな「失策」をしている。ある年、旱魃が続いた時、住民が雨乞いをしたいというのを、忠左衛門は無意味だといって退けている。父親とは考えの違う、直方の入れ知恵もあったとされているが、忠左衛門に反発した住民は一団となって、作り物の「宙蛇（註；忠左衛門の「忠」をからかっている）」を空高く掲げ、「ちゅうじゃ、ちゅうじゃ、ちゅうじゃ、ちゅうじゃ」と叫びながら、会所に押しかけてきた。しかし、忠左衛門は槍を抱えて馬に跨って、一団を睨みすえ一喝して追い返している。

　効果があろうとなかろうと、雨乞いぐらいやらせて、人心をなだめる方が得策であったが、忠左衛門にはそれができなかった。ただ、忠左衛門の「人の言いなりにはならない」「筋は通す」という気質は、良くも悪くも、息子の直方だけでなく、娘の楫子たちにもし

っかりと受け継がれている。

　勝子は、子ども時代、姉・久子から「渋柿」というあだ名を付けられている。勝子は、子どもながら頑固で可愛げがない、というくらいの意味だったのであろう。

　勝子の子ども時代の逸話としては、12 歳になったある日、母・鶴から、外出するので、代わりに長女・三村にほ子の子どもの守をしてくれと頼まれたことがあった。勝子は、子どもが寝入ったのを見て安心し、子どものことは忘れて読書に耽っていたところ、帰ってきた鶴がそれを見て、子どもの守とはそんなものじゃない、と強く叱り、箸箱が壊れるくらいに激しく叩いた、ということがあった。守屋東の『矢島楫子』によると、楫子は深く反省し、今後一切読書はしない、という決意を紙片に書き、お守り袋に入れた、と語っている。ただ、勝子が母・鶴に叱られたのはこの時ぐらいであった。勝子は、幼少期から晩年に至るまで、一貫して、聡明で柔和だった母・鶴を敬慕していた。

13-1-2　多士済々の矢島家の一族

　男子であれ、女子であれ、矢島家の一族はまさに多士済々である。特に維新の十傑の一人である横井小楠を筆頭に、横井時雄、海老名弾正、徳富蘇峰、蘆花といった錚々たる人士、多彩な人材が連なっている。

矢島家の一族

矢島家のきょうだい世代	子ども世代	孫世代
長女・にほ子 ‖ 三村伝之助 （惣庄屋/維新後、藩の大属）		
次女・もと子 ‖ 藤島又八 （勘定方下級武士）	長男・藤島正建（1845 - 1904） （フランス・パリ在留領事。銀行局長。富山県、千葉県知事。日本勧業銀行副総裁）	長女・雪子 ‖ 佐々木信綱（1872 - 1963） （歌人。国文学者。第一回文化勲章受章者）
長男・直方 （横井小楠門人。民部省出仕。堺県権参事。左院議員。福岡県大参事＝現・副知事級となるが上司と対立。辞職。郷里の発展に実家の 25 町歩を使い尽くす） ‖ 糸子		
三女・順子 （熊本女学校長） ‖		

竹崎茶道 （律次郎。横井小楠門人。維新後、藩の大属となる）		
四女・久子 ‖ 徳富一敬 （朱子学者。惣庄屋。横井小楠門人。維新後、藩の民政大属。廃藩置県後、県の典事）	長女・常子 ‖ 山川清房 （職業軍人陸軍大尉）	
	次女・光子 ‖ 河田精一（1845‐1929） （熊本県の絹織業を振興）	
	三女・音羽 ‖ 大久保真次郎（1855‐1914） （熊本藩医学校を経て東京医学校入学、中退。矢島直方宅に寄留。同志社中退。海運業、旅館業に失敗。一家心中をはかるが気持を改め、牧師となる。オークランド独立教会＝日本人教会＝現・シカモア設立）	長女・落実 （婦人解放運動家） ‖ 久布白直勝（1879‐1920） （牧師。大正8年、東京市民教会出版部より『基督教の新建設』出版）
	四女・初子 ‖ 湯浅治郎 （実業家。政治家。同志社経営）	五男・湯浅八郎（1890‐1981） （昆虫学者。教育者。キリスト者。第10、12、13代同志社総長。初代国際基督教大学学長） ‖ 鵜飼清子（1901‐1972） （楫子の実子・妙子の長女。楫子の孫。日本基督教女子青年部副会長）
	長男・蘇峰 （思想家。歴史家。批評家。国民新聞社長） ‖ 静子（1867‐1948/倉園又三の娘）	長男・太多雄（1890‐1931/海軍少佐/駆逐艦「夕顔」艦長/太多雄の次男に獣医学者・公衆衛生学者の徳富剛二郎宮崎大学名誉教授がいる） ‖ 美佐尾
	三男・蘆花 （小説家。小説『不如帰』、随筆集『自然と人生』などを残す） ‖（子どもはいない） 愛子（1874‐1947/東京女子高等師範学校卒業/随筆家）	

五女・つせ ‖ 横井小楠 （幕末の秀逸な思想家。維新十傑の一人。新政府の参与となるが暗殺される）	長男・時雄 （牧師。ジャーナリスト。官僚。政治家。第3代同志社社長） ‖ みね （旧会津藩士山本覚馬の次女。24歳で死去。父・覚馬は砲術家で新島八重の兄。失明していたが京都府議会議長、京都府顧問などを歴任）	平馬（1887‐1944） （山本覚馬家の養子となり、山本平馬を名乗る。この人物の詳細不明。絶家）
	長女・みや子 ‖ 海老名弾正 （熊本県出身。思想家。教育家。伝道者。牧師。説教家。同志社第8代総長）	長男・一雄 （「北米朝日新聞」創刊。『カルフォルニアの日本人』六興出版/『白く塗れる墓』太平洋書房/『春秋楼記』太平洋書房など残す） 長女・みち（1899‐1988） （音楽教育家。東京音楽学校本科器楽部卒業。独留。武蔵野音楽大学ピアノ講師） 次男・雄二 （『千葉今昔物語　新房総歳時記』/千秋社/1974）
	養子・左平太（1845-1875/註；小楠の兄・時明の子。伊勢時治。米留。権少書記官のまま病没） ‖ 妻・横井玉子（1855‐1903/註；熊本支藩の肥後新田藩家老・原伊胤（たね）の次女。仲間と女子美術学校、現・女子美術大学を創る） 養子・太平（1850‐1971） （小楠の子。結核で兄より先に帰朝。熊本洋学校開設に尽力。フルベッキ招聘に貢献。早世）	

六女・楫子（かつ） （桜井女学校長代理。女子学院長。日本基督教婦人矯風会頭） ‖（離縁） 林七郎 （横井小楠門人。直方の友人。富豪。酒乱癖）	養女・妙子 （楫子の実子である） ‖ 鵜飼猛（1866 - 1948） （東京府立第一中学校中退。渡米。銀座教会牧師）	長女・清子（楫子の孫） ‖ 湯浅八郎（上述。湯浅治郎、初子の子。同志社総長など） 宣道 （北米の日系共産主義者。ジョー小出。デンバー大学で学ぶ。楫子の孫） 信成（1906 - 1987） （法学者。東京帝国大学教授。国際基督教大学第二代学長。元日本学士院会員。楫子の孫） 勇 （銀座教会牧師。元東京神学大学理事長。楫子の孫）
	息子・林治定 （楫子と林七郎との子。花岡山の誓い35人の一人。熊本バンドの一員。同志社中退。船員となり船長となった）	
七女・さだ子 ‖ 河瀬典次（横井小楠門人。沼山津の井手の掘削1849年着手1853年完成。殖産興業に貢献）	養子・三平（兄・直方三男） ‖ 民子（典次の姪） ※勝子（楫子）の上京後、勝子の子達子を8，9年養育する。	

　勝子の兄・矢島源助直方は、明治新政府から熊本藩に人材派遣が要請された際に、藩から送り込まれて民部省に入り、堺県権参事、左院議員を経て、渡辺清県令（註；渡辺昇の兄）時代に福岡県の現在の副知事クラス（註；月給150円程度か）となったが、上司と対立し、官を辞して郷里に戻り、茶の栽培と製茶、小学校の設置など、益城郡の地域開発に貢献している。直方は、25町歩あった田畑をすべて地域のために使い果たしている。直方は一度決めたら、後先のことは考えずに、どこまでも突進するという性分であった。豪気があって痛快ではあるがその分家族は苦労している。

勝子の姉妹たちもそれぞれ個性的であったが、双子の姉妹の長女・にほ子は三村伝之助（惣庄屋/維新後、藩の大属）と結婚し、次女・もと子は藤島又八（勘定方下級武士）と結婚している。もと子と又八の長男・藤島正建は官界に進み、銀行局長から富山県、千葉県の知事を経て、日本勧業銀行の副総裁となっているが、その長女・雪子は歌人で国学者の佐々木信綱（註；第一回文化勲章受章者）と結婚している。

　三女・順子（1825‐1905）は横井小楠の高弟・竹崎茶堂（1812‐1877/註；律次郎/維新後、藩の民政大属/明治4年、私塾日新堂を設立）と結婚し、明治30年（1897）1月、熊本女学校長（註；発足時は熊本女学会/後の熊本フェイス学院高等学校であるが、平成23年3月、開新高等学校と合併した）となっている。

　四女・久子（1829‐1919）は同じく小楠の第一の高弟であった葦北郡水俣郷の惣庄屋・徳富一敬（1822‐1914/註；いっけいともいう。号は淇水。朱子学者。初子、蘇峰、蘆花の父。維新後、藩の民政大属。廃藩置県後、県の典事）と結婚している。初子は楫子の姪であり、徳富蘇峰、蘆花兄弟は楫子の甥である。また、久子の孫・湯浅八郎は同志社大学総長、国際基督教大学初代学長を歴任している。

　五女・つせ（1831‐1894）は26歳の時、幕末の偉人の一人、横井小楠の後妻となっている。家格の違いで名義上は妾ということで、親戚の間では反対もあったが、実質上の正妻であるということで、最終的には承認している。小楠とつせの間には、宗教界の指導者、実業家、政治家となった横井時雄や、海老名弾正の妻となり、矯風会で楫子に協力した横井（海老名）みや子（1862‐1952）らが生まれている。また、嫡子・横井時雄の妻は旧会津藩士の山本覚馬（1828-1892/註；砲術家。地方官吏。京都府会議員・初代議長/新島襄の協力者/新島八重の兄）の次女であり、矢島一族は、山本覚馬、新島襄、新島八重（1845-1932）とも縁戚関係として繋がっているのである。

　また、横井小楠の兄・時明が早く亡くなったので、引き取って育てた時明の子、横井左平太（1845-1875/註；伊勢時治。米留。権少書記官のまま早世/没年未詳とされているが国立公文書館の記録に明治8年10月4日病死とある）の妻・横井玉子（1855‐1903/註；熊本支藩の肥後新田藩家老・原伊胤の次女）は、明治33年（1900）、藤田文蔵（1861‐1934/註；女子美術学校初代校長/東京美術学校教授/彫刻家/工部美術学校でラグーザに学ぶ）・田中晋・谷口鉄太郎らと連名で女子美術学校（現・女子美術大学）の設立申請をし、認可を受けて、翌年、開校している。同校は、設立後半年で経営難に陥り、2代目校長となる佐藤志津（1851‐1919/註；順天堂院長夫人）の支援を受けている。同校の設置目的の「芸

術による女性の自立」「女性の社会的地位向上」「女子芸術教育者の育成」には、新栄女学校、女子学院で教え、婦人矯風会で活動した横井玉子の意識が反映されている。なお、豊田芙雄の親友で東京女子師範学校の同僚であった日本画家・武村耕靄も、明治35年（1902）頃、同校教師として着任している。

　六女・勝子（後の楫子）25歳は、郷士・富永喜左衛門の次男で、富豪の林家の養子となり、既に二度離婚歴のあった林七郎（註；小楠の門下生。兄直方の友人）と結婚している。勝子と七郎の間には3人の子どもが生まれたが、七郎に強度の酒乱癖があったため、勝子は10年もすると心身共にボロボロになり、それに加えて失明しかねない眼病にも罹ったため、生まれたばかりの娘・達子を連れて林家を飛び出している。

　その後、勝子は達子を連れて親戚の家を転々とするが、当時のことであるから、親戚といえども、勝子の立場を理解し、同情を寄せる者は少なかった。どの家も経済的には問題なかったが、それぞれの家庭に母子で数ヶ月ないし1年も寄留するのだからいい迷惑だったであろう。わずかに兄・直方や姉・久子だけは、勝子の味方と言えたが、直方や久子の周辺の人々も勝子親子を歓迎したわけではない。勝子は親戚や周囲から冷たい目で見られ、面白くない日々を過ごさざるを得なかったのである。しかし、勝子は、何といっても「渋柿」である。そういう境遇にありながら、縁者の子どもの教育方針などにも平然と口を差し挟んでいる。いずれにしろ、もうすぐ40歳にもなろうというのに、勝子は心が満たされることのないまま、落ち着きのない不遇の日々を5年も過ごすのである。

　楫子の孫（註；実子・妙子の子）には、法学者で東京帝国大学教授（註；後、東京大学教授）、国際基督教大学2代学長となった鵜飼信成（1906 - 1987/註；元学士院会員）や父親・鵜飼猛と同様に銀座教会の牧師を務め、東京神学大学理事長となった鵜飼勇などがいる。また、孫の一人には、アメリカの日系共産主義者として名を馳せたジョー小出（鵜飼信道）がいる。

　七女・さだ子は、横井小楠の門人・河瀬典次（註；沼山津の井手の掘削に、1849年に着手し、1853年に完成させている。地域の殖産興業に貢献）と結婚したが、末子であったので、いくらか甘く育てられたとかで、きょうだい中で最も地味な存在と言われている。夫婦に子どもがなかったので、兄・直方の三男・三平を養子とし、典次の姪と結婚させている。また、河瀬家では、楫子の娘・達子を、楫子が引き取るまで、8、9年もの長い期間養育している。

13-1-3　楫子の上京と新生への途

　勝子に転機が訪れたのは、明治5年（1872）、勝子が40歳になろうとする年であった。東京で官吏となっていた兄・直方が病気になって、看病をする人が必要となった。しかし、きょうだいは多くても、まだ子どもが幼かったり、それぞれ多忙な夫の世話をしたりで手が離せないという事情があった。そのため、上京して直方の看病ができるのは勝子以外にないということになり、親族一同勝子に直方の看病を頼んだのである。

　勝子は、熊本から船で長崎に行き、さらに東上する船を待つ間、宿を出て桟橋で往来する多くの船を眺めた。勝子は、これらの船の往来を眺めているうちに、これからの自分の人生は、これらの船のように、行き先をしっかり方向付けられる「楫」を持たねばならない、と思うに至った。この時、名前を「勝子」から「楫子」に変えたのである。しかし、固い決意とは裏腹に「楫子丸」はまだしばらくは迷走を続けることになる。

　兄・直方の邸は、神田区裏猿楽町三番地にあったが、部屋が11、2室もあるような広壮なもので、メイドや書生なども数多くいたが、家計の切り回しなどは杜撰で1000円もの借金があった。勝子は、兄の看病にあたると同時に、熊本なまりで話す勝子を笑い者にし、要求しなければ食事も出さない役立たずのメイドたちはすべて解雇し、書生を班に分けて家事をさせ、経費の出入りを管理して、1000円の借金は3年で完済している。子ども時代に、子どもらしくない冷めた目線の楫子は、きょうだいたちから「渋柿」とからかわれていたが、兄・直方の東京の邸では有能振りを発揮し、見事な差配振りを見せている。

　幸い、直方の病気は、楫子が上京した明治5年（1872）中に快方に向かって、少し暇になった楫子は、周囲の人にも勧められて、その頃できたばかりの小学校教員伝習所に入った。改めて学びの楽しさに目覚めた楫子は、この頃、一時期、同人社のカロザースに英語を学んでいる。ただし、英語はものにできなかったようである。しかし、楫子は、子ども時代、母・鶴子に漢籍、筆跡等を習っていて、元々実力があったので、伝習所には1年そこそこ在籍し、修了後、芝の桜川小学校に月5円で勤務することになった。当時、小学校教員で月5円は良い方であった。楫子もやっと自活できる身となったのである。しかし、新生・矢島楫子が誕生するまでには、もうしばらく時間を必要としている。

　東京で5年ほど小学校に勤務した後、楫子は、築地の新栄女学校の教師となったが、その説明の前に、築地の外国人居留地における女学校の複雑な設立事情について整理しておくこととする。

　維新後、外国人居留地として、横浜、長崎などに遅れて開かれた東京築地鉄砲洲（現・

中央区明石町一帯）には、男女の外国人宣教師が送り込まれ、教会の設置と諸学校の設立が開始された。ただ、神のしもべとはいえ、宣教師たちは容易に自説を曲げず、出身地や考え方の相違から学校設立に関しても一筋縄ではいかない展開がなされている。

　狭い築地内に、同時期に、同じ長老派の女学校が二つもできるという何とも奇妙な状況まで生まれ、これらの学校は、その後も、廃校、再開、合併などを経ている。次の表がそうした関係をまとめたものである。

新栄女学校・桜井女学校・女子学院関係表

明治3年（1870）	明治7年（1874）	明治9年（1876）	明治11年（1878）・明治14年(1881)	明治23年（1890）
「A六番女学校」 クリストファー・カロザースの妻ジュリア・カロザースによる。		「原女学校」 廃止となったA六番女学校を原胤昭らが引き継ぐ。中国から来日のツルーに経営を一任。		
	「B六番女学校」 メアリー・パーク（後ディビッド・タムソンの妻）とミス・ヤングマンによる。ヤングマンの履歴書では明治7年1月発足とあるが、実際の指導は明治6年から始められたとされている（『東京の女子教育』）	「新栄女学校」 新栄町に校舎を移転し、校名をB六番女学校から新栄女学校に変えた。	「新栄女学校」 原女学校と新栄女学校が合併し、校名は新栄女学校とする。ミセス・ツルーの要請により、矢島楫子、同校教師となる。	「女子学院」 新栄女学校と桜井女学校（明治14年から、矢島楫子、同校校長代理）が合併し、女子学院となる。矢島楫子、院長となる。大正9年（1920）、高等部を東京女子大学に統合する。
		「桜井女学校」 桜井ちかによるキリスト教主義女学校設立。	明治14年（1881）7月、ツルー（実質経営者）、矢島楫子（校長代理）が桜井女学校の運営を引き受ける。	

※関係者参照；クリストファー・カロザース（1839‐1921/Christpher Carrothers）・ジュリア・カロザース（1845‐1914/Julia D. Carrothers）・メアリー・パーク（1841‐1927/Mary E. Park）・ディビッド・タムソン（1835‐1915/David Thompson）・ミス・ヤングマン（1841‐1910/Kate M. Youngman）・原胤昭（1853‐1942/クリスチャン。実業家）・桜井ちか（1855‐1928/徳川幕府御用商人の娘）・ミセス・ツルー（1840‐1896/Maria P. True）・矢島楫子（1833‐1925）

これらの女学校に共通するところは英語を重視していることである。ただし、これらの学校でも英語だけを教えるのではなく、英語を通して聖書や諸学を教えている。Ａ六番女学校とＢ六番女学校では、内容や充実度に差異はあったが、より充実していたＢ六番女学校を例に内容を見ると「英学・読方・習字・綴字・算術・地理書・文典・歴史・西洋歌・和漢ノ書・裁縫ノ術」などが教えられている。

ツルー（10）

　また、原女学校では程度を高くし、15歳以上を入学資格とし「下級生徒　綴書　リードル　会話　地理書初歩　窮理学初歩　文典　算術」「上級生徒　地理書　窮理学　修身学　歴史　経済書　算術　点竄（註；点竄術。筆算による代数術）」を教えている。

　新栄女学校を経営していたミセス・ツルーは、日本の女学生の教育の仕上げは日本の女性教師が担当すべきだと考え、それにふさわしい人物を探していたが、下総国法典村（現・千葉県船橋市）の豪農・安川栄之助の子で、明治6年（1873）8月、タムソンより洗礼を受け、新栄教会の設立者の一人となった安川亨牧師(生年未詳-1908)を通じて矢島楫子が紹介されることになった。安川と矢島にどういう接点があったかは不明であるが、当時の日本で、同校の教頭格にふさわしい女性はそうそういなかったであろうから、年も40代半ばを過ぎ、小学校での教師経験が5年近くあった矢島に期待が寄せられたのであろう。

　明治11年(1878)、ある晴れた秋の日、午前中、矢島は安川に教えられた築地のミセス・ツルーのもとを訪ねたが、時間の打ち合わせをしていなかったようで、ツルーは出かけていて留守であった。矢島は、わざわざ出かけて来たのだから、何時になろうとツルーが帰るまで待とう、と肚を決めたが、ツルーが帰ってきたのは夜分になってからであった。

　二人は早速その場で勤務条件の交渉に入っている。矢島の提案は「自分は食事の世話はしない事」「学課については、精々やってみる事」「寄宿舎の世話は承知の事」「月俸は目下拾円であるから、それでよい事」等であった。

　久布白の著書によると、特に月俸については、
「それは少し高いのではありませんか。」
とツルーは言ったが、矢島は、
「高いかもしれません。然し私は適当と思います。兎も角やらして下さい。」
と答えたと記述している。

　少なくとも、当時の矢島は、良妻賢母といったタイプからは程遠かった。矢島は、髪を

銀杏返しにし、煙草盆と、長煙管を持ってキリスト教主義の女学校に赴任したのである。ツルーは、そういう矢島に、意見らしいことを言うことはなかった。しかも、ツルーは、キリスト教や聖書について何も知らない矢島に修身科として聖書のクラスまで持たせたのである。

矢島の喫煙の習慣は一事件を発生させている。赴任後のある晩、煙草の火の不始末で布団を焦がすというボヤ騒ぎを起こしたのである。気付くのが遅れたら、建物が灰燼に帰すばかりでなく、女学生の生命まで奪いかねない大失態であった。それでも、ツルーは、文句を言わなかったが、さすがに、矢島もこの一件があってからは、己の愚かさを反省し、きっぱりと喫煙の習慣を断った。矢島には他にも他人に知られたくない「過去」もあったが、敢えて記述する必要があるとも思わないので、ここでは触れない。

ツルーは、生徒が過ちを犯すと、楫子の前で生徒と一緒に床に手をついて謝るというような女性であった。矢島にとって、ツルーは不思議な存在であったし、今まで出会ったことのない懐の深い女性であった。ツルーは、人の失敗や欠点をあげつらうよりも、まずその人の長所を認めようという、気持の大きな女性であった。もちろん、ツルーの美点はキリスト教信仰に由来するものであることを楫子も知っていたし、ツルーの影響もあって、楫子は教会の日曜礼拝には通っていた。しかし、数年間は洗礼の決心はつかないでいた。

楫子自身の記述（「わが自覚の時—凡そ三段階を経たり」、『新女世界』第四巻第十号、大正元年、『女子学院の歴史』所収、579〜781頁、1985年）によると、楫子の教会の仲間に、クリスチャンだった夫から日曜の礼拝だけは欠かさないでくれ、という遺言を受け、忠実にそれを守っていた未亡人がいた。その人が、コレラに罹ったというので、楫子は見舞いに行ったが、単なる体の不調でコレラではなかった。そこで一安心したのだが、色々と語り合う内に、二人ともここまで来て、このまま神の救いを受けることなく、コレラにでもなって死んでしまったら口惜しいことだ、二人そろってタムソン師にお願いして洗礼を受けよう、と決めたのである。以下は、楫子の記述のままを引用する。

　　然し、自分は兼ねて導いてくれたミセス、ツルーにこの事を話さうとて、その部屋に行つてかく々々と告げると、ミセス、ツルーはほんとうに言葉より先に涙が出て、それは有難い事だ、神様のお導きである。早速、タムソンさんにお話してくださいと云はれるので「おツルさん、あなたは私達の洗礼を受けることがそんなに善いことなら、なぜもっと早く勧めてはくださらなかつたのですか」と云ふと「聖書を読み、日

315

曜を護る人は、神様のお導きが必ずある、人が勧めると或は機を誤る事があるかもしれないので、只祈りを以て今日を待つて居つた」と申されて、私は今更らその深い情を感謝いたしました。

　矢島たちが、タムソンに洗礼のことを話すと、タムソンも涙を流しながら祝福し、明治12年（1879）11月9日、新栄教会において矢島らはタムソンから洗礼を受けた。この日こそが「新生・矢島楫子」の誕生日となったのである。
　キリスト教主義の学校といっても単なる善人の集合体ではない。新島襄が同志社で苦悩したように、外国人教師と日本人教師の不和、学生の抵抗や退校など日常茶飯事であり、女学校でも学校のやり方が気に食わなければストライキを打つような血気盛んな学生が在籍していた時代である。きれいごとしか言えない常識派の教師では、学校経営者は務まらないことを、ツルーは良く知っていたのである。
　ツルーは、アイディアを次から次へと生み出す起業家タイプで、資金集めも上手であったが、ツルーが前面に出ないのは、寄留地以外では外国人が資産を持つことは、禁止されていたからである。ただ、ツルーが、学校経営、運営のすべてを掌握し、矢島は添え物だったかのような記述を見ることもあるが実際はそうではない。正確にはツルーと矢島は息の合った絶妙のコンビだったと言うべきであろう。学校が大きくなると、行政機関や関係団体との複雑な折衝、外国人教師と日本人教師の対立の調整、日本人特有の感性を持った若い女生徒への適切な対応など、日本人女学校の校長職は、矢島のような肚のすわった日本人女性に任せることがベストであることを、ツルーは良く理解していたのである。

13-1-4　桜井女学校の継承と発展

桜井ちか (11)

　桜井女学校は、安政2年（1855）4月4日、幕府の神宝方御用商人・平野与十郎の娘として江戸に生まれた桜井ちか（1855‐1928）が、明治9年（1876）10月24日、東京都麹町区六番町の民家を月5円で借りて開いた「英女学家塾」を起源としている。届出には「学科」として「地理学　裁縫　数学　化学　窮理学　生理学　修身学　経済学」を教えるとしている。実家は、幕府崩壊後、二度も破産していたので金銭的には困難もあったが、ちかは学園の拡大を続けていた。

学校といっても、明治 10 年（1877）頃の生徒数は男 3 名女 16 名であるから、経営は楽ではなかったが、そんな中、明治 11 年（1878）7 月 11 日、「貧学校私立開業願」を東京府知事に申請し、同月 15 日認可されている。これは貧しい子どもたちに教育の機会を与えるため、月謝は取らず、文具書物などは貸与するというもので、キリスト者らしい理想の追求であったが、すぐに行き詰まっている。

明治 12 年（1879）9 月には、高等小学科を設置している。経営の厳しい桜井女学校であったが、同月から、米国長老派教会の伝道会社員ストワードが月 25 円の寄付をしてくれるようになった。また、『文部省年報』によると、同年中に附属幼稚園を設けたことになっている。現在残っている文書では、翌年 4 月 1 日開業の届けは、4 月 20 日に遅れて提出し、同月 24 日認可となっているが、名目上は 12 年（1879）中に設置し、開業まで準備期間を置いたとも考えられなくはない。しかし、はっきりしたことは不明である。

幼稚園は東京女子師範学校卒業生の箕輪（馬屋原）つるが 1 年間担当したとされているが、箕輪の卒業は明治 13 年（1880）2 月であるので、開業は同年 4 月とする方が妥当であろう。いずれにしろ、桜井が、高等小学科を設置し、附属幼稚園を設立したのは、一貫性のある女子教育を目指したからである。桜井ちかは、明治 13 年（1880）4 月 6 日、「貧学校」の閉校届と同時に桜井女学校「分校開業届」を提出している。

桜井ちかについては、『女子学院の歴史』や『東京の幼稚園』、小林恵子氏の論文、その他新聞、各種公文書など参考となる資料は少なくない。これら資料を参考に次の表に桜井ちかの履歴概略をまとめた。

桜井ちか履歴概略

安政 2 年（1855）4 月 4 日	幕府神宝方御用達商人・平野与十郎の長女として江戸で誕生。7 歳になるまで里子に出される。
明治元年（1868）	一家は、徳川家に随い、駿府に移り、すぐに倒産。後、一家は上京し、小さな商店を開くが、再び失敗している。
明治 5 年（1872）2 月	平野家の近隣に住む、海軍軍人・桜井昭愍（註；明治 10 年前に少尉補となっている。国立公文書館の文書によると、度々、病気療養をした模様である）と結婚。ちか18歳。桜井昭愍、伊予国喜多郡若宮村（現・愛媛郡大洲市若宮）の神官の子とし

	て誕生。
明治5年（1872）4月より明治6年（1873）10月まで	神田の芳英女学で斎藤つねや大学南校教師夫人ウィルソンに第一、第二リーダー、文法書、地理書、万国史を習う。
明治6年（1873）11月より明治7年（1874）10月まで	慶応義塾卒業生・大窪実（後の愛知県師範学校校長、北海道師範学校校長）を家庭教師に雇い各国史、窮理書、経済書、修身書等を学ぶ。
明治7年（1874）11月より明治9年（1876）9月まで	タムソン夫人に地理書、窮理書、修身書、生理書等の読みと作文、数学等を学ぶ。 明治7年中、タムソンより洗礼を受ける。
明治9年（1876）春 同年10月	横浜の共立女学校に入学し、約半年、英語と西洋料理、日本料理を学ぶ。 東京麹町区中六番町の民家を月5円で借りて英女学家塾を開く。2、3ヶ月後、六番町へ移転。 同年、夫・昭恵、タムソンより洗礼を受ける。
明治10年（1877）より明治11年（1878）6月まで	広島県人・中西雅吉に蒙求（もうぎゅう）、十八史略、日本外史、日本政記等を学ぶ。
明治11年（1878）7月15日	牛込払方町二十三番地に「貧学校」を開業。
明治12年（1879）9月	桜井女学校に「高等小学科」を設置。 『文部省年報』によると、同年中、「附属幼稚園」を設立したとなっている。文部省布達に基づく開業申請の認可は明治13年（1880）4月24日付である。10月創立、準備期間を経て、翌年4月、開業というケースもないではないが、資料がない以上正確なことは言えない。
明治13年（1880）4月 同年6月14日	「貧学校」閉校届。「桜井女学校分校」開業届。 開拓使長官宛「北海道札幌へ女学校設立仕度儀ニ付保護願」を提出。却下。
明治14年（1881）7月7日	桜井女学校、麹町区中六番町二十八へ新築移転の祝典が行われる（資金4000円は同校を引き継ぐアメリカ長老派教会によるもの）。

同年同月 15 日	東京府に矢島楫子を桜井女学校校主代理とすることを届け出る。翌 16 日、函館へ向け出港。
同年同月 22 日	着函。函館師範学校二等教諭（10 月より函館師範予備生徒、女子師範生徒に女礼式、西洋料理法を指導）。函館時代より、夫婦そろって内村鑑三と親交始まる。
明治 16 年（1883）12 月 7 日	昭恵、函館相生教会設立に尽力し、初代牧師となる。
明治 17 年（1884）末	夫・昭恵の病気療養のため、愛媛県大洲若宮に帰る。
明治 19 年（1886）9 月	ガービン嬢の要請により、女学校設立に協力し、最終的に大阪西成郡清堀村に移転させ、一致英和女学院（現・大阪女学院の前身校 2 校の一つとなる）の基礎づくりに貢献する。明治 22 年（1889）5 月まで同校で教鞭をとる。
明治 26 年（1893）10 月より明治 28 年（1895）5 月まで	万国婦人矯風会出席及び教育視察のため、米国へ向け、エムプレス・インデア号で横浜を出航。1 年半程滞米。
明治 29 年（1896）3 月より明治 30 年（1897）5 月まで	女子教育視察のため、米国内を遊歴。1 年余滞米。
明治 31 年（1898）3 月	「桜井女塾」（本郷向ヶ丘弥生三）設立認可される。
明治 40 年（1907）7 月	「桜井女塾」を「英語専門桜井女塾」へ校名変更。
明治 41 年（1908）7 月	『主婦之友』（大倉書店）出版。西洋料理食事マナー含む。
明治 43 年（1910）4 月	『西洋料理教科書』（紫明社）出版。
大正元年（1912）9 月	『実用和洋惣菜料理』（実業之日本社）出版。
大正 5 年（1916）8 月	『手軽に出来る西洋家庭料理』（実業之日本社）出版。
大正 6 年（1917）2 月 16 日 同年 9 月	夫・桜井昭恵、死去。『三百六十五日　毎日のお惣菜』（政教社）出版。
大正 14 年（1925）1 月	『楽しい我が家のお料理』（実業之日本社）発行。
大正 15 年（1926）12 月	「英語専門桜井女塾」学則変更。
昭和 2 年（1927）9 月	『日々活用お料理辞典』（文武書院）出版。
昭和 3 年（1928）12 月 19 日	死去。74 歳。桜井ちかの没後、英語専門桜井女塾は、倉辻フキ（養女）、桜井満州雄（養子）が引き継ぐ。フキは捨て子であったが、子

どものなかった桜井昭悳・ちか夫婦に拾われ、養女として育てられた。フキは、「東京音楽学校」を卒業し、卒業後、母校でピアノの教師をしたが、辞めて、ちかの学校を手伝った。

フキは、昭悳と同じ大洲出身のジャーナリスト・倉辻明義と結婚。満州雄は明義・フキの四男で桜井家の養子となった。

倉辻明義には『米国現大統領ルーズベルト』（久友社/明治36年）や森山守次との共著『児玉大将伝』（明治41年）等の著書がある。

英語専門桜井女塾は、昭和21年3月、「日本女子高等学院」に吸収され、翌月、同学院は「日本女子専門学校（現・昭和女子大学）」となった。

桜井女学校は、総合学園として体制は徐々に整えられていったが、海軍を辞め、牧師となったちかの夫・桜井昭悳（あきのり）（1845‐1917）が、明治14年（1881）7月、北海道函館に伝道のため赴任することになったので、夫に同行するちかは、学校の引き受け手を探す必要が生じた。桜井は、候補者として矢島楫子を選び打診したが、矢島は最初これを断っている。

久布白の記述によると、ツルーからなぜ引き受けないのですか、と問われて、楫子は、自分には経営の経験がない、支援をしてくれる夫もない、それに資金もない、だからとても無理です、と答えている。そこでツルーが改めて、私が経営を引き受け、財政上の心配を一切かけなければ、あなたは引き受けますか、と訊くと、楫子は、財政上の心配がなければ引き受けます、と答えている。

桜井ちかには、自力で設立し、苦労を重ねて築いた学園に未練があったようで、楫子には「校主代理」ということで引き継いで欲しい、という条件を出し、楫子は、校務に関し一切干渉しなければそれでよろしい、と答えている。もちろん、口約束などではなく、明治14年（1881）7月15日、東京都公文書館には「校主桜井ちかより、桜井女学校主として矢嶋かぢを代理委任の届出」の記録が残っている。

矢島は、明治23年（1890）9月9日、新栄女学校と桜井女学校が合併して女子学院院長となるまで、「私立桜井女学校　校主桜井ちか代理　矢島楫」あるいは「校長代理　矢島楫子」で通した。しかし、桜井ちかは、矢島との約束通り、その後、同校の校務に口を

差し挟むことは一切なかったので、桜井が同校を離れた時点で「校主・桜井ちか」は「有名無実化」していたと言えるだろう。

　同校が経営的に安定し、ますます発展するのは、明治14年（1881）、ツルーの尽力でアメリカ長老派教会（註；プロテスタント、カルヴァン派）がバックアップするようになり、同校の経営、運営がツルーと矢島の手に移ってからである。それ以前の桜井女学校は大き目の私塾といった状態で、桜井は生徒を「わが子」のように可愛がって、幼い子どもには慕われたが、楫子は生徒に対して、校則で縛るようなことをしない代わりに「自治自律」を求め、桜井の「良妻賢母養成型」の教育から、教養豊かで社会でも活躍できる女性を養成する高等教育を含んだ学校経営を志向するようになった。結局は、桜井夫婦と桜井女学校との決別の場となった、明治14年（1881）の新校舎落成式の祝典について、新聞は次のように報じている（12）。

　　桜井女学校新築落成して開業式（七・九　朝野）

　　　六番町の桜井女学校は生徒の数も日に増加するを以て、今度西洋風の一大校舎を設立し、全く落成為りしを以て一昨日其の開校式を行はれ、東京府知事も其の席に臨み、加藤弘之、フルベッキ両氏の演説あり、校主桜井照徳君夫妻は耶蘇教会中の人なるを以て、来賓には数十の西洋人あり、許多の紳士と貴女、少娘の盛装厳粧して楼上楼下に充満せしは実に目覚ましき事なり、校主夫妻は不日北海道へ赴き、同地へも女学校を建てる見込なりと聞けり。

　桜井ちかの函館師範学校時代については、武藤やちの章でも若干触れているが、函館で夫・昭悳が病気となったため、ちかは、明治17年（1884）7月8日、函館師範学校を辞職し、夫の療養のため夫婦で愛媛県大洲に帰っている。その後、大阪のガービン嬢の要請を受けてちかは、明治19年（1886）9月、大阪西成郡清堀村に一致英和女学院（現・大阪女学院の前身校2校の一つ）を設立することに協力し、明治22年（1889）5月まで同校で教鞭をとっている。その後、明治26年（1893）10月と明治29年（1896）3月に渡米し、教育視察を主たる目的に通算2年半余米国に滞在している。帰国後、明治31年（1898）3月、桜井女塾（後、英語専門桜井女塾）を設立した。桜井ちかもまたなかなかの起業家であった。ちかの最初の渡米については次のような新聞記事がある（13）。

桜井ちか子渡米す

万国婦人矯風会への出席の為め（明 26・9・17　毎日）

　桜井ちか子女史　〇同女史は来る十月十六日より米国シカゴ世界博覧会美術館に
於て開く第二紀年会へ日本婦人矯風会の代議員として臨席する為め、去る十五日横浜
解纜（註；ともづなを解く意。出航のこと）のエムプレス・インデア号にて出発した
りと。

　この記事で注目されるのは、明治 26 年（1893）4 月 3 日、全国組織として発足し、矢
島楫子が会頭となった日本婦人矯風会の代議員として、副会頭 10 人の一人・桜井ちかが
渡米したという事実である。桜井女学校が新栄女学校と合併して、まったく新しい女子学
院となった後も、矢島と桜井の間には矯風会等を通じて交流があったのである。

　桜井ちかは、晩年には学校経営の傍ら、料理の専門家として、数々の著書を著している
が、「割烹」は早くから桜井女学校や各地の女学校の授業に取り入れられていた「科目」
の一つであったし、自身、函館師範学校でも西洋料理の授業（たぶん英語による）を担当
していたので、桜井にとっては「食文化」の向上も女子教育の延長線上に見据えられてい
たのであろう。

　さて、話を戻すと、明治 14 年（1881）7 月、桜井夫婦が北海道に去った後、桜井女学
校は着実に拡大、充実を遂げていった。明治 16 年（1883）、休養のためアメリカに一時帰
国したツルーは、アメリカから保姆の資格を持つミス・ミリケンを伴って日本に戻り、明
治 17 年（1884）9 月、ミリケンを指導者として、桜井女学校内に保姆を養成する「幼稚
保育科」が設置された。

　また、ミセス・ツルーの尽力で、各地に分校あるいは系列校が開校され、これらの学校
には桜井女学校、新栄女学校の卒業生が赴任した。明治 19 年（1886）、ツルーの力で、武
州八王子に八王子女学校が設立され、桜井女学校の卒業生・皿城キン子が教師となった。
詳しい記録が残っていないところもあるが、ツルーは、八王子の他に高田、宇都宮、前橋
の女学校、神奈川県藤沢の英語学校など、精力的に学校の設置に関わっている。

　また、矢島らは、学校経営とは別に、先にも触れたように、明治 19 年（1886）、万国婦
人禁酒会の遊説委員メアリー・レビット女史(1830-1912/Mary GreenLeaf Clement
Leavitt)が来日したことを契機に、矢島楫子を筆頭に、明治 19 年（1886）12 月 6 日、東
京日本橋教会で「東京婦人矯風会」を旗揚げした。これにはミセス・ツルーやミス・ヤン

グマン、ミス・デビスらの支援もあったが、新栄女学校、桜井女学校の教師たちが中核となっていた。明治26年（1893）4月6日には、全国組織の「日本基督教婦人矯風会」が結成され、その後、長い期間、矢島楫子が会頭を務めることになったが、同会は、世界の平和、人権の擁護、婦人参政権の獲得、未成年者の禁酒・禁煙などを目指して、近代日本の女性解放運動史上、比肩し得るものがないような壮大な事業を展開した。桜井女学校、女子学院の卒業生たちは矢島楫子の指導の下矯風会運動の尖兵ともなったのである。

　また、明治19年（1886）、桜井女学校内にわが国最初期に属する「看護婦養成所」が設けられたことも注目すべきことであろう。桜井女学校は「病める人と共に生きる人」の養成にも乗り出したのである。

　静岡県三島の薔花女学校は、明治21年（1888）1月、宣教師バラが援助し、校主の豪商・花島兵右衛門（1846‐1929/註；元酒造業者だが、明治19年、洗礼を受け、酒害を説かれて、酒造具を破壊し、酒蔵の1階を三島教会の礼拝堂とし、2階を女学校とした/後、練乳業者となる/三島銀行創設/伊豆鉄道株式会社を発起設立した）、花島家の隣家の義弟で同校幹事の小出市兵衛（註；質屋/通行人に石を投げつけられたバラをかくまった/義兄・花島と三島教会を支えた）らの私財を以て設立され、校長にはバラの従妹リゼ・バラが就任したが、教師陣は新栄女学校、桜井女学校の卒業生であった。

　設置の伺い書によると、教師はリゼ・バラ、月給60円、教科課程には英語・地理・歴史・動物・植物・修身・数学など15教科があったようであるが、4年後の明治25年（1892）には閉校となっている（14）。

　明治21年（1888）5月19日には、新潟県高田の有志が設立主体となり、ツルーに教育が委ねられた私立高田女学校が開校したが、開校式には、ミス・デビス、矢島楫子、串田シゲなども出席し、演説を行っている。教師は最初、ミス・デビス、小川トク（1867‐1943/註；根本徳子/幕末水戸藩の志士・桜仁蔵の孫/後の代議士・根本正夫人/豊田芙雄の翠芳学舎の教員/矯風会役員/大正3年1月23日、銀座教会婦人会会長となる）、井上チセであったが、明治23年（1890）11月、大関和（1858-1932/註；下野国黒羽藩家老・大関増虎の次女。明治・大正の看護教育者。日本基督教婦人矯風会の活動家）が生徒取締となり、明治24年（1891）9月から、ミス・ミリケン、三谷たみ子（1873‐1945/註；後の女子学院院長）、内藤みよ子が英語教師として赴任した。

　地方にあって、高田女学校は充実した女学校となり、卒業生の中には憧れを抱いてさらに東京の女子学院に進学する者もあった。

教師陣の中には、安田磐子（1871 - 1895）のように、ここで特記し紹介しておきたい女性もいる。安田は、女子学院高等部を卒業し、明治 26 年（1893）6 月、22 歳の時、1 年の約束で高田女学校に赴任した。

　安田は、旧熊本藩士・安田退三の次女であったが、父・退三が愛知県北設楽郡郡長として赴任したので、父と共に名古屋に移り住み、愛知県師範学校女子部に入ったが、女子部が廃止となって退学した。明治 20 年（1887）9 月、桜井女学校に入学したが、安田は幼稚保育科でも学び、卒業式では「幼稚園の作用」という演説をしている。武家の娘・安田磐子は、柔術、長刀の稽古（註；両親とも肥後古流長刀の継承者代表を務めている）までした女性であったが、桜井女学校でキリスト教と出会って、明治 21 年（1888）11 月、牛込教会の牧師・服部章蔵（1848-1916）より受洗した。

　当時、衰退しつつあった高田女学校を憂えて、安田は、1 年の任期で赴任したが退職を 1 年延ばし、英語専修科の担当だけでなく、和漢学、修身科まで受け持ったが、高田教会では奏楽者を務め、日曜学校では、貧民の児童を集めて、キリストの教えを説き、子どもたちの悪習を改めさせている。

　また、安田は雪の中で倒れていた三人の子どもを、自宅につれ帰って、面倒をみたこともあった。安田にとっては、当たり前の行為であったが、安田の慈愛に満ちた行為は高田の人々に深い感銘を与えた。安田は、明治 28 年（1895）7 月、郷里の熊本へ帰ったが、翌月の 8 月 24 日、マラリアのため永眠した。僅か 24 年の短い生涯であったが、安田磐子もまた女子学院の教育の何たるかを体現して見せた一人であった。

　明治 20 年（1887）9 月、桜井女学校は新栄女学校と協力し、高等科を設置した。明治 21 年（1888）10 月、桜井女学校内に、学資金のない女性のために、別科（職業女学校）を設置し、半日は洋服裁縫に従事させて賃金を得させ、自力で就学できるようにした。ツルーに乞われて加藤俊子（1839-1899/註；越後国生まれ。明治時代の教育者）が別科の取締となったが、加藤は、この別科を基にして、明治 22 年（1889）11 月 7 日、加藤を校長とする自前の「女子独立学校」を開校した。

　明治 21 年（1888）11 月、桜井女学校には 325 人、新栄女学校には 135 人が在籍していた。明治 22 年（1889）2 月には、ミセス・ツルーとデビットソン夫人の援助で宇都宮女学校が設立されているが、何とも積極的な事業展開である。

　様々な試みと事業拡大が進められる中、明治 23 年（1890）9 月 9 日、桜井女学校と新栄女学校は合併し、現在まで続く名門「女子学院」が誕生した。

ミセス・ツル―は、明治 29 年（1896）4 月 18 日、東京角筈に自ら作った婦人のための保養施設「衛生園」（現在の新宿西口朝日生命ビル付近）で、胃潰瘍のため、多忙な生涯を閉じた。55 歳であった。

13-1-5　桜井女学校の附属幼稚園

桜井ちかも、矢島楫子も、園児の前で話をするくらいのことはあったであろうが、二人とも幼児を日々直接指導する保育の専門家ではなかった。あくまでも、幼稚園は総合学園における一貫教育の最初歩として位置付けていた校主、校主代理であった。とはいえ、彼女らの意向や判断が学園附属の幼稚園のあり方に直接影響を与えていたことも事実であった。

桜井ちかが、桜井女学校で幼稚園と関わったのは、明治 12 年（1879）もしくは明治 13 年（1880）春頃から明治 14 年（1881）7 月までであるから決して長い期間ではなかった。しかし、桜井がキリスト教主義女学校における最初期の私立幼稚園を設立したということは、その後、次々と誕生する同種の女学校附属幼稚園設立の先例となった。そうした意味で同園は歴史的に大きな意義を持っている。

また、詳しくは武藤やちに関する章に記述したが、函館師範学校は、東京女子師範学校附属幼稚園保姆の武藤やちを招聘し、明治 16 年（1883）11 月 1 日、仮幼稚園を開業したが、これには桜井ちかの助言があったものと思う。

明治 8 年（1875）11 月 29 日、東京女子師範学校が開業したことに、桜井が大きな関心を持ったことは本人の記述で明らかであるが、翌年 11 月 16 日、同校附属幼稚園が創設されたことにも、かなり早い時期から関心を抱いていたものと思う。

女学校の方は、身近に参考にし得るお手本がたくさんあったが、幼稚園設置にあたっては、東京にただ一園しかお手本がなかったため、桜井は、東京女子師範学校附属幼稚園に見学に行き、助言を仰ぎ、各種の必要資料を貰ったはずである。

明治 13 年（1880）4 月 20 日付で、桜井ちかが東京府知事松田道之宛に提出した「幼稚園開業届」（同月 24 日認可）によると、基本的に東京女子師範学校附属幼稚園をそっくりコピーしたものであった。これを『東京の幼稚園』掲載の「桜井女学校附属幼稚園規則」に見ると次のようである（15）。

「桜井女学校附属幼稚園規則」

一幼稚園開設ノ旨主ハ学齢未満ノ幼稚ヲシテ天賦ノ知覚ヲ開達シ固有ノ心思ヲ啓発

　シ身体ノ健全ヲ慈補シ交際ノ情誼ヲ暁知シ善良ノ言行ヲ慣熟セシムルニ在リ

一幼稚ハ男女ヲ論セス年齢満三年以上六年以下トス

　　但時宜ニ由リ二年以上ノ者モ入園セシムルコトアリ

一略（種痘等のこと）

一幼稚保育ノ時間ハ毎日四時トス

一休日ハ日曜日大祭日夏期七月廿日ヨリ八月廿日迄冬期十二月廿五日ヨリ一月七日

　迄トス

一入園ノ日ニ在園年間ノ玩器料トシテ金三円ヲ収ムヘシ

一毎月保育料トシテ金壱円ヲ五日迄ニ収ムヘシ

一略（保証状のこと）

　　保育科目

第一物品科

　日用ノ器物即チ椅子机或ハ禽獣花菓等ニ就キ其性質或ハ形状等ヲ示ス

第二美麗科

　美麗トシテ好愛スル物即チ彩色等ヲ示ス

第三知識科

　観玩ニ由テ知識ヲ開ク則チ立方体ハ幾個ノ端線平面幾個ノ角ヨリ成リ其形ハ如何

　ナル等ヲ示ス

　　五十音　計数　唱歌

　　単語図　説話　体操

以下略（保証状の書式）

　東京女子師範学校附属幼稚園と大きく異なるのは、女子師範学校では保育料が月 25 銭であったのに対し、桜井女学校では月「壱円」となっている点である。私立は、経営の難しさから高額になるのもやむを得なかったが、これではかなり裕福な家庭でなければ子どもを私立幼稚園に通わせることはできない。幼稚園の場合は、幼い園児を遠方から集めることはできないため、明治 13 年（1880）6 月の東京府への報告では、入園児は男 4 名、女 3 名合計 7 名に過ぎなかった。また、キリスト教主義女学校の附属幼稚園となればそれだけで警戒心を持つ保護者もいたのであろう。

同園の最初の保姆としては、東京女子師範学校小学師範科卒業生の箕輪（馬屋原）つる
が１年ほど担当している。また、当時園児だった人の回想によると、東京女子師範学校の
教師が桜井女学校附属幼稚園にやって来て指導することもあったようで、両園の交流は良
好であった。

　もちろん、この幼稚園も、明治 14 年（1881）７月、ツルー、矢島に引き継がれている
が、『女子学院の歴史』（168〜171 頁）によると、同園は文部省達第五号に基づく東京府
達第五十号（明治十五年四月）の規定に従って、明治 16 年（1883）秋、次のような開申
をしている（16）。

　　　　桜井女学校附属幼稚園
　　一款　設置ノ目的
　学齢未満ノ児童ヲシテ就園ノ便ヲ得シメ而テ身体健康ヲ保全シ天賦ノ才美ヲ養成シ
善良ノ言行ヲ習熟セシメ学期ニ至リ各其記憶考究体力ヲ完全ナラシムヘキ准備タラ
ンコト要スル也
　　二款　名称及位置
　桜井女学校附属幼稚園
　麹町区上六番町二拾番地
　　三款　保育ノ課程及保育用器具
　別紙ノ通リ
　　四款　入園退園ノ規則及休日
　満四年以上満六年迄ヲ入園セシムルコトニテ其他ニ規定ナシ
　　紀元節天長節及日曜日土曜日
　　但シ夏季休業ハ七月十日ヨリ九月十日迄
　　　　冬季休業ハ十二月廿五日ヨリ一月六日迄
　　五款　幼稚員数
　大約二拾五名　左右
　　六款　保母人員職務心得其学力
　保母　二名
　職務心得ナシ
　学力　保母練習科ヲ卒業セシ者ヲ以テ任ス

七款　敷地及建物

敷地　大約三拾五坪

建物　木造二階家建廿五坪

　　八款　収支概算

経費　壱ヶ年　三百拾五円

収入　壱ヶ月　廿七円

支出　壱ヶ月　廿六円廿五銭

右者従来設置罷在候処今般拾五年甲第五拾号御達ニ基キ更ニ開申候也

　　　　　　　　　　　　　麹町区中六番町廿八番地

　　　　　　　　　　　　　　私立桜井女学校校長代理

　　　　　　　　　　　　　　　矢島かち㊞

　　　　　学　務　委　員

　　　　　　　　　　　　　　矢沢小左衛門㊞

　　　保育課程及器具

第一物品科　器具及動植物ノ名称ヲ示ス

第二美麗科　美麗トシテ幼稚ノ好愛スル種々ノ彩色物ヲ示ス

第三知識科　観ル所ニ由テ知識ヲ開進スヘキ物体ヲ示ス

右三科中包蔵ス細目左ノ如シ

　六球法　三体法　立方体甲乙　長方体甲乙　三角罫　置箸法　置環法　図画法

　刺紙法　繡紙法　剪紙法　繊紙法　組板法　連板法　組紙法　摺紙法　豆工法

　模型法　博物理解　物体教科　計数　鎖連法

　　　外

唱歌　遊戯　説話　体操

　右之通リニ候也

　おそらく、ツルーの確認を得ながら、矢島が責任を持って作成したと思われる上記の文
書は、すでに開園されていた同校附属幼稚園について、新しい形式に従って「再届」した

ものであるから、開業時の「初期届」と大きく変わるはずもないが、時代的、状況的変化もいくらか反映した若干の違いは見られる。

　開設の目的においても、「初期届」では、個人主義的、自由主義的な幼児教育の目的を大らかに謳うものであったが、「再届」では「学期ニ至リ各其記憶考究体力ヲ完全ナラシムヘキ准備タランコト要スル也」とあるように、幼稚園教育を小学校の準備教育として明確化している。こうした変化は東京女子師範学校附属幼稚園でも見られたことであった。

　入園対象児についても、「初期届」では、「満三年以上六年以下トス」とし、さらに「但時宜ニ由リ二年以上ノ者モ入園セシムルコトアリ」としているが、「再届」では、「満四年以上満六年迄ヲ入園セシムルコトニテ其他ニ規定ナシ」として、入園対象児の年齢幅を狭めている。

　保育内容については、両届共、多少の説明の文言の違いはあっても「物品科」「美麗科」「知識科」の三科があることは同様である。ただ、三科に含まれる「細目」については「初期届」では大雑把で曖昧な表記であるが、「再届」では20恩物を中心に具体的に羅列している。ただ、明治14年（1881）7月、東京女子師範学校附属幼稚園の規則改定で、恩物の名称を例えば「置箸法」を「箸排べ」と改訂したものに倣ったものではなく、それ以前の呼称を用いている。

　「説話」はそのままで変更はないが、東京女子師範学校附属幼稚園が「説話」を「修身の話」としたのは、儒教の徳目を強調する回帰主義の流れに合わせたもので、西洋の倫理については無視されていたから、キリスト教主義を謳う桜井女学校附属幼稚園としては、そのまま模倣したいものではなかったであろう。

　「再届」で注目したいもう一つは、日曜日に加えて土曜日を休業日としている点である。特に宗教的理由はないようであるが、日曜日は信仰のための一日であったから、それ以外に休業日を求めたということであろう。当時、わが国の幼稚園、諸学校で土曜日を休業とするのは珍しいことであった。

　こうした2、3の点を除けば、この時期の桜井女学校附属幼稚園の保育は東京女子師範学校附属幼稚園の場合と大差はなかったと言える。ただ、ミセス・ツルーは自らの幼稚園に飽き足らないものを感じていた。それも、フレーベル主義本来の唱歌や遊戯を加味したいといったレベルの話ではなく、キリスト教主義の幼稚園にふさわしい人間教育をどう打ち立てていくかということにあったものと思う。

13-1-6 桜井女学校における保育者養成

ツルーは、月日は不明であるが、明治16年（1883）中、休養のため、米国に一時帰国している。同年7月には、桜井女学校第一回卒業式を行っているので、帰国はその後であろうかと思う。明治17年（1884）、ツルーは、米国で保育者の資格を得ていたミリケンを引き連れて日本に戻っているが、湯浅初子の履歴書（17）によると、同年9月には、同校に保姆を養成する課程が設置され、ミリケンが指導している。

ただ、設立願書等が残っているわけでなく、学園側にも同科の内容に関する具体的な記録はいっさい残っていないので「幼稚保育科」について詳しいことは何もわかっていない。ミリケンは「幼稚保育」の講義をし、学生に実習の場で指導したものと思われるが、女子師範学校も桜井女学校と敵対関係にあったわけではないので、女子師範学校の教員がミリケンの講義を聴講することなどもあったようである。また、女子師範学校の保育はアメリカ経由のフレーベル主義保育であったから、実際にはミリケンの保育法と重なり合う部分は大きかったと思う。

『日本幼児教育史 第一巻』（日本保育学会）で紹介されている、かなり後（明治28年頃）の記録（18）によると、これこそまさにキリスト教主義特有の「朝の礼拝」は、小学部と幼稚園が一緒に行っていたようである。幼稚園では同科の卒業生のミス・エダが指導し、掛図をかけ、絵を見せ、英語の単語を教え、唱歌は直訳の歌詞で歌わせているが、もちろん英語のまま歌わせることもあったものと思う。幼稚園における礼拝が設立当初から取り入れられていたか否かについて筆者は知らない。

「幼稚保育科」は、修了生による同科の名称すらまちまちで、湯浅初子は「保姆科」、水上よしは「幼稚園保姆科」、佐久間シヅは「幼稚園保育科」としているが、明治20年（1887）7月7日の桜井女学校の卒業式で「幼稚保育科」の卒業生3名に卒業証書を授与したという記録があるので、「幼稚保育科」が正式名称かと思う。

『女学院の歴史』では女学雑誌社の調査として、同科創設以来明治24年（1891）までの卒業生として次のような人々の名前をあげている（19）。

　　徳富はつ子（註；湯浅初子）、古市静子、平田しま子、潮田千勢子、橋本華子、安川たみ子、吉田悦子（註；吉田鉞、結婚後は春日鉞）、中嶋ふく子、服部こま子、諏訪てる子、三浦みさほ子、長谷部萬子、富田金子、亀山らひ子（註；亀山貞子か）、堤橋きん子、ミス・エダ、奥野まつ子、岡山敏子

これらの人々の中で、徳富はつ子（湯浅初子）については、本章で触れているが、潮田千勢子（1860‐1903/註；旧飯田藩の藩医・丸山龍眠の次女として江戸藩邸で誕生）は、保育を学んだ時期もあったが、足尾鉱毒事件、廃娼運動などに関して果敢に活動し、明治36年（1903）、婦人矯風会会頭となった女性である（註；会頭就任3ヶ月後に急逝している）。ちなみに、潮田の長男・伝五郎は福沢諭吉の5女・光と結婚し、二人の間には、政治学者で第9代慶応大学塾長となった潮田江次（1901‐1969）が生まれている。江次は潮田千勢子の孫であり、福沢諭吉の孫である。

　吉田悦子（吉田鉞/註；結婚後、春日鉞）は、同科の二期生であるが、金沢、京都、仙台、東京等で保育、教育に関わった女性で、キリスト教主義幼稚園で目立った実践をした人物である。なお、吉田について詳しくは田中優美・橋本美保両氏の論文（20）を参照されることをおすすめするが、吉田は、金沢に英和幼稚園（現・北陸学院幼稚園）を開設するポートル（Francina E. Porter）の依頼で「幼稚保育科」で学んだが、開園と同時に保育の実際を担当している。

　同園は、キリスト教主義を公然と謳う幼稚園であったが、県知事の岩村高俊（1845‐1906/註；旧土佐藩士。岩村通俊・林有造は実兄/各地の権令・県令・知事を経歴/男爵）が、自らの娘二人を入園させ、金沢の第六師団長・岡村少将が息子と娘を入園させたことで世間の関心が高まって、人々が安心して子弟を入園させることになり、入園希望者が殺到して入園を断らなければならないほどの盛況ぶりを呈している。

　戊辰戦争時や佐賀県権令時代は、その粗野な言動が批判される高俊であったが、愛媛県の権令・県令時代にはキリスト教布教に理解を示し、教育を重視していたので、金沢でも同様の姿勢を保っていたのであろう。なお、岩村高俊は、豊田芙雄にわが国二番目の鹿児島幼稚園を設立させた鹿児島県令・岩村通俊の実弟である。

　同科卒業者の名前一覧にある古市静子と、一覧にはないが本章で取り上げる宗方光てるについては、混乱を避けたいので、ここでも特に記述しておきたい。前章でも述べたが、古市自身が記述するように、古市は矢島楫子に招かれて、明治17年（1884）、桜井女学校附属幼稚園に赴任し、幼稚園の「受持」をし、桜井女学校の寮生の監督をした女性である。古市は東京女子師範学校を病気で中途退学し、父危篤の知らせで郷里種子島に帰ったが、豊田芙雄が鹿児島に長期出張中、少なくとも半年ほどは豊田の助手をしている（註；古市は1年助手を務めたと記述している）。

331

当時の古市は、再上京して、豊田芙雄と同じ旧旗本屋敷内の一屋に住み、同所で「時習黌校」という私立学校を開いていたが、おそらく、矢島が東京女子師範学校に保姆の派遣を要請し、豊田が古市を推薦した、という人事であろう。ただ、古市は同園に着任してすぐに胸の病気を再発し、伊豆で三ヶ月ほど療養している。その後、健康を取り戻して、東京に帰り、勤務に復しているが、この時期、矢島の勧めもあって古市が洗礼を受けたことも既述したとおりである。

　古市が、勤務の傍ら、生徒としてミリケンに就き保育法を学んだ、ということもあり得ない話ではないが、古市の回想録等にはそうした記述はない。いずれにしろ、古市は助手として豊田芙雄に学び、少なくとも同僚として（もしかして生徒としても）ミリケンに学んだ人物である。また、来日当時、日本語がまったくできなかったミリケンの保育法の補助ができたのは、修了生が出るまでは、同園には古市しかいなかったのではないかと思うし、今後、古市のそうした方面での役割の掘り起こしが必要かと思う。

　ただ、古市の同園勤務は長くはない。古市は、ツルーの支援もあって、明治19年(1886)、講義所を借りて自前の駒込幼稚園（註；後の沖静幼稚園、現・うさぎ幼稚園）を設立している。いずれにしろ、女子学院の歴史の中に、古市静子が「幼稚保育科」の卒業生ということだけで登場しているのは残念である。

　宗方光の事跡については、熊本県宇土市の根本なつめ氏の論文(21)によって詳細が明らかになったが、宗方光が「幼稚保育科」の卒業生としてあげられていないのは、同科が開始されて数ヶ月経った時期に入学し、準一期生というべき期間に在学したということで、資料に残りにくかったためかと思う。しかし、宗方は熊本県最初の幼稚園の設立者であり、その後の熊本の幼児教育発展の礎となった女性で、同科の修了生として重要な働きをしている。

　宗方は、修了後、郷里の宇土に帰って、明治19年（1886）春頃、熊本県初の幼稚園を開設している。さらに、翌年には「名士たち」の強い要請で熊本市に幼稚園を設立している。宗方は、幼稚園設立後間もなく病没するが、熊本県の幼稚園教育史上欠くことのできない重要な役割を果たしており、女子学院の歴史にもぜひとも記載して欲しい人物の一人である。

　「幼稚保育科」の卒業生ではないが、同校関係者の中で保育界において活躍した人としては、女子学院で一時期学び、華族女学校附属幼稚園の保姆・野口幽香（1866‐1950）と森島峰（1868‐1936）が設立した二葉幼稚園（後の二葉保育園）の設立初期に、同園の実

際の保育を担った平野マチ（1873 - 没年未詳）がいる。平野は、北海道出身で伊藤一隆
（1859 - 1929/註；札幌農学校第1期生。内村鑑三の親友。水産業功労者/日本禁酒同盟副
会長）の妹であるが、スミス女学校、東洋英和女学校、女子学院で学び、函館清和女学校
の尋常科、高等科で一学期間教え、京都の室町幼稚園で5ヶ月間助手をし、華族女学校幼
稚園で2ヶ月間の見習をした後、二葉幼稚園開園と同時に助手となったが、同年7月17
日、履歴書を添えて、二葉幼稚園の保姆として勤務できるよう「特別認可願」を東京府知
事・千家尊福宛に提出している。

　野口と森島は、華族女学校に勤務の傍ら、貧困家庭の子どものために二葉幼稚園を設立
し、わが国の幼児教育史上特記すべき実践をしたが、野口は、明治18年（1885）9月（註；
同年8月、男女の師範学校合併が発表されている）に入学しているので、半年間は、東京
女子師範学校教師兼同校附属幼稚園保姆であった豊田芙雄とも、生徒と教師として同一キ
ャンパスにいたのである。短期間の接触でしかなかったが、野口は豊田芙雄の洋行にも関
心を寄せたであろうし、豊田が報告したイタリアの貧民幼稚園に関する記述にも目を留め
た可能性もあるが、これを裏付ける資料があるわけではない。

　また、まだ学生であった野口は、明治22年（1889）5月、本郷森川町講義所時代に洗
礼を受け、会員が数十名しかいなかった頃から、古市静子と同じ弓町本郷教会に属してお
り、中退者とはいえ、同窓の先輩で、幼稚園経営をしている古市とも面識以上のものがあ
ったのである。

　翌年、女高師卒業と同時に野口は同校附属幼稚園に勤務し、後、華族女学校に移ってい
る。野口幽香もまた、豊田芙雄の近い位置にいた同時代の保育者と言えるが、野口につい
て詳しくは、松本園子氏の詳細な研究成果（22）や、平成26年（2014）、宍戸健夫氏が出
版され、二葉幼稚園（二葉保育園）についても詳述されている『日本における保育園の誕
生―子どもたちの貧困に挑んだ人びと―』(新読書社)を読まれることをおすすめしたい。

　宍戸氏の記述（23）を参考にすると、二葉幼稚園は、明治33年（1900）1月、開園と
なったが、野口、森島が華族女学校附属幼稚園に勤務していたので、日中の保育は平野マ
チが担当し、野口、森島は附属幼稚園の勤務終了後、隔日交代で二葉に出向き、監督をす
るという関わり方であった。平野の負担は大きく、ある日などは、無理をしたためか、平
野が卒倒し、子どもらを自宅に帰した、ということもあったようである。その後も平野の
献身的な活動は続いたが、母親の病気のこともあって、明治36年（1903）5月、退職し

ている。平野マチも、女子学院で学び、クリスチャンらしい献身的な保育をした一人であった。

　桜井女学校の保育者養成に関して付記しておくと、同校は、明治21年（1888）6月12日、東京府知事宛に「私立桜井女学校改正願」を提出し、新しい教育課程が認可されたが、設置の目的は「本校ハ満十四年以上ノ女子ヲ教育シ専ラ其徳性ヲ涵養シ知識ヲ開発シ家事経済児童教育ノ良法ヲ習得セシムルヲ以テ目的トス」となっている。つまり、入学対象者を「高等小学科程」を卒業もしくはこれと等しい学力を持つ者とし、より高度な女子教育を目指すことになったのである。

　学科全体は、二部に分けられ、第一部を四年、第二部を二年とし、第二部を「高等部」と称している。教育に用いる言語は「第一部ハ国語及英語ヲ以テ教授シ高等部ハ専ラ英語ヲ以テ教授ス」とし、第一部は国語と英語で授業をし、第二部（高等部）は英語だけで授業するというのである。教育、保育に関しては「幼稚保育法及児童教育法ヲ練習セシム（註；下線は前村による）」とあって、第一部の時間割表の第3学級（第3学年）の後期から第4学級（第4学年）の前期および後期に毎週1.5時間が課せられている。「幼稚保育科」とは「別もの」と思うが、第一部においても、小学校教師と幼稚園保姆となり得る者を養成したのである。これは、東京女子師範学校が保姆練習科を廃止し、小学校教師と幼稚園保姆を兼ねて養成するとしたことに倣って、各地の師範学校や、本書でも触れている函館の女学校などでも取り入れた方式を、同校でも取り入れて実践したのである。

13-2　湯浅初子と榎坂幼稚園

13-2-1　人材豊富な環境と初子の履歴

　徳富初子は、安政7年（1860/註；この年は3月18日から万延元年）1月23日、水俣に生まれた。名前ははつあるいははつ子と称された。徳富家では、女の子ばかり続けて4人が生まれたが、さらに5人目も女の子（初子）であった。徳富家では初子誕生後にようやく猪一郎（蘇峰）と健次郎（蘆花）が生まれている。

　初子の父・徳富一敬（1822-1914）は、維新の十傑の一人・横井小楠の一番弟子で、水俣の惣庄屋であった。母親は矢島楫子の姉・久子である。初子の弟の一人・徳富蘇峰は、平民主義から体制擁護論者となったが、戦前の言論界の巨魁であり、もう一人の弟・徳富

334

蘆花は『不如帰』や『自然と人生』を書き、反政府派に同情的だった著名な作家である。また、叔母・矢島楫子は日本を代表する婦人運動家であり卓越した学校経営者であった。

初子の夫・湯浅治郎は、安中の人で、味噌醤油醸造業「有田屋」の経営者であったが、新島襄の父で安中藩士の新島民治（1807-1887）に読み書きを習っている関係もあって、襄とも早くから面識があり、襄の影響でクリスチャンとなった。治郎は、群馬県会議長、衆議院議員を経ているが、表に出ることはあまり好まなかったようで、新島没後、同志社を縁の下から支え、蘇峰、蘆花を後援し、警醒社を通じてキリスト教界の出版活動を支援した。

初子も息子・八郎の同志社総長就任に反対したが、八郎は第10、12、13代同志社総長となり、国際基督教大学の初代学長となった。湯浅初子の身辺には多彩な人材が多数いたのである。

湯浅初子については、久布白落実著『湯浅初子』(24)、半田喜作編著『湯浅治郎と妻初』(25) が詳しいが、徳富猪一郎著『現代女性訓』(26)、女子学院史編纂委員会編『女子学院の歴史』(27)、東京都編『東京の幼稚園』(28) 等にも記述が見られる。

初子は幼い頃から勝気で勉強好きな子どもであった。9歳頃には、郷里で、姉たちの後について寺小屋に通って読み書きを習っている。明治2年（1869）、10歳の時、母、姉、蘇峰らと熊本に出るが、翌年には、父・多太助（一敬）も熊本に出て、横井小楠未亡人・つせ（矢島家・五女/母・久子の妹、楫子の姉）の家へ行き、初子は従妹で2歳年下のみや子（註；後、海老名弾正と結婚）と親しくなった。

明治維新後、細川藩主は、若者の教育を重視し、明治4年（1871）、南北戦争時、北軍の将校であったジェーンズ大尉（1838-1909/Leroy Lansing Janes）を招いて、熊本洋学校を開設したが、成績の悪い者は退学させるという厳しい指導がなされたため、そのことで却って人気化した。ジェーンズは通訳を使わず、読方、習字、作文、算術、地理学、代数学、物理、化学、幾何学、文学、上古史、中世史、英国史、米国史などの多くの学科を英語で教えた。

明治9年（1876）1月末には、ジェーンズに影響を受けた若者35名が、花岡山に結集し、讃美歌を歌い、黙祷をし、聖書を朗読して、「奉教趣意書」に誓約した。いわゆる「花岡山事件」を起こし、「熊本バンド」を誕生させたのである。この時、熊本の婚家に残してきた楫子の息子・林治定も花岡山のメンバーに入っていて、その頃はまだ洗礼を受けていない母・楫子を驚かせ、心配させている。

この事件は、各人の両親たちを狼狽させ、反対勢力や当局を大きく刺激したため、同年8月、同校は廃校となった（註；ジェーンズの任期切れも関係していた）。廃校後、ジェーンズのすすめもあって、多くのメンバーは、開校したばかりの同志社に転校し、同志社最初期の枢要部分を占めることになった。

　後に名立たる人となった花岡山事件の主要メンバーには、宮川経輝（1857-1936/註；牧師。女子教育者。キリスト教界指導者）、金森通倫（1857-1945/註；牧師。同志社社長代理。同志社初期の功労者/石破茂の母方の曽祖父）、横井時雄（1857-1927/註；牧師。逓信官僚。衆議院議員。同志社第3代社長）、小崎弘道（1856-1938/註；牧師。同志社第2代社長。日本基督教連盟会長）、吉田作弥（1859-1929/註；外交官。東京帝大教師。三高教授。同志社教師/榊原英資は曾孫）、海老名弾正（1856-1937/註；伝道者。日本伝道会会長。第8代同志社総長）、徳富蘇峰（1863-1957/註；言論人。評論家。歴史家/「国民之友」発刊。「国民新聞」主宰/文化勲章受章。後、返上）などがいる。

　医学の方は、3年契約でオランダ人軍医マンスフェルト（1832-1912/Constant George van Mansveldt）を招いて、古城医学校を開校し、マンスフェルトが正科目の解剖学、組織学、顕微鏡学、生理学、病理総論、内科学、外科学、物理学を教え、随意科目のオランダ語を助教が教え、修身科を矢島家の三女・順子の夫・竹崎律次郎が教えている。同校で学んだ者に北里柴三郎（1853-1931/註；医学者。細菌学者/男爵）がいる。

　洋学校は、当初、男子だけを対象としたが、徳富初子や横井みや子も洋学校で学びたいという意向を示し、両親もジェーンズ夫人に嘆願して、横井玉子、横井みや子、徳富初子はジェーンズ大尉に英語を学び、ジェーンズ夫人に裁縫や料理を学べるようになった。湯浅初子が幼稚園設立に際し、東京府に提出した履歴書は次のようになっている(29)。

　　一明治五年十一月熊本県立洋学校ニ入学

　　　同九年九月迄米人ゼンス教師ニ就キ英学ヲ修ム

　　一明治十年十一月東京慶応義塾ニ入学

　　　同十一年三月迄幼年局ニ於テ英学ヲ修ム

　　一明治十一年九月西京同志社英学校ニ入学

　　　同十二年十月迄英学並ニ漢学ヲ修ム

　　一明治十六年四月東京桜井女学校ニ来リ教員トナル

　　一同十七年九月ヨリ同校ニ於テ米国女教師ミリケン氏ニ就キ保姆科ヲ修メ同十八年

七月卒業ス

　一賞罰ヲ受ケ訴訟等ニ関係ナシ

　初子は東京や京都には猪一郎（蘇峰）について移動した。猪一郎の自伝の年月等とは若干ズレの見られる部分もあるが、おおむねこのような学業修養をしたようである。

左から徳富初子・横井みや子・新島八重 (30)

　京都には 10 歳の健次郎（蘆花）もやってきて、初子、猪一郎（蘇峰）、健次郎（蘆花）の 3 人が、郷里から月 10 円の仕送りを得て暮らした。ここに紹介している写真は、半田喜作の書に掲載されている、明治 11 年（1878）頃の徳富（湯浅）初子、横井みや子、新島八重である。明治 13 年（1880）、猪一郎は卒業間際に学生騒動に巻き込まれて同志社を退学し、そのため 3 人は上京し、仕事もせず、学校にも通わずぶらぶらと過ごしている。猪一郎は、明治 14 年（1881）、熊本に帰るが、家が想像以上に困窮していることを知って恥じ入り、父・一敬といっしょに「大江義塾」を設立して家計を助け、初子もこれを手伝っている。

　しかし、24 歳になった初子は、自分自身の将来を考える必要もあって、明治 16 年(1883)、上京し、叔母・楫子が校主代理をしていた桜井女学校の手伝いをするようになった。その後、明治 17 年（1884）9 月から、来日したばかりのエリザベス・ミリケンに保育法を学

ぶことになったのである。

13-2-2　湯浅治郎と徳富初子の結婚

　明治10年（1877）、初子の従妹で勉強仲間であった横井みや子は、京都に移って同志社に入学し、兄の横井（伊勢）時雄と共に同志社の基礎づくりに奔走した。みや子は、明治15年（1882）、兄の勧めで、群馬の安中教会の牧師で、熊本バンドのメンバー・海老名弾正と結婚した。

　海老名は、同志社在学中から新島襄に信頼されており、伝道のため安中には、しばしば、出向き、地域の有力者で、安中教会の設立に物心両面から協力してくれた、新島の友人・湯浅治郎とも親しくしていた。安中滞在中は、湯浅宅に宿泊し、湯浅夫妻の世話になっていたが、湯浅の妻・もと子（32歳）は、明治17年（1884）11月7日、子ども4人を残して亡くなった（註；治郎ともと子の間には6人の子どもが生まれたが四郎と五郎は疫痢で早逝した）。

　初子に、結婚相手として湯浅治郎を紹介したのは、海老名夫妻だったかと思うが、生まれたばかりの子どもを含め、先妻の子どもが4人もいたのだから、周囲の人々の中には、初子が結婚を承諾することはないだろう、と見ていた人もあったかと思う。しかし、初子は治郎との結婚を承諾したのである。

　初子には、お見合いに関する若き日のエピソードが残っている。初子は、ある日、後に日本の政界の代表となる某氏とお見合いをした。初子はお見合いの席で開口一番「あなたは一夫一婦をどう思われますか」と尋ねている。某氏は「自分は一介の下役人であるが、将来、それなりに成功したら、女の二人や三人はつくろうと思います」と答えたので、初子は「わかりました。では今日のお見合いはなかったことにしてください」と言って席を立ち、自宅に帰って、固い煎餅をかじりながら、カンカンに怒ったというのである。

　いっぽう、湯浅治郎は敬虔なクリスチャンで、明治15年（1882）3月17日、仲間と共に群馬県議会に「娼妓廃絶の建議」を請願し、可決させた人物である。湯浅は人権擁護の政治家であった。

　湯浅治郎は、嘉永3年（1850）10月21日、板倉藩安中の準藩士格の味噌醤油醸造販売業者・湯浅治郎吉と茂世の長男として生まれている。治郎は、先にも書いたように新島襄の父・新島民治（1807 - 1887/註；号は是水）に就いて学び、岩井白湾（1804 - 1878/註；

白湾は号。本名は重遠。和算家）の「岩井塾」や郷学校「桃渓書院」で学ぶなど、熱心に学業に励んだ。

　また、事業の方も積極的で生糸の生産も手掛けるようになり、横浜にも度々出かけて外国へ輸出する手続きなどもしている。また、自宅でも養蚕をし、蚕の種の販売も行っている。さらに、県令・楫取素彦と相談しながら、岩倉具視や伊藤博文と直接交渉をして、東京－前橋間の鉄道敷設を実現したり、碓氷銀行を創設するなど、治郎はなかなかの事業家であった。

　また、明治5年（1872）、23歳の治郎は、福沢諭吉の影響もあって自宅・有田屋の門前に私費を投じて私設図書館「便覧舎」を創って若者に無料で公開している。この図書館には内外の書籍3000冊の蔵書があったというのだから当時としては十分な施設であった。治郎は若い頃から社会事業家でもあったのである。

　初子にとって、結婚相手として湯浅は理想のタイプであったであろう。治郎ならば初子の結婚相手として不足はなかったはずである。初子は、湯浅の子どもたちを自分が育てようと決意した。

　明治18年（1885）10月9日、湯浅治郎と徳富初子は上野国安中駅の「碓氷会堂」で結婚式を挙げている。治郎と初子は、伊香保に2週間の新婚旅行に出かけたが、海老名みや子もこれに同行している。みや子まで同行するという奇妙な新婚旅行であったが、子育てのこと、新しい住まいのこと、治郎の仕事と家庭のことなど、3人で相談することも種々あったのであろう。

　東京の新居は、矢島楫子に探すのを手伝ってもらって、桜井女学校にも近い麹町上六番町に決めている。明治21年（1888）、二人の間にはひちが生まれるが、治郎と初子の間には合計8人の子どもが生まれ、早逝した一人を除いて7人が育っている。初子は先妻の子4人を育て、自分の子7人を立派に育てあげている。人生の大部分を「子育て」に費やしているのである。しかも、その間、矯風会活動に奔走したり、幼稚園を創ったり、多忙な湯浅治郎の世話をしたりしている。勝気で聡明な初子だったからできたのであろう。

13-2-3　榎坂幼稚園の設立

　こうした状況下、治郎と初子は、自宅で幼稚園を開設するため、明治20年（1887）5月11日の日付で、「私立幼稚園設置願」を東京府に提出している。この幼稚園は、規模は小さく、存続期間も短期であったが、桜井女学校の「幼稚保育科」を卒業した保姆が個人

で設立したもので、設立趣旨、園則、保姆の履歴、設立者の履歴、保育課程表、保育用図書表、保育用器具（表）などすべてが残っていて歴史的に貴重な指標となっている。

東京都編兼発行の『東京の幼稚園』からそれらの関係書類を引用すると以下のとおりである（31）。

　　　　私立幼稚園設置願
一設置ノ目的
　　本園ノ旨趣ハ学齢未満ノ幼児ヲシテ天然ノ諸能力ヲ善良ニ開発セシムルニアリ
一保育課程表及保育用図書表
　　保育課程表ハ別紙甲号保育用図書表ハ別紙乙号ノ通リ
一入園退園手続
　　入園ヲ乞フ者ハ男女ヲ論セス年齢満三年以上学齢以下ニシテ種痘済ノ者トス而テ
　　東京居住ノ戸主ヲ以テ保証人トシ証書ヲ出サシム又退園ヲ乞フ者ハ保証人ノ申出
　　ニ依リ之ヲ許ス若シ伝染スヘキ病ニ罹ル者アル時ハ速ニ之ヲ退園セシムベシ
一位置及敷地建物
　　位置ハ東京府下赤坂区溜池榎坂町五番地トス
　　敷地建物ハ別紙略図丙号之通リ
一名　　称
　　榎坂幼稚園ト名ク
一保育用器具
　　別紙丁号之通リ
一起業終業時限及休業日
　　起業ハ午前九時三十分ヨリ終業ハ午後二時ニ至ル一日四時三十分内一時間ハ休息
　　一週則チ十八時三十分尤モ六月十六日ヨリ九月十五日迄ハ午前八時三十分ヨリ正
　　午十二時迄トス
　　休業日ハ日曜日土曜日紀元節天長節及夏季ハ八月一日ヨリ九月第一月曜日迄冬季
　　ハ十二月二十五日ヨリ一月十日迄トス
一幼児定員保姆員数
　　幼児定員ハ二十名保姆員数ハ一名トス
　　　一保姆等品行学力履歴及幼稚園設立者履歴

府下赤坂区溜池榎坂町五番地

群馬県平民　湯浅治郎妻

保姆　湯　浅　は　つ

安政七年一月二十三日生

（註；初子の履歴は既述しているので省略し治郎の分だけ記す）

府下赤坂区溜池榎坂町五番地

群馬県平民

設立者　湯　浅　治　郎

嘉永三年十月生

当人儀県会開会ニ付不在之節ハ跡留守相当ノ代人ヲ以テ其時々開申可仕候

一明治十四年群馬県々会議員トナリ今モ尚在任

一賞罰ヲ受ケ訴訟等ニ関係ナシ

一保育料及経費収入支出概算　保育料ハ一名一ヶ月金五十銭トス

経費収入支出ハ左ノ如シ

一金百拾円　　　　　　収入但一ヶ年

内訳

金百拾円　　　　保　育　料

一金百拾円　　　　　　支出但一ヶ年

内訳

金九拾四円　　　図書器具費

金拾円　　　　　営　繕　費

金六円　　　　　諸　雑　費

右之通設置仕候ニ付御認可被下度此段奉願候也

明治廿年五月十一日

府下赤坂区溜池榎坂町五番地

群馬県平民

設立者　湯　浅　治　郎㊞

東京府知事　高　崎　五　六　殿

341

東京府赤坂区長　　太　田　卓　之　奥印

甲号　榎坂幼稚園保育課程表

期限／科目	第　一　年				第　二　年				第　三　年			
	毎週時数	前期	毎週時数	後期	毎週時数	前期	毎週時間	後期	毎週時数	前期	毎週時数	後期
会話	四十五分	嘉言善行	一時	嘉言善行	一時	嘉言善行	一時	嘉言善行	一時	嘉言善行	一時	嘉言善行
遊嬉	一時十五分		一時十五分		一時十五分		一時十五分		一時十五分		一時十五分	
開誘	十六時三十分	恩物並細工	十六時十五分	恩物並細工	十六時十五分	恩物並細工	十六時十五分	恩物並細工	十六時十五分	恩物並細工	十六時十五分	恩物並細工

乙号　教育用図書表

図　書　名	巻冊記号	出版年月	著訳者氏名
幼　稚　園	三　冊	明治九年一月	桑　田　親　五

丙号　敷地建物ノ略図（省略　地坪は十坪）

丁号　教育用器具

六　球	一　箱	フレベル氏創　設	不等辺三角板	一　箱	フレベル氏創　設	縫取	・
三の体	一　箱	同	板　組　ノ　部			紙剪	・
木ノ積立ノ部			板　組	三百二十個	同	紙織	・
木ノ積立第一第二	二　箱	同	箸　排　ノ　部			豆細工	・
木ノ積立第　三	一　箱	同	第　九玩　器	一　箱	同	土細工	・
木ノ積立第　四	一　箱	同	鐶　排　ノ　部			紙畳	・
板　排　ノ　部			第　十玩　器	一　箱	同	粘紙	・
正方形ノ板	一　箱	同	紙　刺　ノ　部				
直三角板	一　箱	同	紙　刺	一			

　榎坂幼稚園は、既述のように湯浅の東京の自宅で開園したもので、丙号文書にあるように地坪は10坪しかなく、園児定員20名、保姆1名の小規模園である。設置の目的や、恩物や手技を保育のベースに置いている点など、当時の他の幼稚園と共通する部分は多い。開園時の恩物の数などは少ないが収入のほとんどを図書器具費としているので、徐々に必要な数を揃えていくという計画だったのであろう。

　保育料は50銭で私立幼稚園としては非常に安く公立並みであった。収入・支出からわ

かるように保姆（湯浅初子）は無給であった。これにはキリスト教者・湯浅治郎、湯浅初子の社会奉仕の意味もあってのことだろう。もちろん、湯浅治郎が資産家で生活費に困っていなかったので、こうしたことも可能となったのである。

　休業日を、日曜日だけでなく土曜日を含めているのは、矢島時代の桜井女学校附属幼稚園の場合と同じである。

　湯浅初子は、子育てに翻弄されながら、幼稚園創設の半年前には、矢島楫子を中核とする矯風会設立に協力し、枢要な役目を背負ったばかりであったが、初子の性分からすれば、幼稚園においても、他の幼稚園とは違った独自路線をどう打ち出していくかということに腐心したのではないかと思う。ただ、そうしたことを書類上から読み解くことは難しいようである。

　もちろん、保育料を安く設定し、普通には収入の半分程度が人件費となるところを保姆の給料をゼロとしたことなども、他の公立、私立の幼稚園が追随できるところではない。他の点では、保育課程表における「会話」の中身を「嘉言善行」としていることにも注目しておきたい。

　同じ時期に設立された幼稚園では「会話」の中身はほとんど「修身・庶物」の話をすることになっていた。たとえば、明治22年（1889）6月に開園した日本橋幼稚園では「会話」の中身を「全園ノ幼児ヲ会集シ和漢聖賢ノ教ニ基キ近易ノ談話ヲ習ハシム」（32）としているが、これは明治10年代後半以降に共通のものである。なぜ「和漢」だけなのか理解に苦しむが、これは当時普通のことで、「修身」は誰も反対できないような「立派な徳目」を掲げてはいたが、実際は「内向き」で「排他的な世界」に陥っていたのである。こうしたものはクリスチャンの湯浅夫妻には受け入れ難かったであろう。しかし、「嘉言善行」は元々儒学の「小学」の中にある言葉である。これなら「修身教育」を振りかざす伝統回帰主義者も文句は言えない。湯浅にとって「嘉言善行」ならばキリスト教と絡む平等、助け合い、感謝を説くことと齟齬はきたさなかったであろう。こうした点にはキリスト者・湯浅夫妻の「ひらめきの良さ」や「したたかさ」があるように思う。

　湯浅家の子どもの回想によると、家庭でも、幼稚園でも初子は自律を強調したようである。教育において自律を根本に置いた矢島楫子の感化もあったのであろう。初子は自ら自律の人であったから「もたれあい」など忌避していたのである。また、初子は先妻の子どもと自らの子どもを差別することも一切なく、湯浅家と他家の子どもを差別することも一切なかった。

343

明治 20 年代のキリスト教主義の幼稚園が、よりフレーベル主義保育にふさわしい唱歌や遊戯を取り入れるようになったことに注目するのも必要であるが、より重要なことは、キリスト教に裏付けられた「人間教育」がどう展開されたか、ということに目を向けなければあまり意味はない。湯浅初子の幼稚園は、小規模で存続期間も短期であったが、キリスト者らしい保育を展開した好例と言えるのではなかろうか。

　同志社を創立した新島襄は、明治 23 年（1890）1 月 23 日、心臓病のため、大磯の旅館・百足屋で 46 歳 11 ヶ月の生を終えたが、明治 24 年（1891）5 月 22 日、同志社の山本覚馬（新島八重の実兄）から要請され、湯浅治郎が同志社の経理を担当することになった。そのため、湯浅家は一家そろって京都に移ることになり、榎坂幼稚園は、会津若松出身の矯風会の副会頭・海老名リンに、備品等と共にそっくり譲られることになった。湯浅初子の榎坂幼稚園は、結果的に、海老名が会津若松に幼稚園を創設するきっかけともなったのである。海老名リンについては次章で述べる。

13-3　宗方光と熊本の幼稚園

13-3-1　宇土藩と宗方光

　宗方光は、本書で触れている保育関係者中、最も世に知られていない人物である。保育史関係の人々でも宗方を知る人はほとんどいないと思うし、おそらく、熊本県の教育界、保育界においても、宗方光を知る人はきわめて稀であろう。

　宗方光に関する研究には『宇土市史研究』（第十三号）に根本なつめ氏の貴重な「宗方光と幼稚園」(33) があり、『新宇土市史　通史編　第三巻』(34)、山本十郎編『肥後文教と其城府の教育』(35)、『碩台幼稚園百年』(36)、『熊本幼稚園沿革史』(37)、当時の新聞記事などにも記述が見られる。

　光が生まれ育った宇土は、熊本県の中央部から不知火海及び有明海に突き出た宇土半島の北半分であるが、安土桃山時代には、宇土、益城、八代地方の 20 万石のキリシタン大名・小西行長（1558 - 1600）の本拠地として知られている。

　細川家分家の宇土藩は、正保 3 年（1646）、細川行孝（1637 - 1690）を初代藩主に、肥後藩の支藩 3 万石として成立した。宇土藩は、分家であったが、宗藩並みの独立性を持ち優れた藩政を布いた。最初の藩主・行孝は、宇土の水質が悪かったので、元禄 3 年（1690）、現存する日本最古の上水道である轟泉水道を敷設したし、第 5 代藩主・細川興文（1723 -

1785)は、宝暦13年（1763）、藩士の教育所「温知館」を開き、最後の藩主、第11代藩主の細川行真（1842 - 1902/子爵）は、慶応元年（1865）、学問所「樹徳斎」を設けるなど、学問、教育にも力を注いでいた。

　宗方光は、弘化2年（1845）8月3日、父・宗方儀之進と母・寿喜の長女として、宇土藩に生まれている。光は、安政6年（1859）2月、林田市之丞と結婚するが復籍し、明治2年（1869）8月3日、元第9代藩主・細川行芬（1811 - 1876）の御側女中となった。その後、森野貞輝と再婚し、長男・清春、次男・寿男の2児をもうけたがこちらも離縁している。光の結婚生活は二度とも破綻したのである。

　光の転機は明治13年（1880）9月に訪れている。弟の宗方儀吉に、後、第12代当主となる細川彝三郎（1871 - 1959/註；細川立興。当時、9歳/後、子爵）の家従、東京詰めが命じられ、儀吉をはじめ母・寿喜、儀吉の妻・世機子、儀吉の長男・莪、光は一家5人そろって上京することになったのである。

宗方家の人々。左から母の寿喜・儀吉妻の世機子・光子・儀吉（38）

　ここに掲載した写真は、平成27年（2015）6月7日、宗方儀吉の曾孫・宗方良晃氏宅を訪問し、良晃氏ご夫妻と、良晃氏の実姉で同じく儀吉の曾孫・宗方和子氏に、宗方家と光の資料を見せていただき、話を伺った際に紹介していただいたもので、明治13年（1880）

に東京で撮影された貴重な一枚である。

　儀吉が仕えた当時の宇土藩細川家の養子縁組は複雑で、第10代藩主・細川立則（1832‐1888）と第11代藩主・細川行真は兄弟であったが、弟・行真は兄・立則の養子となって後を継いでいる。また、国立公文書館の行真関係の史料によると、立則の隠居後に生まれた長男・彝三郎（立興）は、明治7年（1874）末の申請によって、明治8年（1875）初めに、行真の養子となることが認められ、同時に、行真の嫡男・侃次郎（1867‐1939/毛利高範/ドイツで速記を学び、毛利式速記法を開発する/貴族院議員/子爵）は、旧豊後国佐伯藩の元第11代藩主・毛利高謙（1840‐1876/高謙夫人は立則、行真兄弟の妹）の養子となることが認められている。儀吉は、第10代藩主の実子で、第11代藩主の養子・彝三郎（立興）のお世話をすることになったのである。また、光は上京した年の12月、細川家夫人（註；立興はまだ9歳であったkら細川行真夫人のことであろうか）の御側女中として召し抱えられている。

　しかし、明治17年（1884）7月、弟・儀吉に元第10代藩主・細川立則付きが命じられ、同年9月10日、一家そろって宇土に帰っている。

　桜井女学校では、既述しているように、同年9月、幼稚保育科を設けて、米国人ミリケンが保姆養成を担当することになった。幼稚保育科開設の情報を、光がいつどうやって手に入れたかは不明であるが、井上正氏の手書き原稿（熊本日日新聞掲載記事原稿）によると、浅井寅熹（註；宗方家の縁戚か）に同道して、明治18年（1885）1月14日、光は「幼稚園保姆ノ稽古」のため再び上京し、幼稚保育科に入学した。光41歳の春であった。

　40歳を過ぎて熊本から改めて上京し、幼稚園の保姆になろうというのは、幼稚園について全然知らないままではありそうもないので、在京中、光は幼稚園について見聞きはしていたかと思う。熊本県出身の矢島楫子の桜井女学校を直接訪ね、同校附属幼稚園を見学する機会なども何度かあったのではなかろうか。また、儀吉の長男・𣳣が東京の幼稚園に通っていた可能性もないではないのである。

　湯浅初子や潮田千勢子などの第一期生は、4ヶ月ほど前に同科に入学していたが、光も途中から一緒に、アメリカ人のミリケンや種子島出身の古市静子に保育の理論や実践を学んだはずである。宗方光は同科の入学者、修了者の名簿から完全に漏れ落ちている。しかし、光は、同科修了者中、自前の幼稚園を設立した最初の人、あるいはそうでなかったとしても、最初期の幼稚園設立者の一人であった、と思われるので残念である。

　また、同科における古市の役割も、完全に忘却されている状態であるが、ミリケンは、

346

来日当初、日本語はまったく話せなかったようであるから、鹿児島時代、豊田芙雄と寝起きを共にし、鹿児島幼稚園で助手を経ていた古市の役割は大きかったと思う。少なくとも、同科の修了生が出るまでは、当時の桜井女学校附属幼稚園には、古市の代わりができる人はいなかったと思う。

これも先に書いているが、明治19年（1886）10月11日、金沢に英和幼稚園を設立するミス・ポートルは、自身に幼稚園教育の経験がなかったため、ポートルの自費で吉田鉞を桜井女学校幼稚保育科に派遣した。第二期生の吉田は、明治19年（1886）8月、同科卒業であるので、準一期生というべき宗方光とは在学期間が重なっている。年の差はあったが、当時の幼稚保育科生は年に数名程度であったから、二人は良く知る仲となったはずである。

13-3-2　宗方光と宇土幼稚園の創設

帰郷した宗方光は、明治19年（1886）春頃には幼稚園を開業したようである。宇土町門内に開業した宇土幼稚園については、明治19年（1886）5月、熊本新聞がその存在を報じている。

宗方の幼稚園設立は、湯浅初子より約1年余早いし、桜井女学校附属幼稚園の「受持」であった古市静子の自前の幼稚園設立よりも約8ヶ月先んじている。また、自前の幼稚園ではないが、同科2回生の吉田鉞がミス・ポートル設立の英和幼稚園で保育を担当するようになったのは7ヶ月後のことである。宗方光は進取、果断の人だったのである。

根本氏によると、光は宇土町門内の上村矢直宅の宅地敷地を200円で購入し、同地で幼稚園を開業し、6歳以上の幼児20名ばかりを集めて、座敷を保育室とし、庭を「遊歩場」としたようである。

注目したいのは、光が保護者に対して「弁当ノ菜」は「必ズ有合ノ品ヲ持越スベシ」としたり、「児童ノ服ハ質素ヲ旨トシ、成ルベク清潔ニスベシ」(39)としている点である。光は無理のない庶民目線の幼稚園を作ろうとしているのである。子孫の方々に聞いても、光がクリスチャンだった様子はないようであるが、できるだけ広い層を対象に幼児教育の機会を与えようとする姿勢は、キリスト教主義の幼稚保育科で学んだことの影響と考えていいだろう。

宇土幼稚園の園児の回想には「折紙・唱歌・遊戯が主だった。折紙では舟やら鶴やら色々のものを習った。」(40)とあり、別の園児の回想には次のようなものもある。

開園の初日宗方保母が「𫓹（註；宗方光の甥。儀吉の子）が積木で井戸の形を造りますから他の人達はそれを見ていなさい。」と言われた。私はそれを見て、「𫓹さんは積木であんな立派な井戸の形が出来る、偉いなア」と思った（41）

甥の𫓹は、この時7歳であったが、積木は、光が東京で習ってきたものを、デモンストレーションのために𫓹に教えたとも、あるいは、𫓹は東京の幼稚園に通っていたことがあって、積木の経験が十分にあったとも考えられる。

こうした積木によるデモンストレーションは、桜井女学校附属幼稚園に特有のものではなく、東京女子師範学校関係者が講演や幼稚園の開園などの機会に実演した一つのパターンである。宇土で開園式をどんな風にやったらいいのか、古市や、ミリケンにアドバイスを求めることもできたであろうが、東京女子師範学校の附属幼稚園に、桜井女学校の休日の土曜日に古市と連れ立って出向いて行き、豊田芙雄あたりに助言を求めたこともあり得ると思う。ただし、これを裏付ける資料があるわけではない。

ただ、宗方光が東京で1年も幼稚園保育法を学びながら、設備がより充実し、スタッフも大勢いる東京女子師範学校附属幼稚園を一度も見学しなかったということは考えにくい。しかも、豊田芙雄の教え子で、鹿児島幼稚園で豊田の助手をし、再上京して豊田と同じ旗本屋敷の一角に住んでいたことのある古市静子がいるのだから、古市が宗方光を豊田芙雄に紹介する機会はなかった、と考える方が不自然であろう。鹿児島時代、豊田は兄・力太郎が戦死した熊本の植木方面にも出かけていて、豊田にとって熊本は知らない土地ではなかったのである。

13-3-3　　宗方光と熊本幼稚園の設立

しかし、翌年、熊本区（註；郡区町村編成法により明治11年から明治22年4月1日の市制施行まで存続した。郡長、区長は官選）に幼稚園を設立するということで、強い要請があり、光がやむなく熊本区に移ったため、宇土幼稚園は短期間で閉園となっている。保護者たちは町立として継続するよう宇土町に請願したがこれは実現していない。

熊本幼稚園設立（註；山崎幼稚園とも称した。昭和58年、五福幼稚園と合併し、現在、熊本市立五福幼稚園として存続している。先年、前村は同園を訪問し、種々のご教示を戴く機会を得た）のきっかけ及び経緯については、同園沿革史（42）から根本氏論文あるい

は『碩台幼稚園百年』の両方に引用されているが、以下のような内容である。

　　明治十九年五月ノ頃、原田寿平、市原勝次郎、田村仙次郎、野上一夫、木村善七、
上田小三郎ノ諸有志談地方子守婦女等ノ各寺院ニ集リ、子守ヲ為シ種々ノ悪風ヲ生ジ
為メニ幼稚ナル子女ノ教育ヲ懲マルノ恐レアルヲ以テ時ノ知事富岡敬明、熊本区長松
崎迪両氏ノ賛助ヲ得テ、茲ニ幼稚園ヲ設立スルニ至レリ、当時幼稚園ノ県下ニ未ダナ
カリシヲ以テ計画ニハ大イニ苦心ヲナシタリ、然ルニ宇土郡宇土町ニ宗像某ナル者一
民家ヲ借リ独力ヲ以テ熱心ニ二十数名ノ幼児ヲ保育シツツアル事ヲ聞キ、当時ノ区書
記中島典吾及木村善七、野上一夫、上田小三郎ノ諸有志一同宇土町ニ出張シ保育ノ実
際ヲ見聞シ益々幼児教育ノ必要ヲ感ジテ帰リ直チニ田村、原田、市原、野上、片山、
上田ノ諸氏相会シテ、元山崎小学校ノ跡ニ地ヲト（註；ぼく＝選定）シテ建築スルコ
トニ決ス。
　　明治十九年十二月二十七日付ヲ以テ、市原勝次郎、原田寿平、田村仙次郎、野上一
夫、辛川小源次ノ五名ヲ発起人総代トシテ、区立同様ノ取扱ヲ以テ幼稚園設立ノ儀区
長ヘ出願セリ。
　　明治二十年一月二十二日知事ノ認可ヲ得新築ニ着手シ、同年六月工ヲ竣ヘ、同時ニ
保育ヲ開始シ、同年七月二十三日開園式ヲ挙ゲタリ、当時保母ノ任ニアリシハ宗像某、
志村タカノ二氏ニシテ幼児は四十五名ナリ

　文中の区書記・中島典吾は宗方の親戚であった。中島が有志たちを宇土に案内した。明
治 19 年（1886）6 月 13 日の熊本新聞は、6 月 9 日、一行が宇土幼稚園を訪問したことを
報じている。この辺の事情について、山本十郎編『肥後文教と其城府の教育』(43) から
追記すると次のようである。

　　（有志たちは）幸い城南宇土町に宗像天留女史が一民家を借り独力を以て十数名の幼
　児を集めて、熱心に保育に従事しつゝあることを聞き、女史は区の学務主任中島典吾
　氏と親戚関係にあるを以て中島主任と共に宇土町に出張して親しくその保育の実際
　を視また聞き益々保育事業の必要を感じて帰り、県市学務課の助成を得て同年十二月
　廿七日市原勝次郎、原田寿平、田村仙次郎、野上一夫、辛川五源次五氏発起人総代と
　して区立同様の取扱いを以て幼稚園設立の儀を上申し、翌二十年一月廿三日県の認可

349

を得た。直に園舎の建築に着手し同年七月二十三日開園の式を挙げた。当時の保姆は前記の宗像天留と志村タカの両女史で最初の園児は四十五名、即ち是れ熊本市に於ける幼稚園の濫觴である。宗方女史は旧宇土藩の生まれで、後東京に出で東京女子師範学校保育科（後の女子高等師範）を卒業（註；この部分は誤りである。実際は桜井女学校幼稚保育科である）して帰りて自ら幼稚園を開いていたが、前記諸氏の懇請もだし難く、熊本に出たのである。園は明治二十七年四月市参事会の管理に属することゝなり全然公立幼稚園となつた。

　熊本幼稚園に次で翌二十一年十一月南新坪井町碩台校内に碩台幼稚園が設立された。創立は前者と同じく坪井地方の有志美作宗太郎、吉田善門、園内郭六の諸氏と当時の碩台校々長上野又十氏等の斡旋にて有志者の寄附金に依つたもので最初の保姆は松原慶、中島常、人見米（註；後、海老名リンの東京の幼稚園を譲り受けた人見よねと同一人物かと思う。このことは後述する）三女史であつた。翌二十二年七月熊本地方大地震にて碩台校崩壊したので校地を南千反畑町に移すに及び幼稚園も同所に移りたるが、後三十六年今の八幡宮前に新築移転した。本園も熊本幼稚園と同じく二十七年より市参事会の管掌する所となり公立となつた。

　当時、ある程度裕福な家庭では、「子育て」は、多くは貧しいため学校にも行けず家庭の躾も十分にできていない「子守」に丸投げしていたのである。熊本の「有志」たちは、原田寿平が横紺屋町の「太物呉服洋端物糸物類卸売所」という大店の店主だったように、それぞれ地域の有力者だったと思われるが、多くの子守は「子育て」に熱意などなく、「ただ寺院などにたむろして幼児を遊ばせ、悪さをして種々の悪風を生じており、これでは幼な子の教育を誤る恐れがある、適切な幼児教育をする「幼稚園」を設けなければならない」と気付いたのである。このことはフレーベルが指摘することと同じであった。熊本幼稚園は、当時の幼稚園の中では、地域の有志が核となって設立した、という点で大阪の愛珠幼稚園に似ている。

　熊本の「有志」たちは、幼稚園設置についてまず知事、区長に相談し、事前に賛同を得ている。この幼稚園の設置申請書類については見たことはないが、申請直前におそらく時期を合わせて国の規則に従って制定された、熊本県の「明治十九年十二月八日県令第三十号」の「学校幼稚園書籍館設置廃止規則」に則って提出されたはずである。

学校幼稚園書籍館設置廃止規則（明治十九年十二月八日県令）

第二条　区町村立及私立ノ幼稚園ヲ設置セントスルトキハ左ノ各項ヲ具シテ知事ノ

認可ヲ愛クヘシ

一、名称

一、位置

一、設置ノ目的　彜倫道徳ヲ本トシテ幼稚ヲ保育シ家庭ノ教育ヲ補

フ等ノ類ヲ記載スヘシ

一、保育課程

一、保育ノ要旨　何様ノ方法ニ依リ何様ノ器具ヲ用キテ保育スル等

ヲ記載スヘシ例ヘハ修身ノ話ナレハ和漢聖賢ノ教ヘニ基キテ近

易ノ談話ヲ為シ絵図等ヲ示シテ理解ヲ助ケ孝悌忠信ノ大要ヲ知

ラシメ務メテ善良ノ性質習慣を養フ等ノ類

一、保育用図書及器具　一、保育期限及休業　一、始業終業ノ時限

一、入園幼稚ノ年令　　一、幼稚概数　　　　一、保育料

一、入園退園等ノ諸規則

一、保姆及補助員ノ職務心得

一、保姆補助員ノ数並ニ俸額

一、設立者（私立ニ限ル）保姆及補助員学力品行履歴

一、敷地建物ノ図面

一、経費

　東京の榎坂幼稚園の申請書とほぼ同様の内容であるが、「修身ノ話」については熊本の場合も日本橋幼稚園の「会話」と同様に「和漢ノ聖賢云々」が示されている。この時期は、保姆については小学校教員の資格を持つ者、知事が認可を与えた者となっている。

　熊本幼稚園（山崎幼稚園）は、申請が明治 19 年（1886）12 月 27 日で、県の認可が明治 20 年（1887）1 月 22 日であるが、発起人惣代たちは、同年 1 月 5 日には、早くも熊本新聞に次のような広告を出している (44)。

　広告　今般野生等幼稚男女之教育につき大に感する所これあり　区内山崎町天神社

軒隣に於て私立幼稚園を建設し勉めて従来の陋習を一洗するの目的に候間生等と同

感を抱かれたる諸氏又は真に子弟を愛育せらるるの諸君は幾分の金員を義捐し此の事を賛成せられんことを希望す　発起人惣代　熊本区迎町　田村仙次郎　横紺屋町　原田寿平　同古町　市原勝太郎（註；勝次郎か）。

　同年6月7日の熊本新聞は、同月6日、熊本区山崎町の山崎幼稚園が授業を開始し、生徒が42人（男16人・女26人）で、男は洋服、女は袴であり、保育は志村・宗方の二人が担当していることを報じている。

　前述の二つの資料では、明治20年（1887）7月23日、同園は開園式を挙げたと記述しているが、子どもたちを1ヶ月半ほど幼稚園で慣らし、恩物の初歩の練習や唱歌の練習、その他種々の準備を経て、開園式を迎えることにしたということであろう。

　この幼稚園は「区立同様ノ取扱ヲ以テ」設立された。開園式には、来賓に「山地司令官、富岡知事、川村参謀長、平山所長、山下第一部長、白木常置委員を始めとし陸軍将校県庁尋常師範中学及び医学校区内各公私立学校の各教員諸会社有志輩等無慮二百余名」(45) があり、熊本県の第一線に立つ人々が大勢集って大々的に祝福しているのである。

　当日、幼児たちは「祝エ祝エ」、「風車」、「蝶々」、「見渡せば」の唱歌を歌い、次に「恩物積立并に問答」をし、続いて「家鳩」、「妄想（註；盲想）」の遊戯唱歌を歌いながら遊戯をしている。もちろん、これらは保姆の宗方光と志村タカが指導したものであるが、「祝エ祝エ」は『小学唱歌集初編』に、「風車」は『幼稚園唱歌集全』に、「蝶々」は『幼稚園唱歌集全』及び『小学唱歌集初編』に、「見渡せば」は『小学唱歌集初編』に掲載されている唱歌である。特に「風車」、「家鳩」、「盲想」は豊田芙雄の訳詞であり、明治10年代に入って間もなく東京女子師範学校附属幼稚園で取り入れられたものであるが、光が学んだ桜井女学校の幼稚保育科でもこれらの唱歌や遊戯を指導していたのであろう。

　ちなみに、幼稚園設置に理解を示している熊本県知事の富岡敬明（1822 - 1909）は、幕末、旧佐賀藩の支藩・小城藩で藩の重職に就いていたが、小城藩騒動で刃傷沙汰を起こし、死罪が言い渡されている。幸い、宗藩の鍋島直正（1815 - 1871）の指示により死罪は免れたが、終身禁固、家名断絶、家、屋敷、田地一切没収の厳しい処分を受けている。しかし、明治2年（1869）、赦免となり、佐賀藩権大参事、伊万里県権参事などを歴任している。明治5年（1872）には、山梨県権参事となって辣腕をふるい、明治8年（1875）9月、名東県権令、明治9年（1876）11月、熊本県権令となっている。

　西南戦争時は、谷干城（1837 - 1911/註；旧土佐藩士/熊本鎮台司令長官/後、第2代学

習院長/子爵)、樺山資紀（1837 - 1922/註；旧薩摩藩士/参謀長・中佐/後、海軍大臣、諸大臣を歴任/海軍大将/伯爵)、児玉源太郎（1852 - 1906/副長・中佐、陸軍大将/子爵）らと熊本城に 54 日間立てこもっている。その後、熊本県令、熊本県知事となり、退任後は、山梨に住み、貴族院勅選議員、男爵となった。

　熊本幼稚園の具体的な保育内容については、現在のところ資料は見つかっていない。しかし、翌年の明治 21 年（1888）11 月、熊本幼稚園に倣って設立された熊本の碩台幼稚園（註；熊本市立碩台幼稚園として現存する）については、明治 26 年（1893）12 月、東京女子高等師範学校が全国 50 園を調査した「公私立幼稚園要項取調表」及び「公私立幼稚園保育課目取調表」(46) でその保育内容の概略を知ることができる。

　碩台幼稚園の場合も熊本幼稚園とまったく同じく「地方子守婦女等ノ各寺院ニ集リ、子守ヲ為シ種々ノ悪風ヲ生ジ為メニ幼稚ナル子女ノ教育ヲ愆マルノ恐レアル」ことを憂えて幼稚園設置に取り掛かっていることから、両園とも保育内容についても同じようなものであったと思う。同調査によると碩台幼稚園の保育課目の状況は次のとおりである（註；視認し易いように同園が取り入れているものを〇、取り入れていないものを×で示した。数字は 50 園中取り入れている園の数。50 園中、若松幼稚園と五條幼稚園はこの質問には未回答のため最高が 48 園である）。

修身話（〇・48）　庶物話（〇・47）　唱歌（〇・46）　戸内遊戯（×・47）　戸外遊戯（〇・45）　六球（〇・14）　三体（×・10）　積木（〇・48）　板排（〇・47）　箸排（〇・47）　鐶排（〇・39）　畫方（〇・44）　刺紙（×・12）　繍紙（×・44）　剪紙（×・44）　織紙（×・45）　組紙（×・20）　摺紙（〇・47）　豆細工（〇・46）　粘土細工（×・16）　繋方（〇・46）　讀方（×・26）　書方（〇・25）　計方（〇・33）　會集（×・9）　連板（×・2）　組板（×・2）　養畜（×・1）　紙ヨリ（×・1）　体操（×・1）　排字（×・1）　組字（×・1）　紙張（×・1）　濡糸（×・1）　組紐（×・1）　手工品（×・1）

　碩台幼稚園の保育課目も全体の傾向とほぼ同じであるが、戸内遊戯の質問については、碩台幼稚園においては質問の意味の取り違えがあったのか取り入れていないとしている。全体にいわゆる「20 恩物」でも、「六球」や「三体」のように乳児向きのもの、「刺紙」のように細かすぎるもの、「連板」や「組板」のように地味なものは、淘汰される傾向に

あり、幼児が喜んで活動するにもかかわらず「粘土細工」は準備や片付けに手間がかかるためか取り入れている園は少ない。全体的には依然として恩物中心の保育である。ただ、碩台ではほとんどの幼稚園が取り入れている繍紙、剪紙、織紙を実施していない。

　宗方は、熊本県出身の矢島楫子の桜井女学校「幼稚保育科」で、矢島の姪・湯浅初子と一緒に学び、明治19年（1886）、熊本県では最初の幼稚園となる宇土幼稚園を創立し、翌年の熊本幼稚園創立とその維持にも大きく貢献したが、明治23年（1890）4月23日、46歳の若さで病死している。これまで光の死因は特定できていなかったが、先般、九州日日新聞の死亡記事（47）によって死因が「貧血」であったことがわかった。

　　〔九州日日新聞　明23．4．25〕
　　宗方テル子死去　宇土の人宗方テル子（四十六年）は先年東京に出て幼稚園保姆の伝
　　習を受けて帰り去る二十年熊本幼稚園の設立あるや保姆の任を受け爾来今日まで頗
　　る同園に力を致したる人なりしも先頃貧血病にかゝり薬石効を奏せず一昨二十三日
　　午後一時死去されたり惜むべきことにこそ

　なお、同紙には弟・儀吉の名前で「宗方てる」の死亡報告の広告を 25 日、26 日、27日、29 日に掲載している。なお、28 日は新聞の休刊日か欠落かはわからない。
　次に示す熊本における幼稚園設立とその概要は『熊本県教育史　中巻』（昭和 6 年）に掲載されているものである（註；保育年数、組数、本年保育満期、一ヶ年保育料、歳費等は省略している）。なお、根本氏も指摘しているように、同書では県内最初の幼稚園が宇土幼稚園であることを知らなかったようで、熊本県における最初の幼稚園を熊本幼稚園としており、これが随分と後まで熊本の幼稚園史に間違ったまま受け継がれている。

熊本幼稚園	市立	熊本市山崎町	明治二十年	保姆三・雇一	男児四四・女児四二
碩台尋常小学校附属幼稚園	同	同南千反畑町	同廿一年	同二・同二	男児七七・女児七八
五福尋常小学校附属幼稚園	同	同魚屋町	同廿九年	同二・同二	男児五〇・女児四七

代陽尋常小学校附属幼稚園	町立	八代郡八代町	同廿二年	同二・同〇	男児三一・女児三四
黒髪尋常高等小学校附属幼稚園	村立	飽託郡黒髪村	同廿八年	同一・同一	男児一一・女児一三
人吉幼稚園	私立	球磨郡大村	同廿七年	同一・同〇	男児一三・女児一七

　なお、同書によると、熊本県ではこれらに続いて、明治33年（1900）、熊本市手取幼稚園が開設されたことを記している。宗方光が保育者として活躍したのは僅か4年程のごく短期間であった。しかし、熊本県では、熊本幼稚園に続いて、明治20年代に5園、明治30年代初頭に1園が設置されるなど、地方では比較的早く幼稚園の数が増えている。

　この時期、筆者が現在住む佐賀県などはまだゼロ園であるし、設置の早かった鹿児島県や宮城県でも1園のみで後続園はできていない。熊本県で多くの幼児たちが早々に近代保育の恩恵に浴することができるようになったのは、宗方光の存在抜きに考えることはできない。

　肥後生まれの矢島、湯浅、宗方は幼稚園教育の先駆者であった。特に宗方光は、活躍の期間こそ短期であったが、熊本の地で近代幼児教育確立の礎を築いた最初の女性であった。宗方は、幼児教育の分野における新時代の息吹を、東京から熊本に持ち帰ったのである。宗方光は、女子学院史上においても、熊本県教育史上においても、日本保育史上においても、もっと正当に評価されるべき人物であろう。

注

(1) 守屋東『矢島楫子』、婦人新報社、1923年

(2) 　津曲裕治・一番ヶ瀬康子編・今波はじめ著『シリーズ福祉に生きる　30　矢嶋楫子』、大空社、2000年

(3) 女子学院史編纂委員会編『女子学院の歴史』、女子学院、1985年、写真頁

(4) 久布白落実『矢島楫子伝』、日本基督教婦人矯風会、1956年

(5) 茅原廉太郎（崋山）・茅原ふじ子『左右修竹』、隆文館、1905年

(6) 徳富猪一郎（蘇峰）『日本名婦伝』、主婦の友社、1928年

(7) 女子学院史編纂委員会編『女子学院の歴史』、女子学院、1985 年

(8) 日本キリスト教婦人矯風会編『日本キリスト教婦人矯風会百年史』、ドメス出版、
1986 年

(9) 三浦綾子『われ弱ければ—矢嶋楫子伝』、小学館、1989 年

(10) 前掲、女子学院史編纂委員会編、写真頁

(11) 上掲、女子学院史編纂委員会編、写真頁

(12) 朝野新聞記事「桜井女学校新築落成して開業式」、朝野新聞、明治 14 年 8 月 9 日

(13) 毎日新聞記事「桜井ちか子渡米す　万国婦人矯風会への出席の為め」、毎日新聞、」明治
26 年 9 月 17 日

(14) 三島市（郷土資料館）「〜明治の子女教育の先駆け〜薔薇女学校」、『広報みしま』
（第 117 号）、平成 9 年 3 月 1 日号、及び、三島市（郷土資料館）「明治初期の女子
教育のルーツ　花島家と薔薇女学校」、『広報みしま』（第 227 号）、平成 19 年 4 月
1 日号

(15) 桜井ちか「桜井女学校附属幼稚園規則」、『東京の幼稚園』、昭和 41 年、pp. 61-63

(16) 前掲、女子学院史編纂委員会編、pp. 168-171

(17) 湯浅はつ「保姆等品行学力履歴書」、東京都編『東京の幼稚園』、昭和 45 年、pp. 93-
94

(18) 日本保育学会『日本幼児教育史　第一巻』、フレーベル館、明治 43 年、p. 176

(19) 『女学雑誌』（263 号）、明治 24 年 5 月 2 日

(20) 田中優美・橋本美保「桜井女学校幼稚保育科卒業生吉田鉞の保育思想とその実践：
室町幼稚園の保育カリキュラムに着目して」、『東京学芸大学紀要』（Vol. 62 No. 1）、
2011 年、pp. 19-30

(21) 根本なつめ「宗方光と幼稚園」、『宇土市史研究　第十三号』所収、宇土市史研究会・
宇土市教育委員会、平成 4 年

(22) 松本園子「野口幽香と二葉幼稚園（1）：先行研究の検討」、『淑徳短期大学研究紀要』、
2007 年、pp. 117-129　松本氏には本編をはじめ長年にわたる二葉保育園に関する
研究の蓄積がある。

(23) 宍戸健夫『日本における保育園の誕生—子どもたちの貧困に挑んだ人びと—』、新
読書社、2014 年

(24) 久布白落実著『湯浅初子』、東京市民教会出版部、昭和 12 年、＜復刻版＞伝記叢書、大

空社、1995 年

(25) 半田喜作編著『湯浅治郎と妻初』、『湯浅治郎と妻初』刊行会、1994 年

(26) 徳富猪一郎著『現代女性訓』、民友社、1937 年

(27) 前掲、女子学院史編纂委員会編

(28) 前掲、東京都編

(29) 上掲、東京都編、pp. 93-94

(30) 前掲、半田喜作編著、p. 222

(31) 前掲、東京都編、pp. 92-97

(32) 上掲、東京都編、p. 118

(33) 前掲、根本なつめ

(34) 宇土市史編纂委員会編『新宇土市史　通史編』(第三巻)、宇土市、2009 年

(35) 野田寛著・山本十郎編『肥後文教と其城府の教育』、熊本市教育委員会、1956 年

(36) 熊本市立碩台幼稚園百周年記念会編『碩台幼稚園百年』、熊本市立碩台幼稚園百周
　　年記念会、1989 年

(37) 熊本市立熊本幼稚園『熊本幼稚園沿革史』、作成年は不明　平成 23 年 8 月、熊本市
　　立五福幼稚園を訪問した際に拝見させてもらったが、古い手書きの小冊子である。
　　なお、昭和 58 年、熊本幼稚園と五福幼稚園は統合し、現在の五福幼稚園となった。

(38) 宗方儀吉一家写真、儀吉の曾孫・宗方良晃氏所蔵

(39) 前掲、根本なつめ、p. 23

(40) 上掲、p. 23

(41) 上掲、p. 23

(42) 前掲、熊本市立熊本幼稚園

(43) 前掲、野田寛著・山本十郎編

(44) 熊本幼稚園 (山崎幼稚園) 園児募集広告、熊本新聞、明治 20 年 1 月 5 日

(45) 前掲、根本なつめ、p. 25

(46) 東京女子師範学校調「公私立幼稚園要項取調表」・「公私立幼稚園保育課目取調表」
　　明治 26 年 12 月

(47) 宗方光死亡記事、九州日日新聞、明治 23 年 4 月 25 日

14　海老名リンと会津若松の幼児教育

14-1　日向リンと海老名季昌の家庭と修業

14-1-1　　日向リンの生い立ちと縁談

　海老名リン(1849‐1909)は、会津落城後、会津の藩士やその家族らと共に、不毛、酷寒の地「斗南」に移住し、悲惨な生活をしている。夫・海老名季昌（1843‐1914）は、会津戦争中、家老に取り立てられ、藩の要職にあったため、明治初年前半に、東京に送られ熊本藩、金沢藩などに預けられ幽閉されている。

　リンは、会津の人々と共に斗南で飢餓と酷寒に苦しめられる日々を送った。そうした中で、リンは、将来は、必ず会津の人々のために尽くしたい、という気持を抱いていた。20年後、キリスト教に出会った頃からその気持ちはますます強くなり、40歳を過ぎて会津若松に帰って、幼稚園と女学校を開いたのである。

　リンについては、会津若松の郷土誌等に掲載された文献は、短編のものが主で、内容が重なるものも多い。最も詳細で資料豊富なものとしては、故・玉川芳男氏の編著『海老名季昌・リンの日記』（歴史春秋社）がある。玉川芳男氏は、長年、福島県の教育畑を歩かれ、母・玉川喜代子氏（元・若松幼稚園園長、元・日本私立幼稚園協会理事）の後を継いで、学校法人若松幼稚園の園長、理事長となった人であるが、現・理事長で若松第一幼稚園園長、若松第三幼稚園園長の玉川祐嗣氏及び若松第二幼稚園園長の上嶋啓子氏のご尊父である。両氏には、先般、会津若松を訪問した際に、文献資料だけでなく、諸資料を拝見させていただき、種々お話を伺うことができた。

　リンは、嘉永2年（1849）3月、100石取りの会津藩士の父・日向新介と母・まつの次女として、若松城下東部に位置する小田垣に誕生している。幼名はモトと称している。父・新助は御目付役となった武士であったが、リンは7歳の時からこの新介について読み書きと歌道を学び、当時の武家の女子の慣例どおり13歳頃から16歳まで小田垣の神尾鉄之直の母・ふさ子に裁縫と作法を習った。この神尾ふさ子はいい指導をしたようで、リンは自ら「この人に教育を受けたことは一生の宝となりました」と述べている。実際、リンの言葉通りに、斗南藩や東京での困窮時に裁縫の技を生かして家計を助けている。

　リンの縁談については、早くからあって、13歳の時、四ノ丁の植田啓助と結婚の約束

ができていた。しかし、リンが15歳の時、啓助が早世するため、その弟・次郎との縁談が進められたが、16歳の時、婚約解消となった。17歳の時、加藤辰之助との縁談と海老名季昌との縁談が同時的に起こり、加藤家の方は人を立てて断りを入れ、海老名家へ嫁いだ。

14-1-2 　海老名季昌の生い立ちと修業

海老名リンの生涯を大きく左右したのは夫・海老名季昌の存在であった。季昌は頑固で融通のきかないところはあったが、生真面目で、戦場では、死をも恐れない勇猛心を発揮する男であった。リンは、古武士のような季昌に、武家の妻として良く仕えたが、後に、キリスト教の洗礼を受け、矯風会活動に打ち込むようになると、主張すべきは主張し、行動すべきは行動するという立場を守って、夫・季昌の言いなりになることはなかった。

季昌は、天保14年（1843）7月7日、会津藩の家禄250石の父・海老名季久の嫡子として、会津若松城東天寧寺町に生まれている。字は瓢、号は陽亭、また秀次郎を幼名とした。後に、父の名前である郡治を継承している。海老名家は、相州警備担当（註；海老名家は元・鎌倉幕府御家人で現在の神奈川県海老名市を本拠地としていた）で、会津若松の定詰でないため、郭内には屋敷がなかったが、弘化元年（1844）、父・季久が御目付役となったので郭内に移り、翌年、四ノ丁の一柳某の旧屋敷を拝領した。

季昌は、子ども時代は丈夫な方ではなく、3歳の時には、疱瘡を患って死線をさまようということもあった。手習いを始めたのは6歳6ヶ月からのようで、隣家の山本家に通うが、最初の日、漢字ばかりの「孝経」を開いて気を失い、山本師に抱えられ、自宅に送り届けられるというエピソードまで残っている。季昌の母は教育熱心で、季昌は、自身、自分の学問は常に母親の励ましによって進んでいった、と述べている。

嘉永4年（1851）、父・季久が上総富津定詰軍事奉行添役となったので、一家で富津に移っている。季昌は、9歳の時、富津にあった日新館分校に入学したが、重い疱瘡の後遺症もあって「七、八歩歩くと必ず倒れてしまう」という状態であった。

ペリー来航時には、10歳を少し過ぎたばかりの子どもであったが、二度とも出陣させられている。安政元年（1854）、12歳の時、父・季久が富津を引き払うことになり、父と共に江戸金杉御陣屋に移った。同年、重い病気に罹り30日ほど寝込み、その翌年にも40日ほど病床に伏したことがあった。その間も、季昌は、学問研鑽だけでなく、武術の方も、徐々に軍略、砲術、馬術、弓術、刀術、槍術など修業の幅を広げていった。

安政6年（1859）4月、実母が病没している。後に、父・季久は飯野家の里（さと）と再婚している。同年9月、父・季久が会津勝手御大目付を拝命したので、一家揃って帰国し、日新館隣の御用屋敷に住むようになった。万延元年（1860）2月には、父・季久が蝦夷地定詰軍事奉行及び番頭となったので、同年9月、家族も当地へ呼び寄せられている。季昌18歳の年である。

　文久元年（1861）12月、季久と共に季昌に北蝦夷地とサハリンの探査と、季昌の大砲打ち手が命じられ、翌年4月、函館の戸切地（へきりち）を出発し、北蝦夷地（標津（しべつ））で陣屋建設を始め、季昌はサハリンまで探査に出かけている。幕府は、北海道北東部一帯を会津藩領に加え、北の警備を任せたのである。ただ、陣屋建設に絡み、役人の不正事件が発生し、季久は監督責任を取って藩に隠居を申し出、文久3年（1863）、季昌に家督を譲っている。20歳を過ぎる頃には、季昌の体もだいぶ丈夫になったようで、学問の方も、日新館を優等生で卒業し、武術も諸術を優秀な成績で修めている。

　翌年の元治元年（1864）、季昌は、藩主・松平容保（1836-1893）が守護職をしていた京都勤番が命じられ、着京後、すぐに「蛤御門の変」に遭遇することになった。その時の活躍ぶりが評価されて、元治2年（註；1865年/註；この年は4月7日慶応に改元されている）正月、御使番仮役となり、同年中に御使番となった。慶応元年（1865）10月、海老名季昌23歳は、日向リン17歳と結婚した。翌年の慶応2年（1866）には、季昌は京都定詰大砲組頭に出世している。

14-1-3　　海老名季昌のヨーロッパ派遣

　会津藩では、日新館を優等で卒業した者には、昌平黌などへ遊学が許されるという恩典があったが、慶応2年（1866）11月、海老名季昌（註；この時、海老名郡治を称している）と1300石の上級武士・横山主税常忠（1847-1868/註；常忠は諱（いみな）。常守は諡（おくりな））は、第五回パリ万国博覧会日本使節代表・徳川昭武（1853-1910/註；将軍・徳川慶喜の弟。当時14歳。水戸藩最後の藩主となる/水戸徳川家12代当主で豊田芙雄が、後、イタリアに随行した徳川篤敬（あつよし）は昭武の養嫡子）の随行員として選ばれ、慶応3年（1867）1月11日、フランス客船アルフェース号で横浜港を出港した。

　徳川昭武の随行員は23名であったが、他に、外国奉行向山隼人正（むこうやまはやとのしょう）（1826-1897/註；号は黄村（こうそん）。諱は一履（かずつぐ））の従者、御小姓頭取・山高石見守の従者、小遣3名などがいた。随行員の主なところでは、箕作貞一郎（1846-1897/註；津山藩出身。箕作麟祥。後の官僚。

法学者。教育者。政治家/男爵）、渋沢篤太夫（1840 - 1931/註；渋沢栄一。武蔵国榛沢郡の豪農の子息から幕臣となった。後、官僚。実業家。理研の創設者。日本資本主義の父/子爵）、高松凌雲（1837 - 1916/註；現在の福岡県小郡市古飯出身。幕末‐明治期の医師）、杉浦譲（1835-1877/註；甲府出身の幕臣。後、官僚。中村正直の甲府勤務以来の友人。楽善会会員。松野礀の上司。早世。『航西日記（詳細な視察資料）』を残す）、服部潤次郎（註；水戸藩士/後、郡奉行）などがいるが、本書の別の章で登場する人物も何人か含まれている。幕臣となった渋沢栄一は、若い頃は過激な尊皇攘夷派で、横川楳子の兄・勇太郎などと共に横浜襲撃を計画したこともあったし、杉浦譲は、地理局長時代、松野礀の直属の上司となったが、中村正直らの楽善会のメンバーでもあった。また、服部潤次郎は、後、水戸藩の郡奉行となるが、奉行所の雇員・根本正に洋行土産の懐中時計と燐寸を見せて、根本の海外への憧れを刺激した。

　留学生には、会津藩の海老名季昌、横山主税と唐津藩の尾崎俊蔵の３名がいた。３名は名目上、随行員となっていたが、現地に着くと「留学生（伝習生）」に切り替えられている。パリに着いた途端に役人から「君らは今後自由にしてよろしい」と言われて、生真面目な海老名は約束が違うと言って憤慨するが、その方が気楽に研修できると思い直して、３人は奉行から「添え状」を貰って各国視察に出かけることになった。

　３人の添え状発見について、平成 26 年（2014）１月 12 日付の佐賀新聞に、次のような記事があるので紹介する (1)。

　　　幕末の欧州留学　唐津藩士ら「添え状」携行
　　幕末に欧州留学した唐津藩士らが携行していた「添え状」が東京大史料編纂所で見つかった。旅券とは別に、通過各国に保護を求める書状で、押されたスタンプからパリをたってロシア・サンクトブルクまでの足跡を確認できる。同行していた外国奉行がパリで発行しており、専門家は「具体的な旅程と手続きが分かり、非常に興味深い」としている。
　　添え状は１８６７（慶応３）年の発行で３通あった。唐津藩士・尾崎俊蔵（生没年未詳）と会津藩士２人の合わせて３人が欧州留学に携行していた。東大史料編纂所が外務省から引き継いだ書類に含まれていた。
　　表に和文、裏に英文が記されている。外国奉行向山一履（むこうやまかずふみ）の名で身元を保証し、留学目的であることを説明して道中の安全を求めている。

さらに、現地で押された「ポーランド鉄道ワルシャワ・ウィーン線」「グランドホテル・ワルシャワ」のスタンプもあった。3人が鉄道でウィーンからワルシャワに向かい、そこで乗り換えてサンクトペテルブルクへと進んだルートが読み取れる。

　3人は、将軍の名代としてパリ万博に参加するために渡欧した徳川昭武に同行する形で横浜港からパリへ向かい、そこから昭武一行と離れ、ロシアやエジプトなど各国を回った。

　3人はこの年の12月に帰国したが、翌春、会津藩士の横山主税（ちから）（1847～68年）と海老名郡治（1843～1914年）は、戊辰戦争に参戦し、横山は21歳の若さで戦死する。海老名は後に、若松町長としてふるさとの発展に貢献した。

　一方、唐津藩士の尾崎も戊辰戦争に巻き込まれていった。唐津藩は佐幕派で、旧幕府軍とともに東北へ転戦。『新選組大人名事典』（新人物往来社）などによると、尾崎は江戸屋敷にいた唐津藩の世継ぎの小笠原長行から世話係に命じられ、、仙台から蝦夷へと向かった。明治以降の消息ははっきりしない。

　東大史料編纂所の保谷徹教授は「3人がヨーロッパを見て回りたいと、添え状を出してもらった経緯が分かる。地中海を回ってからウィーンへ行ったようだが、具体的な証拠が出てきたのは非常に面白い」と話す。（註；「添え状」の裏面写真は省略）

季昌らは、パスポート（旅券）に相当する「認可証」は持っていたが、「添え状」は、各国を視察する3人の保護を頼み、諸施設等の見学を依頼するもので、外国奉行の名で発行している。季昌が「清水公（昭武）に御暇を乞い、御薬を頂戴、また各国重役への書簡を貰い、かつ台場、製造所等の見学可能な様認め貰って出発す（註；下線は前村による）」(2) と書いている中の「認め」が「添え状」であろう。

佐賀新聞掲載の「添え状」の表写真

363

パリに着いた翌日、海老名と横山を、二人の会津藩士、山川大蔵（1845-1898/註；山川浩。姉・山川二葉、弟・山川健次郎、妹・大山捨松/後、東京高等師範学校校長。女子高等師範学校校長。陸軍少将。貴族院議員/男爵）と田中茂手木（1843-1868/註；戊辰戦争中、新潟で戦死）が訪ねている。横山主税は、家老・横山常徳の養子で、山川原八常道の子で山川大蔵、健次郎は従弟であった。山川と田中は、樺太の国境画定のためロシアに派遣された幕府外国奉行・小出大和守秀美（1834-1869）に随行し、その帰途パリに寄り、博覧会の見学などをしていた。

郡治（季昌）らは、フランス語が話せなかったので、エルメ・カション（1828－1889/註；来日したことのあるフランス人神父/Eugène-Emmanuel Mermet-Cachon）という元・宣教師で函館や横浜に通算8年ほど滞在し、日本語に非常に堪能で俳号まで持っている男に就いて学ぶことになった。季昌はカションと同居し、日夜朝夕、書を読み、文を学び、諸書を手に入れ、翻訳し、聞き書きをし、季昌は学んだことを、すぐに横山と尾崎に教えるという方法をとった。経費はすべて「お上」が出したが節約も考えたのであろう。

ただ、カションは、日本滞在中、幕府とフランスの関係強化に努めたが、悪徳商人のような振る舞いもあったようで、西郷隆盛からは「奸物」、勝海舟からは「妖僧」と評されている。季昌も手記でカションは利益と名誉を貪る「愚物」と見なしているが、カションが指導を渋ると、謝礼を増やすなど、うまく対処している。カションは、昭武一行の全通訳を望んでいたが、日本にいる頃から外国奉行の向山と仲が悪く、昭武らとフランス皇帝ナポレオン三世との謁見式の通訳だけは任されたが、向山の強い反対で他はすべて除かれている（註；留学生3人は皇帝との謁見式には出ていない）。カションは、フランスの新聞に徳川幕府の批判を書き、徳川派の仏国政府をも困らせている。

郡治（季昌）は、短時日で効率よく学ぶことに努め、寝食を忘れるくらいに熱心に学んだと書き、その様子を「師の性格は愚で、利と名を貪る事甚だしいのです。そのためにその御法を悟り、施しました。師も喜んで踏み込んで教えてくれましたので、普通の人の三、四年分は一年で学ぶことができ、私の利益になることが甚だ多かったようです」(3)と自画自賛しているが、どこへ行っても言葉には困っているので、フランス語は片言が話せる程度で、ヨーロッパ情報の収集の方が大きかったかと思う。季昌らは、慶応3年（1867）7月、各国巡歴の旅に出ている。

季昌は、手記で、博覧会やフランスの実情に関する詳細な記録の他に、4ヶ月間に及ぶ、シュース（スイス）領ゼナーウ（ジュネーブ）、イタリア、シュース（スイス）領ベルン、

バビール国（ギリシャ）、エジプト、ヨーステンレーキ（オーストリア）、ロシア、プロシア、オランダ、ヘルジム（ベルギー）、イギリス等、巡歴した各国の風土、政治、産業、教育などについて詳細な記録を残しているが、本書での紹介は省略する。詳細については玉川芳雄氏の書を参照されることをおすすめする。

　ただ、2、3書き留めておきたいこととして、スイスでは3人は同国を訪れた最初の日本人として歓迎され、大統領と会見している（註；同国には大統領が複数いた）。また、大統領、宰相が祭りの案内をし、両国の交流発展に対する期待が述べられた、ということもあった。幕末、唐津藩や会津藩の普通の「サムライ」たちが、スイスの大統領と会見しているのは面白いが、昭武から預かった書簡が効を奏したのであろう（註；後に昭武らはスイス等を訪問している）。また、オランダでは留学中の伊東玄伯、赤松則良（大三郎）に会い、ロンドンでは幕府留学生監督の川路太郎と会っている。当然、同じ留学生監督役の中村正直とも会ったはずだがその記述はない。

　各国巡歴を終えた3人は、同年の慶応3年（1867）10月末、パリに帰って再度修学に取りかかろうとするが、幕府の役人より「君たちに与える予算はもう無い。公子ですら困窮している。君たちは十分研修したのだから帰朝した方がいい」(4)と言われて、11月には帰国の途に着き、12月、横浜に無事着港した。しかし、彼らの留守中、日本は急変していた。慶応3年（1867）10月14日、徳川慶喜は大政奉還をし、同年12月9日、王政復古の大号令が発せられていたのである。

14-2　戊辰戦争とその後の季昌とリン

14-2-1　会津落城と斗南の惨状

　季昌は、帰朝してすぐに、京都、大阪方面が不穏な状態にあることを聞き、まず江戸上屋敷に行って情報を確認し、急ぎ足で大阪城へ向かっている。大阪城には徳川慶喜と老中・板倉勝静（かつきよ）（1823-1889）、老中・酒井忠惇（ただとし）（1839-1907/註；ただとう、ともいう）、桑名藩主・松平定敬（さだあき）（1847-1908）らと共に、会津藩主・松平容保（かたもり）（1836-1893）がいたからである。

　季昌は、まず、容保公に会い、帰朝の挨拶をしている。慶応3年（1867）12月末のことであったが、季昌には、元のように大砲組頭が命じられた。これが同年の大晦日のことであった。

365

年が明けて、正月3日、鳥羽・伏見の戦いが始まり、季昌は勇戦したが、幕府軍が劣勢の中、5日夕方、右足に被弾して、大阪城内の病院に収容された。

　6日、慶喜は幕府軍に徹底抗戦を指示したが、その夜、老中・板倉勝静、同・酒井忠惇、会津藩主・松平容保、桑名藩主・松平定敬他側近少数を伴って、秘かに大阪城を脱出し、大阪湾に停泊中の開陽丸に乗り込んで江戸に逃げ帰った。総大将の敵前逃亡である。

　鳥羽・伏見の戦いでは、薩摩、長州を中心とする西国軍5000に対し、幕府軍は15000という数を誇っていた。大軍の幕府軍が敗退したことについては、色々言われているが、やはり、火器の差、戦術の差、情報収集能力の差などがあったのである。二度の長州征討の不首尾や鳥羽・伏見の敗退はそれを明確に証明している。

　慶喜の「逃亡」については、臆病風に吹かれた、という指摘もあるが、慶喜にとっては、残るは抗戦派と共に徹底抗戦するか、無用な犠牲者を出さない「勇気ある撤退」をするか、どちらかだったのではないのか。すでに徳川幕府の屋台骨が腐り切っていること、抗戦派の実力もそれほど当てにならないことを、慶喜は最も良く知る一人だったのではないかと思う。慶喜は過去の行動を見ても自分の死を恐れるようなところはない。この際は「戦わないこと」が「戦うこと」以上の結果を残せるという「読み」があったのではなかろうか。抗戦派の会津藩主・松平容保ですら後に恭順の意志を官軍に伝えたが、完全にタイミングを外しており、会津若松の悲劇を招いてしまったとも言える。

　手負いの季昌は、江戸、会津へと帰っている。明治元年（1868）3月、傷が癒えていない季昌に御軍事奉行添役仮役が命じられ、4月、御前奉行職が命じられている。5月、非常事態ということで、隠居していた父・海老名季久にも軍事奉行が命じられたが、季久は白河口の敗戦の責任を取って、会津の菩提寺・浄光寺に似ていた、白河龍興寺本殿前で割腹自殺をした。海老名郡治と一緒に欧州へ渡航し、戊辰戦争時には副総督となった横山主税は、白河口の戦闘で先頭に立ち馬上から雄々しく采配を揮うが、敵の銃弾を受け、即死している。22歳の若武者であった。横山の葬儀は盛大で、松平容保親子も焼香に訪れ、容保は幼い横山の遺児を膝に抱いて、この子は主税に似ている、大事に育てよ、と語ったと伝えられている。

　海老名、横山と共に欧州研修をした、唐津藩の尾崎俊蔵は、戊辰戦争時は、主君の元老中・小笠原壱岐守長行（1822-1891/註；幕末の老中。外国事務総裁。肥前唐津藩小笠原家の初代・小笠原長昌の長男。世嗣ではあったが藩主でない長行が老中になったのは異例のことであった）の側近として、長行のお供をして、会津、仙台、箱館へ赴いている。

欧州遊歴後の尾崎俊蔵の人生は、謎に満ちているとされているが、実は、小笠原壱岐守長行編纂会編『小笠原壱岐守長行』（註；私家版、昭和18年。復刻版は、土筆社、1984年）の附録に北越、東北、函館の戦記をかなり詳細に記している「簿暦」の著者・堀川愼が尾崎俊蔵その人である（註；榎本武揚、大鳥圭介、土方歳三などの戦いぶりについても詳しい記述がある）。尾崎俊蔵には尾崎和一郎、白井勇、堀川愼などの変名があったのである。

　「簿暦」によると、慶応4年（1868）4月19日（註；4月20日か）、堀川（尾崎）が長行の配下2名と白河城に入った際に「海老名郡治君にも久敷振に面会す」とある（575頁）。また、横山主税の戦死については、欧州遊歴や帰国の船旅で何ヶ月も寝食を共にした仲だっただけに、以下のような記述をしている（584頁）。

　　去朔日白川（註；白河）城下へ薩、長、大垣五百人計襲来、大苦戦有之、横山主税君討死。是は二ヶ所帯弾猶馬上にて指揮し居りしが、肩先を打抜かれ即死のよし。自分も発放（註；発砲か）せし由、大奮発可称可惜可憐次第也。

　その後、小笠原主従は、会津から仙台へ行き、さらに箱館へ向かっている。ちなみに、新選組隊士に、唐津藩士が多いのは、戊辰戦争時、仙台において唐津藩士らが新選組に編入されたからであるが、箱館で、長行の側近で、土方歳三らと共に戦った新選組隊士・大野右仲（1837-1911/註；すけなか。昌平坂学問所で学ぶ。維新後、久美浜県権参事、豊岡県権参事、同参事、長野県警部長、山形県南村山郡長、秋田県警部長、千葉県一等属、青森県警部長、佐賀県東松浦郡長などを歴任したことが国立公文書館の記録にある。地方官ではあったが新選組出身者としては異例の経歴である）も先の書の附録に短編の「函館戦記」を書いている（註；函館中央図書館の『函館戦記』とは異なる）。

　函館戦争の終了後、明治初年、長行は米国へ逃亡したということになったが、これは偽装で、その工作に尾崎俊蔵も一、二の仲間と秘密裡に関わっていたことが先の書に記述されている。しかし、その後の尾崎の消息については何もわかっていない。唐津藩と会津藩の三人の留学生の人生は三者三様のドラマとなったのである。

　話を会津に戻すと、会津では、藩士と、藩士の家族に「万一の際は早鐘を合図に入城せよ」ということになっていたが、リンは戦いで負傷した実父を見舞ったため、城に駆けつけるのが遅れ、目の前で城門が閉じられた。混乱状況であるから、閉門を命じたのが季昌

であったことをリンは知らなかったし、季昌もまたリンが城外に取り残されたことを知らなかった。リンは武器を持って会津を離れ、郊外での戦闘を覚悟したが、その機会が訪れることはなかった。8月、季昌らは籠城を始めた。その際、海老名郡治（季昌）には家老職が命じられ、西出丸防衛の責任者となった。しかし、9月、夥しい数の砲弾を撃ち込まれ、鶴ヶ城は完膚なきまで破壊され、ついに落城した。郡治は残って、城の明け渡しの手続きを取った。その後、会津藩士の主だった者は東京に送られたが、季昌も、同年12月、家老3名、若年寄2名、その他軍事係の要職者合せて12名と共に東京に召喚された。

　海老名郡治は、明治元年（1868）12月、仲間3名と共に熊本藩に預けられ、囲いの中で幽閉されることになった。国立公文書館の記録簿（5）によると、明治4年（1871）3月、太政官から金沢藩に対し、海老名郡治以下、井沢（深）茂右衛門（註；若年寄/沢は深の転記ミス）、井沢（深）守之進（註；朱雀寄合一番隊100名の隊長/沢は深の転記ミス）、春日郡吾（註；開城時参政38名の重臣の一人）の4名を熊本藩から受け取れ、と命じ、同年6月、金沢藩は4名を預かっている。同年10月、季昌らは青森県預りとなり、11月、三戸に帰って家族と再会したが、郡治の謹慎が完全に解かれたのは明治4年（1871）の大晦日であった。

　落城後、会津藩の人々には、猪苗代周辺3万石と斗南3万石の二者択一が迫られたが、激論の末、斗南が選ばれた。しかし、実質7000石と言われる不毛の地に、会津藩士とその家族12600名が移住したのだから、生計が成り立つはずはなかった。斗南での艱難辛苦は元家老の海老名一家も例外ではなかった。旧会津藩の人々は、飢えと寒さに苦しみ、茅屋で餓死、凍死する者も少なくなかった。リンは山に桑の葉を取りに行き、それを売って暮らしの足しにしていた。しかし、賢婦のリンは、ある時、会津から持ってきた着物の帯を裁断して巾着を作って、これを売りに出したところ、かなりの人気が出て家計の助けとなった。リンは逆境の中でも知恵と技を働かせ得る女性だったのである。

　郡治は、斗南の惨状を噂では聞いていたが、実際に目の当たりにして、特に住居は言語に絶するものであった、と述懐している。

　明治5年（1872）6月、季昌の能力と経歴が評価され、青森県の十等出仕となり、三戸支庁、本庁で授産係として勤務したが、旧会津藩の人々の羨望や嫉妬がひどいため、季昌は、同年10月、青森県を辞職し、上京している。

14-2-2　三島通庸と海老名季昌

東京では、芋屋の2階を借りて季昌は漢学教授をし、リンは裁縫をしたが、収入が月7円ほどしかなく、季昌の弟の入学費用、リンの父・日向新介の砲弾片摘出手術の治療費、元家老に援助を求めてくる旧会津藩士の世話などもあって出費が嵩むため、明治8年（1875）、季昌は警視庁の警部補（月給12円）となった。警視庁に職を得ると、その経歴が上司・三島通庸（1835-1888/註；旧薩摩藩士。内務官僚。土木県令、鬼県令と呼ばれた/子爵）に買われ、目をかけられた。

　明治9年（1876）8月、三島が山形県令になると、季昌は山形県警部補（五等）となり、明治11年（1878）、山形県の西村山郡の初代郡長（月給40円）に任命され、山形県二等属庶務課長となったが、明治15年（1882）、三島が福島県令として赴任すると、直後に、一等属の海老名季昌・中山高明両名は会津に出張し、郡長を招集し、道路建設の計画を示唆した。季昌は、福島県では一等属庶務課長、信夫郡長（月俸60円）、北会津郡長（月俸90円）、石川郡長を経歴している。三島の強引な政治手法は史上有名な福島事件を暴発させることにもなった。

　また、明治18年（1885）、三島が警視総監になると、季昌は警視庁警部、警視属用度課長、警視属などを歴任した。会津藩・元家老の海老名季昌はかつての宿敵・旧薩摩藩士・三島通庸の配下となったのである。娘・モトの記述によると「父も警視庁に通う頃は抱え車を置き、車夫、女中の二、三人もいて」(6)　というのだから暮らしは豊かであった。

　ところで、豊田芙雄の従兄で義兄の藤田健は、一時官職を解かれていたが、明治11年（1878）8月22日、山形県二等属として採用され、同年11月1日、南置賜郡長（月俸60円）を命じられている。季昌も、既述のように、明治11年（1878）、山形県西村山郡郡長となっている。藤田健もまた、海老名季昌と同様、山形県令・三島通庸の配下となっていたのである。もちろん、三人はお互いに良く知る仲であっただろう。

　藤田は、明治15年（1882）3月16日には、茨城県警部長（月俸70円）となり、明治17年（1884）2月14日、東茨城郡郡長（月俸80円）となったが、同年3月18日、これを自ら辞め再び非職となっている。この時の辞職の背景には、幕末維新期の藩内対立が絡んでいたという記録が国立公文書館にある。しかし、その後、明治20年（1887）頃には、茨城県ナンバー3の書記官第二部長に就任している。

　三島と海老名の関係で言うと、国立公文書館には、警視庁で判任一等警部9名、判任二等警視属7名の定員に絡み、予算超過云々の問題が生じた際に、判任一等警部の海老名季昌に判任二等警視属を兼任させ、俸給は判任二等警視属として出すことで処理したいとす

る、警視総監子爵・三島通庸から内閣総理大臣伯爵・伊藤博文に宛てた明治21年（1888）4月20日付の書類が残っている。

　その半年後、三島通庸は、警視総監在職のまま、明治21年（1888）10月23日、没している。三島が死んだので、季昌は警視庁を辞職することにした。彦根正三編『改正官員録　明治23年甲8月』(7) で見ると、明治23年（1890）8月までは、警視庁会計局で用度課長をしていることが確認できるが、同年9月になると、名簿から海老名季昌の名前は消えているので、その頃辞めたようである。明治25年（1892）9月、リンが近藤幼稚園保姆練習所を卒業する頃までは、季昌も東京にいたかと思うのだが、別の仕事をしていたかどうかははっきりしない。いずれにしろ、海老名一家が若松に帰ったのは、明治25年（1892）9月、リンの卒業後のことであろう。

　季昌は、帰若後、明治30年（1897）、若松町長となり、住民悲願の市制実現に尽力し、明治32年(1899)、若松市が実現すると市長就任を要請されたが、健康上の理由で辞退し、市長事務取り扱いを引き受けている。

14-2-3　リンの洗礼と婦人矯風会活動

　時を10年余り戻すと、明治19年（1886）10月、季昌が警視庁警部となったので、リンと娘のモトも少し遅れて上京した。しかし、この上京を機に、リンとキリスト教との接触が始まった。リンとキリスト教接近の直接のきっかけを誰が作ったのかは明確でないが、旧会津藩出身者にはキリスト教信仰者は少なくなかった。

　その中には、京都にいながら度々東京にも出かけていた新島襄の妻・新島八重もいた。また、会津戦争中、小姓として松平容保を守り、後に、牧師となった井深梶之助(1854-1940)がいたが、季昌とは当然面識及び交流があった。また、若松賤子(1864-1896/註；島田甲子。松川嘉志子/作家/翻訳者）などもいた。もちろん、「若松賤子」のペンネームは「若松の賤子」のことであるから、賤子は会津若松出身を誇りにしていたのであろう。賤子は、幼児期を会津で過ごしたが、会津戦争後、父が行方不明のまま、明治3年（1870）、母が亡くなったため、横浜の商人・大川甚兵衛の養子（7歳）となった。賤子は、フェリス女学校の第一回卒業生（1名）となり、同校の英語教師をしていたが、矯風会設立前から積極的にキリスト教の婦人活動に参加していた。

　賤子は、明治16年（1883）、養父の没後、明治18年（1885）、上京していた実父・松川（島田）勝次郎のもとへ復籍した。賤子の父・松川勝次郎は会津藩の下級武士であったが、

370

京都勤めを経験し、後、隠密となったが（註；函館で戦ったらしいがはっきりしない）、松川父子が東京で元会津藩家老・海老名季昌夫妻に会う機会があっても不思議ではない。

賤子は、明治22年（1879）7月、巌本善治（1863-1942/註；教育者。出版人。矯風会支援者/木村熊二・鐙子夫妻の明治女学校創設に参画）と結婚した。リンの洗礼前にリンと賤子の間に接点があったかどうかはわからないが、明治23年（1890）8月から『女学雑誌』（岩本善治は当時の編集者）に掲載が始まった若松賤子の『小公子』の翻訳は、坪内逍遥らから絶賛され、世間の注目を浴びていた。賤子は会津出身女性の誇りとなりスターとなったのである。この時点では、矯風会の仲間としても、会津出身者としても、リンと賤子の面識は当然生まれていたと思われる。

また、薩摩出身で、西郷隆盛・従道の従兄弟でもある政府高官・大山巌（1842-1916/註；旧薩摩藩士/当時、参議・陸軍卿/伯爵/後、元帥陸軍大将/公爵）と結婚した、会津出身でキリスト教信徒・大山捨松（1860 - 1919 /註；山川浩・健次郎の妹/官費留学生）などもいた。なお、捨松は、華族女学校の設立準備委員をし、留学生仲間・津田梅子の女子英学塾設立を同じく留学生仲間・瓜生繁子と共に全面的に支援している。季昌は、捨松の兄・山川浩とは旧知の仲で、パリでも出会っている。高官夫人とはいえ、同郷人の絡みで、あるいは旧薩摩藩出身の上司・三島通庸関係で、元家老・海老名季昌夫妻と捨松が出会う機会もなかったとは言えない。

リンが、受洗の前に、教会の日曜礼拝などに出かけるようになったのは、第二次上京後のかなり早い時期からということはあり得るだろう。リンは「回想式の日誌」で、明治21年（1888）3月3日、霊南坂教会（註；当時、東京第一基督教会。霊南坂教会と改称するのは明治24年）で綱島佳吉から受洗したとしている。ただ、各種の資料で見ても、綱島が同教会の牧師となったのは、明治23年（1890）1月であるから、リンの記憶違い等はあり得る。ちなみに、霊南坂教会の前身の一つ新肴町教会は、小崎弘道と群羊社会員11名で設立したとしているが、メンバーの一人に矢島楫子が婚家先に残してきた長子・林治定がいる。いずれにしろ、リンの周辺には、井深梶之助の妻・せき、若松賤子、矢島楫子、新島八重、湯浅初子、荻野吟子、古市静子、大山捨松など魅力的に生きているクリスチャンは数多くいた。

海老名リンは、東京婦人矯風会に突然現れた彗星のような存在で、明治23年（1890）、浅井さくが会頭の時、会計をつとめ、明治24年(1891)、矢島楫子が会頭に返り咲いた時、

副会頭（この時副会頭は１名）に選ばれている。リンはあっと言う間に東京婦人矯風会のナンバー2となったのである。

海老名リンが、副会頭になる前年、矯風会仲間と連著して、次のような「議会の婦人傍聴禁止問題に関する改進党への進言」(8) が、明治23年（1890）10月24日付の東京日日新聞に掲載されている。

議会の婦人傍聴禁止問題
　　上流婦人連署して改進党に進言
〔一〇・二四、東京日日〕　麹町上二番町三十三番地有志婦人惣代諸氏は衆議院規則婦人傍聴の件に付、去る二十日左の書面を立憲改進党に贈りたるよし、不知改進党の才子果して佳人の望を満すや否や。

　謹みて改進尊会各賢台にまうす衆議院規則案代百六十五条に婦人は傍聴を許さずとの文あり、妹等之を読みて日夜憂ひに得たへず、如何なる訳のありて斯る規則の定まらんとするやと、世の大方に伺ひ申すに今日に至るまで未だ之といふ好解釈を承るを得ず、益々なげかはしきことに思ひて、扨ては貴会の高き教を請ひ、妹等が切なる疑を散ぜんと欲するに至り侍る。妹ら密かに思ふやう、天皇民の蒭言を聞し召し、万機を公論に決せんとて、其大御権の多分を割かせ、我国古来ためしなき議会を初めて開かせ玉はんとするは一方ならぬ御恵みにて、万民聖徳を感謝賛美せずといふものなし。斯る時には輿望にかなひ、民に撰ばれて議員たる方々が、夙夜大御心を体し、率先叡慮のある所に力を尽し玉はんとするは是れ素とより陛下に忠なるが為め、御務めとは云へ四千万同胞が負へる所大にして、妹等感謝を寄するの辞なきことゝ存侍る。妹等何事も為し得ずと雖も、此際一層にして能く身を修め家政を理し、国家経済の為め幾分の余裕を作り、諸兄の内顧の憂を慰め奉らんこと、即ち妹ら女性が、天の命義を覚悟し、同志相はげまして、常に其心得を学び居候処に侍る。左れば切めて時々国会に於ける諸兄御尽力の御模様も影ながらにも拝し、以ていよいよ妹らが務めを深く感じ申すべくと存じ、予てより当日の光栄を想像致し居り候つるに、今はた斯る無惨の規則設けられて、女性は其女性たるが為に、一切入場傍聴の栄を得がたしと相成候は終生の遺憾此上なきと、涙にむせび為す所を知らざる程に候。此傍聴には凶器を持てるものと銘酊したる人とを禁ずるの外、学校の教師生徒はいふまでもなく、馬追ふ童も、飴売る翁も、田舎の田作り男も、得て自由に入場致すものを、女性は其女

なるを以て一切其許しを得がたしといふは、不思議此上なき定めの様に思はれ、疑ひはれ難く候。そも斯く規則の設けられんとするは如何なる理由ある故に、この高き教を蒙りて、妹等無限の憂ひを散じせめて止むを得ざるの地位に安んじて、心慰め申べくの覚悟致し侍る。あはれ疑の胸を察し、雄々しきますらをの義心振起し玉ひ、このいためる者らの為に、同情を賜はらむことを祈る。而してもしも諸賢等此規則案をよろしからずとおぼしめしあり、之を取除くことの正当なるを見認め玉まふに於いては、願はくは妹らが為めに冤を伸し、二千万婦人の為め将に奪はれんとする権利を挽回し玉はんことを只管請ひまうすになむ。情あまりてことばたらず、礼なき文をゆるして、こゝろのある所を推し玉はんことを祈る、かしく。

　　明治二十三年十月二十日

　　麹町上二番町三十三番地有志婦人惣代

　　　三浦みさほ　　　　島田　まさ

　　　竹越　竹代　　　　金森小ひさ

　　　湯浅　はつ　　　　徳富　しづ

　　　徳富　ひさ　　　　海老名りん

　　　粟津　ひさ　　　　荻野　きん

　　　浅井　さく　　　　潮田　千勢

　　　佐々木豊寿　　　　清水　とよ

　　　岩本　かく　　　　横井　たま

　　　工藤　さの　　　　小島　きよ

　　　中村　かつ　　　　矢島　かぢ

　　　元良　よね

　矢島かぢ、浅井さくらは「衆議院規則案代百六十五条に婦人は傍聴を許さずとの文あり、妹等之を読みて日夜憂ひに得たへず、如何なる訳のありて斯る規則の定まらんとするやと、世の大方に伺ひ申すに今日に至るまで未だ之といふ好解釈を承るを得ず」と言い、「女性は其女なるを以て一切其許しを得がたしといふは、不思議此上なき定めの様に思はれ、疑ひはれ難く候」と言って、規則撤廃に向けて動いて欲しい、という願いを表明しているのである。もちろん、連著した海老名リンも思いは仲間と同じであったと思う。

　同年12月3日、婦人の議会傍聴禁止が解かれている。議員たちの理解が進んだという

よりは、諸外国に対して恰好がつかないという対外的な理由もあったようである。

海老名リン (9)

それまでのリンは、ただひたすら家庭を守るだけの主婦であったが、突然、社会的活動に目覚め、外出が多くなり家事はおろそかになってしまった。元家老の夫・季昌は、渡欧経験があり、欧州の文化に一定の理解を持っていたが、妻・リンのキリスト教信仰は認めることができなかった。そのため、ある夜、季昌はリンに激しく棄教を迫り、棄教できなければ家を出て行け、と怒鳴っている。しかしリンは頑として夫の言うことを聞かず、険悪な状況を招いたが幼い娘のモトが泣きながら二人の間に割って入り、何とかその場は治まったという実話も残っている。娘のモトは「お母様、キリスト教をやめてください。このままではお母様はお父様に殺されます」と訴え、リンは「お母様がたとえお父様に殺されても、よその人に言ってはなりませんよ」と答えている。明治20年代になってもキリスト教を「耶蘇教＝邪教」と受けとめ嫌悪している人は少なくなかったのである。

14-3　海老名リンと幼稚園・女学校の創設

14-3-1　リンの幼稚園経営の決意

　海老名リンは、湯浅初子の夫・治郎が同志社経営に関わることになって、明治24年(1891) 5月22日、一家で京都に居を移しているので、リンが初子から榎坂幼稚園を譲り受けたのはその頃のことであろう。リンは、湯浅夫妻から机、その他恩物等無償で譲り受けたが、場所は麻布仲町9番地に移している。ただ、開業に手間取ったため、最初は園児4名でのスタートであった。園名は、リン関係の文書では「共立幼稚園」あるいは「芝麻布共立幼稚園」と称したとしているが、近藤はまの章で記述したように、すでに東京には、明治16年(1883)、近藤はまらが5名連名で設立した「共立幼稚園」があり、明治17年(1884)、同じく近藤はまが関わって設立され、近藤はまが一定期間園長をした「芝麻布共立幼稚園」が存在しており、海老名の園名には問題がある。「共立幼稚園」あるいは「芝麻布共立幼稚園」は海老名の園に何らかの便宜をはかってくれた協力園といったところであろうか。リンには、小学校教員あるいは知事認可の保姆の資格はなく、正規に保育を担当することはできなかった。そのため、リンは保姆として勝海舟の孫・疋田輝子を雇っている。

　疋田輝子は、勝海舟の次女・孝子と旗本・疋田正膳の子として生まれたが、後にサナト

リウム「南湖院」を設立した勝海舟の担当医・高田畊安（1861-1945）と明治25年（1892）に結婚している。疋田が海老名の幼稚園にどの程度の期間働いたかは不明である。キリスト教信者の高田は、この時期、弓町本郷教会に転籍しており、古市静子とも知り合いであった。

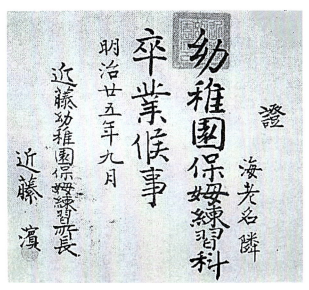

若松第一幼稚園に残るリンの保姆練習科卒業証

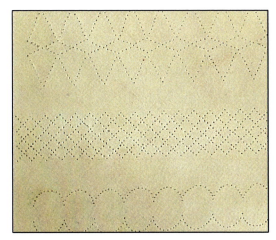

近藤はまの下でリンが製作した刺し紙（10）

リンの幼稚園では保育料は榎坂幼稚園と同じ月50銭としていた。そのうち園児は12、

3名になったようであるが、家賃が7円、保姆月給が4円であったから全くの赤字であった。赤字分は幼稚園経営には賛同していた夫・季昌の懐から補填した。しかし、リンには、郷里若松に幼稚園を開業したいという強い思いがあったので、明治24年（1891）中に、幼稚園を人見よね子に譲って、正規の保姆資格を取得するために、同年末頃、近藤幼稚園保姆練習所に入った。

　リンは、同所で10ヶ月間の研修を受け、明治25年（1892）9月、近藤はまから写真のような保姆練習科卒業證書を貰っている。ちなみに、リンが幼稚園を譲った「人見よね子」は、明治21年（1888）11月、熊本に設置された碩台幼稚園の最初の保姆「松原慶、中島常、人見米」中の人見米のことであろう。人見は、明治24年（1891）4月、同園を退職したことが記録にあり、その後上京したものと思われるが、この人物について詳しいことはわかっていない。

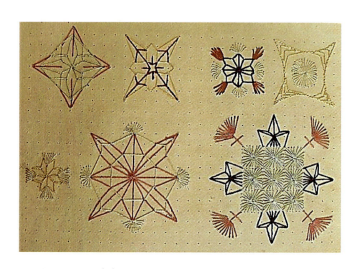

近藤はまの下でリンが製作した縫取り（11）

14-3-2　会津で幼稚園を開く

　福島県では、明治18年（1885）11月1日、町立福島小学校附属幼稚園が設置され、上島斎を園長、同年7月、東京女子師範学校卒業の岡都（おかみやこ）（註；豊田芙雄の薫陶を受けている世代）を福島小学校二等訓導兼幼稚園保姆に任命し開業している。この幼稚園は、明治24年（1891）、町立としては廃止されている。理由は次のように「例によって例の如し」であった。

附属幼稚園ハ其性質主トシテ中等以上ノ子女ヲ教養スルニ止マリ、中以下ノ家庭タル
子女ニ至リテハソノ恩恵ニ欲スルナキノ現状ナリ、サレバ普通教育ノ上ヨリ観ルモ一
般ヨリ徴収スル町費ヲ以テ支弁スベキハ其本旨ノ誤レルモノナリトノ理由町議ニ表
ハレ、明治二十四年限リ廃止セラルル（12）

　町会議員はみんな貧乏人の味方のようなことを言っているが、彼らが貧しい人の味方だ
ったとは思えない。もっと率直に「幼稚園には興味がない。そんなものに町費を使うのは
もったいない」と正直に言ったら良かったのである。本当に貧乏人の味方だったら、親の
収入に応じて保育料を設定するなり、町費の補助で貧乏人には安くするなり、無料とする
なりできたはずである。
　結局、この園の経営は篤志家の草野嘉右衛門の手に移って私立となり、さらに、明治
26 年（1893）4 月、鈴木孝四郎の手に渡ったが、明治 30 年（1897）4 月には、再び町立
福島第二尋常高等小学校附属幼稚園となっている。明治 38 年（1905）、園舎の改築が完成
し、明治 40 年（1907）4 月 1 日、市制施行により市立となっている(13)。
　明治 26 年（1893）4 月 4 日、リンは北会津郡若松町甲賀町時報堂跡隣に私立若松幼稚
園を創立した。私立幼稚園としては福島県で最初のものであった。この幼稚園は、発足時、
園児は 8 名であったが、5 月には 12 名、6 月には 22 名、やがて 42 名となっている。発足
時点の保育料は月 15 銭だった。地方とはいえ驚くほど低額であった（14）。
　おそらく、当時の会津の多くの住民はいまだ経済的に困窮しており、50 銭や 1 円の保
育料では、子どもを幼稚園に通わせることは難しかったのであろう。また、リンとしては
保育料を安くすることで、経済的に苦しい家庭の子どもにも幼児教育の場を与えたかった
のだと思う。当然、発足当初は赤字経営であった。資格を持った保姆はリン 1 名のみで、
リンの他に保姆見習いの野矢かね子（月給 1 円 80 銭）がいた。同園では、その後も、保
姆見習いは無給あるいは 2 円などで、こちらもかなりの低額であった（15）。
　熊本の碩台幼稚園の部分で触れた、明治 26 年（1893）12 月の東京女子師範学校による
全国 50 園調査は、若松幼稚園創設 8 ヶ月後であるが、同園もその対象となっていて、当
時の園の基本的データを知ることが可能である（16）。
　若松幼稚園については、園児はこの時点で男 44、女 16、計 60 となっており、同年、「廿
六年中入園幼児数」は 62、「廿六年中退園幼児数」は 2 となっている（註；設立されたば

377

かりで卒園によるまとまった退園者はいない）。ここでは保育料は、月20銭となっているが、同園の記録によると、実際に20銭に値上げしたのは、明治36年（1903）のことのようである。

　同園の保育科目中幼児が最も好むものは「畫方」「積木」とあり、保育科目中幼児の好まざるものとして「板排」がある。保姆は、有資格者1、無資格者1で、年齢は、最長が45歳10カ月（リン）、最少が24歳7ヶ月（見習い）となっている。俸給月額は、ここでは最高が4円、最低が3円となっているが、これには願望が含まれているようで、建前の回答であろう。

　建物坪数は40坪で、全体平均の52坪を下回るが、敷地は平均194坪をはるかに上回る1000坪となっている。この数値は50園中トップであるが広すぎるようにも思われるのでミスの可能性もないではない。しかし、女学校設立の構想も最初から持っていたことからすれば敷地は広めに確保していたとも考えられないではない。

　リンは熱心なクリスチャンであったが、具体的な保育活動の場面においては、それを前面に出すことは敢えてしていない。これは、古市の場合と同じであるが、経営上の問題も絡んでのことであろう。

　明治26年（1893）の保育項目、時間割については、文部省の『幼稚園教育百年史』（ひかりのくに株式会社発行、昭和54年、74〜75頁）でも本文中で紹介しているが、次のようになっている。

若松幼稚園の週録

	二十分	四十分	二十分	四十分	三十分	三十分	二十分	四十分
月	会集	修身	遊戯	数方	唱歌	積方 剪紙	遊戯	縫取
火	会集	庶物	遊戯	板排	唱歌	剪紙	遊戯	豆細工
水	会集	読方	遊戯	箸排	唱歌	低掲	遊戯	紙織
木	会集	修身	遊戯	数方	唱歌	積方	遊戯	縫取
金	会集	庶物	遊戯	読方	唱歌	図画	遊戯	豆細工
土	会集	読方	遊戯	剪紙				

　　註；水曜6限の「低掲」は「紙摺」のミスと思う。「紙刺」なら「縫取」に含められる。

これによると、会集は毎日、遊戯は土曜日を除いて毎日2回、唱歌も土曜日を除いて毎日あり、それらの他に各種の恩物が組み込まれており、基本的に恩物中心保育であるが、同園の保姆の回想にあるように、遊戯唱歌も含めれば、毎日、唱歌を歌って過ごした、という印象はあったかもしれない。

　明治28年（1895）頃の保育内容の記述として、説話、行儀、手技、唱歌、遊戯があり、保育の流れは、登園、挨拶、整列、遊戯室－唱歌となっていて、近藤はまに教えられた内容を基にしていたことがわかるが、明治26年（1893）の調査において、20恩物等の各項目の実施状況は無回答である。当初、これらの準備は不十分であったとも思われるし、その後も恩物などの数量を十分に揃えることはできなかったのではないかと思う。

　画き方等については、石盤や白紙、鉛筆等が用いられ、各組思うままに随意に描かせることとしたという記述がある。これは明治30年代以降の様子かと思うが、園児たちは「臨画修練」方式には早くから馴染まなかった模様である。当初は唱歌では「家鳩」「我が子よかれ」などが歌われたという記述も残っている（17）。

　経営が苦しいにもかかわらず、リンは意欲的で、明治27年（1894）4月、川原町鈴木やす方を借り、保姆に原田いそを雇って第一分園を設けている。ここでは園児が思うように集まらず赤字となったため、翌年、桂林寺町に移して、園児30名を集めて再開している。第一分園はその後栄町に移し、栄町分園と称したが、栄町以後も、大正3年（1914）、当麻町へ移り、昭和55年（1980）、現在地へと移っている。これが現在の若松第二幼稚園である。

　さらに、リンは、明治38年（1905）10月23日、材木町宮森米店の蔵座敷を借りて、園児40名、保姆見習い2名で第二分園を開園している。リンは合計3園を経営したのである。

栄町分園（18）

私立若松幼稚園第一回生・後列右が海老名リン（19）

14-3-3　リンの女学校設立

　明治19年（1886）4月10日、第一次中学校令によって、県立中学校は各県1校となり、会津中学校は廃止され、県立中学校は福島町のみとなったが、会津に私立中学校を設立しようという人々の強い要請で、明治20年（1887）、福島県知事で旧薩摩藩士の折田平内が

「会津中学校設立趣意書」を書き、文部大臣・榎本武揚が動いて、天皇から「御下賜金300円」を受けている。また、東京高等師範学校校長・山川浩、弟の東京帝国大学総長・山川健次郎、福島県裁判所検事・高木盛之輔らも、故郷の山野を説得して回り、最終的に約5万円の創立資金が集まって、明治23年（1900）2月17日、会津中学校（現・県立会津高等学校）は設立許可となった。もちろん、元家老で警視庁課長の海老名季昌にも協力要請があったであろうし、政府の中枢部にいた、山川兄弟の妹・捨松の夫・旧薩摩藩士・大山巌も側面支援をしたはずである。

海老名リンは、こうした動きにも刺激を受けたのか、明治21年（1888）頃から、将来、故郷に女学校を設立したいという願望を抱くようになったが、明治26年（1893）7月12日、幼稚園の建物の片隅に、ついに小規模の私立若松女学校を設立したのである。

教員は、東京で月俸6円の裁縫教師をしていた山内くにが、故郷のためならばと言って、帰郷し、月給3円で引き受けてくれた。最初の生徒は4名で、裁縫の裁板と物差、鋏があるのみで他に備品はなかった。しかし、リンの理想は高邁であった。女学校設立に際し、リンは次のように宣言している（20）。

> 我若松の如きは県下の大市にして、会津尋常中学校なるものありて、男性の為に設けられて既に久し。然るに未だ嘗て女子のために何等の計画あるを聞かず。これ実に男性に厚して女子に薄しというべし。豈地方の欠点ならずや。この故に我等微なりといえども、自ら力を度るに暇あらずして、若松女学校を興す所以なり。その目的とするところは、徒に空理に馳するが如きを避け、勉めて有用の学を授け良妻賢母たるに適する女性を陶冶し、兼ねて地方女性の弊風を掃蕩し、女性たるの品位を進め、東洋古来の国粋と西洋近時の神髄とを、併せ有せしめんことを期するにあり。願くは地方にある厳父慈母諸君が、その愛する娘嬢をして普く学に就かしめ、以て彼自身の天賦の才能地位を発見せしめ、彼自身の生涯をして幸福なるものたらしめられんことを。

ここではキリスト教主義を前面に打ち出しているわけではないが、クリスチャンだけに、「和魂洋才」などを越えた東洋と西洋の美質を併せて教育するという視座を持っている。もちろん、当時流行の内向きの「和式良妻賢母型教育」とは一線を画している。何と言っても矯風会で薫陶を受けた海老名リンである。ここにあるのは、女学校を興して、地方女性の弊風を一掃し、空理空論に走らず、生活に役立つ知識、技術を身に付けさせ、東洋、

西洋の美点を兼備した品格のある女性を育てるとした。リンの場合は神の前ではみな平等であるというキリスト教精神を根底に置いている。そこからリンの幼児教育も女子教育も引き出されてくるのである。

　翌年秋、女学校は民家を家賃4円で借りて移転した。また、北村モト・鈴木まるが明治26年（1893）4月に設立した私立会津技芸学校の経営が困難となり、リンに引受けを頼まれたので、明治27年（1894）、同校を吸収した。生徒数は、若松女学校33名、会津技芸学校30名を合せて63名となり、明治28年（1895）1月1日、会津女学校と改称した。

　リンは、同校を高等女学校にするという願望を持っていたが、経営の厳しさもあって、明治36年（1903）、会津市へ移管することにした。しかし、リンはあくまでも技芸優先ではなく教養優先の希望を持っていたが、同校は会津市立女子技芸学校となり、当時の県民、市民にとっては好評の学校となった。玉川芳男氏はその著書の中で次のような会津日報の「女子技芸学校開校式」(21) と「女子技芸学校の盛況」(22) の記事を紹介している。

　　女子技芸学校開校式〔明治38年5月24日〕

　　去る十八日午前十時同校講堂に於て同式を挙行せらる。先づ職員の先導にて来賓生徒一同敬礼し、校長は開校の辞を述べ君が代の合唱ありて県知事は故障の為め臨式せられざるを校長より報告し、佐治市長は起って同校設立につき来賓及び生徒に将来の希望を述べ、町野郡長中根中学校長の祝辞了って茶菓酢折の饗応あり、夫れより余興に移り生徒の舞踏唱歌昔話隠物琴及び工業学校教授鈴木氏の薩摩琵琶等あり散会したるは午後四時なり。因に同日臨席したる来賓の重なるは町野郡長、佐治市長、竹田市会議長、山下署長、婦人側には下山・高瀬両夫人を始め、愛国婦人会員、其他有志各区長等無慮二百余名を算へられたり。

　　女子技芸学校の盛況〔明治38年11月9日〕

　　当市にて本年四月同校設立以来大に県下各地の注目を惹き、同校生徒の製作品は各地の教育展覧会に借受け出品せられ大に賞賛を受け、又た各地の町長にして態々出張して同校の成績を調査せし人もありしとの事は兼て聞居りし所たるが、是程当市へ出張の志賀県視学の話に依れば来年度よりは郡山・須賀川・喜多方の三町にては本市同様の女子技芸学校設立を見るに至る可く、福島にても高等女学校の県立に満足せず是非女子技芸養成の学校を町費にて設くるの必要を認め夫々内議中なれば事実となり

成立するも知れずとの事なり、果たして然りとせば本市は実に県下に率先して女子教育の真面目を開きたる主動者の名誉を損ひたりと云ふも不可なき次第なれば益々全校の改善と発達とは呉れ々々も望む所なり。因に同校の卒業生は小学校裁縫科教員たるの資格を有せしめんとの考にて、本多校長は目下学則及過程々度の改正を熱心に取調べ居らるゝとの趣なり。

　同校が、リンが切望していた県立会津高等女学校（註；後の福島県立会津女子高等学校、現在の福島県立葵高等学校）の開校は、明治42年（1909）5月1日、リン没後10日目であったから、生前、リンが創った学校が県立高等女学校となることは聞いていたであろう。

　リンの家族は、明治32年（1899）、母・まつが洗礼を受け、次に、明治30年（1897）に明治女学校に入学した娘・モトが、明治33年（1900）、受洗し、明治36年（1903）2月22日、キリスト教嫌いの夫・季昌が受洗した。リンが信仰を支えに、懸命に生きる姿に、季昌も心打たれたのである。季昌の受洗はリンにとって無上の喜びであった。また、最後に、信仰に関心のなかったモトの夫・磐生が受洗し、海老名家では家族そろってキリスト教信者となった。

　明治30年（1897）頃から、リンは病床に伏すことが多くなったが、明治30年中頃からは、夫の意向で冬場は京都、徳島、岡山、広島など温暖な地へ療養に出かけることになった。京都で湯浅初子と再会した際にはリンは次のような歌を詠んでいる。

　　うづみ火のもとに語りてあたたかき
　　　　　友の心を知るぞうれしき

　リンは、明治41年（1908）1月、娘のモト（26歳）に園主を譲った。帰郷後、リンは幼児教育と女子教育の世界で闘い続けたが、古市静子と同様、常に病魔との闘いが付随していた。海老名リンを支えたのも信仰の力であったが、明治42年（1909）年4月20日未明、リンは力尽きた。61歳であった。リンは次のような辞世の歌を残した。

　　残し行母の思ひをおもいやりて
　　　　　みちはかどらぬ心地こそせめ

会津若松市には、平成23年（2011）現在、市立4園、私立15園の合計19園の幼稚園がある。会津若松の幼稚園はリンが蒔いた一粒の種に始まったのである。

　海老名リンは、夫と共に各地を転々としながら、戊辰戦争で全てが破壊され、その後も、塗炭の苦しみを味わうことになった会津の人々のために、いずれ何らかの方法で一身を捧げたい、という気持ちを抱き続けていた。リンは、最後に帰郷を果たし、幼稚園と女学校を開いたが、それらは会津若松の人々に生きる力と希望を与えることになった。

注

(1) 佐賀新聞「幕末の欧州留学　唐津藩士ら「添え状」携行」の記事、佐賀新聞、平成
　　26年1月12日

(2) 玉川芳男「海老名季昌日誌解読資料Ⅳ　会津の志士欧州を行く　徳川昭武に随行、
　　フランス遊学修行の旅日記」、『海老名季昌・リンの日記』、歴史春秋社、2000年、
　　p. 109

(3) 上掲、玉川芳男、p. 33

(4) 上掲、玉川芳男、p. 69

(5) 「松平容保家来海老名郡治外三名御預被仰付御達」、国立公文書館、熊本藩から海老
　　名郡治以下三名を預れとの金沢藩に対する達し、明治3年

(6) 上掲、玉川芳男、p. 192

(7) 彦根正三編『改正官員録』（明治23年甲8月）、博公書院、明治23年

(8) 東京日日新聞記事「議会の婦人傍聴禁止問題に関する改進党への進言」、東京日日新
　　聞、明治23年10月24日

(9) 前掲、玉川芳男、p. 188

(10) 製作品「刺し紙」、若松第一幼稚園蔵、リンが近藤はまの指導で制作、明治25年

(11) 製作品「縫取り」、若松第一幼稚園蔵、リンが近藤はまの指導で制作、明治25年

(12) 福島県教育委員会編『福島県教育史　第一巻』、福島県教育委員会、昭和47年、
　　　p. 420　本頁に『福島市沿革誌』からの引用としてあるが福島市史編纂準備委員会編
　　　『福島沿革誌』（1960）のことであろう。

(13) 上掲、福島県教育委員会編、p. 421

(14) 前掲、玉川芳男、p. 194

(15) 上掲、玉川芳男、p.194

(16) 東京女子高等師範学校「公私立幼稚園要項取調表」及び「公私立幼稚園保育課目取調表」、明治26年（1893）12月

(17) 前掲、玉川芳男、p.187

(18) 学校法人若松幼稚園編集『学校法人若松幼稚園創立百周年記念誌』、創立百周年記念大会実行委員長　宮崎長八、1993年11月14日、p.70

(19) 前掲、玉川芳男、p.208

(20) 上掲、玉川芳男、p.194

(21) 会津日報記事「女子技芸学校開校式」、会津日報、明治38年5月24日

(22) 会津日報記事「女子技芸学校の盛況」、会津日報、明治38年11月9日

15　八王子の幼児教育を拓いた横川楳子

15-1　八王子千人同心横川家の幕末と明治

15-1-1　八王子千人同心と横川家

横川楳子(21)

横川楳子が八王子に幼稚園を開いたのは明治25年（1892）のことで、翌年設立の海老名リンと共に、本書で扱っている他の保育者が設立した幼稚園に比べて、むしろ遅い方に属する。しかし、横川が幼稚園保姆になったのは早い。横川は明治12年（1879）12月、東京女子師範学校の保姆見習を修了すると同時に、同校附属幼稚園に採用され、その後、辞めるまで6年間同園に勤務している。当然、自前の幼稚園では、同校附属幼稚園をかなり忠実に再現しており、横川を最後の第15章に持ってきたのは、横川の実践を見ることで、明治10年代前半、同後半及び明治20年代前半の改正事情等にまで触れられるかと考えたからである。

横川楳子は、嘉永6年（1853）1月、武蔵国多摩郡横川村（現・八王子市横川町）に父・横川十右衛門善八、母・新の娘として生まれた。楳子の誕生は、ペリーが浦賀に入港し、わが国に開国を要求した、まさに「その年」であった。

楳子は、幕末から明治初年にかけて、豊田芙雄や鳩山春子らと同様に、学問修行をすることで新しい時代と強い切り結びを持つ女性となるのである。なお、楳子の名前は幼少期の宇免から、うめ、むめ、梅、梅素、楳、楳子など様々に呼ばれているが、ここでは本人自身が最も多用した楳子を使うこととする。

横川家は八王子の名主で千人同心の家柄である。千人同心というのは、徳川家康が、織田信長軍に滅ぼされた旧武田家の家臣団小人衆を核として、八王子の北条氏照（1540or1541or1542-1590）の元家臣を祖とする者、あるいはその他浪人等を加え、甲州口を警備する目的で八王子方面に配置した軍団である。横川家は豊臣秀吉軍に敗れた八王子城の城主・北条氏照の家臣を祖としている。また、横川十右衛門の妹は、幕末期、千人同心のリーダーとなった千人頭・河野仲次郎（1827-1882）に嫁いでおり、横川家は千人同心との関係抜きに語ることはできないのである。

近年に至って、千人同心の役割を巡っては諸説があるが、地理的に見て江戸のすぐ西に

広がる懐の深い多摩地区は、徳川幕府にとって軍事上かなり重要な位置にあったことは疑いようがない。徳川幕府を守り、一時退却をし、再反撃を準備するする際、江戸城－上野－宇都宮－日光のラインや、江戸城―千住―松戸―取手―土浦―常陸府中―水戸のラインがそうであったように、江戸城－新宿－八王子－甲府のラインは、幕府防衛と、一時退却と再反撃を準備する重要な経路の一つだったのである。ラインの要所に一定の兵力を常備するのは当然である。八王子城の落城後、初期には、八王子に関東の18代官が集結し、甲州出身の大久保長安（1845-1613）が総代官をしていた。そのため、千人同心は本来代官衆の護衛と地域の警備がその主たる役割であった、とする見方もあるが、そもそもこのライン上に直轄地の治安面、経済面を担当する代官衆を集結させた、というのも地政学上の意味があってのことである。

　ちなみに、大久保長安は、生前、大名並の権勢を誇っていたが、死後になって、謀反の疑いがあったとされて家族ぐるみで処罰を受け、大久保家は断絶となった。

　千人同心には、10人の頭がおり、100人の組頭がいる。10人の千人頭は旗本相応であり、組頭は御家人相応であったが、平同心は時と場合によって武士扱いをされたり、農民扱いをされたりした。いずれにしろ、千人頭以下千人同心の地位は最初から曖昧であった。そこに千人同心の悲運も付随したと言える。

　千人同心は、戦乱の時代には、関が原の戦いや大阪夏の陣などにも駆り出されたが、徳川の世が落ち着いてくると、千人同心の軍事的意味合いは薄れ、後には交替で日光東照宮の火の番、すなわち日光勤番をするようになった。

　しかし、幕末の動乱期になると、再びその動員力が買われて、長州征伐、横浜警衛、武州一揆鎮圧等に駆り出されている。また、水戸の武田耕雲斎、藤田小四郎（註；藤田東湖の子。豊田芙雄のいとこ）らが率いる天狗党が中仙道を「長征」した際には、日光勤番を除く全軍に甲府出動が命じられ39日間の警備についた。千人同心は、いつの時代も犠牲的な貢献が強いられているが、幕府からそれに見合う評価を受けていたわけではない。千人同心たちは、度々、御家人の地位を与えるよう幕府に要請したがその都度却下され、結局、幕末まで半農半士の身分に据え置かれたままであった。

　鈴木龍二氏によると、寛政年間には、幕命により千人同心130名が蝦夷地開拓に向かうが、現地の厳しい気候に合わずに多数の犠牲者を出し、幕府の引き揚げ命令によりほとんどが八王子に帰参したという出来事などもあった(1)。また、鈴木氏は、幕末には再び30数名の千人同心の次男、三男の若者が箱館地方に入植したことに触れ、幕末の戦乱が起き

ると、箱館地方では挙げて官軍側に立ち、入植者らも箱館警備に付くことになったが、大鳥圭介の歴戦部隊や、「賊軍」に加担した一部の八王子の千人同心らと交戦することになり、ある者は討ち死にし、ある者は青森方面へ逃走した、と記している(2)。

　ただ、武州多摩郡は大部分が幕府の天領であり、旗本の知行地が点在するという状態にあったことから、千人同心や農民たちの徳川幕府の恩顧に対する報恩の気持ちは強く、幕末には、農民の間でも武芸を嗜み、近藤勇や土方歳三（1835-1869）のように剣客となって、浪士組、新撰組を結成し、徳川幕府のために一身を捧げた者も少なくない。八王子に縁故のある中島登（1838-1887）や横倉甚五郎（1834-1870）のような有数の新撰組隊士もいた。

15-1-2　天狗党の筑波山挙兵と兄・勇太郎

　横川楳子には勇太郎（1847-1879）と新太郎という兄がいた。鈴木龍二氏によると、長兄・勇太郎は幼名を裕太郎（あるいは佑太郎か）といい、蚕太郎とも称したとされている(3)。勇太郎は、弘化4年（1847）の生まれで、楳子の6歳年上である。

　勇太郎は少年期に、江戸に出て、一時、尊皇攘夷派に属して行動していた若者の一人であった。後には、幕府側の組織である八王子千人同心の仕事に力を傾注したが、この時も勇太郎の思いが十分に遂げられたわけではなかった。結局、勇太郎は時代の勤皇、佐幕の波に翻弄され、どちらも不完全燃焼気味のまま、明治維新を迎え、明治12年（1879）3月、32歳という若さで早逝した。

　明治11年（1878）秋頃、東京女子師範学校摂理の中村正直は、楳子に鹿児島へ赴くよう強力に説得したが、楳子がその気になりながら、結局、断ったのは兄・勇太郎の病気と無関係とは思えない。また、新太郎も早世したのか、あるいは他家へ養子に入ったか確かではないが、明治17年（1884）、楳子が東京女子師範学校を辞職したのは、横川家を継ぐためであった。

　楳子の兄・勇太郎は、十代の半ば、千葉周作成政（1793or1794-1856）が開いたお玉が池の道場玄武館で北辰一刀流を学んでいる。勇太郎がどのような経緯で玄武館に入門したかは不明であるが、当時、玄武館では、八王子左入村出身の真田範之助（1834-1864／註；小峰久治郎の子）が塾頭をしていた。天保5年（1834）生まれの真田は勇太郎より13歳年上であったが、二人の故郷横川村と左入村は直線距離にして4キロ程度の近さにあり、小峰家もまた名主の家柄であった。名主同士の繋がりが強い土地柄であったことか

ら、横川家と小峰家も交流があったであろうし、天下の千葉道場で、八王子出身の真田が塾頭をしていることは、八王子で剣術に関心を持つ人々なら誰もが知っていたであろう。真田範之助は、元々八王子で天然理心流を学び、大天才と称されていた男であった。千人同心の横川家の人々も代々武術には熱心だった。勇太郎の玄武館入門に際し、紹介状を書ける人物は、父親を含め周囲に何人もいたのである。

　万延元年（1860）に真田が編んだ小島資料館所蔵の『武術英名録』には、北辰一刀流の剣士として、横川村の横川十右衛門、勇太郎親子と武藤新太郎（註；楳子の兄・新太郎か）の名前が掲載されていると言われている。十右衛門の名前まであるのには驚くが、万延元年（1860）、勇太郎はまだ数え年14歳である。

　江戸末期、北辰一刀流を学んだ人物としては、清河八郎（1830-1863/註；浪士組幹部。佐幕派の近藤勇と対立。新徴組に編入。暗殺される）、山岡鉄舟（1836 - 1888/註；幕末・明治の政治家・剣術家/子爵）、山南敬助（1833-1865/註；新撰組総長。新撰組内の規約違反で切腹）、海保帆平（1822-1863/註；安中藩士。後、水戸藩出仕）、伊東甲子太郎（註；新撰組隊士。後、新撰組に粛清される）、坂本龍馬（註；周作の弟・定吉の道場で学ぶ。22歳時、北辰一刀流長刀免許。大政奉還1ヶ月後、暗殺される）、有村治左衛門（註；薩摩藩士。脱藩。「桜田門外の変」実行者。水戸藩士16人と大老井伊直弼を襲い首級を取るが深手を負い死ぬ。後に貴族院議員となる海江田信義は兄）、渋沢栄一（註；尊皇攘夷の活動家から幕臣となる。大蔵省を経て大実業家となる/男爵）などが有名である。

　北辰一刀流は水戸藩との繋がりも深く、千葉周作は、天保6年（1835）、10人扶持あるいは18人扶持で水戸藩に仕えるが、天保12年（1841）には、弘道館師範として100石で召し抱えられるようになった。また、周作の三男・千葉道三郎（1835 - 1872）も周作とは別に水戸藩に仕え、馬廻組から大番頭に昇進したと言われている。こうした背景もあって豊田芙雄の夫・小太郎なども小沢寅吉（1830 - 1891）に北辰一刀流を習う機会が生まれたのである。なお、豊田小太郎は玄武館の四天王の一人・海保帆平とも親しくしていたようで、高橋清賀子家文書には海保から小太郎に宛てた手紙11通が残されている。

　先にも書いたように、豊田芙雄のいとこで藤田東湖の第4子・藤田小四郎は芙雄の実家桑原家に預けられ、そこから彰考館に勤務していたが、突然、桑原家から出奔して水戸藩の過激派（天狗党）を結集し、攘夷決行を唱えて筑波山で挙兵した。元治元年（1864）3月27日のことであった。筑波挙兵については、少々長くなるが、横川楳子の兄・勇太郎や豊田芙雄の一族が直接的、間接的に巻き込まれた事件でもあるので、時代背景として記

述することとする。

水戸藩内では、元々改革派の天狗党と保守派の諸生党が対立していたが、江戸に常在する藩主・徳川慶篤（1832-1868）に定見がなく、諸生党の意見を入れたり、天狗党の意見を入れたりを繰り返すために、天狗党事件勃発後その対立はさらに激しさを増している。抗争の経緯の中で、諸生党が藩内の実権を掌握した際には、諸生党は天狗党の家族まで捕縛し、牢に入れたり処刑したりしたが、豊田芙雄の叔母で、武田耕雲斎（正生）の長子・彦右衛門（1822-1865）に嫁いでいた幾子一家が幼児を含めて処刑され、幾子が牢で断食をし餓死したのもこの時のことである。

宍戸藩主・松平頼徳（1831-1864）は幕府の命を受け、少数で水戸平定に赴くが、水戸藩に入ると、これに天狗党系の武田耕雲斎の一軍と農民決起勢が加わり、数千人の軍勢となった。頼徳は水戸城入城を要求するが、諸生党は頼徳軍に武田らがいるということでこれを拒否し、両軍の間で戦闘が開始された。8月16日、武田耕雲斎らは那珂湊の市川勢と戦うが、この日、藤田小四郎・飯田軍蔵（1832-1864）の天狗党本隊も武田軍と合流した。『サンデー毎日』の「生きてゐる歴史」で芙雄が語っているように、豊田家にも大小の砲弾が飛び込んでくるようになって、豊田芙雄が嫁入り道具で持ってきた薙刀を担ぎ、一家で弘道館官舎に避難した、というのもこの時のことである。

すでに尊皇攘夷から尊皇開国へと思想を進めていた豊田小太郎は、天狗党の挙兵には批判的であったが、諸生党に牛耳られた藩政を、豊田芙雄の兄・桑原力太郎、戸田忠則、藤田健二郎(健)らと改革しようと画策していたために、守旧派のマークは厳しかった。天狗党の一件とは別に、桑原、戸田、藤田は諸生党に囚われて維新を迎え、小太郎は脱藩して、京都で暗殺されることになったのである。

当初、尊皇攘夷を旗印に結集した天狗党も、藤田小四郎を代表とする「敬幕派」、田中愿蔵（1844-1864）を代表とする「討幕派」、水戸藩の内紛に見切りをつけた水戸藩士の一部と浪士軍団による「攘夷即時決行派」などに三分裂し、それぞれ別行動をするようになった。

挙兵軍の一部は、金品強奪、放火、殺人など、行き過ぎた暴虐行為をするため、幕府からは暴徒と見なされ、住民からは反感を買い、群衆による「天狗狩り」が横行するようになった。水戸藩内戦において天狗党は善戦したが、一方、諸生党（市川勢）は幕府にうまく渡りを付け、幕府軍の大軍出動を導き出すことに成功し、天狗党は大軍相手に戦わざるを得なくなった。10月1日、幕府は、鎮圧失敗を理由に松平頼徳・松平頼位（1810-1886）の官位を剥奪し、10月5日、頼徳は幕府の命で切腹し、重臣たちは自決、あるいは処刑

されている。玄武館の四天王の一人で、宍戸藩に出仕していた元水戸藩士の庄司弁吉（1819-1864）も、同年10月16日、水戸城下、下市赤沼の獄舎で斬罪となっている。

その後も、天狗党は大軍相手に善戦するが、徐々に追い詰められ、1000名前後になった天狗党の軍団は、当時、京都に滞在していた徳川慶喜を頼って上洛することに決し、11月1日、久慈郡大子を出発している。いわゆる天狗党の有名な「長征」と「悲劇的結末」の始まりであった。

常陸で戦乱が起きると、玄武館塾頭で尊皇攘夷派の真田範之助のもとには、旧知の天狗党のメンバーから至急戦闘に参加されたし、との指令が来る。しかし、この戦争のどの時点でそれが届いたのか正確なところはわかっていない。

真田範之助に関する資料は多くはないが、塚原蓼州（1848-1917/註；旧幕臣/塚原渋柿園とも言う/小説家）の『藍香翁』(4)、織田鉄三郎氏の『天狗党鹿島落ち』(5)、小島政孝氏の「北辰一刀流─真田範之助と敷島文雄─」(6)などに関係の記述があり、小説の形式では長谷川伸（1884-1963）の短編「真田範之助」(7)、東郷隆氏の短編「屏風の陰」(8)がある。横川勇太郎関係では、八王子の郷土史研究者・鈴木龍二氏の「横川楳子と兄横川左馬太郎について」(9)があり、小説形式では丁寧な資料収集をしているブログ上の夢酔藤山著「千人同心がゆく　天狗の影を追いかけて─横川勇太郎」(10)と「千人同心がゆく　明治の世に残せたもの─横川勇太郎の家族たち」(11)がある。

東郷隆氏によるとどの資料でも一致している部分の概略は次のようである。

　　真田は玄武館の四天王である海保半平（帆平）、稲垣七郎、庄司弁吉、井上八郎（註；庄司弁吉、稲垣定之助、塚田孔平、森要蔵を四天王とすることもある）と相談し、寮の門下生約50名には天狗党の戦いに加担することは伏せたまま、玄武館の後継者問題に対する決意表明をするということで、集団脱藩ならぬ集団脱館を決行した。

　　玄武館を脱出した一行は、水戸藩の江戸深川御船蔵の主で、死んだ千葉栄次郎の舅でもある小林権左衛門の屋敷に4日間逗留し、その後千葉周作の墓がある浅草田島町の浄土宗誓願寺（註；巣鴨の本妙寺にも千葉周作の墓が現存する）に移り、真田はここで初めて門下生に天狗党の戦陣に参加することを打ち明けている。

　　その後、真田らは浅草見附を通過し、幸手宿本陣に泊まる。一行は集団宿泊の慣習に従って本陣の障子に「千葉周作成政門人、塾頭真田範之助外、五十人宿」と書

いて宿の前に立て掛けていたが、幕府側の一軍がこれに疑いを持ち、本陣を包囲して鉄砲を放ったため、真田らは筑波山で落ち合うことを誓って、二手に分かれ表口と裏口から逃走した。この時、真田の左右には武州八王子出身の横川左馬太郎（註；楳子の兄・勇太郎）と医学生で千葉門下生でもある岩倉徳之丞が従っていた。

15-1-3　勇太郎の帰郷と集義隊の敗退

　その後、真田範之助らが天狗党事件にどう加担したか全容ははっきりとしない。織田鉄三郎氏が『天狗党鹿島落ち』中で示している「茨城県贈位者事績」には宍戸藩に出入りした尊皇攘夷派として「岡見徳三、立花辰之助等と団結し（此の一団江戸高田なる宍戸侯の別邸にあり）他の一団・横山亮之助、内藤文七郎等数十人（此の一団同侯本邸にあり。此内には芳野秀一郎「註；芳野新一郎か」、岩名政之進「江戸の人」草野剛蔵「相馬の人」真田範之介「註；真田範之助」等あり）」(12)がある。彼らはいずれも、天狗党の挙兵に参加しようとしたが、泥沼化した水戸藩の内部抗争には与せず、横浜における「攘夷即時決行」を旗印に鹿島に集結した人々であった。真田範之助らの行動は、7月末頃から8月中頃の間には開始された可能性が高く、常陸に入った玄武館勢は、一時は、頼徳軍、武田軍と行動を共にした可能性もあるが、織田氏が示している鹿島の神官たちの目撃記『飛鳥川附録』によると、真田範之助は芳野新一郎らと共に鹿島に向かったのである。

　長谷川は、『藍香翁』における真田の鹿島落ちの記述に根拠がないとしていたが、織田氏は鹿島神宮の鹿島家に残る神官たちの目撃記『飛鳥川附録』において、9月2、3、4日に鹿島に集結した太平組と称する浪士集団の中に真田範之助や芳野新一郎（1844-1872/註；芳野桜陰、桜山三郎とも称す。伊東甲子太郎と交友）の名前が記されていることを明らかにした(13)。攘夷決行を優先する水戸藩士の岡見徳三、立花辰之助、横山亮之助、内藤文七郎等60余名や、水戸藩の内部抗争を忌避する攘夷派の浪士軍団が鹿島に集結したのである。その数は600名余と言われている。

　太平組は、それぞれ「攘夷貫徹」、「攻必勝守必固」、「皇国誠忠士」、「神武」、「報勲」、「正義」などと書いた吹流旗や四半幟をはためかせ「整隊列をなし、威風凛々という美々しい行装」(14)であった。全軍は、7番隊に編成され、真田範之助は桜山三郎（註；芳野新一郎）と共に4番隊の隊長として「桜山は黒糸縅の鎧、真田は黒革の鎧、何れも紺木綿の陣羽織立烏帽子にて兜は冠らず、着替えの具足櫃二つ持たせ騎馬なり」(15)といういで立ちで、総勢48名、「神武」、「集義」等と書いた吹流旗や高張提灯を掲げる、諸藩の士か

らなる「集義隊」を率いていた（註；人数からいって隊士の大半は玄武館勢かと思う）。幕末戦乱の中で見られた凛々しくもはかなく美しい「ワンシーン」である。

　9月5日に始まる鹿島・大船津の戦いで、浪士諸隊は佐倉・棚倉藩兵及び幕軍歩兵の集中砲火を浴びて敗れ、鹿島に屯集した浪士諸隊は壊滅状態となる。「攘夷即時決行派」の彼らは泥沼化した天狗党事件に深く巻き込まれることはなかったが、鹿島・大船津の戦いであえなく敗退し、壊滅したのである。

　落ち延びた真田範之助と岩倉徳之丞は、再び深川の小林権左衛門方に潜伏したが、老門番の密告があって、その晩の内に、新徴組に襲撃され、真田と岩倉は奮戦したが、結局、殺害されてしまう。元治元年（1864）10月17日のことであった。

15-1-4　横川父子の苦悩と贖罪

　横川家の嫡子で17歳の勇太郎は、水戸藩内に入ったところまではたどれるが、どこかの時点で—たぶん真田の指図で—真田と別れて八王子に帰っている。勇太郎の父は息子が尊皇攘夷派に加担したことを悔やみ、千人頭の河野仲次郎に相談するが、河野は「攘夷など若者の熱病のようなものだ。たいした問題ではない。しかし、しばらくは名前を変えて静かにしているが良かろう」というアドバイスを与えている。勇太郎は兄のように慕った真田と最後まで行動を共にできなかったことを悔やんだが、真田は、おそらく、弟のように可愛がっていた勇太郎を、八王子に戻って俺が帰って再起するのを待て、とでも言って、生き延びさせたのであろう。その後、一時は、勇太郎も気持を切り替えて、幕府方の千人同心の一員として、健気な仕事ぶりを見せているがうまくはいっていない。

　特に、鈴木龍二氏の記述によると、慶応3年（1867）7月、勇太郎は千人同心の武芸修行が不足であると嘆じ、千人頭経由で幕府に対し、広大な調練場と調練賄費の供出を具申したが採用されなかった(16)、とある。これには周辺に心配をかけた勇太郎の「贖罪」のようなニュアンスもあったが、これは勇太郎の独断というわけでもなく、同様のことを曾祖父、祖父、父も構想していたが、それぞれ健康上の理由などで実現に至らなかった「横川家の事業構想」であった。犠牲的なまでの「社会奉仕」は横川家に代々受け継がれてきた伝統だったのである。

15-2　学問にいそしんだ若き日の様子

15-2-1　横川家と学校の設立

　明治維新後、東多摩郡（現在の中野区・杉並区）を除く、西多摩郡・南多摩郡・北多摩郡は、明治26年（1893）に、東京府に編入されるまで神奈川県に属していた（註；東多摩郡もごく短期間は神奈川県に所属していた）。

　光石知恵子氏によると、明治6年（1873）5月、楳子の父・横川高徳（註；明治になって高徳と改名している）と川口七郎は神奈川県から第九学区の学区取締に任ぜられ、高徳は明治7年（1874）には、副戸長に任命されている(17)。学区取締は各地においても戸長、副戸長が兼任することはよくあったが、いずれもその地域の要職であった。

　光石氏は、高徳は「官」による学校設立が因習に囚われて遅々として進まないため、「官」に申し立てをした上で、すべて自前で横川村に「多摩学舎」を設立したことを記している(18)。教員2名、生徒男56名、女34名の学校であったが、生徒から束脩、月謝その他の謝礼、実費すべてを受け取らず、委託金なども一切貰っていない。明治6年（1873）の学校創立時から明治7年（1874）10月までの総費用718円75銭を横川高徳一人が出費しているのである。給料は教員1ヶ月12円50銭（2名分）、助教1ヶ月2円50銭（2名分）、小使い1ヶ月2円50銭（1名分）となっていた。

　また、光石氏は、楳子の兄・光義（註；勇太郎）もまた「横川学舎」設立を意図した「私学開業願」控を残していることに触れているが、本人の病気のこともあってか、この学校の設立は実現していない(19)。

15-2-2　横川楳子の学問修業

　横川高徳は、「女子に学問はいらない」とする時代に、幼い頃から学問好きな娘の楳子に、かなり自由に、学問と取り組む機会を与えていたようである。

　楳子の学問修業は、文久元年（1861）、阿部完堂に就いて漢籍素読と習字を習ったことに始まっているから8歳からである。もちろん、簡単な読み書きはもっと早く習っていたであろう。

　楳子の履歴については、東京都の『東京の幼稚園』(20)によると学問修業に関する部分は次のとおりである。

　　　一文久元年ヨリ元治元年迄四ケ年間阿部完堂ニ従ヒ漢籍素読並ニ習字修業
　　　一慶応元年ヨリ同三年迄三ケ年間芝藤太郎ニ従ヒ漢籍修業

一同二年ヨリ三年迄弐ケ年間高橋石斉ニ従ヒ習字修業

一明治三年ヨリ五年迄三ケ年間長崎県士族大竹政正ニ従ヒ漢籍修業千葉県平民丸東
　ニ従ヒ筆算開方迄修業

一同八年ヨリ十一年迄四ケ年間東京府平民馬渕近之尉ニ従ヒ筆算平三角迄修業

一同十一年ヨリ十六年迄六ケ年間式部寮伶人東儀秀芳同林広継ニ従ヒ保育唱歌催馬
　楽並ニ和琴箏修業又米国人メーソン氏及ヒ音楽取調所ニ於テ西洋唱歌并ニ風琴修
　業

一同十三年ヨリ十四年迄東京女子師範学校教員茂木春太ニ従ヒ物理学修業

一同十四年ヨリ十六年迄三ケ年間東京府士族鈴木重嶺ニ従ヒ和学修業

一同十五年ヨリ十六年迄一ケ年間東京府士族小笠原清務ニ従ヒ小学礼式修業

　楳子が師事した各人物について国立国会図書館等の資料で調べてみると、阿部は『日本州名解』(執筆年不祥) という地理書を書き、嘉永6年 (1853)、『詩歌合　全』という「中国唐・宋の詩と日本の朗詠集の和歌で同趣のものを並べ合わせた」書を編纂した学者であるが、特に八王子で塾を開いていたという記録はない。8歳になる楳子は、父・十右衛門と兄・勇太郎が北辰一刀流を習うに際し、これに同行し、親戚か親の知人の世話があって、江戸に出て学業と取り組んだのであろうか。後に、楳子の世話をする河野仲次郎一家は、まだこの頃は八王子にいて、静岡にも江戸（東京）にも移っていない。

　慶応元年 (1865) から3年間漢籍を習った芝藤太郎については資料がないが、慶応2年 (1866) から2年間習字を習った高橋石斉 (斎) には著書『大字校正三字経』がある。また、明治3年 (1870) から3年間漢籍を習った大竹政正（まさただ）は、明治14年 (1881)、『刑法治罪法集解（しゅうげ）』などの著述のある学者であり、同じ時期に筆算開方を学んだ丸東は、明治28年 (1895)、加藤小学校委託衛生醫をしている時に『コレラ病豫防心得』を書いた人物である。また、明治8年 (1875) から4年間筆算平三角を習った馬渕近之尉（丞）は、明治17年 (1884)、『百分算問題』を書いているが、楳子は当時の女性としては珍しく早くから数学（算術）も学んでいるのである。明治初年中頃になると、河野仲次郎一家も沼津から上京し、叔母・偉智は種々楳子の世話をしている。

　横川楳子は、明治11年 (1878) 3月から、東京女子師範学校附属幼稚園で保育法を学び、12月に無事修了している（註；豊田芙雄の講義は翌年2月上旬まで続いている）。楳子の25歳頃のことであった。

明治 11 年（1878）から 6 年間、式部寮伶人・東儀秀芳と林広継（1845-1917）に保育唱歌、催馬楽（註；平安時代、民謡を雅楽風に編曲したもの。さいばらと読む）、和琴、箏を習い、米国人音楽教育者メーソンが来日すると、メーソン及び音楽取調所で西洋唱歌、風琴を習っている。

明治 13 年（1880）から楳子が物理学を習った茂木春太（1849-1881）は東京女子師範学校の教員で、兄弟で貴重な研究をした化学者であったが、明治 14 年（1881）5 月、早逝している。また、明治 14 年（1881）から和学を 3 年間学んだ鈴木重嶺（1814-1898）は最後の佐渡奉行で、明治初年、相川県の知事になった人であるが、明治 9 年（1876）には官を辞め、晩年は歌人となり和歌の指導者となっている。鈴木重嶺は佐々木信綱と共に明治初期歌壇を代表する歌人であった。知事就任に関しては、難治県と言われていた相川県の知事の人事に悩んでいた西郷隆盛が勝海舟に相談したところ、勝が友人で有能な鈴木重嶺を推薦したことで実現したものと伝えられている。

また、明治 15 年（1882）から 1 年間、小笠原清務（1846-1913）に小学女礼式を学んでいるが、小笠原流は明治初期に学校教育に取り入れられた礼法であり、横川だけでなく、豊田を含め同僚の女教師の多くが学んだと思われる。豊田芙雄が設立した翠芳学舎で教員をした豊田の教え子・竹澤里なども小笠原清務に礼式を学んでいるが、『豊田芙雄と草創期の幼稚園教育』(22)に述べているように、小笠原は竹澤らと共に私立東京女学校及び附属幼稚園の設立にも関与した人でもある。小笠原清務に礼式を学んだ頃楳子は 29 歳であった。

幼少期だけでなく、成人となってからも楳子の向学心は旺盛であり、常に当代一流の人士に就いて学んでおり、学費や生活費も相応に必要だったと思われる。楳子は、保姆になる以前は当然としても、保姆となってからも学費や生活費など、しばしば父・横川高徳や母・新に無心の手紙を出しているが、両親はその出費を惜しんでいない。

15-3　最初の保姆見習生・横川楳子と母校の附属幼稚園勤務

15-3-1　保育見習生時代

明治 9 年（1876）11 月 16 日、東京女子師範学校附属幼稚園の創設と同時に、同園には各地から幼稚園開設方法に関する問い合わせや、保姆の派遣依頼が舞い込むことになる。したがって、同園にとっては発足と同時に保姆養成は喫緊の課題となっていた。

東京女子師範学校附属幼稚園では、保姆養成の「制度」を設けるために急いで検討を始めるが、明治11年（1878）2月、まだ準備が整わない内に、大阪府から氏原銀と木村末が受験生として派遣されてくる。そのために、同園は大慌てで「保姆見習の制度（註；東京女子師範学校年報では保姆見習という言葉を使っているが、正規に「科」という呼称が使われていたかはっきりしない）」の規則等の整備をして、二人に入学試験を課し、入園を認めることになる。この時、大阪の二人の派遣生とは別に、入園を許可されたのが横川楳子であり、楳子には同園から同年3月1日より月5円が支給されている。

　楳子が自ら「保姆見習」の受験生として応募したのか、あるいは同園関係者に応募をすすめられたのか、残念ながら現在のところそれらを明らかにする資料はない。しかし、楳子の手紙によると、それ以前に、恩師の大竹政正から教師の口を世話されたこと、また、漢学者で明治8年（1875）東京師範学校の教師となった松本万年（註；東京女子師範学校創始期の教師・松本萩江の父）からも教師の口を世話されたことが書かれている（註；教師の口は二つとも断っている）。このことから見て、楳子の教養は教師となるにふさわしいものとして、すでに当時の識者たちにも評価されていたことがわかる。楳子の「保姆見習（制度）」入園は、松本万年の止敬学舎で女子の指導をしていた万年の娘で、東京女子師範学校の教師・松本荻江あたりのすすめで実現したものかと思う。荻野吟子の同校入学については、荻江のすすめがあったことが明らかであるが、既述のように、古市静子の同校入学、長竹国子の保姆練習科受験も、万年、荻江の周辺にいたことですすめられたものであろう。

　楳子の履歴書では、先の諸氏に就いて修業したことを書き、「一明治二十五年十二月二十八日神奈川県知事ヨリ幼稚園保姆免許状下付」を書いた後に、保姆見習修業以下のことを次のように書いている。

　　一幼稚園保姆見習トシテ入園差許候事

　　　　但シ一ヶ月金五円手当トシテ相与候事

　　　明治十一年三月一日　東京女子師範学校

　　一附属幼稚園保姆可相勤事

　　　明治十一年十二月廿四日

　　一自今一ヶ月金拾円交付候事

　　　明治十一年十二月廿四日　東京女子師範学校

保姆見習中の学びの内容については、豊田や氏原の文献等を手掛かりに、すでに『豊田芙雄と草創期の幼稚園教育』(23)等で記述しているので、ここでは詳しくは述べないが、学問好きな様子にとっては、まったく未知の保育法を、ドイツ人女性・松野クララが英語で語り、関信三が通訳するという方法で学ぶことは相当刺激的であったであろう。また、豊田と近藤にも保育の理論と実際を学ぶが、「直訳的保育法」に欠けていたり、不十分な部分を、豊田芙雄、近藤はま、氏原鐐、木村末と一緒に知恵を絞り、創意工夫するといった活動は大きな喜びであったにちがいない。

　それらの一つの例が折紙（註；当時は摺紙、「しょうし」あるいは、畳紙、「タタミガミ」と呼ばれていた）である。フレーベル主義の20恩物中にも折紙（註；ここでは摺紙のこと。20恩物中の織紙は各色の細紙片で「織る」こと）は含まれていたが、それらは全て幾何学形のものばかりで、帆掛け船、奴さん、鶴といった子どもに馴染みやすい日本伝統の具象的な形のものは無かった。

折紙（摺紙）「六歌仙」の一部(24)

　製作及び手工芸関係の指導は主として近藤が担当したが、日本式の折紙の中からどういうものを取り入れるかについては、近藤、豊田の保姆だけでなく、氏原、木村、横川など見習生も共に考えて、東京女子師範学校幼稚園編の『恩物圖形』(25)に取り込んだようである。

　特に折紙「六歌仙」（写真）については、紙の選択、染色の方法など保姆と保姆見習生

が試行錯誤しながら完成に至った苦心作である。横川が現在まで残している「六歌仙」は
おそらくこの時作ったものであろう。

「六歌仙」は幼児向きの手技としてはやや高度過ぎるが、むしろこれなどは保姆見習生
自身の手技の研修として取り込んだものではなかったのか、保育唱歌中のかなり高度な歌
詞、内容のものなどと同様、すべてが幼児用だったとは限らないと考える方が妥当のよう
に思う。

保姆見習制度は、氏原が記述するように、当初は半年の予定であったが、それでは足り
ないとして開始後すぐに10ヶ月に延長されている（実際には豊田の講義は翌年2月上旬
まで続けられている）。氏原は妊娠、出産のため、8月末には大阪に帰るが、学籍は残し
ていたのかどうかは不明である。

15-3-2　鹿児島幼稚園と横川楳子

保姆見習生の氏原と木村は、大阪府知事の渡辺昇から、修了後は大阪で幼稚園を創設す
ることが課されていたが、横川楳子にも、修了後は全国の府県のいずれかへ赴いて幼稚園
を開設することが東京女子師範学校から申し渡されており、本人もそのつもりでいたので
ある。

鹿児島県では、西南戦争中から、県令・岩村通俊が率先して、戦後復興策として勧業、
教育の復興、充実を推進していたが、明治11年（1878）9月21日、鹿児島師範学校内に
女子師範学校を仮設し、同校の復活を意図している。同県では、明治8年（1875）、すで
に小学校女子正則講習所を立ち上げ、同年10月、女子師範学校と改称していたが西南戦
争で焼失したために女子師範学校の復活を目指したのである。鹿児島女子師範学校は、明
治12年（1879）1月、山下町に建築、移転されたが、同校内には幼稚園園舎一棟が建て
られている。

岩村県令が、鹿児島県に幼稚園を設置することを、どの時点で構想したのか正確なとこ
ろはわかっていないが、遅くとも仮設の女子師範学校設置計画の前後には、幼稚園設置の
計画を抱いていたかと思う。

明治11年（1878）頃は、前年の西南戦争の莫大な戦費の出費もあって、政府は財政的
に相当逼迫していた。また、西南戦争勃発直前の明治10年（1877）1月4日、地租（土
地に課せられる税）が3%から2.5%に下げられたことも影響が大きかった。其頃の廃止、
削減などは、すべて西南戦争のせいだけではなく、地租の大幅低減によるものも含まれて

いた。ちなみに、鳩山春子らが通っていた東京女学校の明治10年（1877）2月頭の廃校決定の直接の因は時期から見てこの地租の大幅切り下げにある。地租切り下げにより官員の相当数が馘首されるという状況も生まれていた。同校の廃校決定は、1月末に火薬庫襲撃事件が発生していたとはいえ、西南戦争が始まるのは2月の半ばであるから正確ではない。いずれにしろ、さらに西南戦争が起こり、戦後の経済的状況は相当に悪化していた。しかし、鹿児島にわが国2番目の幼稚園を設置し得たのは、岩村県令の熱意もさることながら、鹿児島には地域の治安回復を含んだ「戦後対策」という特別な理由があったからである。

　大阪府の知事・渡辺昇は、大阪に幼稚園を開設するので保姆を派遣してくれるよう東京女子師範学校附属幼稚園に掛け合っているが、同園からはとてもその状況にない、として断られている。そのため渡辺は十分な連絡調整もないまま、氏原と木村を強引に東京に送り込むのである。渡辺には、太政官の諜報機関の直属の部下（スパイ）であった関信三に保姆派遣要請をきっぱりと断られたことに対して、多少感情的な「含み」もあったのかと思う。

　鹿児島県の場合は、東京女子師範学校附属幼稚園で保姆養成が開始され、横川楳子が見習中であったから、大阪府が保姆派遣を要請した時点とは事情が異なっている。とはいえ、西南戦争直後で、まだ不穏な空気も漂っている、しかも東京からはあまりにも遠い鹿児島に、若い保姆を派遣することは容易なことではなかった。

　しかし、鹿児島の岩村県令には「切り札」があった。明治11年（1878）5月24日から、西郷隆盛の弟・西郷従道が文部卿として在任していたので、岩村は鹿児島県出身の西郷を通じて保姆派遣の話を進めることができたのである。東京女子師範学校摂理の中村正直も附属幼稚園監事の関信三も、文部卿の西郷従道が鹿児島へ保姆を派遣してくれるよう一言頼めば断ることができるはずもなかったからである。

　当初、中村も関も豊田あるいは近藤を鹿児島に派遣することは毛頭考えていなかった模様である。東京女子師範学校附属幼稚園といえども、フレーベル主義の幼児教育はまだ緒についたばかりで、やっと養成した保姆の豊田や近藤を、一時的にであれ、手放すことは同園にとっては極めて大きな痛手となるからである。特に、豊田芙雄は、首席保姆の松野クララがほとんど日本語を話せないため、実質上首席保姆の仕事をしており、豊田を長期出張させることはあり得る話ではなかった。

　したがって、中村は同年11月頃から、保姆見習生の横川楳子に鹿児島に行ってくれる

401

ようしばしば説得を試みるのである。このあたりの事情については、横川が八王子の両親宛に書いた、同年12月6日付の手紙(26)に述べられている。このことは『豊田芙雄と草創期の幼稚園教育』(27)でも触れたが、ここで改めて説明を加えることとする。

楳子は手紙の最初の部分で「御兄様の御病気」を気遣っている(註;前々年明治9年(1876)8月12日の書簡(28)でもすでに兄の病状を問い合わせているが、同時に自分自身の病気の治療についても触れている)。明治11年(1878)末頃には兄・勇太郎の病状は相当悪化していたようである。

鹿児島行きについては「扨、私事、卒業も此年と存じ候。夫ニ付業成宇へハ縣々に参り候由元より其つもりニて居候。然ルニ此度鹿児島縣より幼稚園設立ニ付可然人御座候ならバ一人」送って欲しいとの依頼が東京女子師範学校に届き、「学校長(註;摂理・中村正直)より度々私へ」鹿児島行きについて説得がなされるようになる。

楳子は「たとへ遠き所なりとも、県令の頼ミにて参り一ツ之幼稚園を設立候へバ、そこに名ものこり又功も立候事と存じ候」と思うようになる。さらに「最も初て彼地ニ幼稚園を設立スルハ私如き者にハ難き事ながら、若シ御ゆるし被仰候上ハ参りて一ツ骨をりて見たく存じ候」と楳子は前向きに考えるのである。もちろん、楳子には、初めての幼稚園設立のこと以外に、「御兄様」の病気のこと、自身の健康のことなど不安もあったが、「土用休(夏期休暇)」もあることだし、すぐに一時帰京できる、と自分自身を奮い立たせるような記述もしている。

鹿児島県は、楳子に月30円の給料を与え、赴任旅費、帰京旅費等は官費で支払うことを約束している。ただ、本人にとっても、家族にとっても重要な事柄であるため、楳子はこの件を両親に知らせ「至急御返事御願申上候」と書くのである。

この手紙に対する返事は残っていないが、楳子の両親は、不穏な空気の残る鹿児島に娘を旅立たせる不安と同時に、嫡子・勇太郎の病状がかなり重篤化していたことから、鹿児島行きを思いとどまるよう強く説得したものと思う。結局、楳子の鹿児島行きは不発に終わるが、楳子は、この手紙の日付の18日後、明治11年(1878)12月24日、保姆見習を修了し、同時に東京女子師範学校附属幼稚園の保姆として抜擢されるが、年明けてすぐ、文部省は豊田芙雄に鹿児島出張の辞令を出すことになる。

楳子の兄・勇太郎は、明治12年(1879)3月15日、死亡している。豊田が鹿児島県から「幼稚園開設ニ付該事業擔當申付一ケ月金五拾圓給與候事」という辞令を貰って2日後のことである。楳子の鹿児島派遣には無理があったのである。この件に関する前後関係は

以下のとおりである。

明治11年（1878） 8月21日	文部卿・西郷従道邸食事会、田中不二麿夫人、関信三、松野クララ、豊田芙雄、近藤はま、横川楳子、氏原鋑、木村末ら招待される。
8月31日	氏原鋑、妊娠出産のため大阪に帰る。
9月21日	鹿児島師範学校内に西南戦争で焼失した鹿児島女子師範学校を仮設する。
11月	摂理・中村正直、横川楳子に鹿児島に行くよう度々説得する。
11月11日	明治12年文部省年報、この日、文部大輔・田中不二麿、関信三著「幼稚園創立法」を文部卿・西郷従道の閲覧に供す、の記述がある。
12月6日	この日の日付の手紙で、楳子、鹿児島派遣について親に相談。
12月24日	保姆見習生の修了式。同日、楳子、東京女子師範学校附属幼稚園保姆として抜擢。同日、西郷従道、文部卿を辞め陸軍卿となる。
明治12年（1879） 1月18日	鹿児島女子師範学校、山下町に建築移転。同校内に幼稚園園舎一棟を完成。
1月24日	豊田芙雄、文部省より鹿児島に幼稚園設立のため出張の辞令。
2月6日	女教員数名で豊田芙雄の送別会。武村耕靄、豊田に画を贈る。
2月16日	同僚による豊田芙雄の送別会。この頃、中村正直、豊田に大きな軸の書「愛敬歌」を贈ったか。
2月19日	この日、芙雄、鹿児島へ向け出立か。

3月4日	東京女子師範学校、保姆練習科の入学試験。応募者16名。
3月10日	保姆練習科合格者発表。給費生5名、私費生6名が入学。関信三、宮城県学務課に至急書簡。
3月11日	芙雄、鹿児島に赴着。
3月13日	芙雄、鹿児島県より幼稚園開設事業担当の辞令。 東京女子師範学校第一回卒業式（皇后の「風邪」で再々延期となった）
3月15日	楳子の兄・勇太郎、死去。

15-3-3　東京女子師範学校附属幼稚園の保姆時代と退職

　横川楳子は、明治11年（1878）12月から明治17年（1884）12月まで、ちょうど6年間東京女子師範学校附属幼稚園に勤務している。同期間は、監事・小西信八がフレーベル主義保育に改良を加える重要な時期であった。しかし、同時期、横川が同園保姆として、どういう活動をしたかについては、本人自身あるいは周辺の人が書き残した資料は少ない。

　横川が保姆になって、2ヶ月も経たない内に豊田は鹿児島に向け出立するが、3ヶ月目の明治12年（1879）3月には保姆練習科の授業が始まり、横川自身も練習科生相手に指導をせざるを得なかったはずである。しかも、同年11月には、監事の関信三が病気で死亡、翌年の明治13年（1880）3月1日には、松野クララが同園を退職している。クララの退職は、一つには、日常会話程度ならまだしも、クララの英語によるフレーベル主義保育の講義を通訳できる人は関信三以外にそうそういるはずもなく、関信三の死去とともに同園における「クララの講義はできなくなった」ことによるのであろう。

　豊田が不在のまま、関が病死し、クララが退職して、同園は開園以来の危機に陥ったと言えるが、保姆練習科は、明治13年（1880）7月まで続くわけであるから、授業の大半は近藤と横川が負担せざるを得なかったのである。保姆練習科の修了直前に豊田は鹿児島から東京に帰り着いたと思うが、翌年の明治14年（1881）5月には摂理の中村正直が東京大学に転じ、同年11月には近藤が同園を辞めている。近藤は、退職後、私立幼稚園の

経営と保姆の養成に功績を残すことになった。

　この間も横川楳子の向学心は衰えず、幼稚園保姆と並行して様々な学問修業と取り組むが、メーソンによる西洋唱歌の研修は特に印象深かったようで、横川楳子家文書にはメーソンの顔写真と集合写真が残されており、メーソンの帰国に際して、楳子が詠んだ「秋よりも先に露おく我が袖は人にわかるる涙なりけり」(29)という歌が残っている。

　南北戦争の英雄で、世界一周旅行をしていたアメリカの前大統領グラント将軍（1822-1885/Ulysses S.Grant）は、明治12年（1879）6月半ば、長崎に上陸し、9月上旬まで、国賓として2ヶ月半以上日本に滞在している。同将軍は、各地で大歓迎を受けたが、日本政府は多額の出費をしている。同年7月3日には、前大統領一家は東京新橋駅に到着し、7月11日には、同夫人、同子息と共に東京女子師範学校第二回卒業式（第一回入学生の二次卒業式）に出席することになる。この時も、楳子は同校の卒業式にアメリカの前大統領グラント将軍が臨席するので、礼服を新調しなければならない、ということで両親に無心の手紙を出している。

　同年8月14日、楳子の給与は「3圓」の増給があり、月13円貰うようになる。先輩保姆の近藤はまが同時期月俸17円であるから楳子の俸給も悪くはない。この時の両親宛の手紙には、就職してわずか半年ほどで増給があった、と誇らしげに伝え、増給を素直に喜んでいる。楳子の幼稚園勤務は順調だったのである。翌年、明治14年（1881）9月17日、楳子の月報は14円になる。

　横川楳子の同時期の保姆としての明確な記録が残されたものとしては、明治14年（1881）5月14日、皇后宮が東京師範学校、東京女子師範学校を訪問し、本科及び附属幼稚園の授業を参観しており、横川楳子と豊田芙雄が一緒に一の組で「積體」の活動をした、というものがある。前の章で触れた武藤やちの天覧授業（『北海道歴史人物事典』）というのも、この日の加藤きんとの授業である。再び引用するが、幼稚園における当日の授業は次のとおりである(30)。

遊戯室	運　動	「君が代」・「白金」・「飛行末」ノ三曲唱歌
三の組	修　身	教生　永井たか
		同　　猪子ふで
		同　　本多よし
二の組	織　物	同　　長谷川てる

		同	多賀はる
一の組	積　體	保姆	豊田芙雄
		同	横川うめ
四の組	連　鎖	同	加藤きん
		同	武藤やち

　後に同校附属小学校及び本科の教師となる多賀（鳩山）春子は、この時はまだ教生の立場で授業をしている。同じく後に幼稚園と本科を兼務する加藤きん（1861-1913/註；武田錦子/米国留学。英語教師）はすでに保姆となっており、また、保姆練習科卒業生の武藤やち（八千）もこの時点では母校の保姆として勤務している。武藤が、後に函館師範学校に転じ、同校附属小学校内に仮設される幼稚園で保姆を兼務し、さらに後、私立函館幼稚園を設立したことも別の章で述べたとおりである。

　メーソンによる西洋唱歌の指導は、幼稚園においては、東京女子師範学校や附属小学校に比べ1年半ほど遅れたため、この時も雅楽調の「保育唱歌」が歌われている。明治14年（1881）3月1日から6月30日まで催された文部省の展示会における「文部省教育品陳列場出品目録」(31)には「唱歌譜　附幼童運動戯譜　六冊　保育ニ用キル譜ニシテ洋書或ハ古歌等ヨリ撰輯セシ書ナリ」とあり、「保育唱歌」を冊子様にまとめたものがあって、幼稚園ではこうしたものを用いることができたのである。ここに書かれた「洋書」のくだりはフレーベル主義保育の原書類から歌詞を翻訳、改訳したことを意味している。歌詞だけで言えば、豊田芙雄、近藤はまは組織的な西洋唱歌の導入に貢献した最初の人たちなのである。

　横川が保姆として勤務した6年間は、わが国に導入された最初期の「直訳式フレーベル主義保育」に改正が加えられた時期でもあり、横川楳子は豊田芙雄と共に両方を直接体験した数少ない保姆の一人でもある。このことは楳子の八王子幼稚園の保育にも大きな影響を与えている。この時の改正は、明治13年（1880）9月14日、同校訓導として赴任した小西信八が、那珂の指示を受けて、翌年の明治14年（1881）7月18日に同校附属幼稚園監事となって主導したものである。

　小西は、まず、恩物の漢語調の訳語を、次に示すように子どもにもわかりやすく馴染みやすい呼称に変えている(32)。小西が子どもにもわかるように呼称を変えた、というのは誰もが納得し得ることであるが、漢字廃止論者（仮名書論者）の小西にとっては当然の改

訂だったのである（註；小西としてはカタカナ書きで通したかったであろうが、最終的に漢字交じりの表記になったのは文部省の指導か）。

	旧	新
六　球　法	ロクキウハウ	ムツノマリ
三　體　法	サンタイハウ	ミツノタイ
第一積體法	セキタイハウ	キノツミタテ
第二積體法	（原文は縦書きで同右）	（原文は縦書きで同右）
第三積體法	（原文は縦書きで同右）	（原文は縦書きで同右）
第四積體法	（原文は縦書きで同右）	（原文は縦書きで同右）
置　板　法	チバンハウ	イタナラベ
置　箸　法	チチョハウ	ハシナラベ
置　鐶　法	チクワンハウ	クワンナラベ
圖　畫　法	ヅグワハウ	エガキカタ
刺　紙　法	ソクシハウ	サシガミ
繡　紙　法	シウシハウ	ヌイガミ
織　紙　法	ショクシハウ	ヲリガミ
組　板　法	ソバンハウ	クミイタ
連　板　法	レンバンハウ	ツラネイタ
組　紙　法	ソシハウ	クミガミ
摺　紙　法	センシハウ	タヽミガミ ※註；旧呼称正しくはセウシハウか。
豆　工　法	ヅコウハウ	マメサイク
模　型　法	モケイハウ	ツチサイク

　また、小西は、メーソンに、東京女子師範学校、同校附属小学校だけでなく、同校附属幼稚園でも西洋唱歌を教えてくれるよう依頼し、明治14年（1881）9月、同園でも西洋唱歌が指導され、幼稚園用の西洋唱歌の作詞、作曲開始されるようになる。

　その後、楳子が東京女子師範学校を辞めて郷里の八王子に帰るまでの履歴は次のようになっている（33）。

一自今月俸金拾七円給与候事

　明治十五年十二月廿七日　東京女子師範学校

一東京女子師範学校御用掛申付取扱ヒ准判任候事

　　但月俸金拾七円給与候事

　明治十六年五月廿六日　文部省

一幼稚園教員勤務可致事

　明治十六年五月廿八日　東京女子師範学校

一舎中取締兼勤申付候事

　明治十七年一月六日　東京女子師範学校

　年を追う毎に東京女子師範学校における楳子の役割は高まっていくが、明治 17 年（1884）
10 月、元々頑健な方ではなかった父・横川高徳が死去し、同年 12 月 19 日、家を継ぐた
めに横川楳子は東京女子師範学校を辞め八王子に帰ることになった。5 年前、嫡子の兄・
勇太郎が早逝していたため、楳子は八王子に戻らざるを得なかったのである。

　楳子の元上司であった福羽美静（註；当時、元老院議官。元・東京女子師範学校摂理）
は別れに際し、楳子が人々に深く惜しまれながら辞めることを扇子に書き、「君よ君人の
をしへをする人のをしへともまたなりにけるかな」という歌を贈っている(34)。

15-4　八王子で開いた幼稚園と女学校

15-4-1　女学校の開設

　明治 17 年（1884）12 月、東京女子師範学校及び同校附属幼稚園を辞めて八王子に帰郷
後の楳子の活動概要は『八王子市史　上巻』(35)によると次のようである。

　　翌年の明治 18 年（1885）には早くも横川町の自宅で女子教授所（家塾）を開くが、
　　成内穎一郎・賢子夫妻の協力を得て、明治 21 年（1888）、横山町に住宅を借り女子教
　　授所を設けている。ここも事情により翌年一時中止となるが、浅川の小林儀兵衛が再
　　興を促し、楳子の気持ちを奮い立たせている。小林が亡くなって、この事業は再び頓
　　挫するが、今度は久保兵次郎が楳子を助け、本立寺住職及川真能の援助もあって、明
　　治 24 年（1891）、本立寺の空地を借り学舎を新築し、翌年の明治 25 年（1892）11 月、

当時三多摩郡が所属していた神奈川県の許可を得て正規に女学校と幼稚園を設立したと記されている。

　筆者も最近まで知らなかったが、八王子最初の女学校は、矢島楫子・湯浅初子・宗方光の章で触れたように、明治19年（1886）、ミセス・ツルーが創った女学校である。とはいえ、楳子は、明治18年（1885）、ツルーより先に女子教授所（家塾）を開いているので、八王子における近代女子教育の先駆者であることに変りはない。明治39年（1906）、東京府に提出した履歴書(36)によると「明治廿一年私立八王子女学校を設立シ同二十三年七月廃校迄女子教育ニ従事ス」とし「明治廿五年十月三十一日神奈川県知事ノ許可ヲ受ケ私立八王子女学校私立八王子幼稚園ヲ設立シ女子教育幼児教育ニ従事シ現今ニ至ル」としている。明治18年（1886）、女子教授所を開き、明治21年（1888）に女学校を設立し、明治25年（1892）10月31日付で正規に神奈川県知事の認可を受け、同年11月、開校したのである。

　幼稚園の設立趣意等は後述するが、「廣告」(37)によると、女学校の設立趣意には「本校ハ優良ニシテ有用ナル婦女タルニ須要ナル学科ヲ授クル所トス」とある。入学要件としては「尋常小學校卒業ノ者若シクハ之ニ相当シタル學力ヲ有スル者タルベシ」と述べられている。學科としては、修身、讀書、作文、習字、裁縫（あみ物、造花）、遊戯（唱歌）があり、付記には「但シ修身ヲ除クノ外壹個貳個ニテモ授業ス」としている。この時点では、理数科目の不備なども目立つが、明治27年（1894）7月には、生徒数が増え、校舎を二階建に増築し、数学、地理・歴史の教員なども増員しており、他の私立女学校と比較して遜色のない状態となった。ちなみに同校は明治28年（1895）2名の最初の卒業生を出すが、その一人・横川忍は兄・勇太郎（光義）の娘である。

　元々、高等女学校の正式な制度化は明治28年（1895）の「高等女学校規程」の公布後である。また、明治32年（1899）2月、「高等女学校令」によって、「中学校令」、「実業学校令」による中等学校と同格の学校となった。しかし、これによって、キリスト教主義の私立女学校は礼拝など宗教教育を捨てない限り、高等女学校としては認められず、宗教を捨てるか、各種学校として存続するかしかなかった。

15-4-2　米国留学生加藤錦子の手紙

この時期、東京女子師範学校附属幼稚園時代の元同僚で、アメリカ留学中の加藤錦（註；きん。錦子。後、結婚して武田錦子）から、八王子の楳子のもとへ近況報告の手紙が届いている。加藤は、『豊田芙雄と草創期の幼稚園教育』(38)にも記したように、最初、東京女学校に入学するが病気で退学し、中村正直邸に寄留して学び、後、再び東京女学校に入学するが、同校が廃校となって東京女子師範学校に移っている。明治12年（1879）春、女子師範学校在学中、文部省より多賀（鳩山）春子、丸橋満子と共に加藤きんはアメリカ留学の命を受けたが、政府の保守頑迷派の反対で「幻の米国留学」に終わった。

　加藤は、明治13年（1880）7月、同校を卒業し、そのまま附属幼稚園の保姆となったが、明治17年（1884）6月からは、女子師範本科教員と兼務するようになった。明治19年（1886）1月、文部省から米国の師範教育と幼児教育を学ぶことが命じられ、3年間の予定で渡航した。文部省派遣では最初の女子留学生であった（註；津田梅子らは開拓使の派遣留学生）。この間、明治16年（1883）に加藤錦子撰『幼稚園玩器手本』（加藤清人出版）、明治20年（1887）に同『幼稚園玩器排形手本』（椿仙堂）を出版し、両書は各地の幼稚園で活用されている。

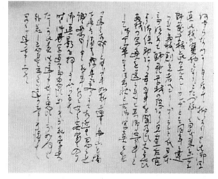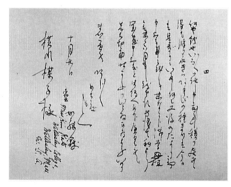

アメリカ留学中の加藤錦からの手紙の後半部分(39)

　帰国後、加藤錦子は女高師の附属幼稚園に勤務し（註；以前、帰国後は幼稚園教育には関わらなかった、という論稿を読んだことがあって、それを事実と勘違いして記述したこともあったが、ここで訂正しておきたい）、東京女子高等師範学校の英語の授業を担当し、英語教育分野の教育者としても知られるようになった。また、結婚後は武田錦子を名乗っている。加藤は文久元年（1861）生まれで楳子の8歳年下である。

　この手紙は、10月20日付けになっているが、手紙の内容から見て明治19年（1886）

の渡米の年のものかと思う。残念ながら手紙の前半部分が手元にないため、つながりが良くわからないが、錦子の留学したウエルスレーカレッジと東京女子師範学校は創立が同年であり、同校の創立者ヘンリーヅーラントは、東京女子師範学校が日本で初めての試みであることと、創立に際し、皇后宮の助成があったことを聞き及び大いに喜んで皇后宮にカレッジの写真を送ったところ、写真と丁寧な返礼の書状が送られてきて、それが同校の宝物となったことその他を述べている。手紙の書き振りから見て錦子と楳子は親しい間柄である。言うまでもなく、好奇心旺盛で勉強好きな楳子にとっては、米国留学中の加藤錦から手紙を受け取ったこと自体大きな刺激となったことは間違いないであろう。

15-4-3　八王子幼稚園の設立基本的枠組み

既述のように、明治25年（1892）11月、楳子は私立八王子女学校に併設する形で私立八王子幼稚園を開業した。幼稚園の設立形態には、女学校に附属するもの、小学校に併設するもの、単独のものなどがあったが、同園は女学校に併設の形であった。フレーベルの幼稚園が本来母親教育の場でもあったことからすればこれが理想の形である。

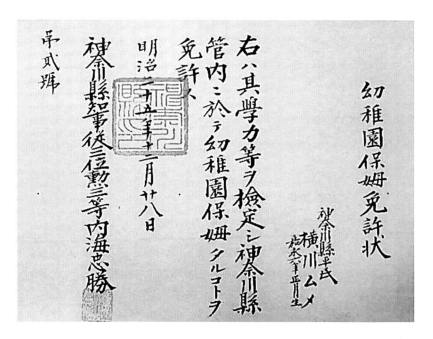

神奈川県が与えた第2号の保姆免許状（40）

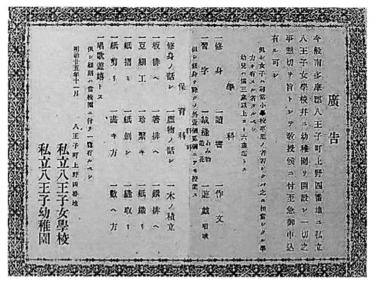

私立八王子女学校と八王子幼稚園の生徒・園児の募集広告(42)

　横川楳子は、東京女子師範学校附属幼稚園で保姆見習を終え、同園ですでに教職歴6年を経ていたが、開業に際し、神奈川県から改めて幼稚園保姆免許状を取得する必要があったので、横川楳子には、写真のように、明治25年（1892）12月28日、神奈川県知事から「右ハ其学力等ヲ検定シ神奈川県官内ニ於テ幼稚園保姆タルコトヲ免許ス」という同県第弐号の幼稚園保姆免許状が与えられている（註；翌年、八王子を含む三多摩郡は東京府に編入された）。

　「神奈川縣管下」と印字された原稿用紙に、毛筆で書かれた「明治廿五年十一月　八王子幼稚園規則」には、第一條の目的に「當園ハ幼兒ヲシテ知覺ヲ開達シ固有ノ心思ヲ啓發シ身體ノ健全ヲ補翼シ交際ノ情誼ヲ暁知シ善良ノ言行ヲ慣熟セシムル所トス」(43)としている。明治10年（1877）の東京女子師範学校附属幼稚園規則の第一條などとほぼ同じ文章である。

　八王子の幼稚園では、第二條に名称を述べ、第三條に位置（場所）を述べている。第四條には敷地及び建物について記述し、「別表甲号　私立八王子女學校建物ノ内ヲ當分充用ス」としている。

　続いて「保育規程」として、第五條に「保育ノ課ハ修身ノ話シ　庶物ノ話シ　木ノ積立　板排ヘ　箸排ヘ　鐶排ヘ　豆細工　珠繋キ　紙織リ　紙摺ミ　紙刺シ　縫取リ　紙剪リ

畫キ方　數ヘ方　唱歌　遊戯トス」という保育内容が述べられており、基本的には名称、種類共に、明治14年（1881）の東京女子師範学校附属幼稚園の改正時の規則を踏襲している。また、八王子幼稚園の規程には「会集」と「讀み方」及び「書き方」は見当たらない。なお、土細工が欠けているのは両園に共通している。ただし、東京女子師範学校附属幼稚園では土細工は後に復活している。

　いずれにしろ、横川楳子の勤務歴からいって、楳子が基本的には東京女子師範学校附属幼稚園の方式を手本としたことは当然である。

　第六條には「保育ノ塲所ハ開誘室庭園トス」があり、第七條には「幼児の大約年齢ニ由テ組ヲ分チ一ノ組ヨリ三ノ組に分ツ」がある。

15-4-4　八王子幼稚園保育課程表

　第八條で「保育の年限、科目及課程左表ノ如シ」として保育課程表を掲載している（註；ここでは縦書きのものを横書きにしている）。

保育課程表　表中ノ数字ハ毎週保育ノ度数ヲ表ス			
保育年限／組	第壱年 三ノ組	第弐年 二ノ組	第三年 三ノ組
課			
修身ノ話	三	三	四
庶物ノ話	三	三	弐
木ノ積立	五	五	五
板排ヘ	二	二	二
箸排ヘ	一	一	一
鐶排ヘ	一	一	一
豆細工		一	一
珠繋キ	二	二	二
紙織リ	二	二	二
紙摺ミ	二	二	二
紙刺シ		一	一
縫取リ		一	一
紙剪リ		一	一
画キ方	一	二	二
数ヘ方	一	一	一
唱歌	六	六	六
遊嬉	六	六	六
通計	三五	四〇	四〇

保育課程表（44）

　私立八王子幼稚園規則では、保育課程を東京女子師範学校附属幼稚園や鹿児島幼稚園あ

るいは大阪模範幼稚園のような曜日及び時間毎の週時間割表で示していないため、一目で比較することは難しいが、これも東京女子師範学校附属幼稚園の改正規則の保育課程表に準拠したものである。東京女子師範学校の場合は、一ノ組から六ノ組まであるため同一というわけではないが時間配分等もこれを参照していることは明らかである。

　保育の方法については第九條に示している。これも、一部カタカナが漢字表記になっていたり、一部文言が省かれていたりはするが、明治17年（1884）2月（文部卿裁可）の東京女子師範学校附属幼稚園の「保育ノ要旨」をそっくり書き写したものである。少々長いが八王子幼稚園の保育の方法の根幹を示すものであるので以下に転載する(45)。

　　　幼稚園ハ學齢未満ノ幼兒ヲ保育シテ家庭ノ教育ヲ補ケ學校ノ教育ノ基ヲ為スモノナレハ務メテ徳性ヲ涵養シ身體ヲ發育シ知能ヲ開導センコト（註；八王子では「フとしている）ヲ要ス殊ニ保育ノ寛嚴其宜キヲ得テ暴慢ニ流レシメス怯懦ニ陷ラシメサル様注意スヘシ又諸課ノ開誘ハ敏捷活溌ニシテ幼兒ヲシテ倦マサラシメ努メテ問ヲ設ケ其觀察注意ヲ起シ事物ノ觀念ヲ得セシメ應答ニ由テ言語ヲ習ハシメ且幼兒自己ノ工夫ニ由テ成ルヘキ者ハ唯其端緒ヲ示シテ幼兒ノ工夫ヲ促シ自ラ成スノ良習ヲ養フヘシ幼兒ノ室外ニ出テ随意ニ遊嬉スルトキハ己ノ意ヲ逞ウシ稟性ノ偏倚セル所ヲ現スモノナレハ此際最モ注意ヲ加ヘテ各兒ノ性質ヲ觀察匡正スヘシ又保育課中（註；「數ヘ方讀ミ方等」が省かれている）心意ノ勞ヲ要スルモノハ之ヲ時間ノ始メニ置キ（註；「豆細工、紙織リ、紙摺ミ等ノ」が省かれている）心目ヲ樂マシムル者ハ之ヲ時間ノ終ニ置キ且一課ノ開誘終ル後ハ庭園（註；「或ハ遊嬉室」が省かれている）ニ於テ随意ニ遊嬉又ハ唱歌ヲナサシメ以テ其鬱屈ヲ開暢センコトヲ要ス幼兒（註；「ノ生育」が省かれている）ノ為ニハ室外ノ遊ヲ最緊要ナリトス故ニ天氣好キトキハ放課ノ際等努メテ庭園ニ遊ハシメ庭園ニハ其快樂ヲ増シ觀察ヲ導クヘキ草木ヲ植ヘ魚鳥等ヲ養フヘシ又幼兒ノ保育ハ唯ニ開誘遊嬉ノ際ニ於テスルノミナラス其幼稚園ニ未ルトキ放課ノトキ食事ノトキ（註；元は「放課ノ中食ノ時」となっている）便所ニ往クトキ家ニ歸ラントスルトキノ如キモ親ニ代テ不斷親切懇篤ニ看護シ危險不潔等ノ事ナカラシメ風雨寒暑ナトノトキハ殊ニ注意ヲ加ヘンコトヲ要ス

　また、続けて「修身ノ話」「庶物ノ話」「木ノ積立テ」など各保育科目について説明がなされている。

もちろん、ここでも「会集」と「讀ミ方」及び「書キ方」の説明項目はない。各項目の順番を示す数字は、八王子幼稚園のものにはないが、八王子幼稚園の各保育科目を東京女子師範学校の各項目の説明を参照しながら見ると以下のようである(46)。

　　一　（會　集）　會集ハ毎日先ツ諸組ノ幼兒ヲ遊嬉室ニ集メ唱歌ヲ復習セシメ且時々
　　　行儀等ニ就訓悔ヲ加フルモノトス（註；會集は八王子では省かれている）

　　二　修身ノ話　　修身ノ話ハ和漢ノ聖賢ノ教ニ基テ近易ノ談話ヲナシ孝弟忠信ノコ
　　　トヲ知ラシメ努メテ善良ノ性質習慣ヲ養ハンヲ要ス（註；女子師範のものは「孝弟」
　　　を「孝悌」としている。読みと意味は同じ）

　　三　庶物ノ話　　庶物ノ話ハ専ラ日用普通ノ家具什器鳥獸草木等幼兒ノ知リ易キ或
　　　ハ標本繪圖ヲ示シテ之ヲ問答シ以テ觀察注意ノ良習ヲ習ヲ兼テ言語ヲ習ハシメン
　　　コトヲ要ス（註；女子師範のものでは「良習ヲ習ヲ」が「良習ヲ養ヒ」となってい
　　　る）

　　四　木ノ積立テ　　木ノ積立テハ立方體長方體方柱體三角柱體ノ木片ヲ與ヘテ門家
　　　橋等ノ形ヲ積立テシメ或ハ種々ノ形ヲ排ヘシメ以テ構造ノ力ヲ養フヲ主トシ兼邊
　　　角形體ノ觀念ヲ得セシム（註；まったく同文である）

　　五　板排ヘ　　板排ヘハ彩色セル薄キ正方形三角形ノ小板ヲ與ヘテ門家等ノ正面或
　　　ハ側面其他種々ノ形ヲ排ヘシメ以テ美麗ヲ好ムノ心ヲ養フヲ主トシ兼テ角度ノ大
　　　小等ノ觀念ヲ得セシム（註；女子師範のものでは「得セシム」が「得シム」となっ
　　　ているだけでほぼ同文である）

　　六　箸排ヘ　　箸排ヘハ大約一寸ヨリ五寸マテノ五種ノ細長キ箸ヲ與ヘテ門梯家机
　　　等ノ輪郭ヲ排ヘシメ以テ工夫ノ力ヲ養フヲ主トシテ兼テ長短ノ觀念ヲ得セシム
　　　（註；「主トシテ」と「主トシ」の些細な違いがあるのみである）

　　七　鐶排ヘ　　鐶排ヘハ鉄或ハ眞鍮ノ全輪半輪ヲ交ヘ與ヘテ種々ノ形ヲ排ヘシム
　　　間々又箸ヲ交ヘ與フル┐アリ其目的略箸排ヘニ同シ（註；女子師範の「亦」が「又」
　　　になっていたり「コト」が「┐」になっているだけで同文である）

　　八　豆細工　　豆細工ハ細ク削リタル竹ト水ニ浸シタル豆トヲ與ヘテ豆ヲ以テ竹ヲ
　　　接合ハセ机等ノ形ヲ造ラシメ以テ模造ノ力ヲ養フ（註；女子師範の文章の「接キ合
　　　セ」が「接合セ」、「机堂等」が「机等」になっているだけで同文である）

　　九　珠繫キ　　珠繫キハ始ニハ彩色セル麦藁ノ切レト孔ヲ穿チタル色紙ノ切レトヲ

交へ糸ニテ繋カシメ終ニハ南京珠ヲ繋カシメ以テ縫取リニ入ル階梯トス（註；元の「絲」が「糸」になっているだけでまったく同文である。南京珠はビーズのこと）

十　紙織リ　　紙織リハ細ク截リタル色紙ヲ經筋緯筋トシ種々ノ模様ヲ編マシメ以テ色ノ配リ方ヲ知ラシム（註；まったく同文である）

十一　紙摺ミ　　紙摺ミハ色紙ヲ與ヘテ舟鶴蛙等ノ形ヲ摺マシメ以テ想像ノ力ヲ養フ（註；元の「舟鶴等」が「舟鶴蛙等」となっているだけで同文である）

十二　紙刺シ　　紙刺シハ柄アル鍼ニテ紙面ニ紋形花鳥等ノ形ヲ刺シ穿タシメ以テ縫取リノ下畫トナサシム（註；元の「柄ノアル」が「柄アル」、「花草等」が「花鳥等」になっているだけで同文である。柄アル鍼は千枚通し状のもの）

十三　縫取リ　　縫取リハ紙刺シノ課ニテ刺穿チタル紋形花鳥等ノ形ヲ色絲ニテ縫取ラシメ以テ針ノ運ヒ方ヲ知ラシム（註；元の「花草等」が「花鳥等」になっているだけで同文である）

十四　紙剪リ　　紙剪リハ色紙ヲ與ヘテ方形三角形等ニ剪リ之レヲ白紙ノ臺紙ニ貼付ケ種々ノ形ヲ造ラシメ或ハ種々ノ紋形等ヲ剪抜シメ以テ工夫ノ力ヲ養ヒ兼テ剪刀ノ用ヒ方ヲ知ラシム（註；元の「之ヲ」が「之レヲ」に、「白色」が「白紙」に、「貼付ケテ」が「貼付ケ」になっているぐらいで同文である）

十五　畫キ方　畫キ方ハ始ニハ罫アル石盤ノ上ニ縦線横線針線ヲ以テ物ノ形ヲ畫カシメ終ニハ鉛筆ヲ以テ之ヲ罫アル紙ニ畫カシム（註；元の「斜線」が「針線」となっているのは転写ミスと思われる。他は「物ノ略形」が「物ノ形」となっているぐらいで同文である）

十六　數ヘ方　　數ヘ方ハ專ラ果物介殻其他實物ニ由テ物ノ數ヲ知ラシムルヲ旨トシ數ノ觀念ヲ略得タル者ニハ實物ニ由テ三十箇以下ノ寄セ方引キ方ヲナサシメ兼テ十以下ノ数字ヲ教フ（註；元の「果物小石介殻其他」が「果物介殻其他」に、「モノ」が「者」に、「又実際ニ」が「又實物ニ」になっているぐらいで同文である）

十七　（讀ミ方）　　讀ミ方ハ始ニハ片假名平假名ヲ以テ幼兒ノ知リタルモノノ名等ノ綴リ方易キモノヲ黒板ニ書キ示シテ假名ノ稱ヘ用ヒ方ヲ教フルヲ旨トシ後ニハ假名ヲ記セル骨牌ヲ以テ物ノ名等ヲ綴ラシム（註；この科目は八王子幼稚園にはない。骨牌はこっぱいと読む。カルタ）

十八　（書キ方）　　書キ方ハ片假名平假名ヲ以テ既ニ授ケタル物ノ名等ヲ黒板ニ書キ

示シテ石盤ノ上ニ習ハシメ又數字ヲ習ハシム（註；この科目は八王子幼稚園には
ない）

十九　唱　歌　　唱歌ハ保姆ノ唱フル所ニ倣ヒ容易ニシテ面白キ唱歌ヲナサシメ時
ニ樂器ヲ以テ之レヲ和シ自ラ其胸廓ヲ開キテ健康ヲ補ヒ其心情ヲ和ケテ徳性ヲ
養ハンヲ要ス（註；元の「容易クシテ」が「容易ニシテ」になっているだけで同
文である）

二十　遊　嬉　　遊嬉ハ幼兒ニ適スル者ヲ撰テ之レヲ為サシメ以テ身體ヲ健カニシ
精神ヲ爽カナラシメンヲ要ス（註；元の「モノ」が「者」に、「コレ」が「之レ」
になっているだけで同文である）

　以上のように、八王子幼稚園の個々の保育科目は、明治17年（1884）2月（文部卿裁
可）、東京女子師範学校附属幼稚園が改正した恩物保育をかなり忠実に踏襲したものと言
える。しかし、女子高等師範学校附属幼稚園は、明治24年（1891）、保育項目を「保育ノ
課ハ修身　庶物　積ミ方　板排ヘ　箸排ヘ　環排ヘ　畫キ方　紙刺シ　縫取リ　紙剪リ
紙折リ　紙組　紙摺ミ　豆細工　粘土細工　繋キ方　唱歌　遊嬉トス」と改正し、会集・
數ヘ方・讀ミ方・書キ方を省き、粘土細工を加えている。横川はこの情報も知った上で、
会集・讀ミ方・書キ方を削除し、自分なりの判断で數ヘ方を残したのである。數ヘ方を残
したのは、横川自身が少女期に算数（数学）の勉強をし、算数（数学）の大切さを実感し
ていたことが反映されているのかどうか、残念ながら判断する資料はない。

　第十條は「保育用圖書器具左表ノ如シ」とし、その一覧表が示されているが、最後に「表
中完全ナラサル者多ケレバ假リニ之ヲ用ヰ適當ノモノヲ得ルニ随ヒテ改定スベシ」と書き、
以下のような三つの注意点を付け加えているのも東京女子師範学校のものと同じである
（46）。

一　日本庶物示教　幼稚園圖解ハ本邦幼兒ノ保育ニ適セサル所ヲ斟酌シテ用フ（註；
日本庶物示教は芳川修平著。三冊。横川は明治22年5月発行としているが、明治
12年5月発行。幼稚園圖解は東京女子師範学校のものには幼稚園動物圖解とある。
関信三訳））

一　幼稚園上ノ巻ハ巻ノ一巻ノ二ヲ省キテ中ノ巻ハ三十枚ヨリ四十枚表マテヲ省キ
下ノ巻ハ十七枚以下ヲ省キテ用フ（註；幼稚園は上・中・下とも桑田親五訳）

一　幼稚園修身ノ話　幼稚園動物圖解ハ假リニ稿本ノマヽ用フ（註；明治 14 年の東京女子師範学校附属幼稚園規則では、幼稚園修身ノ話　幼稚園動物圖　幼稚園數ノ教　幼稚園かなノ教　幼稚園唱歌集　幼稚園遊嬉ハ未タ出版セサレトモ云々と書かれているが、もちろん、幼稚園唱歌集などは八王子幼稚園開設時には出版されている。幼稚園動物圖は幼稚園動物圖解とは別物）

　第十一條には「當園ハ別ニ試驗ヲ用ヒス平素ノ成績ニ依テ受持教員園長ト協議ノ上組ヲ昇ス┐アルヘシ」とあり、第十二條には「幼兒ハ男女年齢大約三年以上六年マテトス」がある。以後、「園則」として、第十三條に「保育期限ハ毎年四月一日ニ始リ翌年三月三十一日ニ終ル　但シ 一組ヲ以テ壱ケ年トス」とし、第十四條に「保育ノ時間ハ修身ノ話シ庶物ノ話シ　唱歌　遊嬉ヲ各二十分トシ他ノ課ヲ各三十分トス」としている。第十五條には、毎日の保育時間、期間毎の始業終業時間、休業日等が述べられている。以後、入園退園規程があり、第十六條に定員（60 名）のこと、第十七條、十八條に入園願書等の書式に関することが記されている。

　第十九條には保育料のことが書かれており「保育料ハ一ケ月金参拾錢トス　但シ外ニ玩器料トシテ金貳拾錢ヲ收ム」とある。第二十條、廿一條には退園、欠席の取り決めがあり、第廿二條には一年以上保育を受けた者には證書を与えることが書かれている。第廿三條、廿四條には保育料の支払い期日、支払い方法等が記され、第廿五條に祝日大祭日等の儀式規程が書かれている。

　すべての点で東京女子師範学校附属幼稚園と同じというわけにはいかなかったが、横川楳子が設立した私立八王子幼稚園は、明治 14 年（1881）6 月、東京女子師範学校附属幼稚園監事の小西信八主導で改正された新しい恩物保育をベースに、明治 24 年（1891）の改正規則等をもプラスした当時としては最先端の保育を実践しようとしたし、直訳式恩物保育の改正状況を熟知していた横川楳子だからこそ、それが可能だったのである。また、見方を変えれば、楳子の実践は東京女子師範学校附属幼稚園の改正恩物保育の実践を逆照射して見せている点で貴重である。

15-4-5　困難な私立幼稚園経営

　横川が八王子に私立の幼稚園と女学校を設立したことは地域にとって画期的なことであった。しかし、その経営、維持は、きわめて大きな困難を伴うものでもあった。八王子

は、南多摩郡の一拠点とはいえ、東京や大阪などに比べると一地方都市に過ぎなかった。横川の事業に敬意を示し、賛同する人はいても、幼稚園や女学校に子どもを通わせることのできる家庭は限られていたのである。それに加え、設立数年後の八王子大火と明治 30 年代の日清、日露戦争による影響も小さくはなかった。

　楳子は、父親と同様犠牲的精神を奮って数千円ともいわれる私財を投じて学校経営を維持するが、実家の私財だけを頼りにするのも難しいため、後援会を組織し、資金を集めることで苦境を乗り切る努力をしている。

　先に触れた私立八王子幼稚園の「一ケ月金参拾銭」の保育料は決して高いものではなく、当時の八王子においてもあまりにも安過ぎる保育料のように思える。参考までに『東京の幼稚園』から諸幼稚園の保育料を比較すると以下のようである(47)。なお、八王子、青梅の幼稚園以外はすべて東京が所在地である。

○幼　稚　園　名　　（開設願年月又は開業年月）　保育料月額

・東京女子師範学校

　附属幼稚園　　　　（明 9.11）　　　　　　　25 銭（創立当初）

・私立桜井女学校

　附属幼稚園　　　　（明 13. 4）　　　　　　　1 円

・私立共立幼稚園　　（明 16. 7）　　　　　　　1 円

・公立深川幼稚園　　（明 17. 7）　　　　　　　20 銭以上 50 銭以下

・私立芝麻布幼稚園　（明 17.10）　　　　　　　1 円

・私立榎坂幼稚園　　（明 20. 5）　　　　　　　50 銭

・私立赤坂幼稚園　　（明 21. 6）　　　　　　　50 銭以上 1 円以下

・私立東京幼稚園　　（明 21.10）　　　　　　　50 銭以上 1 円以下

・私立四谷幼稚園　　（明 22. 5）　　　　　　　80 銭

・私立小岸小学校

　幼稚科　　　　　　（明 22.10）　　　　　　　40 銭

・私立八王子幼稚園　（明 25.10）　　　　　　　30 銭

・私立児島幼稚園　　（明 27. 1）　　　　　　　50 銭

・私立筒井幼稚園　　（明 27. 3）　　　　　　　50 銭〜1 円

・私立亀島幼稚園　　（明 27. 3）　　　　　　　50 銭

・私立新宿幼稚園	（明 27. 6）	40 銭
・私立頌栄幼稚園	（明 29.11）	50 銭
・私立三崎町幼稚園	（明 30.12）	30 銭～50 銭
・私立彰栄幼稚園	（明 31. 8）	1 円
・私立二葉幼稚園	（明 32.12）	1 日 1 銭
・私立青梅幼稚園	（明 34. 6）	50 銭

　明治 30 年代末から 40 年代に入ると、私立幼稚園の保育料は 1 円あるいは 1 円 20 銭ぐらいが目立ち、中には 2 円あるいはそれ以上の園も見られる。横川楳子の幼稚園では、明治 37 年（1904）1 月から明治 40 年（1907）3 月までの幼稚園授業料納入簿によると、大部分が 45 銭であり、一部はなお 35 銭となっている。横川楳子の学校経営は、横川家伝統の理想主義的で、利益追求型のものではなかっただけに、経営は楽なものではなかった。

　横川楳子が私立八王子女学校と幼稚園を設立した翌年、明治 26 年（1893）8 月 6 日、八王子の花柳街を中心とする 750 戸が焼失する大火があったが、それから 4 年後、明治 30 年（1897）4 月 22 日、八王子では 3341 戸が焼失するという大火が発生している。人家をはじめ町役場・警察署・裁判所・郵便電信局・銀行・学校など町の枢要な建物が焼け落ち、死者 42 名、負傷者 223 名という被害を出している。八王子は、明治 26 年（1893）の時点で、人口が 2 万人、世帯数が 4000 ということであるから、町にとって被害は甚大であった。幸い、楳子の女学校は類焼を免れたが、楳子は学校を罹災者に開放し、救護所として使用している。この大火によって、楳子の私立八王子女学校、私立八王子幼稚園の生徒、園児が急減したという記録はないが、増加する力にブレーキが掛かることは防ぎようがなかったであろう。

　また、日清戦争においてわが国は巨額の賠償金を得ているが、大半が軍事費に使われ、国民生活が潤ったわけではなかった。また、日露戦争は総力をあげての戦いで、国民の間では「臥薪嘗胆」というスローガンが掲げられるようになった。時代の進展に伴って女子教育の重要性も徐々に理解されていったが、戦争の影響で若い女性が社会進出をすることよりも家事に従事することが美化される社会的風潮も生まれ、女子教育の振興にもブレーキが掛かっている。また、先に述べた「高等女学校令」もあって高等女学校は府県立主体となって私学経営はかなり苦しいものとなった。

15-4-6　八王子幼稚園の在園児数

　明治25年（1892）11月から明治29年（1896）1月までの幼稚園生徒名簿(48)によると、私立八王子幼稚園の各年別の入園者は以下のとおりである（註；入園後すぐに退園する者はほとんどなく、1年後、2年後に退園している者が9名、死亡が1名である）。

　＜幼稚園生徒名簿＞

　入園児

　明25.11-明25.12　　　8名

　明26.　3-明26.11　　20名

　明27.　1-明27.11　　16名

　明28.　1-明28.11　　29名

　明29.　1　　　　　　　1名

また、明治34年（1901）と明治35年（1902）の幼稚園表(49)、明治37年（1904）1月から明治39年（1906）1月までの幼稚園授業料納入簿(50)を参考に幼稚園児数の推移を見ると以下のとおりである。

　＜幼稚園表＞

　明34　保育年限3年/組数3/保姆壱名/幼児男16、女19　　（35名）

　明35　保育年限3年/組数3/保姆壱名/幼児男15、女20　　（35名）

　＜幼稚園授業料納入簿＞

　明37.　1　　23名（男9・女14）

　明37.　2　　21名（男9・女12）

　明38.　1　　22名

　明38.　3　　32名（38年中には36名の時期もある）

　明39.　1　　28名（男11・女17）

　私立八王子幼稚園では当初の定員を60名としていたが、創設以来、どの時期においてもこれを埋めることは難しく、女学校を含めほとんどの期間が収入よりも支出が大幅に上

回るという状態が続いている。不足分は支援者に援助を依頼したり、後には後援会を組織して援助を仰いでいるが、結局はかなりの部分に自己資産を充てることでやりくりし、楳子が女学校、幼稚園に費やした自費は総計数千円にのぼると言われている。楳子にも横川家伝統の「奉仕の精神」が受け継がれていたのである。

15-5　女学校の東京府への寄付と幼稚園の廃園

15-5-1　女学校の寄付

　明治32年（1899）、高等女学校令が公布されると、各地で競うようにして公立の高等女学校設立の動きが始まる。明治34年（1901）、豊田芙雄が宇都宮から水戸へ移ったのも、主たる理由は水戸に茨城県立の高等女学校が新たに設立されたためである。

　八王子は明治30年代になって、東京府第二中学校（現・都立立川高等学校）を地元に設置しようと努力するが、八王子大火による経済的ハンディなどもあって、明治34年（1901）、中学校設置競争において立川に敗れている。東京府立の高等女学校は、豊田芙雄がイタリアから帰国後、一時、教務嘱託として勤務した、明治21年（1888）設立の東京府高等女学校（現・都立白鴎高等学校）があったが、これが明治34年（1901）に名称を変えて東京府立第一高等女学校となり、明治32年（1899）、東京府立第二高等女学校（現・都立竹早高等学校）が設置され（開校式は翌々年）、明治38年（1905）、東京府立第三高等女学校（現・都立駒場高等学校）が設置される頃になると、八王子でも府立高等女学校設置の機運が高まってくる。

　楳子は、府立高等女学校誘致の一助となるならばと、個人では経営困難な私立八王子女学校の建物、備品等一切を東京府に寄付することにした。女学校の寄付に先立って、明治39年（1906）頃には、楳子は東京府と相談し、事前指導を受けている。東京府では、府立第四高等女学校（現・都立南多摩高等学校）は開校と同時に、1〜3学年を設置するつもりであった。そのこともあって、学力がふさわしければ私立八王子女学校の生徒を府立第四高等女学校に受け入れるという前提で、明治40年（1907）4月の新入生の入学試験、2年生の編入試験は高等女学校のレベルで実施すること、また、学則を変更し、新入生には高等女学校程度の教育を受けさせること、という指導を楳子は東京府から受けている。その辺の事情については、明治40年（1907）の入学者募集要項からも窺えるので全文を引用しておく(51)。

本校今回左記ノ通リ生徒ヲ募集ス入學志願ノ者ハ來ル四月六日迄ニ入學志願書ヲ差出スベシ

明治四十年三月

私立八王子女學校

八王子町上野

募集生徒数　　　　一學年生徒凡六十名

二學年生徒凡五十名

入學志願者ノ心得ベキ事項

一入學願書差出シ期日、四月六日迄

一入學試驗并ニ編入試驗期日四月九日

一始業期日　　　　四月十一日

一授業料、　一人一カ月金壹圓

第二學年編入志願者ハ高等小學校第三學年修了ノ程度ニ依リ國語算術ノ二科目ニツキ試驗ヲ行フ

生徒募集ニ關スル趣旨

本校ハ明治二十五年ノ創業ニシテ爾來歳月ヲ閱スルコト茲ニ十有六年時世ノ進歩ハ日々ニ急ニシテ遂ニ本年ヲ以テ當地ニ府立高等女學校ヲ設置シ來四十一年四月ヨリ開始セラレントスルノ機運ニ際會セリ而シテ聞ク所ニ依レハ當局ノ議開校當時直ニ一、二、三、學年ヲ設置セラレントスト盖一學年ノ生徒ハ各郡高等小學校第二年以上ノ修了者ヲ以テ之ヲ充シテ餘リアルモ第二學年、第三學年ノ生徒ハ勢編入試驗ニ應セサルベカラサルノ困難アリ開校ニ際シ此等編入試驗ニ應スルモノ多數ナラムモ若シ學力不充分ノ為定員ヲ充スコト能ハサルコトアルハ郡部女子教育ノ為遺憾極リナキヲ以テ今回當局ノ指導ヲ受ケ本校學則ハ東京府高等女學校學則ニ準據シテ之ヲ改メ教員ハ女子高等師範學校卒業者ヲ增聘シ其ノ他諸般ノ点ニ付キテ多大ノ刷新ヲ行ヒ前記人員ノ生徒ヲ募リ府立高等女學校開校ノ曉第二、第三、學年ニ編入セラルベキ者ヲ養成シ以テ女子教育ノ進運ニ助クル處アラムトス是一ハ府立高等女學校開校經

營ノ趣旨ニ叶ヘ併セテ同校設置ニ關シ盡瘁セラレタル諸賢ノ厚志ニ■（註；印字が真っ黒で判読困難）ユル所以ナラムカ

　私立八王子女学校は、明治 40 年（1907）4 月の時点で、廃校を前提に高等女学校並となり、実質上府立第四高等女学校の準備校となったのである。したがって、この年の入学者の学歴が高いのは当然である。

　この時に際し府の指導を受け「東京府高等女學校學則ニ準據シテ」定められた学則(52)は「八章」で構成されているが「第一章　総　則」は次のようになっている。

　　　　　　　第一章　総　則
　第一條　本校ハ女子ニ須要ナル高等普通教育ヲ為スヲ以テ目的トス
　第二條　本校ニ本科及選科ヲ置ク
　第三條　修業年限ハ本科ヲ四ケ年選科ヲ一ケ年トス
　第四條　生徒定員ハ本科二百人選科四十人トス

また、「第三章　教科　課程」は次のようになっている。

　第八條　學科目ハ修身、國語、外國語、歴史、地理、數學、理科、圖画、家事、裁縫、
　　　　　音樂、體操トス　外國語ハ英語トス
　第九條　各學年ニ於ケル各學科目ノ課程及其ノ毎週教授時數ハ別表ノ如シ

　さらに、「第四章　入學在學退學懲戒」の「第十一條」には、入学者の資格要件が述べられている。

　第十一條　入學セントスル者ハ左記ノ資格ヲ備フルヲ要ス
　　　　　　一品行方正身體強健ナル者
　　　　　　二年齢満十二年以上ノ者
　　　　　　三修業年限二ケ年ノ高等小學校卒業ノ者又ハ之ト同等以上ノ學力アル者

　これらを見ればわかるように、目的、教科、入学要件など、すべてが高等女学校相当に

424

なっている。不備だった科目は補充されたし、教員も女子高等師範学校の卒業生を増員している。楳子は寄付行為の手続きとして「校舎寄付之儀ニ付申請」を書き、府知事からは「南多摩郡元八王子村横川四七一　横川楳子　明治四十年八月二十三日付申請ノ私立八王子女学校々舎寄付ノ件聞届ク　明治四十一年四月十三日　東京府知事　阿部浩」(53)という受諾書が届けられている。

　私立八王子女学校の生徒は、明治 41 年（1908）4 月、全員が明神町に建設された府立第四高等女学校に移籍され、天神町の旧校舎は、義務教育が 4 年から 6 年に変更されたことで設けられた東京府青山師範学校第一種講習所として 2 年間使用され、その後、明治 43 年（1910）、町立図書館として、大正 6 年（1917）、市制施行で八王子市立図書館として使われることになった。

　横川楳子が八王子に帰郷して開いた女学校は、13 回の卒業生を出し、設立 15 年で幕を閉じたわけであるが、女子教育の未発達な郡部にあって、楳子の先駆的な実践は地域の人々に大きな希望を与えたと言える。また、楳子の女学校を基盤にして府立第四高等女学校は設置されており、楳子は地域の女子教育の振興に大きな貢献をした。

15-5-2　八王子幼稚園の廃園

　八王子幼稚園については、府立第四高等女学校が幼稚園を併設したという記録はないし、楳子が幼稚園だけは残したという記述も残っていない。また、幼稚園を他の経営者に委ねたという情報も一切ないことから、明治 41 年（1908）3 月、女学校の廃校と同時に幼稚園は完全に廃園となったものと思う。

　その後、八王子の幼稚園は、大正元年（1912）10 月、ロジャー A. ウォーク司祭夫人によって、近隣の子どもを集めて開かれた「八王子幼稚園」ができるまで約 3 年半の空白がある。

　しかし、楳子の幼稚園が先行して 15 年に渡って存在していたことから、地域の人々の間に、幼稚園に対する記憶は残ったと考える。平成 22 年（2010）現在、八王子市内には、公立幼稚園（国立を含む）はゼロであるが、私立幼稚園 31（註；公立保育所は 16、私立保育所は 66）がある。直接の連続性はないにしても、八王子の幼稚園は横川楳子が設立した私立八王子幼稚園一園をその始まりとしている。

　教育の世界から身を引いた楳子は、その後、最晩年まで地域の婦人会活動のリーダーとして活躍している。楳子の人物像について書き残されたものは少ないが、謹厳実直で、自

らにも他人にも厳しく、生徒に軽はずみな言動は許さず、女学校経営をやめるまでは、自宅でも人前で横になってくつろぐようなことはなかった、と言われている。

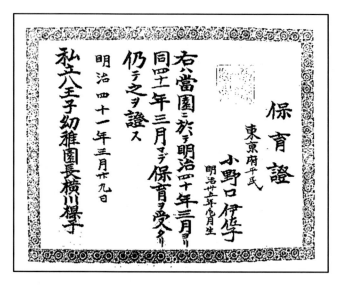

私立八王子幼稚園最後の保育証(54)

　そういう楳子も、事情は良くわからないが、若い頃は、冤罪事件に巻き込まれて囚われの身となったこともあるし、母宛ての手紙に自分の身をはかなむような弱気な記述をすることもあった。また、八王子での厳格な女教師時代にあっても、犬、猫を拾ってきては何十匹も飼っていた、というエピソードなどもあって、こうしたことにはむしろほっとするような人間味を覚える。

　横川楳子は、大正15年（1926）1月3日、亡くなった。享年74歳であった。楳子は、子ども時代から学問が好きで、学問修行に励み、成人後は幼児教育、女子教育の開拓者として活躍し、余生は地域の婦人会活動に殉じた人であった。楳子は生涯独身であった。

15-5-3　八王子幼稚園の幼児教育史上の位置

　私立八王子幼稚園創設の意義は、未開拓のままであった八王子及び多摩地区の人々に幼児教育の必要性を、実例をもって知らしめたことにある。しかも、楳子は、名実共にわが国の幼稚園の「模範」となった東京女子師範学校附属幼稚園の草創期の保姆であり、直訳式恩物保育と改正恩物保育の双方を理論的にも実践的にも熟知した人であった。そうした

人物が八王子地区における最初の幼稚園教育の開拓者となった意味は大きい。

　また、楳子の創設した幼稚園は、幼児教育と女子教育とを一体化させるために八王子女学校併設のかたちをとっていたが、楳子は女子教育においても、地域の先駆けをなしており、府立第四高等女学校の設立に多大な貢献をしている。横川楳子は多摩地区の女子教育の先駆者でもあった。

　私立八王子幼稚園は、明治25年（1892）11月に始まり明治41年（1908）3月廃園となったが、横川楳子が、幼児教育が遅れていた多摩地区で、15年間もの間、苦労を重ねながらも懸命に「幼稚園の灯」を灯し続けたという歴史的事実は永久に消えることはない。

　私立八王子幼稚園の保育内容は、若干の違いはあっても、明治14年（1881）、明治17年（1884）に改正された東京女子師範学校附属幼稚園の改正恩物保育を忠実に実践しており、明治24年（1891）の追加改正をも受け入れた内容となっている。八王子幼稚園の実践は改正恩物保育の実例を提供しているという点で貴重である。また、八王子幼稚園の実践を見ることは、東京女子師範学校附属幼稚園の改正恩物保育実践を見ることにも通じており、逆照射が可能である点でも意義がある。

　私立八王子幼稚園は、併設の女学校と共にその経営はきわめて厳しいものであったが、横川家伝来の社会奉仕の精神で経営が持続されたことを示している。ともかく、当時の私立幼稚園の経営は財政的な困難を伴っていた。

　しかし、幼児教育の重要性が相当に浸透している現代においても、一般の理解はまだ十分とは言えず、私立幼稚園の厳しい経営は続いている。「幼児教育こそ教育の基盤である」という当たり前の認識がより大きく広がっていくことを期待したいものである。

注

(1) 鈴木龍二『武州八王子史の道草』、多摩文化研究会、1968年、p.89

(2) 上掲、pp.88-121

(3) 上掲、所収、「横川楳子と兄横川左馬太郎について」、pp.154-169

(4) 塚原蓼州（塚原渋柿園）『藍香翁』（尾高惇忠伝）、藍香翁頌徳碑建設発起人、明治
　　42年　※　本書は元々非売品である。筆者の所有する1冊はまれに出る古書市場を
　　通して入手した。近年、現代語訳版が発行されているようであるがこれも手に入り
　　にくいようである。本書には横川楳子の兄・勇太郎が実兄のように慕った、お玉が

池の千葉道場「玄武館」の塾頭・真田範之助の「鹿島落ち」が記述されている。

　藍香（尾高惇忠）の母は渋沢家の出。惇忠は渋沢栄一の従兄で栄一の句読の師でもある。後、栄一が惇忠の妹と結婚するため義兄弟の間柄となる。この本の幕末、維新に関わる内容は以下のとおりである。

　惇忠は、天保12年（1841）、12歳（あるいは15歳）の時、徳川斉昭の水戸城外千波が原に父（あるいは祖父）に連れられて「擬戦的追鳥狩」を見物に行き、大砲、小銃の音が轟き、槍、太刀がきらめき、馬が嘶き、人が喚く疑戦闘状況を見て感銘を受けている。そのことで、水戸藩の学問に関心を寄せるようになり、青年期には藤田東湖の『新策』や『常陸帯』、會澤正志齋の『新論』などを愛読するようになる。

　武蔵國榛澤郡手計村の尾高家は武家ではなく名主の家柄であるが、惇忠は武芸に励み、真田範之助との他流試合で打ち勝つような剣の達人となった。尾高惇忠の周辺には尊皇攘夷の士が集まるようになり小党派が形成されていく。惇忠の思想行動はかなり過激であるが、大老（伊井）を斬り、老中（安藤）を傷つけるだけで政治が変わるわけではない、「郡縣の制」を建て国家を統一して攘夷を成就させ、鎖国を実行するべきだとし、仮に機運が至って開国するにしても、富国強兵が背景になければ外国と対等に交わることはできぬ、という一歩進んだ尊攘討幕の主張を持っていた。

　この総勢70名足らずの一党には、他流試合以来、親交を結ぶようになった千葉道場の真田範之助以下5、6名も加わっており、楳子の兄・勇太郎も範之助の側近として行動を共にしていた。この党派の実行策は、まず、高崎城を襲って奪い、勢いに乗って横浜の洋館を焼き打ちにするというのだから無謀な計画である。実行日は文久3年（1863）11月の冬至の日と定められたが、藍香（尾高惇忠）の弟で代表者の長七郎が慎重論を出し、これに対して、惇忠、栄一、範之助らが強力に反対し激論が続くが、最終的に攘夷実行計画は一時見合わせとなる。

　後、渋沢栄一は一橋家に仕え、さらに幕臣となり、パリ万博へ出かける。その間、藍香は渋沢成一郎と会い、朝敵の汚名を着せられた徳川慶喜の冤罪を雪ごうと持ちかけ、渋沢成一郎を代表者とし、自分は参謀格となって彰義隊を結成する。上野戦争の直前、徳川慶喜が江戸を去り水戸に移ったため、江戸市中での戦闘を避けようと主張する頭取・渋沢成一郎派と、あくまでも上野に留まって戦闘も止むなしと主張する副頭取・天野八郎派との間で意見の食い違いを生じて袂を分かつことになり、成一郎らは「振武軍」を結成し、田無・西光寺に本陣を置く。彰義隊の上野戦争での敗残後、振武軍は飯能ま

で軍を引き、ここで官軍と戦うが敗れて四散する。

　その後、藍香（尾高惇忠）は、伊香保、草津、前橋に潜んで転々とした後ひそかに郷里手計村に戻っている。藍香は、後、義弟で大蔵官僚の渋沢栄一の後押しもあって、今日、世界遺産として有名になっている官営富岡製糸工場の設立に尽力し、明治５年（1872）10月４日操業時に創立責任者（初代工場長）となった。尾高惇忠の貢献の中で、秋蚕の発見は、出色である。秋蚕が生糸輸出の３分の１程度になったというのである。さらに後には、栄一が設立した第一国立銀行に勤務し、その後も実業界で活躍している。

　渋沢成一郎は、その後、江戸に戻り、東北地方を転戦する。さらに、榎本武揚軍に従って函館に渡り、官軍と戦い、敗れて降伏している。明治になって喜作と名を改め、大蔵省、小野組を経て実業家となっている。

　真田範之助らは、横川楳子の兄・勇太郎を含め、手計での攘夷決行か否かの激論のあった翌年、水戸天狗党の筑波挙兵に巻き込まれ、範之助は新徴組に襲われて命を落とすことになる。

(5) 織田鉄三郎『天狗党鹿島落ち』、ふるさと文庫、筑波書林、1984年

(6) 小島政孝「北辰一刀流―真田範之助と敷島文雄―」、たましん歴史・美術館編『多摩のあゆみ』たましん地域文化財団、平成９年　※　敷島文雄は真田範之助の実弟。武道家。真田を殺した新徴組を新撰組と誤解したのか、子どもの頃、八王子で近藤勇を襲ったという逸話が残っている。明治期も武道家として活躍する。

(7) 長谷川伸「真田範之助」、平岩弓枝監修『花と剣と侍』所収、光文社、2009年（原著は戦前）

　　※　長谷川は『藍香翁』中の真田範之助の「鹿島落ち」について根拠資料がないとし、後の資料発見に含みを持たせているが、織田鉄三郎は、鹿島神宮の鹿島家に残る、神官たちの目撃記「飛鳥川附録」中に真田範之助の「鹿島落ち」の事実が記されていることを明らかにしている。

(8) 東郷隆「屏風の陰」、月刊『ジェイ・ノベル』（１月号）、2005年、東郷隆『我餓狼と化す』所収、実業の日本社、2006年

(9) 前掲、鈴木龍二、「横川楳子と兄横川左馬太郎について」

(10) 夢酔藤山「千人同心が行く　天狗の影を追いかけて―横川勇太郎(10)」
http://blog.livedoor.jp/musuitouzan./archive/、2008年07月25日

(11) 上掲、「千人同心が行く　明治の世に残せしもの―横川勇太郎の家族たち（11）」、

http://blog.livedoor.jp/musuitouzan./archive/2008-08.html、2008 年 08 月 01 日

(12) 前掲、織田鉄三郎、pp. 27-28

(13) 上掲、p. 35

(14) 上掲、p. 32

(15) 上掲、p. 35

(16) 前掲、鈴木龍二、pp. 158-162

(17) 光石知恵子「明治時代の八王子の教育と横川楳子」、『明治時代の八王子』所収、八王子郷土資料館、1993 年、p. 22

(18) 上掲、pp. 25-26

(19) 上掲、p. 27

(20) 東京都編『東京の幼稚園』、東京都、昭和 41 年、p. 187

(21) 前掲、鈴木龍二、若き日の横川楳子（写真）、写真頁

(22) 前村晃・高橋清賀子・野里房代・清水陽子『豊田芙雄と草創期の幼稚園教育』、建帛社、2010 年

(23) 前掲、前村晃他著

(24) 折紙「六歌仙」、横川楳子家文書、八王子郷土資料館

(25) 東京女子師範学校附属幼稚園編『恩物圖形』、東京女子師範学校附属幼稚園、明治 11 年

(26) 横川楳子の書簡、横川楳子家文書、八王子郷土資料館、明治 11 年 12 月 6 日

(27) 前掲、前村晃他著

(28) 楳子の手紙、八王子郷土資料館、明治 9 年 8 月 12 日

(29) メーソンとの別れの歌、横川楳子家文書、八王子郷土資料館、明治 15 年

(30) 倉橋惣三・新庄よし子『日本幼稚園史』（復刻版）、臨川書店、昭和 55 年。初版は昭和 5 年

(31) 文部省教育品陳列場出品目録」、国立国会図書館、明治 14 年

(32) 前掲、倉橋・新庄、pp. 92-94

(33) 前掲、東京都編、p. 185

(34) 福羽美静墨跡「扇の書」、横川楳子家文書、八王子郷土資料館、明治 17 年

(35) 八王子市史編纂委員会編『八王子市史　上巻』、八王子市役所、昭和 38 年、p. 300

(36) 前掲、東京都編、p. 186

(37) 私立八王子女学校と八王子幼稚園の生徒及び園児募集の広告、横川楳子家文書、
八王子市郷土資料館蔵

(38) 前掲、前村晃他著

(39) 手書き「加藤錦子の手紙」、横川楳子家文書、八王子郷土資料館

(40) 幼稚園保姆免許状、神奈川県、横川楳子家文書、八王子郷土資料館、明治25年
　　※　八王子で幼稚園を開くにあたって、改めて神奈川県の幼稚園保姆免許状を必要とし
　　　た。楳子の免許状は神奈川県第2号となっている。

(41) 横川楳子「明治廿五年十一月　八王子幼稚園規則」、横川楳子家文書、八王子郷土資料館
明治25年

(42) 私立八王子女学校と八王子幼稚園の生徒及び園児募集の広告、横川楳子家文書、八王子
市郷土資料館蔵、明治25年

(43) 前掲、横川楳子、「八王子幼稚園規則」第一条

(44) 前掲、横川楳子、「八王子幼稚園規則」、保育課程表

(45) 前掲、横川楳子、「八王子幼稚園規則」第九条

(46) 前掲、横川楳子、「八王子幼稚園規則」

(47) 前掲、東京都編、諸幼稚園保育料の項を参照

(48) 幼稚園名簿、横川楳子家文書、八王子郷土資料館、明治25年11月－明治29年1月

(49) 幼稚園表、横川楳子家文書、八王子郷土資料館、明治34年、明治35年

(50) 幼稚園授業料納入簿、横川楳子家文書、八王子郷土資料館、明治37年－明治38年

(51) 入学者募集要項、横川楳子家文書、八王子郷土資料館、明治40年3月

(52) 私立八王子女學校學則、横川楳子家文書、八王子郷土資料館、(明治40年)

(53) 東京府知事　阿部浩の受領書、横川楳子家文書、八王子郷土資料館、明治41年

(54) 最後の幼稚園保育証（写真）、横川楳子家文書、八王子郷土資料館、明治41年3月

＜参考文献＞

(1) 鈴木龍二「横川楳子関係資料」、多摩文化研究会編『多摩文化』、第3号所収、八王子多
摩文化研究会、1959年

(2) 多摩文化研究会編『多摩文化』、第22号、鈴木龍二記念号、多摩文化研究会、1971年

(3) 岸田林太郎「八王子郷土史上の女性―松原庵星布と横川楳子―」、多摩文化資料室編『多
摩のあゆみ（特集：多摩の女性像)』、第37号所収、多摩中央信用金庫、1984年

(4) もりたなるお『千人同心』、講談社、1998 年

(5) 村上直『江戸幕府八王子千人同心』（増補改訂版）、雄山閣出版、1988 年（初版）、1993 年（増補改訂版）

〈本書関係略年表〉

※保育関係の重要事項はゴシックにし、社会的な重要事項はゴシックにし、下線をつけている。

暦　年	関 係 す る 動 き
天明 02 年（1782）	・**4 月 21 日、フレーベル、誕生。**
寛政 11 年（1799）	・桑原幾太郎（豊田芙雄父）、誕生。
文化 02 年（1805）	・豊田天功（彰考館総裁。豊田芙雄舅）、誕生。
文化 03 年（1806）	・3 月 16 日、藤田東湖（豊田芙雄伯父）、誕生。
文化 12 年（1815）	・8 月 25 日、松本万年（漢学者。東京師範学校教員）、誕生。
天保 03 年（1832）	・**5 月 26 日、中村正直、江戸に誕生。**
天保 04 年（1833）	・**4 月 24 日、矢島楫子（女子学院院長。矯風会会頭）、肥後国益城郡に誕生。**
天保 05 年（1834）	・3 月 1 日、豊田小太郎（豊田芙雄夫）、誕生。
天保 08 年（1837）	・6 月 16 日、桑原力太郎（豊田芙雄兄）、誕生。
	・2 月、大塩平八郎の乱。
天保 10 年（1839）	・7 月、東湖の嫡子・藤田健、誕生。
天保 11 年（1840）	・**2 月、近藤はま（保姆）、江戸松前藩邸で誕生。**
	・6 月 10 日、岩村通俊、土佐藩に誕生。
	・**同月、フレーベル、一般ドイツ幼稚園を開設。**
	・**12 月 17 日、マリア・ツルー、ニューヨーク州の小村で生まれる。**
天保 12 年（1841）	・**武藤やち（保姆練習科修了）、誕生か。**
天保 14 年（1843）	・**1 月 20 日、関信三（諜者。幼稚園監事）、一色町安休寺に誕生。**
弘化 元年（1844）	・5 月、徳川斉昭、幕命により隠居・謹慎。
弘化 02 年（1845）	・藤田東湖、幽閉。
	・3 月、豊田天功、逼塞。
	・6 月 12 日、田中不二麿、尾張徳川藩に誕生。
	・**8 月、宗方光（桜井女学校幼稚保育科修）、宇土細川藩に誕生。**
	・**10 月 21 日、桑原冬（豊田芙雄）、水戸に誕生。**
弘化 03 年（1846）	・ふゆの父・桑原幾太郎、蟄居。
弘化 04 年（1847）	・**6 月 4 日、古市静子（明 19 駒込幼稚園開設）、種子島に誕生。**

嘉永 02 年（1849）	・3 月、海老名リン（明 26 若松幼稚園開設）、会津若松に誕生。
嘉永 04 年（1851）	・3 月 3 日、荻野吟子（試験制女医第一号）、武蔵国大里郡に誕生。
	・6 月、松本荻江（東京女子師範学校教員）、武蔵国秩父郡に誕生。
	・6 月 2 日、伊澤修二、誕生。
	・8 月、プロイセン政府、幼稚園を禁止。
	・10 月 1 日、根本正（豊田家学僕。衆議院議員）、水戸藩に誕生。
嘉永 05 年（1852）	・1 月、吉田松陰、水戸に 1 カ月滞在。天功、幾太郎らに会う。
	・山田千代（保姆練習科修。明 19 小石川幼稚園創設）、誕生か。
	・6 月 21 日、フレーベル、没。
嘉永 06 年（1853）	・1 月、横川楳子（保姆見習科修）、八王子に誕生 。
	・7 月、豊田天功、『防海新策』を著す。
	・8 月 2 日、クララ（松野クララ）、誕生。
	・9 月、豊田天功、『合衆国考』を著す。
安政 元年（1854）	・5 月、豊田小太郎ら、大島高任に蘭学を学び始める。
	・8 月、豊田天功、『北島誌』を脱稿。
安政 02 年（1855）	・4 月 4 日、桜井ちか（桜井女学校創設者）江戸日本橋に誕生。
	・カール・シュルツ、米で独語幼稚園を開く。
	・9 月 30 日、徳川篤敬（イタリア全権公使）、誕生。
	・10 月 2 日、藤田東湖、安政の大地震で圧死。
	・12 月、多田（榎本）常（岡山師範附幼等勤務）、和歌山に誕生。
安政 03 年（1856）	・2 月 24 日、ふゆの弟・政、誕生。
	・7 月、豊田天功、彰考館総裁となる。
	・8 月 19 日、桑原ふゆの母・雪子、没。42 歳。
安政 05 年（1858）	・9 月、安政の大獄始まる。
安政 06 年（1859）	・2 月、西山（氏原）錁（大阪模範幼稚園保姆）、誕生。
	・10 月 7 日、橋本佐内（26 歳）、頼三樹三郎、斬首。
	・10 月 27 日、吉田松陰、処刑。
安政 07 年・万延 元年（1860）	・1 月 23 日、湯浅（徳富）初子（榎坂幼稚園開設）、肥後国葦北郡 水俣に誕生。
	・3 月 3 日、桜田門外の変。

	・3月18日、万延に改元。
	・8月15日、徳川斉昭、没。
	・**プロイセン政府、幼稚園禁止令を解く。**
	・**エリザベス・ピーボディー、米ボストンでアメリカ人のための幼稚園を開く。**
文久元年（1861）	・3月、桑原ふゆの姉・立子、東湖の嫡子・健と結婚。
	・同月、渡辺（鳩山）春子（東京女子師範学校卒）、誕生。
	・4月、米国南北戦争始まる。
文久02年（1862）	・**6月28日、桑原ふゆ、豊田小太郎と結婚。**
	・8月21日、生麦事件。
慶応02年（1866）	・6月9日、豊田小太郎、脱藩。江戸から京へ向かう。
	・**9月2日、豊田小太郎、京都で暗殺される。**
慶応03年（1867）	・1月、森有礼、ロンドンで中村正直に会う。
	・<u>**10月14日（1867年11月9日）、大政奉還。**</u>
	・豊田ふゆ、夫の弟・友徳の遺児・伴を養子とする。伴、5歳。
明治 元年（1868）	・年末頃より、豊田ふゆ、夜、川崎巌の家塾で漢学を学ぶ。
明治02年（1869）	・古市静子、鹿児島の森有礼の塾で英語を学ぶ。
	・<u>**5月18日、戊辰戦争終わる。**</u>
明治03年（1870）	・2月、豊田芙雄、自宅で開塾。近隣の女子を教育。
	・11月、中村正直訳『西国立志編』発行。ベストセラーとなる。
明治04年（1871）	・**横浜に亜米利加婦人教授所ができる。** **中村正直、募集ポスター製作協力。自身の娘3人を預ける。**
明治05年（1872）	・2月、官立東京女学校設立。
	・**8月2日（1872年9月4日）、「学事奨励ニ関スル被仰出書」を序文とする「学制」頒布（幼稚小学アリ）。**
	・11月28日、「全国徴兵に関する詔書」。
明治06年（1873）	・1月1日、太陽暦実施。
	・2月、明六社（福沢諭吉、中村正直、西周など。格外会員に田中不二麿）結成。
	・同月、中村正直、小石川に同人社を開く。

・秩禄処分始まる（〜76 年）。

・4 月、荻野吟子、埼玉県俵瀬村から上京する。

・11 月、芙雄、水戸の発桜女学校教諭となる。

明治 07 年（1874）　・2 月、佐賀の乱。

・桜井ちか、受洗。

・近藤真琴『子育之巻』刊行。

・12 月、中村正直、受洗。

明治 08 年（1875）　・2 月 22 日、愛国社（全国的民権組織）の誕生。

・6 月 28 日、讒謗律の制定。

・11 月 29 日、東京女子師範学校開校。豊田芙雄、棚橋絢子、

松本荻江ら教師となる。

・11 月 29 日、新島襄、同志社英学校設立。

・12 月、京都幼穉遊嬉場設立（1 年余で廃止）。

明治 09 年（1876）　**・1 月、桑田親五『幼稚園 巻上』翻訳。**

・2 月 6 日、森有礼、契約結婚。

・8 月 14 日、クララ（松野）、横浜港着。

・10 月、桜井ちか、英女学家塾設立。

・11 月 16 日、東京女子師範学校附属幼稚園創設。監事・関信三、

保姆・松野クララ、豊田芙雄、近藤はま。放課後、豊田、近藤、

クララより保育法の伝習（関信三通訳）。翌年 3 月まで。

明治 10 年（1877）　・1 月、芙雄の弟・政、工部大学校ジョン・ミルン教授の教授補

となる。ミルンは地質学者。日本地震学の祖。函館生まれの堀川

トネと恋愛結婚。

・<u>2 月 15 日、西南戦争勃発。</u>

・3 月、古市静子、東京女子師範学校に入学。30 歳。

・4 月 6 日、豊田芙雄の兄・桑原力太郎少佐、西南戦争で戦死。

・9 月 24 日、西郷隆盛没。51 歳。

・11 月、遊戯唱歌「風車」（豊田芙雄改訳）、上申。

・12 月、遊戯唱歌「家鳩」（豊田芙雄改訳）、上申。

・幼稚園数 1（国立 1・公立 0・私立 0）。園児数計 158。

明治 11 年 (1878)	・4 月、関信三『幼稚園創立法』。
	・東京女子師範学校に保姆練習科設置（翌年 3 月開業）。
	・5 月 14 日、大久保利通、暗殺される。
	・同月、根本正、バラ宣教師より受洗。
	・8 月 22 日、藤田健、山形県二等属に採用。
	・秋、矢島、マリア・ツルーに会う。新栄女学校の教師となる。
	・11 月 1 日、藤田健、山形県南置賜郡長となる。
	・12 月 24 日、東京女子師範学校保姆見習生修了式。
	・同日、見習生・横川楳子、附属幼稚園保姆に採用。
明治 12 年 (1879)	・1 月 24 日、文部省、豊田芙雄に鹿児島出張辞令。
	・2 月 19 日、豊田芙雄、鹿児島へ向かう。
	・3 月 4 日、保姆練習科入学試験。10 日、合格者発表。開業。
	・3 月 13 日、豊田芙雄、鹿児島女子師範学校附属幼稚園設置担当 の辞令を受ける。
	・同月か、鹿児島女子師範の桜川以知、堀文と共に、東京女子 師範学校で保育を学ぶために上京。
	・同月、東京女子師範学校第一回卒業式（2 月 13 日の予定で あったが皇后の「風邪」のため再々延期された）。
	・4 月 1 日、鹿児島幼稚園開園。
	・5 月 1 日、大阪府立模範幼稚園開園。
	・6 月 7 日、仙台区木町通小学校付属幼稚園開園。
	・9 月 29 日、教育令公布。
	・11 月 4 日、関信三、没。
	・同月 14 日、神津専三郎、東京女子師範学校監事と附属幼稚園監事を 兼務。
	・11 月 9 日、矢島楫子、築地新栄教会でデビッド・タムソンから受洗。
	・幼稚園数 4（国 1・公立 2・私立 1）。園児数計 253。
明治 13 年 (1880)	・古市静子、正月前後、種子島から鹿児島に出て豊田の助手。33 歳。
	・2 月末日、松野クララ、東京女子師範学校附属幼稚園辞職。
	・2 月 28 日、河野敏鎌、文部卿となる。

- 3月、田中不二麿、司法卿となる（事実上の文部大輔解任）。
- 3月2日、メーソン、来日。
- **4月24日、桜井女学校附属幼稚園設立認可（設置自体は前年か？）。**
- **6月1日、大阪愛珠幼稚園開園。**
- 同月、中村正直、東京女子師範学校摂理辞職し、東京大学の専任となる（それまでは兼任）。
- 同月、那珂通世、東京女子師範学校摂理補兼訓導。
- 6月5日、神津専三郎、女子師範総監事、附属幼稚園監事を辞任。
- 同月8日、福羽美静、議官と東京女子師範学校摂理を兼任。
- 同月、豊田芙雄、帰京の途へ。
- **7月10日、最初で最後の保姆練習科生11名修了式。**
- 9月、小西信八、東京女子師範学校訓導となる。
- 同月、宗方光の弟・儀吉、細川家家従として東京詰め拝命。光も弟一家と上京。
- 9月18日、松本万年、没。66歳。
- **10月、横浜、ブリテン女学校附属幼稚園設立。**
- <u>**12月、改正教育令（私立幼稚園の設置廃止に関すること含む）。**</u>
- 幼稚園数5（国立1・公立3・私立1）。園児数計426。

明治14年(1881)
- 1月、府県立学校・幼稚園・図書館設置規則制定。
- 2月、鹿児島女子師範の桜川以知、堀文、東京女子師範での保育研修を修了（豊田の薫陶も受けたことになる）。両名、鹿児島幼稚園の保姆となる（桜川は明治32年2月まで。その後、薩摩郡川内幼稚園に3年勤務としているが、当時、川内に幼稚園があったかは未確認。後、台湾に渡り、幼稚園教育に貢献）。
- 古市静子、再上京。豊田と同じ住所（旧旗本屋敷）に住む。34歳。
- **6月、矢島楫子、桜井女学校経営に携わる。**
- 7月22日、桜井ちか、伝道師の夫と渡道。函館師範学校二等教諭就任（月俸金二十圓）。東京（開拓使）で採用。
- **同月、小西信八、東京女子師範学校附属幼稚園監事となる。**
- **同月、東京女子師範学校附属幼稚園規則改正。**

	・11月16日、近藤はま、東京女子師範学校附属幼稚園辞職。
	・11月、『小学唱歌集 初編』。
	・同月、群馬県師範学校に幼稚遊戯場仮設。
	・幼稚園数7（国立1・公立5・私立1）。園児数計426。
明治15年(1882)	・1月、古市静子、時習鸞校（豊田芙雄と同じ住所地）を設立。
	・同月、藤田健、茨城県警部長となる。
	・2月、開拓使廃止。3月、函館師範学校は函館県の管轄となる。
	・文部省示諭「簡易ナル幼稚園モアルベシ」。
	・5月、小西信八、後藤牧太らと「いろはのくわい」を設立（漢字廃止論者の会）。
	・7月、メーソン帰国。
明治16年(1883)	・3月2日、「東京ニ於テ採用スル所ノ本校三等教諭（月俸金十五圓）武藤やち着函ス」（函館師範第一年報）。
	・5月、近藤はまら5名で共立幼稚園設立。
	・10月3日、武藤やち、函館女子師範生徒寄宿舎取締となる。
	・11月8日、函館師範学校附属小学校内に仮幼稚園。保姆武藤やち。
	・幼稚園数12（国立1・公立4・私立7）。園児数計554。
明治17年(1884)	・2月、文部省通達「学齢未満児の小学校入学禁止」。
	・4月、古市静子、桜井女学校附属幼稚園に勤務。37歳。
	・7月8日、桜井ちか、函館師範を辞職（函師年報）。
	・9月、宗方光、一家で宇土にいったん帰郷。
	・9月、桜井女学校に幼稚保育科設置。ミリケン指導。1回生に徳富（湯浅）初子、潮田千勢子（後、矯風会会頭）がいる。
	・10月、古市静子、新富座におけるキリスト教大演説会に荻野吟子を誘う。
	・12月19日、横川楳子、東京女子師範学校附属幼稚園辞職。
	・幼稚園数17（国立1・公立9・私立7）。園児数計1116。
明治18年(1885)	・1月、宗方光、保姆資格取得のため再上京。桜井女学校幼稚保育科に入学。41歳。ミス・ポートル計画の金沢の英和幼稚園の保姆となる吉田鉞2回生と重なる。

・3 月、豊田芙雄、文部省より女子師範学校幼稚園保育法、家政科
　教員免許状を受ける。

・6 月、下田（清水）田鶴子（東京女子師範学校卒業）、大阪西区
　幼稚園に赴任。

・島澤雅子（古市の幼稚園継承者）、山形に誕生。

・8 月 26 日、東京師範学校と東京女子師範学校の合併。東京師範学校
　女子部となる。

・8 月、飯島半十郎著『幼稚園初歩』。

・11 月、福島県福島小学校附属幼稚園設立。保姆は東京女子師範学校
　卒業生の岡 都。

・12 月 22 日、森有礼、初代文部大臣となる。

・幼稚園数 30（国立 1・公立 21・私立 8）。園児数計 1893。

明治 19 年(1886) 　・1 月、愛珠幼稚園に保姆伝習科設立。

・2 月、豊田芙雄、東京高等女学校教師となる。

・同月、高崎幼稚園設立（東京女子師範学校卒業の堤きよ保姆）。

・4 月か、宗方光、熊本県初の宇土幼稚園を設立。42 歳。

・6 月、長崎県師範学校女子部附属幼稚園設立。

・10 月、金沢に英和幼稚園を設立。

・11 月 27 日、古市静子、マリア・ツルーの後援で駒込幼稚園（う
　さぎ幼稚園）設立。

・函館師範学校附属小学校内仮設幼稚園閉鎖。

・山田千代（京女子師範学校保姆練習科卒）、小石川幼稚園を設立。

・12 月、東京婦人矯風会結成。酒、廃娼運動等と取り組む。矢嶋楫子
　会頭。

・幼稚園数 38（国立 1・公立 26・私立 11）。園児数計 2585。

明治 20 年(1887) 　・1 月、宗方光を保姆とする熊本幼稚園設置認可（7 月、開園式）。

・古市静子、東京婦人矯風会の会員として活動。

・古市、荻野吟子と講義所の集会にコンスタントに出席する。

・5 月、湯浅初子（幼稚保育科 1 回生）榎坂幼稚園を設立。

・6 月、『幼稚園唱歌集』。

・5月、私立函館小学校内に函館幼稚園併設、園長元函館師範学校長素木岫雲、保姆武藤やち。教場が狭くすぐにいったん廃園とする。

・10月6日、豊田芙雄、イタリア全権公使徳川篤敬の聡子夫人のお相手役として渡航する.

・幼稚園数67(国立1・公立52・私立14)。園児数計4147。

明治21年(1888)　・東京府教育会付属保姆講習所を近藤はま園長の芝麻布共立幼稚園内に設立。

・6月1日、私立函館幼稚園を設置する。園長・武藤やち。

・12月、熊本で碩台幼稚園開園。保姆に人見米がいる。

・幼稚園数91（国立1・公立72・私立18)。園児数計6337。

明治22年(1889)　・1月、近藤幼稚園保姆練習所設立願提出。

・2月11日、憲法発布。

・2月12日、森有礼刺殺を発表。刺されたのは前日。古市静子、ショックを受ける。

・『女学雑誌』(1889-12)の「女報」欄に「○豊田芙雄女　は伊太利國公使館に滞在中なるが近日帰途に就るよし來報あり」とある。

・幼稚園数112（国立1・公立85・私立26)。園児数計7360。

明治23年(1890)　・1月12日、豊田芙雄、帰国する。

・1月23日、新島襄死去。

・矯風会風俗部仮事務所を本郷湯島六丁目六番地・古市静子宅に置く。部長・荻野吟子、副部長・湯浅初子。幹事・古市静子他。

・3月3日、海老名リン、東京霊南坂教会で網島佳吉より洗礼。

・『大日本教育界會雑誌』(95)に豊田芙雄の「伊太利國女子教育ニ係ル報告」(9頁。文部省への報告書)が掲載される。

・4月23日、宗方光、病死。46歳。

・6月26日、同志社社員会で、湯浅治郎、会計監督を委嘱される。

・7月1日、第1回衆議院議員選挙。

　湯浅治郎、第1回衆議院選挙に当選。

・9月、根本正と小川（羽部）徳子、結婚。豊田芙雄、媒酌人となる。

・豊田芙雄、『教育報知』(232)に「幼稚園のことに就きて」を書く。

	・9 月 9 日、桜井女学校と新栄女学校、合併し女子学院となる。矢島、院長就任。

・9 月 9 日、桜井女学校と新栄女学校、合併し女子学院となる。矢島、
院長就任。

・幼稚園数 138 (国立 1・公立 98・私立 39)。園児数計 7486。

明治 24 年 (1891)　・1 月 14 日、豊田芙雄に東京府高等女学校教務嘱託の辞令。「家政科
漢文作文幼稚園保育法ヲ教授ス」。『教育報知』(253) において「―
前略―東京府高等女學校ハ、更にまた一層の光輝を増したり、東京
府下の爲め喜ふへき事なり」と紹介される。

・5 月 22 日、湯浅一家、住居を京都に移す。
榎坂幼稚園を海老名リンに譲ったのはこの頃か。

・海老名リン、幼稚園を人見米子に譲る。

・文部省令「幼稚園図書館盲唖学校其他小学校ニ類スル各種学校及
私立小学校ニ関スル規則ノ事」。

・12 月、海老名リン、東京婦人矯風会副会頭になる。

・同月、海老名リン、近藤はまについて保育法を正式に学び始める。

・幼稚園数 147 (国立 1・公立 101・私立 45)。園児数計 8662。

明治 25 年 (1892)　・9 月、海老名リン、近藤幼稚園保姆練習所修了。

・11 月、横川楳子、八王子女学校、同幼稚園を設立。生徒、園児募集。

・11 月、辻新次、文部次官辞任。

・幼稚園数 177 (国立 1・公立 127・私立 49)。園児数計 12011。

明治 26 年 (1893)　・4 月 4 日、海老名リン、会津若松に幼稚園開園。

・桜井ちか、第 2 回矯風会世界大会に出席。

・矯風会全国組織「日本キリスト教婦人矯風会」結成。矢島、会頭
となる。

明治 27 年 (1894)　・7 月 25 日、日清戦争起こる。

・10 月 11 日、豊田芙雄の「翠芳学舎」設置認可。教師は豊田他、竹
澤里、根本徳子。学校名は姉の夫で従兄の藤田健が名付ける。

・幼稚園数 197 (国立 1・公立 143・私立 53)。園児数計 14922。

明治 28 年 (1895)　・4 月 1 日、豊田芙雄、文部大臣・西園寺公望 (後、総理大臣) と第
12 代水戸徳川家当主・徳川篤敬の懇請により、栃木県の高等女学校
に赴任 (教頭格/月報 30 円)。

	・4月、豊田芙雄の弟・桑原政、明治炭坑（本社大阪）社長となる。出資は安川敬一郎はじめ九州の資本家たちと大阪の資本家たち。
	・幼稚園数 219（国立1・公立161・私立57）。園児数計 17428。
明治29年(1896)	・フレーベル会発足（東京女子師範学校附属幼稚園内）。
	・4月18日、マリア・ツルー、没。55歳。
明治31年(1898)	・3月、豊田芙雄の弟・桑原政、元豊田家の学僕・根本正、衆議院議員となる。桑原政は不連続で3期つとめる。根本正は10回連続当選。
	・7月12日、徳川篤敬、没。
明治32年(1899)	・2月7日、「高等女学校令」公布。各地で高等女学校の設立の動き。
	・6月28日、「幼稚園保育及設備規程」の制定。
	・9月10日、松本荻江、没。
明治33年(1900)	・9月14日、津田梅子、女子英学塾を開校。
	・7月、桜川以智、台湾に渡る。
明治34年(1901)	・2月1日、豊田芙雄、茨城県高等女学校教諭となる。
	・2月3日、福沢諭吉、没。
	・3月、豊田芙雄、『女子家庭訓（上下）』を発刊。
	・1月29日、フレーベル会「婦人と子ども」創刊（大正7年「幼児の教育」に改題）。
	・12月10日、田中正造、天皇直訴。根本正、逮捕直後の田中に面会。
明治35年(1902)	・1月30日、日英同盟調印発効。
	・9月19日、正岡子規、没。
明治36年(1903)	・幼稚園で砂場遊び始まる。
	・3月31日か、武藤やち、私立函館幼稚園を閉園。
	・4月、国定教科書令公布。
明治37年(1904)	・<u>2月10日、日本、ロシアに宣戦布告。日露戦争、勃発。</u>
	・幼稚園数 294（国立1・公立176・私立117）。園児数計 26018。
明治38年(1905)	・幼稚園数 313（国立1・公立180・私立132）。園児数計 28676。
明治39年(1906)	・東北地方飢饉。
	・根本正提出の公立幼稚園保姆に恩給を与える法案可決。
明治40年(1907)	・3月20日、「小学校令改正（義務教育を6年に延長）」公布。

	・幼稚園数 386（国立 1・公立 208・私立 177）。園児数計 35285。
明治 41 年（1908）	・幼稚園数 405（国立 1・公立 206・私立 198）。園児数計 36006。
明治 42 年（1909）	・2 月 1 日、田中不二麿、没。
	・4 月 20 日、海老名リン、没。
明治 44 年（1911）	・幼稚園数 497（国立 1・公立 221・私立 275）。園児数計 45888。
明治 45 年（1912）	**・7 月 30 日、明治天皇、崩御。**
大正 元年	・9 月 9 日、豊田芙雄の弟・桑原政、没。享年 57。
大正 02 年（1913）	・6 月 23 日、荻野吟子、没。
	・11 月 22 日、徳川慶喜、没。
大正 03 年（1914）	**・7 月 28 日、第一次世界大戦勃発。**
大正 04 年（1915）	・2 月 20 日、岩村通俊、没。
	・11 月 30 日、辻新次、没。
大正 05 年（1916）	・9 月、豊田芙雄に勲 6 等宝冠章。
	・幼稚園 40 周年。園数 665（国立 2、公立 243・私立 420）。園児計 53611。
大正 06 年（1917）	・5 月 3 日、伊澤修二、没。
大正 07 年（1918）	**・フレーベル会、全日本幼稚園協会と改称。**
大正 08 年（1919）	・4 月、第 1 回児童自由画展覧会（長野県上田市神川小学校）。
大正 11 年（1922）	**・12 月 30 日、ソビエト社会主義共和国連邦成立。**
大正 12 年（1923）	**・9 月 1 日、関東大震災。**
	・豊田芙雄、大成女学校の校長着任（大成学園年表による）。81 歳。
大正 13 年（1824）	・2 月、故・豊田小太郎に、特旨により従五位が贈られる。
大正 14 年（1925）	**・4 月 22 日、「治安維持法」公布。**
	・6 月 16 日、矢島楫子、没。
	・小林宗作による日本リトミック運動始まる。
	・12 月 17 日、「新聞いはらき芙雄号」が出る。
	・幼稚園数 957（国立 2・公立 347・私立 608）。園児数計 83221。
大正 15 年（1926）/	・1 月 26 日、横川楳子、没。
昭和 元年	**・4 月 22 日、幼稚園令**
昭和 02 年（1927）	**・3 月、金融恐慌始まる。**
	・8 月 4 日、ジュネーブ軍縮会議決裂。

昭和 03 年 (1928)	・豊田芙雄、大成女学校の校長を退職（大成学園年表による）。
	・8 月、倉橋惣三、水戸の豊田芙雄を訪ねる。
	・幼稚園数 1293（国立 2・公立 429・私立 862）。園児数計 107236。
昭和 04 年 (1929)	・<u>**10 月 24 日、米、ニューヨークで経済恐慌発生。**</u>
昭和 05 年 (1930)	・7 月 7 日、豊田伴、没。
昭和 06 年 (1931)	・**7 月 18 日、松野クララ、ドイツで没。**
	・11 月、満州事変起こる。
昭和 08 年 (1933)	・1 月 5 日、根本正、没。
	・3 月 27 日、日本、国際連盟脱退通告。
	・7 月、古市静子、没。87 歳。
昭和 12 年 (1937)	・豊田芙雄、水戸駅頭でヘレン・ケラーを迎える。
昭和 13 年 (1938)	・7 月 12 日、鳩山春子、没。
昭和 14 年 (1939)	・9 月 21 日、棚橋絢子、没。101 歳。
昭和 15 年 (1940)	・雑誌『保育』（1940 - 08）に伊藤忠好（広島文理科大学）が「日本の幼稚園の黎明　豊田芙雄子女史の生涯」を書く。
昭和 16 年 (1941)	・3 月 1 日、国民学校令公布。
	・**11 月 30 日、豊田芙雄、没。97 歳。**
	・<u>**12 月 16 日、太平洋戦争始まる。**</u>
昭和 19 年 (1944)	・**5 月 30 日、戦時臨時措置法により幼稚園閉鎖。**
	・幼稚園数 2006（国立 2・公立 714・私立 1290）。園児数計 232963。
昭和 20 年 (1945)	・<u>**8 月 15 日、終戦。**</u>
昭和 21 年 (1946)	・幼稚園数 1303（国立 2・公立 625・私立 676）。園児数計 143702。
昭和 22 年 (1947)	・<u>**3 月 31 日、「教育基本法」・「学校教育法」公布。**</u>
	・<u>**5 月 3 日、「日本国憲法」施行。**</u>
	・<u>**12 月、「児童福祉法」公布。**</u>
昭和 23 年 (1948)	・**11 月、日本保育学会設立。**
昭和 24 年 (1949)	・10 月 1 日、中華人民共和国政府成立。
昭和 27 年 (1952)	・5 月 6 日、モンテッソリー、没。
	・6 月 1 日、デューイ、没。
昭和 30 年 (1955)	・4 月 21 日、倉橋惣三、没。

	・幼稚園数 5426（国立 32・公立 1893・私立 3501）。園児数計 643683。
昭和 31 年（1956）	・12 月 13 日、「幼稚園設置基準」。
昭和 32 年（1957）	・10 月 4 日、露、人類初の人工衛星スプートニク 1 号打ち上げ。
昭和 39 年（1964）	・10 月 10 日、東京オリンピック開催。
	・幼稚園数 8022（国立 35・公立 2939・私立 5048）。園児数計 1060968。
昭和 43 年（1968）	・全国で大学紛争広がる。
昭和 44 年（1969）	・7 月 20 日、米、人類初の月面着陸に成功。
昭和 55 年（1980）	・幼稚園数 14893（国立 48・公立 6064・私立 8781）。園児計 2407093。
昭和 60 年（1985）	・幼稚園数 15220（国立 48・公立 6269・私立 8903）。園児計 2067951。
平成 12 年（2000）	・幼稚園数 14451（国立 49・公立 5923・私立 8479）。園児計 1773682。
平成 18 年（2006）	・6 月 15 日、「就学前の子どもに関する教育、保育等の総合的な提供の推進に関する法律」 可決。
平成 22 年（2010）	・幼稚園数 13392（国立 49・公立 5107・私立 8236）。園児計 1605912。
平成 23 年（2011）	・3 月 11 日、東日本大震災。地震、津波、原発事故による被害甚大。
平成 25 年（2013）	・9 月、2020 年東京オリンピック開催決定。
平成 26 年（2014）	・幼稚園数 12905（国立 49・公立 4714・私立 8142）。園児計 1557461。
平成 27 年（2015）	・4 月 1 日、「子ども・子育て支援新制度」本格施行。

※ この表は本文中で紹介した諸文献を資料に作成している。幼稚園数関係は文部省、文部科学省教育統計による。

＜著者紹介＞

前村　晃（まえむら・あきら）

西九州大学子ども学部教授・同大学附属三光幼稚園園長
佐賀大学名誉教授

・昭和 22 年 5 月、鹿児島県出水町（現・出水市）に生まれる

・鹿児島県立出水高等学校卒業
・佐賀大学教育学部特別教科課程（美術・工芸）卒業
・東京学芸大学大学院修士課程美術教育専攻修了
・早稲田大学第一文学部哲学科教育学専修卒業
・九州芸術工科大学（現・九州大学）大学院博士後期課程退学

＜主要著書・翻訳・論文等＞
・単著『豊田芙雄と同時代の保育者たち―近代幼児教育を築いた人々の系譜―』（三恵社）
・執筆者代表・共著『豊田芙雄と草創期の幼稚園教育』（建帛社）、日本保育学会保育学文献賞
・共著『美のからくり―美術・工芸の舞台裏―』（ゆるり出版）、佐賀大学研究叢書
・共著『現代美術教育論』（建帛社）
・共著『小学校図画工作科教育の研究』（建帛社）
・共著『保育内容　表現』（建帛社）
・共編著『創造性が育つ　造形遊びの展開』（建帛社）
・共編著『美術教育の課題と展望―村内哲二先生退官記念論集―』（彩信社）
・共著/文部科学省検定済教科書『中学　美術 1』、『中学　美術 2・3 上』、『中学　美術 2・3 下』（日本
　文教出版）
・共訳/エリオット・アイスナー著『美術教育と子どもの知的発達』（黎明書房）
・分担翻訳/ハワード・ガードナー著『芸術、精神そして頭脳』（黎明書房）
・翻訳・監修/英国 BBC 放送制作『イタリアルネッサンスの美術　ビデオ 20 巻』（ジェムコ）
・論文「造形美術教育学の確立と実践的課題」、日本教育研究連合会表彰
・論文「豊田芙雄とフレーベル主義保育」（早稲田大学哲学会『フィロソフィア』）

＜受賞＞
・日本教育研究連合会表彰
・日本保育学会保育学文献賞

豊田芙雄と同時代の保育者たち

2015年11月19日　　初版発行

著者　前村　晃

定価（本体価格4,500円＋税）

発行所　　株 式 会 社　　三 恵 社
〒462-0056 愛知県名古屋市北区中丸町2-24-1
TEL 052（915）5211
FAX 052（915）5019
URL http://www.sankeisha.com

乱丁・落丁の場合はお取替えいたします。
ISBN978-4-86487-423-6 C3037 ¥4500E